COLECCIÓN
DERECHO SANITARIO, BIOTECNOLÓGICO Y
CIENCIAS DE LA VIDA

4

LA CONSTRUCCIÓN DE SISTEMAS AGROALIMENTARIOS SOSTENIBLES:

PROPUESTAS DESDE EL DERECHO

David LARIOS RISCO
Miembro del Cuerpo Superior de Letrados de la Administración de la Seguridad Social. Presidente de la Asociación Juristas de la Salud.

Eduardo OSUNA CARRILLO DE ALBORNOZ
Médico. Catedrático de Medicina Legal y Forense, Universidad de Murcia.

Juan PEMÁN GAVIN
Catedrático de Derecho Administrativo, Universidad de Zaragoza.

Juan Francisco PÉREZ GÁLVEZ
Catedrático de Derecho Administrativo, Universidad de Almería.

Laura SALAMERO TEIXIDÓ
Profesora agregada de Derecho Administrativo, Universidad de Lleida.

Javier SÁNCHEZ-CARO
Profesor de Derecho Sanitario y Bioética de la Escuela Nacional de Sanidad.

Luis SARRATO MARTÍNEZ
Profesor As.D. de Derecho Administrativo, Universidad Pública de Navarra. Vocal del Comité de Bioética de la Comunidad Foral de Navarra.

José VIDA FERNÁNDEZ
Profesor Titular de Derecho Administrativo de la Universidad Carlos III de Madrid

COLECCIÓN
DERECHO SANITARIO, BIOTECNOLÓGICO Y
CIENCIAS DE LA VIDA

4

LA CONSTRUCCIÓN DE SISTEMAS AGROALIMENTARIOS SOSTENIBLES:

PROPUESTAS DESDE EL DERECHO

Directores:
Laura Salamero Teixidó
Antonio Ezquerra Huerva

COLEX 2024

© Editorial Colex, S.L.
Calle Costa Rica, número 5, 3º B (local comercial)
A Coruña, C.P. 15004
info@colex.es
www.colex.es

I.S.B.N.: 978-84-1194-818-0
Depósito legal: C 1938-2024

AUTORAS Y AUTORES

José María de la Cuesta Sáenz

Fernando López Ramón

Mariano López Benítez

Elisa Pérez de los Cobos Hernández

Oscar Expósito-López

Maria Vittoria Borghetto

Emma Sofia Lunghi

Paula Cisneros Cristóbal

Andrés Miguel Cosialls Ubach

José Luis Domínguez Álvarez

Pilar Talavera Cordero

Maria Galbusera

Anna García Companys

Juan José Guardia Hernández

Lourdes Salomon

Mariagrazia Rizzi

SUMARIO

CAPÍTULO 3

LA PRODUCCIÓN ECOLÓGICA

MARIANO LÓPEZ BENÍTEZ

PÁG. 57

CAPÍTULO 4

EL POSICIONAMIENTO DE LA UNIÓN EUROPEA ANTE EL IMPACTO DE LOS FITOSANITARIOS EN LAS ESPECIES POLINIZADORAS

Elisa Pérez de los Cobos Hernández

PÁG. 89

CAPÍTULO 5

EL NUEVO ROL DEL BIENESTAR ANIMAL EN LA PRODUCCIÓN ANIMAL

Oscar Expósito-López

PÁG. 113

CAPÍTULO 6

THE CONCEPT OF FOOD SOVEREIGNTY IN THE FARM TO FORK STRATEGY: THE WEAKNESSES OF THE EU ACTION IN EMPOWERING CONSUMERS TOWARDS SUSTAINABLE FOOD SYSTEMS

MARIA VITTORIA BORGHETTO

PÁG. 127

CAPÍTULO 7

ARE GEOGRAPHICAL INDICATIONS SUSTAINABLE? SOME RESEARCH SUGGESTIONS

EMMA SOFIA LUNGHI

PÁG. 149

CAPÍTULO 8

LOS ACUERDOS DE LIBRE COMERCIO DE «NUEVA GENERACIÓN» DE LA UNIÓN EUROPEA: ¿LA VÍA DEFINITIVA PARA LIDERAR LA TRANSICIÓN MUNDIAL HACIA SISTEMAS ALIMENTARIOS MÁS SOSTENIBLES?

PAULA CISNEROS CRISTÓBAL

CAPÍTULO 9

EL FENÓMENO DEL *LAND GRABBING*: UN RETO PARA LA AGRICULTURA FAMILIAR, EL MEDIOAMBIENTE Y LA SOBERANÍA ALIMENTARIA

ANDRÉS MIGUEL COSIALLS UBACH

CAPÍTULO 10

EL COMERCIO AGROALIMENTARIO DE PROXIMIDAD COMO ELEMENTO DINAMIZADOR DE LAS COMUNIDADES RURALES CASTELLANO Y LEONESAS: RETOS JURÍDICOS PARA PALIAR EL RETO DEMOGRÁFICO Y TERRITORIAL

José Luis Domínguez Álvarez y Pilar Talavera Cordero

PÁG. 211

CAPÍTULO 11

RIGHT TO FOOD AND ENVIRONMENTAL PROTECTION IN ITALY: CONSTITUTIONAL CONNECTION

Maria Galbusera

PÁG. 227

CAPÍTULO 12

RÉGIMEN CONTRACTUAL DE LA LEY DE CADENA ALIMENTARIA EN UNA ENTIDAD ASOCIATIVA CON FORMA DE SOCIEDAD LIMITADA: EL PAPEL DE LAS PRESTACIONES ACCESORIAS

ANNA GARCÍA COMPANYS

PÁG. 237

CAPÍTULO 13

ALERTAS ALIMENTARIAS Y PRINCIPIO DE PRECAUCIÓN TRAS VEINTE AÑOS DE LA CRISIS DEL ACEITE DE ORUJO ESPAÑOL

JUAN JOSÉ GUARDIA HERNÁNDEZ

PÁG. 257

CAPÍTULO 14

EL «LÍMITE DE LO NECESARIO» COMO ANTECEDENTE ROMANO DEL CONCEPTO ACTUAL DE SOSTENIBILIDAD. UNA APROXIMACIÓN ROMANÍSTICA A PARTIR DE LA OBRA DE CICERÓN

LOURDES SALOMON

CAPÍTULO 15

ALIMENTAZIONE E DIRITTO NEL MONDO GRECO: ALCUNE NOTE

MARIAGRAZIA RIZZI

PREFACIO

La obra que el lector tiene en sus manos es fruto del I Congreso de Derecho Agroalimentario que se celebró en la Universidad de Lleida durante los días 15, 16 y 17 de noviembre de 2023. La temática del Congreso fue la que precisamente lleva por título este libro: «La construcción de sistemas agroalimentarios sostenibles: propuestas desde el Derecho», y sus directores fueron los mismos que ahora suscriben estas líneas de presentación.

Podría pensarse que se trata de un libro de actas, pero esta obra colectiva no es una mera traslación de las presentaciones que tuvieron lugar durante el congreso, sino que recoge los trabajos que, sobre el eje de dichas contribuciones, han preparado distintos de los y las ponentes que intervinieron durante los tres días de Congreso, así como algunos de los autores y autoras de las comunicaciones que se defendieron. La obra sirve también, debe decirse, de cierre al Proyecto SPenT, Salud Pública en Transformación, financiado por el Ministerio de innovación y ciencia (PID2019-107212RA-I00).

El pilar que aúna las distintas contribuciones que conforman este compendio es el estudio del papel que el Derecho está llamado a desempeñar en la necesaria transición o, si se prefiere, transformación del modelo agroalimentario imperante hacia sistemas más sostenibles. Así, en un momento de encrucijada en el que la crisis climática y los desafíos sociales y económicos demandan transformaciones profundas en las formas de producción, transformación y consumo de alimentos, creemos que este libro ofrece una contribución sustantiva para el análisis y diseño de políticas y normativas que favorezcan la transición hacia sistemas agroalimentarios sostenibles.

Así, las contribuciones giran alrededor de dos conceptos centrales. De un lado, el concepto de sistema agroalimentario, entendido como el conjunto de actores, y las relaciones que se establecen entre ellos en un determinado espacio y tiempo, los cuales de forma más o menos directa participan en la producción de bienes o la prestación de servicios dirigidos a satisfacer las necesitades alimentarias de la población. Se trata, pues, de un concepto amplio que, más allá de la clásica aproximación a la cadena alimentaria y las funciones de producción, transformación, distribución y consumo, abarca todos los actores que participan tanto de forma inmediata como mediata en la misma, así como todas las actividades y relaciones que se dan entre estos. Esta visión sistémica, además de ser más amplia y comprensiva de todos los fenómenos vinculados al fin último de garantizar el abastecimiento de alimentos —la conocida como seguridad alimentaria o *food security*—, facilita también la superación de la arcaica separación entre lo agrario y lo alimentario, haciendo evidente la inextricable conexión entre ambas dimensiones, que también es clara cuando la perspectiva de análisis es la jurídica.

De otro lado, el otro concepto basilar de esta obra colectiva es el de la sostenibilidad, entendida en sentido amplio desde que el concepto penetró el Derecho medioambiental internacional con la Declaración de Estocolmo de 1972, y que comprende las bien conocidas tres dimensiones: la sostenibilidad medioambiental, la económica y la social. Así, el objetivo de esta obra es explorar la relevancia y el papel del Derecho en la construcción de sistemas agroalimentarios sostenibles medioambiental, económica y socialmente.

Consideramos que se trata de un tema de interés por diferentes motivos. De entrada, es generalmente aceptado por la comunidad científica que el modelo agroalimentario dominante actual —global, intensivo e industrial— no es sostenible, ya que genera numerosas externalidades negativas puestas de manifiesto en informes científicos de reconocido prestigio. Entre estas externalidades destacan las sociales, las económicas y las ambientales. En cuanto a las sociales y económicas, el modelo agroalimentario dominante, caracterizado por su capacidad productiva intensiva, paradójicamente, a veces, impide la satisfacción del derecho a una alimentación adecuada, aparte de ser extremadamente injusto económicamente con los pequeños y medianos productores primarios, los eslabones más débiles de la cadena alimentaria incapaces de controlar el precio de venta del resultado de su actividad productiva. Es un modelo, pues, poco sostenible en términos de equidad y justicia para los actores más débiles de la cadena, donde también hay que incluir a los consumidores. En cuanto a las numerosas externalidades negativas ambientales, sirva de ejemplo mentar que el sector agroalimentario genera un tercio de las emisiones totales de gases de efecto invernadero, cuyo impacto en el calentamiento del planeta y la generación del cambio climático es bien conocido.

Así, el actual modelo agroalimentario imperante difícilmente puede perdurar en el tiempo sin agotar los recursos naturales o dañar gravemente el medio ambiente, además de generar iniquidades, de manera que es comúnmente aceptada la necesidad de un cambio en la producción, la transformación, la distribución y el consumo de alimentos. Existen ya múltiples propuestas y alternativas para paliar las citadas externalidades negativas —los sistemas alimentarios locales, la agroecología, el cambio de hábitos alimenticios, el comercio justo, la incorporación de tecnologías agroalimentarias y la innovación, medias correctoras de las desigualdades entre los actores de la cadena, etc.— en la configuración de las cuales el Derecho está llamado a jugar un papel trascendental como instrumento de ordenación y ponderación de intereses.

En los quince trabajos que siguen a continuación, destacados expertos en Derecho, desde sus respectivas áreas de especialización, abordan los retos y las oportunidades que presenta la transición hacia sistemas agroalimentarios más sostenibles.

Los dos capítulos iniciales sirven a modo de marco introductorio, aportando un rico relato horizontal acerca de la transformación del derecho agroalimentario —desde la inicial preocupación por el logro de la disponibilidad de alimentos hasta la actual atención a la sostenibilidad de los sistemas—, así como acerca de la incorporación de la sostenibilidad en sus tres dimensiones en las políticas agrícolas y alimentarias en España y Europa a lo largo de las últimas décadas, poniendo de manifiesto la complejidad del concepto, así como la de su aplicación práctica.

A continuación, los trabajos que siguen, centrados en la perspectiva europea, abordan distintos aspectos relevantes en la transición hacia sistemas agroalimentarios sostenibles. El capítulo tercero se fija en la producción ecológica u orgánica, la cual constituye sin duda uno de los estandartes más visibles de la agricultura sostenible en Europa, pero que no deja de confrontar desafíos como la competencia con la agricultura convencional o la necesidad de fortalecer los mecanismos de certificación existentes, en particular en relación con los productos orgánicos importados desde terceros países. También es objeto de análisis, en el capítulo cuarto, la regulación de los productos fitosanitarios por su impacto en las especies polinizadoras, esenciales para la protección de la biodiversidad. En esta temática la clave se halla en lograr el adecuado equilibrio entre la protección de estas especies y, a su vez, la garantía de la producción agrícola. En capítulo quinto, el bienestar animal es objeto de estudio como elemento esencial de los sistemas agroalimentarios sostenibles, ya que un manejo más respetuoso de los animales puede contribuir a reducir el impacto ambiental de las explotaciones ganaderas. Finalmente, los siguientes dos capítulos se ocupan respectivamente del concepto de soberanía alimentaria en la Estrategia de la Granja a la Mesa y de la conexión de las indicaciones geográficas protegidas con la sostenibilidad.

Más allá del marco europeo y desde una visión global, el capítulo octavo aborda el impacto de los acuerdos comerciales de la Unión en el proceso de transformación de los sistemas alimentarios más allá de las fronteras europeas. A continuación, el capítulo noveno trata el fenómeno del acaparamiento de tierras o *land grabbing*. A través de un enfoque jurídico, se analizan las prácticas de adquisición masiva de tierras por parte de actores extranjeros sobre todo en países en vías de desarrollo, y su impacto en el acceso a los recursos naturales, la amenaza a la seguridad alimentaria y a los medios de vida de millones de personas, destacando la necesidad de una mayor regulación internacional para proteger los derechos de los agricultores locales y el medio ambiente.

En los últimos trabajos, de forma ajena al Derecho de la Unión, desde la perspectiva interna de algunos países miembros, los capítulos abordan, entre otros, el comercio agroalimentario de proximidad en algunas comunidades rurales españolas, la Ley española de la cadena alimentaria, el principio de precaución o el derecho a la alimentación y la protección del medioambiente en la Constitución italiana. Ponen fin a la obra colectiva, dos trabajos elaborados por romanistas que destacan la importancia de lo agroalimentario en el mundo antiguo greco-romano y la presencia ya entonces de preocupaciones sobre la sostenibilidad del sistema, por ejemplo, mediante la expresión del «límite de lo necesario».

En fin, este libro pretende, en última instancia, ser una invitación a la reflexión. A través de este esfuerzo colectivo esperamos contribuir a un debate esencial para el futuro de nuestras sociedades y de nuestro planeta: la construcción de sistemas agroalimentarios sostenibles capaces de alimentar a la población mundial ahora y en el futuro, sin poner en jaque el mundo que habitamos.

Laura Salamero Teixidó y Antonio Ezquerra Huerva

CAPÍTULO 1

LA TRANSFORMACIÓN DEL DERECHO AGROALIMENTARIO: DE LA DISPONIBILIDAD A LA SOSTENIBILIDAD

José María de la Cuesta Sáenz
Catedrático Derecho Civil, Universidad de Burgos

I. Introducción

Vaya por delante que la propiedad intelectual del título de mi intervención en este Primer Congreso de Derecho Agroalimentario de la Universidad de Lleida corresponde a sus organizadores, y que lo tomo prestado porque me parece muy sugerente y oportuno.

En efecto, el título resume muy acertadamente la esencia de los cambios experimentados por el Derecho Agroalimentario desde sus orígenes, bajo el nombre de Derecho Agrario (Italia, España, Alemania) o Rural (Francia), hasta comienzos del último cuarto del siglo XX en que pasa a conocerse como Derecho Agrario y Alimentario[1], o más concisamente como Derecho Agroalimentario.

Fue en las primeras décadas del siglo XX cuando la aparición de normas legales externas a los Códigos civiles y de comercio, genera junto con aquéllos un conjunto normativo dotado de cierta especificidad que termina por constituirse en el germen de una nueva disciplina jurídica, el Derecho Agrario, que hace poco más de cien años, tuvo en Italia desarrollo suficiente como para generar una revista científica, la *Rivista di diritto agrario*, y un instituto científico, el *Istituto di diritto agrario internazionale e comparato* (IDAIC), a cuyo Comité Científico tuve el honor de pertenecer, hasta que fue integrado hace pocos años en el CNRS de Italia (homólogo de nuestro CSIC).

Pues bien, tal disciplina jurídica, giraba en torno a los institutos jurídicos que se constituían en elementos de la explotación agraria, como la propiedad y otros derechos reales sobre los fundos y sobre el ganado, así como los variados contratos en que se plasma la actividad agraria, desde aquellos que permiten disponer de la tierra o del ganado ajenos, hasta aquellos otros que permiten hacer llegar a los consumidores la producción de toda clase de alimentos, pasando por los contratos que permiten allegar recursos económicos, mediante el crédito agrario y sus garantías, o aunar esfuerzos de los sujetos implicados en la actividad agraria como los contratos asociativos.

Resulta patente que facilitar la «disponibilidad» en la medida más conveniente de la base fundiaria y del ganado a los que hoy llama el Derecho de la Unión Europea «agricultores activos», con vistas a la producción de alimentos merced al aprovechamiento del ciclo biológico de vegetales y animales, para facilitar la «disponibilidad» de alimentos suficientes a las personas físicas que son sus destinatarios finales, era lo que llevaba a calificar como institutos jurídicos integrantes del Derecho agrario multitud de institutos fundamentalmente propios del Derecho privado, pero también en menor medida institutos del Derecho público.

En suma, la calificación de agrario (el Código civil español había utilizado el calificativo de rústico), añadida a lo jurídico, obedeció a la peculiaridad que derechos reales y contratos de variada naturaleza adquirían para servir de base a la actividad agraria más eficiente en la producción de alimentos, que siempre existió y que viene impuesta por el propio ciclo biológico (Mozos J. D., *Estudios de Derecho Agrario*, 2.ª Serie, 1981)[2] y por otras connotaciones relacionadas con la en buena medida inevitable atomización de la oferta, y con la inelasticidad de la demanda de alimentos.

---

1 La primera publicación periódica de carácter científico fue la *Revista de Derecho Agrario y Alimentario* fundada por A. Ballarín Marcial, en el año 1985.

2 De los Mozos de los Mozos, J. L. «El Derecho Agrario: Estado Actual de la Cuestión», *Estudios de Derecho Agrario*, 2.ª serie, 13 y siguientes. Valladolid: Universidad de Valladolid (UVA), 1981.

II. Los institutos del viejo Derecho agrario

La consulta de la bibliografía en materia jurídico agraria del pasado siglo XX, ofrece la visión de un innegable protagonismo del tratamiento de la **disponibilidad** de los medios de producción agrícola y ganadera para la actividad agraria[3], tanto en su aspecto jurídico real, como la reforma de estructuras agrarias, como en su aspecto de contratos para la explotación agraria, ya que básicamente desde los años los años treinta, surgió la idea de la reforma agraria que generó la legislación arrendaticia primero durante la vigencia de la Constitución de la II República, y más tarde los años cincuenta, la legislación de concentración parcelaria y ordenación rural, que precedieron a todavía parcialmente vigente Ley de Reforma y Desarrollo Agrario.

Del mismo modo, la regulación de los mercados de productos agroalimentarios persiguió la **disponibilidad** de los productos agroalimentarios, desde intervenciones puntuales como la Ley Osma de 1903 en la Industria Azucarera, transitando hacia regulaciones más generales como la Ley del Azúcar de 1933, o el Decreto Ley de Ordenación Triguera de 23 de agosto de 1937 creador del Servicio Nacional del Trigo, que comienzan a diseñar el modo de intervención en los mercados agroalimentarios que se generalizará simultáneamente en toda Europa y que persistirá hasta tiempo relativamente muy reciente.

En efecto, la Comunidad Económica Europea nacida a finales de la década de los años cincuenta, estableció una Política Agrícola Común cuyos objetivos señalaba el artículo 33 del TCEE, y que continúan vigentes en la actual Unión Europea en el artículo 39 del TFUE. Así pues, terminó por generalizar esas políticas de estructuras y de mercados ya presentes desde los años 30 en los hoy Estados miembros, especialmente en Francia y Alemania, cuyos sistemas de intervención sirvieron de modelo.

En efecto, dice el citado artículo del Tratado Constitutivo de la CEE, que los objetivos de la Política Agrícola Común serán: a) Incrementar la productividad agrícola fomentando el progreso técnico, asegurando el desarrollo racional de la producción agrícola, así como el empleo óptimo de los factores de producción en particular de la mano de obra. b) Garantizar así un nivel de vida equitativo a la población agrícola, en especial mediante el aumento de la renta individual de los que trabajan en la agricultura. c) Estabilizar los mercados. d) Garantizar la seguridad de los abastecimientos. e) Asegurar al consumidor suministros a precios razonables.

Este texto legal del año 1957 presidió el desarrollo de la PAC aplicable a los seis Estados fundadores, y a los que con posterioridad se adhirieron en

3 De los Mozos de los Mozos, J. L. *Estudios de Derecho Agrario*. Madrid, 1972, 57 y siguientes.

las sucesivas ampliaciones de la CEE que dieron paso a la Unión Europea, y se mantiene hoy en el artículo 39 TFUE.

Los cinco objetivos deben perseguirse simultáneamente, aunque en ocasiones, temporalmente, haya habido que tener por preferente la aplicación de alguno de ellos sobre otro.

La PAC se fue construyendo a partir de la conferencia de Stressa, y terminó de implementarse a finales de la década de los sesenta del pasado siglo[4], en su faceta de política de mercados regulada mediante Reglamentos de aplicación directa e inmediata, financiada por completo bajo el principio de solidaridad financiera por el Fondo de Orientación y Garantía Agrícola (FEOGA) con un mecanismo complejo de fijación de los precios en el mercado interior (orientativos y de intervención), defendidos frente a la concurrencia de terceros países mediante un arancel común y en su caso un arancel complementario, y exportando los excedentes, en su caso, con restituciones a la exportación que cubrían la diferencia entre el precio interno y los precios internacionales.

El complejo sistema se completaba, pues, con una política de estructuras u orientación, regulada mediante Directivas de armonización. Fueron muy celebradas las llamadas Directivas socio-estructurales diseñadas por el Comisario Sicco Mansholt, que habían de transponer los Estados miembros a su Derecho interno, y que se cofinanciaba por el FEOGA (Sección Orientación) y los presupuestos generales de cada Estado miembro.

La PAC tuvo un notable éxito en su vertiente de intervención en los mercados[5], y una aplicación más desigual en su vertiente de orientación, lo que lo que llevaría más tarde, a partir del año 1985 a utilizar también el Reglamento de aplicación directa e inmediata en materia de mejora de las estructuras agrarias.

En cualquier caso, esta PAC contribuía a un Derecho agrario comunitario e interno de los Estados miembros presidido por unos objetivos que solo se interpretaban desde la óptica de la disponibilidad de los medios de producción y de los suministros a los consumidores.

III. Primeras crisis en el sistema PAC originario

Las primeras señales de alarma por desequilibrios en la PAC surgen precisamente del espectacular aumento de la productividad que pronto generó

---

4 Blumann, C. *Politique agricole commune. Droit communautaire agricole et agroalimentaire*. París: Litec, 1997, 99-110, califica los años 1958 a 1970 como período de «lanzamiento» de la PAC, los años 1970 a 1980, como período de «consolidación», y los años 1980 a 1992 como período de «crisis y turbulencias», cronología que comparto.

5 De la Cuesta Saenz, J. «La Regulación de los Mercados Agrarios en España», *Revista de Derecho Agrario y Alimentario*, no. 9 (1989): 3 y siguientes.

excedentes de determinadas producciones agrícolas (trigo y lácteos), cuya exportación, en pérdida, generaba un elevado montante de restituciones a la exportación, que incrementaba cada vez más la parte del presupuesto de la CEE absorbida por la PAC.

El problema había aflorado en los años 70, pero la crisis de materias primas posterior al año 1973, hizo innecesario afrontar el problema de manera inmediata. Solo en 1978 pareció urgente adoptar nuevas medidas para mitigar problema de sostenibilidad financiera de la PAC generado por los crecientes excedentes y el consiguiente incremento de las restituciones a la exportación de productos lácteos.

La primera medida implementada en aquellos momentos y aplicada desde 1981, consistió en extender el principio de corresponsabilidad[6] que incorporaba desde 1970 la OCM del azúcar, en virtud del cual los productores y transformadores debían soportar el coste de la exportación en pérdida de los excedentes, mediante lo que se llamó «cotizaciones a la producción». La medida no era, pues, rigurosamente nueva, y consistió en la creación de una «tasa de corresponsabilidad» sobre los productos lácteos. Todavía esta medida no suponía extender el sistema de cuotas de producción del azúcar a una OCM que, como la de productos lácteos, presentaba alguna analogía por tratarse de una cadena de suministro que presentaba algún «estrangulamiento» en la transformación industrial.

Ese paso se dio en 1984, con la creación de la llamada cuota láctea, que el Reino de España hubo de aplicar desde el mismo momento de su adhesión a la CEE. Este sistema, inspirado en la cuota azucarera, a diferencia de éste, no operaba mediante «cotizaciones a la producción», sino a través de una tasa de corresponsabilidad suplementaria, que tuvo éxito, y que, al tratarse de un derecho transmisible a título oneroso generó un importante mercado de transmisión de cuotas entre productores.

Dos años más tarde, en 1986, el principio de corresponsabilidad se extendió a los cereales, en los que no fue nunca contemplada la posibilidad de cuotas o contingentes, por la gran dispersión de la oferta, y su regulación resultó declarada conforme al TCEE por la STJCE de 11 de julio de 1989 (asunto265/87, Hermann Schräder HS Kraftfutter. Contra Hauptzollamt Gronau). Paralelamente, la vertiente estructural de la PAC pasó en 1985 a ser regulada mediante un Reglamento, elRt.° 797/85 del Consejo de 12 de marzo, relativo a la mejora de la eficacia de las estructuras agrarias destinado a evitar que se perpetuasen los desequilibrios interregionales en una CEE cada vez más amplia y diversa, ya que en ese empeño las sucesivas Directivas de armonización se habían demostrado poco eficaces.

---

6 MASSOT MARTÍ, A. «Aspectos Jurídicos de la Aplicación del Principio de Corresponsabilidad de los Productores en la PAC», *Revista de Derecho Agrario y Alimentario*, no. 14 (1989): 26 y siguientes.

IV. La retirada de tierras de cultivo, la extensificación de las producciones, y los cambios previsibles en el comercio mundial de productos agroalimentarios

En aplicación de la nueva regulación de mejora de eficacia de las estructuras agrarias ofrecida por el Rt.° (CEE) n.° 797/85 del Consejo de 12 de marzo, y en reformas sucesivas a partir del Rt.° 1.760/87, y del Rt.° (CEE) n.° 1094/88 del Consejo de 25 de abril, (y más tarde por el Reglamento (CEE) n.° 2328/91), se reguló la retirada de tierras del cultivo y la extensificación de las producciones, con la finalidad de que los crecientes excedentes de producción generados por diversas organizaciones comunes del mercado no llegasen a comprometer la viabilidad financiera de la Política Agrícola Común.

El Reglamento (CEE) n.° 1094/88 del Consejo de 25 de abril, en su primer considerando, apunta como objetivo primordial a la lucha contra los crecientes excedentes de cereales, pero trata de perfeccionar la técnica de administración contractual[7], implantada por los precedentes reglamentos en materia de mejora de la eficacia mediante el compromiso de retirada de tierras del cultivo, permitiendo desviar voluntariamente del cultivo de producciones excedentarias, hacia el barbecho con o sin rotación, la repoblación forestal, el pasto para uso ganadero extensivo, o la producción de leguminosas (lenteja, garbanzo o veza).

La aplicación de estas medidas fue muy desigual, registrándose en España únicamente unas superficies retiradas apreciables, en Aragón y en Castilla y Léon[8], pero lo cierto es que se anunciaban por entonces otras alternativas provenientes de los cambios que en el comercio mundial de productos agroalimentarios se auguraban como próximos, por efecto de las sesiones de debate sobre liberalización de tales mercados en el seno del General Agreement on Tariff and Trade (GATT), en la llamada Ronda Uruguay, como señalaba resumidamente A. Ballarin[9], apuntando hacia el año 1992 como el año decisivo en la mutación de la PAC, y en la posible superación de los problemas que la asediaban a causa de las producciones excedentarias, así como en el cumplimiento de las previsiones del Acta Única Europea[10].

---

7 Caillosse, J. «Sur la Progression en Cours des Techniques Contractuelles d'Administration» En *Le droit contemporain des contrats, coordinado por Loïc Cadiet*, 99 y siguientes. París: Economica, 1987.

8 Errea, M. P., y T. Lasanta Martínez. «La PAC y la Retirada de Tierras de Cultivo en Aragón», *Revista de Estudios Agrosociales*, no. 104 (1993): 43 y siguientes.

9 Ballarín Marcial, A. «El Derecho Comunitario Regulador de los Precios de las Producciones Agrarias: Antecedentes, Principios Generales y Orientaciones Actuales», *Revista de Derecho Agrario y Alimentario*, no. 13 (1989): 23 y siguientes.

10 Lamo de Espinosa, J. «El Acta Única Europea y la Agricultura», *Revista de Estudios Agro-*

La llamada Ronda Uruguay, que fue la octava de este foro internacional (Acuerdo General sobre Aranceles y Comercio), comenzó a gestarse en Ginebra en noviembre de 1982, y empezó formalmente en 1986 con la intención de abarcar también el comercio mundial de productos agroalimentarios, que nunca con anterioridad se había abordado con éxito. En ella participaron 123 países, y se prolongó hasta 1994, generando, además del Tratado de Marrakech, un organismo internacional, que es la Organización Mundial de Comercio (OMC o WTO en adelante).

El Acta Final de la Ronda Uruguay contiene acuerdos sobre muy variados temas (hasta tiene un protocolo adicional, ADPIC sobre propiedad intelectual), pero en materia de comercio agroalimentario fue un paso decisivo, que entró en vigor en 1995 y continúa vigente en el momento presente.

Por lo que atañe a la PAC, cuyo devenir se ha resumido a grandes rasgos en los apartados precedentes, supuso un punto de inflexión sin precedentes, que llevó consigo abandono del sistema de apoyo a la agricultura mediante precios garantizados al productor, método éste que generaba excedentes de producción muy gravosos para las arcas comunitarias.

V. El tránsito de las ayudas mediante precios garantizados, a los llamados pagos directos

Fue precisamente en 1992 cuando se inició el cambio de método de ayuda a los agricultores mediante la publicación en el DOCE del Reglamento CEE n.º 1765/1992 del Consejo de 30 de junio por el que se establece un régimen de apoyo a los productores de determinados cultivos herbáceos, que entró en vigor el 1 de julio de 1992.

Del mismo modo se habían instaurado pagos directos, las primas por cabeza de ganado, medidas ambas compensatorias, de disminuciones en los precios de intervención. En el caso de los cultivos herbáceos, se preveía un descenso gradual de los precios de referencia, a lo largo de tres anualidades, hasta totalizar un 30 %, incrementándose también gradualmente el pago compensatorio. Dado que la participación debía de ser voluntaria, quienes solicitasen participar y recibir el pago compensatorio por hectárea, deberían retirar de cultivo, un 30 % de la superficie de herbáceos *(set aside)*, excluyéndose a tal efecto las superficies previamente retiradas en aplicación de las regulaciones de retirada de tierras voluntaria.

El pago compensatorio, debería estar desacoplado o disociado *(decoupling)* de la producción, y consistiría en un pago por hectárea o fracción de una cantidad expresada en la unidad de cuenta europea llamada ECU, en función de su productividad, que había de concretarse por cada Estado miem-

sociales, no. 146 (1988). Resumen del mismo autor en *Revista de Derecho Agrario y Alimentario*, no. 13 (1989): 32 y siguientes.

bro, mediante lo que en España se llamó «regionalización» o «comarcalización productiva». Esa regionalización de noviembre de 1992 sirvió de base más adelante para el llamado «pago único»), así como para el «pago básico» más tarde, y actualmente se ha utilizado todavía en 2023 para la asignación individualizada de los derechos a la «ayuda básica a la renta para la sostenibilidad» (ABRS), si bien los Estados miembros estaban facultados para proceder a una nueva asignación. La asignación, para los Estados que no hayan asumido la tarea de proceder a nueva asignación (que son la mayoría), preveía posibles modificaciones cuantitativas por razones especiales, y por la llamada «convergencia», que trata de unificar a largo plazo la cuantificación de cada uno de los derechos de ayuda a nivel europeo.

Se previó en 1992 inicialmente un régimen simplificado para pequeños productores (hasta 90 Tm.). En cualquier caso, el pago compensatorio supuso a partir de 1993, un régimen contractualizado, puesto que se aceptaba por el agricultor la obligación de practicar barbecho rotatorio y mantener toda la superficie retirada en buenas condiciones agrarias y medioambientales.

En el caso español, a causa de las sucesivas devaluaciones sufridas por peseta respecto del ECU a comienzos de los años noventa, resultaron muy beneficiosas para la renta del sector agrario.

Desde el punto de vista jurídico, el derecho al pago directo da lugar a un nuevo instituto propio del Derecho Agrario, todavía relacionado con la disponibilidad de la tierra, pero desligado ya de la disponibilidad de los productos por sus destinatarios intermedios, y finales (consumidores).

Por otra parte, aunque esta regulación comentada está todavía dirigida primordialmente a combatir las producciones excedentarias y sus perniciosas repercusiones presupuestarias, no cabe duda de que impone obligaciones a los productores que consisten en prácticas que sí que redundan en promover la sostenibilidad de la actividad agraria, y que, en sucesivas formulaciones de la PAC, se van a consagrar y a incrementar, ya con finalidades no relacionadas directamente con los cinco objetivos de la PAC conforme al artículo 39 del TCEE y del TFUE, sino más bien con la transversal presencia de la preocupación medioambiental explícita en formulaciones posteriores de la PAC y en la reforma de los Tratados.

Además, el desacoplamiento o disociación del grueso de la ayuda de la producción, se preveía compatible con el establecimiento de ayudas asociadas a determinadas producciones (leguminosas, proteaginosas) interesantes en la rotación de cultivos, a producciones con indicaciones de calidad, y a cultivos de interés agroambiental.

VI. La sostenibilidad como objetivo esencial del Derecho agrario y alimentario

Resulta patente que este cambio sin precedentes, y sin parangón por el momento, en el modo de completar la renta de los agricultores y ganaderos, logró su objetivo estabilizador, y abrió el camino hacia una PAC en la que, sin abandonar la persecución simultánea de los objetivos consagrados por el artículo 33 TCEE (ahora art. 39 TFUE), se pretendía conciliarles con otros intereses generales, haciendo de la agricultura una realidad multifuncional. La comunicación de la Comisión titulada «El futuro del mundo rural», del año 1988, apuntó en esa dirección, y la aparición de los pagos directos condicionados, abría un camino, que se emprendió en las sucesivas reformas de la PAC, hasta la actualidad, completándose con otras innovaciones enfocadas a los mismos objetivos[11].

Desde el punto de vista jurídico, se resalta el carácter voluntario en los primeros considerandos del Reglamento CEE n.° 1765/92 del Consejo de 30 de junio, si bien se trata de una regulación con vocación de generalidad, que resultará precisamente en que, el peso relativo de los pagos directos en la economía del productor europeo oscila, desde su creación, entre el 30 % y el 45 % de sus ingresos brutos y generalizósu aceptación.

Pero es esa voluntariedad, que no impidió su generalización *de facto*, la que explica el funcionamiento de la condicionalidad *(cross compliance)* en los pagos directos de la PAC, porque si la primera obligación asumida por virtud de la condicionalidad de la ayuda fue la retirada de superficies de cultivo de herbáceos en un 30 % a partir de 1993, a ella se añadieron dentro de los llamados «requisitos legales de gestión» (RLG) y «buenas condiciones agrícolas y medioambientales» BCAM otros contenidos obligatorios, modificados en cada nuevo Reglamento de la PAC, o en las llamadas «revisiones a medio plazo» *(mid term)* para el productor, que se han insertado, primero voluntariamente, y luego de modo coercitivo en la actividad agraria relacionados con la biodiversidad, el medio ambiente, el patrimonio y el paisaje como intereses comunes de los que se ha responsabilizado al productor agrario.

Tras profundos cambios en los Tratados, (Maastricht, 7 de febrero de 1992 con entrada en vigor el 1 de noviembre de 1993), que dieron vida a la Unión Europea, y por consecuencia de ellos, especialmente de los artículos 11 («las exigencias de la protección del medio ambiente deberán integrarse en la definición y en la realización de las políticas y acciones de la Unión, en particular con el objeto de fomentar un desarrollo sostenible») y 191 a 193 del TFUE (integrantes del Título XX relativo a Medio Ambiente.

La preocupación por el medio ambiente y la sostenibilidad había arrancado mucho tiempo atrás, puesto que la Directiva de Aves se publicó en 1979, aunque la vigente data del año 2009, y la Directiva de Hábitats, data del año 1992. Ambas afectan a buena parte del territorio español incluido en los catálogos de ZEPAs (Zonas de Especial Protección de Aves), ZECs (Zonas

11 Excelente resumen proporciona Norer, R. «Preface or Genesis and Future of CAP Greening», En *Seguridad Alimentaria y Medio Ambiente*, dirigido por E. Muñiz Espada, 17-21. Valencia: Tirant lo Blanch, 2022.

de Especial Conservación) y LICs (Lugares de Importancia Comunitaria) integrantes de la llamada Red Natura 2000[12]. La mucho mayor biodiversidad existente en la península ibérica, y especialmente en España, que reúne más del 50 % de biodiversidad de la Unión Europea, explica la enorme importancia de las superficies sometidas a especial atención.

En cualquier caso, es en la década de los 90 del pasado siglo cuando la atención al medio ambiente y a la sostenibilidad se hacen transversales a todas las políticas de la UE, y señaladamente a la PAC, en sus dos pilares, ya que si hasta aquí se tratado fundamentalmente de la PAC en su vertiente de garantía o intervención, el Reglamento UE n.° 1257/99 del Consejo de 17 de mayo sobre ayuda al desarrollo rural con cargo al FEOGA, lo extiende al llamado segundo pilar de la PAC concerniente al desarrollo rural, que desde el año 2005 pasó a disponer de fondo específico, el Fondo de Desarrollo Rural, llamado FEADER.

VII. La PAC encaminada hacia la atención al medio ambiente y a la sostenibilidad

Las sucesivas reformas de la PAC han mantenido en esencia ese pago disociado, como una parte imprescindible del sistema de ayudas, sometido a condicionalidad[13] desde 2003 (RLG o *SMR* y BCAM o *GAEC*) que ha cambiado hacia mayor exigencia, y que ha recibido en los sucesivos regímenes, en principio septenales, aunque a menudo haya variado su duración, en más o en menos por consecuencia del calendario institucional de la UE, denominaciones diferentes, como pago único, pago básico, ahora Ayuda Básica a la Renta para Sostenibilidad (ABRS), con la ya mencionada revisión a medio plazo, que en alguna ocasión comportó cambios bastante radicales.

A esa ayuda basada en activación de los derechos preexistentes con aplicación a concretas hectáreas elegibles, se sumaban los llamados pagos asociados a determinadas producciones especialmente interesantes desde el punto de vista agronómico (fijadoras de nitrógeno por ejemplo como las leguminosas) y medioambiental, en la fase del llamado pago básico (desde 2013 hasta 2022)[14], de pagos adicionales de un montante del 30 % en fun-

12 De la Cuesta Saenz, J. «Red Natura 2000 y Aspectos Medioambientales de la PAC: Su Incidencia en el Estatuto de la Propiedad y su Publicidad Registral», en *Seguridad Alimentaria y Medio Ambiente*, dirigido por E. Muñiz Espada, 143-163. Valencia: Tirant lo Blanch, 2022.

13 Cosialls Ubach, A. M. «La Condicionalidad de las Ayudas de la PAC». En *La Nueva PAC 2014-2020*, dirigido por E. Muñiz Espada y P. Amat Llombart, 229 y siguientes. Valencia: Universidad Politécnica de Valencia, 2015.

14 De la Cuesta Saenz, J. «Ayudas y Pagos Directos a los Agricultores», en *La Nueva PAC 2014-2020*, editado por P. Amat Llombart y E. Muñiz Espada, 57 y siguientes. Valencia: Universidad de Valencia, 2015.

ción de obligaciones asumidas voluntariamente *(greening)*, más allá de los RLG y de las BCAM que condicionaban el primer tramo de la ayuda.

Los pagos actuales mantienen la condicionalidad del ABRS en la que se integra el *greening* (antes voluntario), se mantienen algunos pagos asociados, y además se han añadido unos pagos adicionales, fijados por el PEPAC de cada Estado miembro, en virtud de la asunción voluntaria de las obligaciones previstas en los llamados ecorregímenes o ecoesquemas, que pretenden la «hercúlea tarea»[15] de combinar medidas de aseguramiento de suministros *(food security)*, seguridad alimentaria *(food safety)*, Natura 2000, condicionalidad, y disminución de emisiones.

El entorno que ha rodeado a la implantación de este nuevo sistema de ayudas ha sido muy desfavorable a para la actividad productiva agroalimentaria, a causa de la subida de precios de los insumos (energéticos y fertilizantes para la agricultura, y pastos y piensos para la ganadería) por consecuencia del estallido bélico en Ucrania, como también, al menos en algunos Estados miembros, por una climatología muy desfavorable (sequía, etc.), hasta el punto de que se ha hecho necesario acudir a la «flexibilización» de algunas exigencias del conjunto antes descrito.

Por otra parte, la cadena de suministro agroalimentario en algunos momentos había mostrado fallos por consecuencia de la pandemia COVID 19, que se agudizaron con el estallido bélico, lo que impulsó a suprimir la obligación de retirar tierras del cultivo, dada la elevación de los precios experimentada dentro de un general brote inflacionario.

En el momento actual, en que se llevan a cabo los trabajos de siembra temprana de la segunda campaña bajo la aplicación de los PEPACS (de llamativa extensión el español que ocupa más de 2.900 páginas impresas), la situación continúa siendo compleja, a lo que se añade la incertidumbre acerca de la continuidad de las flexibilizaciones aplicadas en la primera campaña, continuamente solicitada por la Organizaciones Profesionales Agrarias, pero todavía no decidida.

VIII. Mención especial de los imprescindibles pero problemáticos productos fitosanitarios y del empleo de fertilizantes nitrogenados

La actividad agraria en la segunda mitad del siglo XX sufrió cambios importantísimos que permitieron incrementar su productividad en beneficio de los agricultores y de los consumidores. Esos cambios obedecían a innovaciones de muy variada naturaleza, entre las que han tenido un importante papel los

15 Norer, R. *Preface or Genesis and Future of CAP Greening*, citado en nota 11 supra, 19.

productos fitosanitarios (herbicidas e insecticidas) fundamentalmente, cuyos efectos sobre el medio ambiente y la biodiversidad, han sido siempre objeto de estudio y preocupación, que en muchas ocasiones, ha aconsejado finalmente la prohibición de comercialización de muchos de ellos, de lo que fue un primer ejemplo el pasado siglo XX el insecticida DDT, cuya suerte han seguido y siguen en la actualidad otros muchos principios activos.

Algunas de esas vicisitudes influyen en la productividad de la agricultura de modo notable, y son recibidas por los agricultores con resignación, lo que constituye una buena muestra de su deseo de contribuir a la defensa del medio ambiente natural y de la sostenibilidad de la actividad agraria, y por supuesto de la defensa de la salud de las personas. Es la investigación científica la que debe tener la última palabra para excluir todo efecto perverso de esas innovaciones tecnológicas aconsejables si no imprescindibles, para cumplir los objetivos de la PAC, pero desde el punto de vista jurídico lo que ha de aplicarse es sin duda el principio de precaución, entendido en el sentido de que en caso de amenaza para el medio ambiente o para la salud de las personas, en situación de incertidumbre científica, se tomen medidas para conjurar el peligro, lo que conduce a una permanente variación del catálogo de principios activos de uso permitido. (prohibición de neonicotinoides por ejemplo, y estudio de la autorización del glifosato).

Por lo que atañe a los fertilizantes nitrogenados, la evaluación de los niveles de la contaminación nítrica de las aguas ha generado ya notable conocimiento de las zonas afectadas y de las limitaciones que deben imponerse, y que se pueden vigilar a través de los cuadernos de campo, en el futuro próximo digitalizados y cognoscible en tiempo real.

IX. El Derecho agrario bajo la égida de la sostenibilidad

Abundando en lo tratado hasta aquí hay, que concluir que el Derecho agrario ha visto nacer, y eclipsarse, en los más de sesenta años transcurridos desde los orígenes de la PAC, multitud de institutos jurídicos.

El Prof. Antonio Carrozza tuvo siempre muy claro que el llamado Derecho Agrario Comunitario tenía, como disciplina jurídica, la peculiaridad de referirse a institutos jurídicos incompletos, variables y de vida corta, lo que les hacía similares a los cometas, en comparación con la fijeza de las estrellas y los astros[16], a los que eran comparables los institutos jurídicos que estudió el viejo Derecho Agrario.

---

16 Carrozza, A. «Gli Istituti del Diritto Agrario Comunitario», en *Introduzione allo Studio del Diritto Agrario Comunitario*, dirigido por M. Goldoni y A. Massart, 121 y siguientes. Pisa: ETS, 1992.

Lo hasta aquí tratado corrobora su docta opinión, pero no cabe duda, de que esa peculiaridad ha terminado por permear el conjunto del Derecho agrario, y que, en materia de contratos, por ejemplo, el contrato alimentario regulado por las Ley 12/2013 de 2 de agosto para la mejora del Funcionamiento de la Cadena Alimentaria (LMFCA), así como sus homólogas en otros Estados miembros de la UE, han tenido la nota común de ser incompletas e inestables, como lo es la propia Directiva UE 2019/633 del Parlamento y del Consejo de 17 de abril relativa a las prácticas comerciales desleales en las relaciones entre empresas en la cadena de suministro agrícola y alimentario.

Por lo que respecta a la LMFCA, ha sido objeto de reforma: 1.ª) Por Ley 12/2014 de 9 de juli; 2.ª Por Ley 6/2015 de 12 de mayo; 3.ª Por Ley 28/2015 de 30 de julio; 4.ª) Por STC 66/2018 de 25 de mayo; 5.ª) Por RDL 5/2020 de 25 de julio; 6.ª Por Ley 8/2020 de 16 de *diciembre; 7.ª Por Ley 16/2021 de 14 de diciembre y 8.ª Por la misma Ley que en parte* con entraba en vigor el 16 de junio 2022).

Ocho cambios a lo largo de nueve años de vigencia son buena prueba de esa pérdida de fijeza de las normas del Derecho Agrario de los Estados de la UE, de la que da también una buena muestra la inestabilidad del *Code Rural* de la vecina Francia, que sufre un creciente ritmo de reformas.

X. Conclusión

El cambio, prácticamente inevitable, acaecido en la PAC en 1992, permitió que, manteniéndose la vigencia de sus objetivos iniciales, ahora recogidos en el artículo 39 del TFUE, se impusiesen crecientes obligaciones relativas al medio ambiente en virtud del mismo Tratado. El ideal de la producción ecológica, asumiendo las exigencias máximas, resulta un *desideratum* que los objetivos del artículo 39 TFUE no permiten generalizar, aunque sí permiten regular y proteger como alternativa coexistente con otros tipos de producción[17], y así las cosas se ha venido progresando en el cuidado del medio ambiente.

En lo que atañe a empleo de fitosanitarios la retirada del mercado de principios activos es permanente, con efectos sin duda beneficiosos para el medio ambiente, pero nocivos para la productividad de las explotaciones.

Más neutral resulta la asunción voluntaria de los ecorregímenes, que ha tenido una notable aceptación, próxima al 92 % en la comunidad autónoma con mayor superficie agraria útil, y que planteaba exigencias de rotación y técnicas de cultivo especialmente orientadas a la agricultura de conservación de suelos y zonas de biodiversidad.

17 De la Villa Briongos, I. *Régimen Jurídico de la Producción Ecológica en España*. Madrid: Reus, 2021, 172 y siguientes.

El acuerdo alcanzado por la UE el día 10 de noviembre, acerca de la Ley de Restauración de la Naturaleza, puede tener repercusiones generalizadas en muchos de los aspectos que aquí se han abordado, y, sobre todo, anuncia una evaluación permanente de la presencia de carbono en los suelos y de la salud de poblaciones de agentes polinizadores, y de otras poblaciones de insectos.

En lo que atañe a la actividad de cría intensiva la Ley 7/2023 de 28 de marzo de Protección de los derechos y del Bienestar de los Animales, puede tener una incidencia notable en los costes de algunos tipos de explotaciones (gallinas, conejos) y consiguientemente en la cadena alimentaria.

En suma, los progresos en el cuidado del medio ambiente son innegables, y su incidencia en la actividad agraria muy notable, aunque los logros deban ser medidos en una cuidadosa evaluación permanente, que permita implementar medidas eficaces para la sostenibilidad.

XI. Bibliografía

Ballarín Marcial, A. «El Derecho Comunitario Regulador de los Precios de las Producciones Agrarias: Antecedentes, Principios Generales y Orientaciones Actuales», *Revista de Derecho Agrario y Alimentario*, no. 13 (1989): 23 y siguientes.

Blumann, C. *Politique agricole commune. Droit communautaire agricole et agroalimentaire*. París: Litec, 1997, 99-110, califica los años 1958 a 1970 como período de «lanzamiento» de la PAC, los años 1970 a 1980, como período de «consolidación», y los años 1980 a 1992 como período de «crisis y turbulencias», cronología que comparto.

Caillosse, J. «Sur la Progression en Cours des Techniques Contractuelles d'Administration». En *Le droit contemporain des contrats*, coordinado por Loïc Cadiet, 99 y siguientes. París: Economica, 1987.

Carrozza, A. «Gli Istituti del Diritto Agrario Comunitario». En *Introduzione allo Studio del Diritto Agrario Comunitario*, dirigido por M. Goldoni y A. Massart, 121 y siguientes. Pisa: ETS, 1992.

Cosialls Ubach, A. M. «La Condicionalidad de las Ayudas de la PAC». En *La Nueva PAC 2014-2020*, dirigido por E. Muñiz Espada y P. Amat Llombart, 229 y siguientes. Valencia: Universidad Politécnica de Valencia, 2015.

De la Cuesta Saenz, J. «La Regulación de los Mercados Agrarios en España». *Revista de Derecho Agrario y Alimentario*, no. 9 (1989): 3 y siguientes.

De la Cuesta Saenz, J. «Red Natura 2000 y Aspectos Medioambientales de la PAC: Su Incidencia en el Estatuto de la Propiedad y su Publicidad

Registral». En *Seguridad Alimentaria y Medio Ambiente*, dirigido por E. MUÑIZ ESPADA, 143-163. Valencia: Tirant lo Blanch, 2022.

DE LA CUESTA SAENZ, J. «Ayudas y Pagos Directos a los Agricultores». En *La Nueva PAC 2014-2020*, editado por P. AMAT LLOMBART y E. MUÑIZ ESPADA, 57 y siguientes. Valencia: Universidad de Valencia, 2015.

DE LA VILLA BRIONGOS, I. *Régimen Jurídico de la Producción Ecológica en España*. Madrid: Reus, 2021, 172 y siguientes.

DE LOS MOZOS DE LOS MOZOS, J. L. «El Derecho Agrario: Estado Actual de la Cuestión», *Estudios de Derecho Agrario*, 2.ª serie, 13 y siguientes. Valladolid: Universidad de Valladolid (UVA), 1981.

DE LOS MOZOS DE LOS MOZOS, J. L. *Estudios de Derecho Agrario*. Madrid, 1972, 57 y siguientes.

ERREA, M.P., y **T. LASANTA MARTÍNEZ**. «La PAC y la Retirada de Tierras de Cultivo en Aragón», *Revista de Estudios Agrosociales*, no. 104 (1993): 43 y siguientes.

LAMO DE ESPINOSA, J. «El Acta Única Europea y la Agricultura», *Revista de Estudios Agrosociales*, no. 146 (1988). Resumen del mismo autor en *Revista de Derecho Agrario y Alimentario*, no. 13 (1989): 32 y siguientes.

MASSOT MARTÍ, A. «Aspectos Jurídicos de la Aplicación del Principio de Corresponsabilidad de los Productores en la PAC», *Revista de Derecho Agrario y Alimentario*, no. 14 (1989): 26 y siguientes.

NORER, R. «Preface or Genesis and Future of CAP Greening», En *Seguridad Alimentaria y Medio Ambiente*, dirigido por E. MUÑIZ ESPADA, 17-21. Valencia: Tirant lo Blanch, 2022.

CAPÍTULO 2

LA SOSTENIBILIDAD DE LOS SISTEMAS AGROALIMENTARIOS

Fernando López Ramón
Profesor emérito, Universidad de Zaragoza

RESUMEN. En este trabajo se aplica el principio de sostenibilidad a los sistemas agroalimentarios en sus vertientes económica, social y ambiental. En cada una de esas perspectivas, tratamos de identificar las técnicas y los instrumentos empleados en las políticas española y europea desde la década de 1940 hasta la actualidad. El análisis sirve para poner de relieve las carencias en el logro de los objetivos y la fuerte interrelación existente entre ellos. Como conclusión se impone la necesidad de persistir conjuntamente en la realización de las tres modalidades de la sostenibilidad agroalimentaria.

PALABRAS CLAVE. Sistemas agroalimentarios. Sostenibilidad económica, social y ambiental. Políticas agrarias españolas. Política Agraria Común.

ABSTRACT. This paper applies the principle of sustainability to agri-food systems in their economic, social and environmental aspects. In each of these perspectives, the aim is to identify the techniques and instruments used in Spanish and European policies from the 1940s to the present. The analysis serves to highlight the gaps in the achievement of the objectives and the strong interrelationship between them. In conclusion, it is necessary to persist jointly in the realization of the three modalities of the sustainability of agri-food systems.

KEY WORDS. Agri-food systems. Economic, social and environmental sustainability. Spanish agricultural policies. Common agricultural policy.

I. La compleja formación de la sostenibilidad agroalimentaria

La sostenibilidad ha penetrado en las más variadas funciones públicas, en las estrategias empresariales, en los comportamientos sociales y aun en las conductas individuales, cuyo carácter se impone como marchamo de modernidad y resiliencia[1]. De su inicial aplicación ambiental, ha pasado a incluir nuevos contenidos, según cabe advertir en la Ley de Economía Sostenible (2011), donde se reclaman tres sentidos del «crecimiento sostenible»:

a) El económico, que implica la mejora de la competitividad, la innovación y la formación.

b) El social, que conduce a la igualdad de oportunidades y la mayor cohesión de la sociedad.

c) El ambiental, que afecta a la gestión racional de los recursos naturales.

Tan extensas implicaciones de la sostenibilidad invitan a considerarla como una expresión polisémica, ambigua y, en definitiva, incómoda. Sin embargo, su éxito lingüístico pudiera hacernos reflexionar sobre la necesidad de un concepto indeterminado que nos ayude a significar el nuevo modelo de sociedad al que aspiramos.

En tal sentido, es probable que ese modelo pueda expresarse como Estado Democrático, Social y Sostenible de Derecho, con la intención de reunir en una fórmula sintética las sucesivas conquistas ciudadanas en el diseño de los poderes públicos generales:

a) La conquista jurídica del Estado de Derecho, cuyos orígenes se remontan al reconocimiento, en el primer constitucionalismo, de los derechos fundamentales y la separación de poderes.

b) La conquista igualitaria del Estado Democrático, plasmada no sólo en el reconocimiento del sufragio universal, sino también en la defensa y aseguramiento de la plena igualdad —formal y real— de todos los seres humanos, independientemente de cualesquiera condiciones personales o sociales.

c) La conquista servicial del Estado Social, desarrollada paulatinamente para garantizar los servicios públicos y los beneficios de la acción social esenciales en el bienestar de las personas.

d) La conquista ecológica del Estado Sostenible, mediante la que se trata de asegurar la pervivencia de la especie y del planeta con todos los seres, elementos y conexiones que lo pueblan o lo caracterizan.

---

1 Entre las variadas referencias al concepto y alcance de la sostenibilidad, véase J. L. Piñar (2002).

Conquistas alcanzadas parcialmente, esto es, sin perjuicio de sus carencias y limitaciones, que llevan a la necesidad de introducir continuas mejoras en todas las facetas: a fin de lograr el control y la rendición de cuentas de los gobernantes, superar los obstáculos que a la igualdad se ofrecen en la realidad, profundizar en las nuevas necesidades sociales o superar las visiones negacionistas y reduccionistas que condicionan el alcance de los avances en la conservación.

De cualquier manera, el principio de sostenibilidad se nos presenta en la actualidad como objetivo fundamental de variados sectores de actuación, entre los que se incluye destacadamente el agroalimentario. Aquí vamos a tratar de reflexionar sobre los orígenes, las manifestaciones y los efectos de las diferentes variantes de la sostenibilidad agroalimentaria: la económica, la social y la ambiental. Para ello, seleccionaremos algunos elementos característicos de esas tres vertientes, pues nuestro objetivo no es agotar la descripción de las técnicas empleadas, sino reflejar las distintas aproximaciones en la búsqueda de la sostenibilidad, que interpretamos como un recorrido histórico en el que se han forjado los complejos sistemas agroalimentarios contemporáneos.

a) Situaremos el período inicial de nuestro recorrido, en la búsqueda de la *sostenibilidad económica* agraria, tras los desastres de la Guerra Civil en España y de la Segunda Guerra Mundial en Europa. Se estaba todavía lejos de configurar una política integrada sobre el mundo rural. Los problemas acuciantes eran otros: combatir las hambrunas, asegurar el abastecimiento de la población, y garantizar una producción estable y suficiente para cubrir las necesidades alimenticias. El punto de mira era, en realidad, el mundo urbano, eran las ciudades, que habían experimentado terribles experiencias de caos, destrucción y carencias materiales a las que era preciso hacer frente. En el caso español, la situación venía agravada por el aislamiento internacional durante los «años del hambre», que determinaron la aplicación de unas políticas intervencionistas propias del régimen autoritario. En el contexto europeo, más aliviado por las ayudas del plan Marshall, se puso en marcha la PAC, que, poco a poco, pero de manera imparable, junto a la intervención sobre los mercados, asumirá también aspectos de defensa del mundo rural y de la biodiversidad. En todo caso, sobre estos pasos iniciales, se ha construido la garantía de productividad, tan necesaria para la sostenibilidad económica de los sistemas agroalimentarios.

b) En los planteamientos tradicionales de nuestra experiencia, la *sostenibilidad social* no constituyó una prioridad de la intervención administrativa sobre las estructuras agrarias. Las inversiones públicas se orientaban particularmente a la realización de obras de regadío y colonización, mientras que las medidas policiales y de fomento iban encaminadas a exigir una productividad eficiente conforme al modelo de la explotación familiar agraria. En nuestro caso, las corrientes migratorias del campo a la ciudad pusieron de relieve el fracaso de estas medidas, que no han servido para hacer frente al grave problema de despoblación de la «España vacía» o «vaciada». En la misma configuración de la PAC, antes de la década iniciada en 1970, tan apenas encontramos medidas de apoyo al desarrollo y a la mejora de la calidad de vida de las comunidades rurales. No obstante, la búsqueda de la sostenibilidad social es un componente esencial en la ordenación del medio rural.

c) La última incorporación, la *sostenibilidad ambiental*, ha venido de la mano de la política ambiental comunitaria, a partir especialmente de la formalización del principio de integración en el Acta Única Europea (1986). Las amplias medidas puestas en marcha para la protección de la biodiversidad se han traducido en fórmulas variadas, como la eco-condicionalidad o la producción integrada agraria. Sin embargo, persisten graves cuestiones pendientes de una adecuada solución frente al modelo de la equívocamente denominada *Green Revolution*, que potencia el consumo de agua, el uso de plaguicidas y fertilizantes, y el empleo de semillas transgénicas. En ese panorama, los esfuerzos por alcanzar la sostenibilidad ambiental caracterizan a buena parte de los modernos instrumentos de intervención sobre nuestros sistemas agroalimentarios.

Como vemos, las variantes de la sostenibilidad han ido conformando una larga y compleja trayectoria. Ciertamente, hasta la divulgación del concepto a finales de la década de 1980, se empleaban otras expresiones para referirse a las técnicas empleadas. Así, en el caso español, sucesivamente fueron acumulándose las grandes líneas de actuación, desde el reparto de la tierra, que siempre ha nutrido a las reformas agrarias de la esperanza del campesinado, al control de los precios y los mercados bajo los designios de la política autárquica, las grandes obras de transformación agraria y colonización, y las actuaciones de ordenación rural, así como el fomento de la explotación familiar agraria.

El conglomerado de intervenciones públicas, antes de nuestro ingreso en la CEE, era difícil de comprender y ha continuado siéndolo bajo el ala protectora de la PAC, que aúna muy variados mecanismos en torno a sus dos pilares: la organización común de los mercados y la política de desarrollo rural. Es verdad que la racionalización económica experimentada por estas vías en los sistemas agroalimentarios ha sido notable en su conjunto. No obstante, el mundo rural español, más allá de la mejora de la productividad y la modernización de las explotaciones, subsiste aquejado de la despoblación y el envejecimiento, así como de la incompleta integración ambiental o dicho más directamente, generando los problemas de contaminación que se vinculan a los objetivos de mantener e incrementar una agresiva productividad agraria.

Es ahí, en relación con los puntos oscuros de nuestros sistemas agroalimentarios, donde hemos de situar el moderno concepto de la sostenibilidad, propugnando la unión de sus perspectivas económica, social y ambiental. Ahora bien, antes de adoptar esa conclusión, conviene que repasemos las trayectorias de cada vertiente por separado, a fin de calibrar los respectivos logros y flaquezas.

II. La sostenibilidad económica de las explotaciones agrarias: de las medidas autárquicas a la organización común de los mercados

Como ya hemos indicado, tras los conflictos bélicos de la primera mitad del siglo XX, en toda Europa, las políticas agrarias hubieron de hacer frente a un panorama de depresión económica y de escasez de alimentos. Las hambrunas habían causado estragos en la población, particularmente en la España franquista de los «años del hambre» (1939-1951), en la Holanda sojuzgada por el régimen nazi durante el «invierno del hambre» (1944-1945) o en la Alemania ocupada por las fuerzas aliadas, cuando el consumo diario medio por persona no superaba las 1.500 calorías (1946-1947).

- En el *caso español*, durante el período de la autarquía, el Estado de vocación totalitaria asumió las tareas de abastecimiento de unos mercados fuertemente intervenidos y de alimentación de una población sujeta a estrictas dietas de racionamiento[2]. Dos organismos canalizaron las principales actuaciones: el Servicio Nacional del Trigo, creado durante la contienda (1937) para controlar los precios mediante la compraventa obligatoria de toda la producción del cereal; y la Comisaría General de Abastecimientos y Transportes (1939), encargada de asegurar el suministro de alimentos mediante adquisiciones, en especial de productos intervenidos o incautados.

Paralelamente, se puso en marcha una política de reparto de la tierra que pretendía poner fin a la agitación y las revueltas campesinas de épocas anteriores a través del acceso a la propiedad de las explotaciones agrarias. El Instituto Nacional de Colonización (1939) fue encargado de esa transformación y redistribución de la propiedad rústica, funciones potenciadas al asumirse por el Estado la construcción de las grandes obras hidráulicas que permitieron la colonización de las zonas regables (1949).

Llegó a aprobarse una compleja legislación agraria, que incluiría medidas de éxito variable para favorecer las explotaciones familiares agrarias o para exigir a los propietarios el adecuado cultivo de las fincas mejorables. Con la

2 Sobre la situación española en los «años del hambre», véanse los estudios recogidos en M. A. del Arco (2020).

creación del Instituto de Reforma y Desarrollo Agrario (1971) se potenciaron las estructuras administrativas implicadas, llevándose a cabo poco después la refundición de la normativa aplicable (1973).

Ya en el período democrático, la Constitución (1978) se limitó a asumir el objetivo de modernización y desarrollo de la agricultura y la ganadería (art. 130.1), en un texto que ha sido calificado de anodino, vago e impreciso, y también de norma reticente e incolora, calificaciones que parecen exactas, sin perjuicio de que el precepto pudiera emplearse para justificar una mayor intervención pública en este ámbito.

En todo caso, junto a la anterior declaración, en la misma Constitución se optó por permitir a las comunidades autónomas asumir competencias en materia de agricultura y ganadería, aunque reservando al Estado la ordenación general de la economía (art. 149.1.13.ª). Sin entrar ahora en las complejidades de la distribución de competencias, cabe destacar que, en la primera legislación autonómica, se advirtió una cierta continuidad del viejo ideal del reparto de la tierra, que reviviría significativamente en Andalucía (1984), contando también con interesantes aplicaciones en otros territorios.

No vamos a profundizar en esas regulaciones, dado que el ingreso de España en las Comunidades Europeas (1986) determinó la aplicación de la Política Agrícola Común (PAC), que, desde entonces, pasó a caracterizar a nuestros sistemas agroalimentarios. Por eso, conviene repasar brevemente la trayectoria europea en la materia.

- En la *Europa Occidental* beneficiada por el plan Marshall (1948-1952), una parte de las ayudas para la reconstrucción hubo de emplearse para importar alimentos de Estados Unidos[3]. En todo caso, el espectacular crecimiento económico de la zona europea permitió superar la situación de carencia alimentaria. No obstante, la memoria de los sufrimientos pasados, combinada con la depresión que, en contraste con otros sectores, se advertía en el mundo rural, determinaron finalmente la inclusión de la PAC en el Tratado de la CEE (1957)[4].

En el aspecto económico que aquí nos interesa, el primer pilar de la PAC, que empezó a funcionar en 1962, consistió en la organización o reglamentación común de los mercados agrarios con los objetivos destacados de garantizar un nivel de renta equitativo a la población rural y asegurar los abastecimientos a precios razonables para el consumidor. El complejo régimen de precios pasó a ser el elemento protagonista de la organización común de los mercados agrarios y aun de la misma PAC.

De especial importancia fue el precio de intervención (también denominado mínimo, fijo, de compra, de retirada o de referencia), que establecía

3 Sobre el plan Marshall véase M. J. Hogan (1987).

4 Sobre la formación y evolución de la PAC, véase J. R. Fernández Torres (2000).

el nivel de precios al que la Comunidad tenía obligación de comprar algunos productos si no encontraban comprador ni en el mercado interior ni en el exterior. Era el protagonista del sistema, pues, aunque no se aplicaba a todos los productos, terminó generando un considerable gasto, lo que trató de compensarse mediante mecanismos variados como el almacenamiento, la desnaturalización, las primas a la no comercialización, la reconversión de sectores, el arranque de frutales o las cuotas de producción.

Según es bien conocido, el creciente gasto agrícola y la necesidad de paliar los desequilibrios entre oferta y demanda motivaron las reformas McSharry (1992). De las ayudas ligadas a la producción se pasó a unas ayudas a la renta de los agricultores con pagos por hectárea y cabeza de ganado.

Posteriormente, las crisis alimentarias generadas por la grave enfermedad de las vacas locas (1995) o el pánico producido en torno a la desinformación sobre las dioxinas en las aves (1999), pese a su diferente dimensión, determinaron una creciente preocupación de la ciudadanía europea por las cuestiones de seguridad alimentaria. En tiempo récord, hubo de crearse la agencia encargada de evaluar los riesgos, transmitir información veraz y asesorar a las instituciones de la Unión (2002). Actualmente, la Autoridad Europea de Seguridad Alimentaria encabeza una red de agencias nacionales que, a su vez, conectan con agencias o redes de información regionales y locales[5].

La Unión Europea también hubo de hacer frente a las exigencias de liberalización por parte de la Organización Mundial de Comercio (OMC), que se plasmaron en el Acuerdo sobre Agricultura (1995)[6]. En la Agenda 2000, se puso en marcha una nueva reforma de la PAC con ayudas directas a la renta, disminución de la cuantía de los precios de intervención y medidas de incremento de la competitividad de la agricultura europea.

El nuevo sistema de ayuda directa a los agricultores, el denominado pago único (2003), se calcula en función de las ayudas recibidas en un determinado período de referencia con independencia de los niveles de producción. Así, el pago único va sustituyendo a los pagos directos acoplados a la producción, con el objetivo de incrementar el protagonismo del mercado, dando una mayor legitimidad social a las ayudas, además de instaurarse una gestión más eficiente de los recursos presupuestarios.

El siguiente proceso de reforma de la PAC culminó en 2013, asumiéndose el objetivo de lograr una mejor orientación de las ayudas a los agricultores activos, junto con un papel más destacado de los aspectos ambientales, mediante el pago verde, conocido como *greening*, que se vincula al respeto de determinadas prácticas ambientales.

---

5 En materia de seguridad alimentaria, puesta en relación con la protección ambiental, véanse los estudios recogidos en el volumen dirigido por E. Muñiz Espada (2022).

6 En relación con la OMC y el Acuerdo sobre Agricultura adoptado en la Ronda Uruguay, véase A. Bueno Armijo (2007).

La última reforma de la PAC (2020) tiene por objeto aportar un nuevo enfoque, dando autonomía a los Estados miembros para elaborar **planes estratégicos** conforme a sus necesidades en consonancia con los objetivos comunes de la Unión Europea. Se presta especial atención a los requisitos ecológicos, condicionando la financiación, como ya venía sucediendo, al cumplimiento de las regulaciones ambientales, e introduciendo también diversas gratificaciones para las buenas prácticas ecológicas. Además, se consideran beneficiarios prioritarios de los pagos directos a las pequeñas explotaciones y a los jóvenes agricultores.

- A la vista de esta evolución, si por *sostenibilidad económica* de nuestros sistemas agroalimentarios entendiéramos la capacidad de mantener una productividad suficiente y constante para atender a las necesidades alimenticias de la población, podríamos concluir que ese dato concurre en el ámbito europeo. No ha sido fácil alcanzarla desde unos puntos de partida trágicos y miserables, han sido variados y no siempre fáciles de superar los avatares que han rodeado las diferentes etapas, han surgido incluso, como es notorio, gravísimos factores de incertidumbre con la guerra de Ucrania y el incremento de las corrientes migratorias, pero, así y todo, la capacidad productiva de la Unión parece suficiente para garantizar el consumo interno. Quizá se presenten más dificultades para mantener las exportaciones del sector alimentario, que precisan importaciones de variadas materias primas.

De cualquier forma, sucede que no podemos medir la sostenibilidad económica con arreglo a términos puramente cuantitativos, que son necesarios, pero no suficientes. Seguridad y mercado, como hemos visto, son las dos grandes pautas que han de vertebrar la producción alimentaria. La primera de esas vertientes no se reduce a exigencias imperativas de sanidad, higiene o trazabilidad, pues conecta inevitablemente con la calidad de los alimentos, cuya promoción es una vía muy adecuada de garantizar la seguridad. En cuanto al mercado agrario, la transición, desde el marco de sobreprotección en el que se desarrolló inicialmente la PAC a las cotas de mayor liberalización impuestas por la OMC, no deja de plantear tensiones con los colectivos afectados por la posible incidencia en las rentas agrarias.

En estas consideraciones, se pone ya de manifiesto la necesidad de conectar las tres vertientes de la sostenibilidad agroalimentaria. La económica a la nos estamos refiriendo requiere una producción sostenible también en los planos social y ambiental como pasamos a exponer.

III. La sostenibilidad social del medio rural: lucha contra la despoblación y acción estructural

- En la *experiencia española*, se han aplicado muy variadas medidas de intervención sobre las estructuras agrarias. Todas ellas están dominadas por la óptica de mejorar las condiciones de la vida rural y en último extremo combatir la despoblación, que, conforme fue avanzando el siglo XX, se consolidó como el gran problema a afrontar[7].

La *política de colonización*, a la que ya hemos hecho alguna referencia, constituía el elemento de la reforma agraria más tradicional. Contaba con una amplia gama de precedentes, como las repoblaciones de zonas de frontera incentivadas en los fueros medievales, las experiencias ilustradas de colonización de Sierra Morena con agricultores bávaros, el establecimiento decimonónico del «coto redondo acasarado», la puesta en marcha de la colonización interior tras la independencia de las antiguas colonias o la reforma agraria de tintes revolucionarios en la Segunda República. La idea dominante, según se indicaba en una Ley de 1907, era «arraigar en la nación a las familias desprovistas de medios de trabajo» para «disminuir la emigración y poblar el campo». Tras la Guerra Civil, esta línea de actuación pública se orientó a la transformación de amplios territorios, especialmente mediante importantes obras hidráulicas, y también a la constitución y reparto de nuevas explotaciones agrarias de tipo medio.

Efectivamente, la finalidad perseguida en las denominadas «grandes zonas de interés nacional» era doble: por una parte, se trataba de realizar la transformación de la zona, cambiando profundamente sus condiciones económicas y sociales mediante obras y trabajos complejos que superaban la capacidad privada; pero, por otra parte, junto a ese objetivo, se perseguía asimismo crear nuevas explotaciones agrarias que serían distribuidas entre agricultores modestos.

Para dar idea de la magnitud de las operaciones, conviene señalar que éstas comprendían todas las obras necesarias hasta la declaración de «puesta en riego» de las unidades de explotación: obras de urbanización, que incluían la construcción de nuevos poblados, obras viarias, obras hidráulicas, obras forestales y obras de mejora agrícola.

Paralelamente, la Administración agraria debía iniciar el procedimiento encaminado a determinar las superficies de la zona que serían expropiadas (la «tierras en exceso») a fin de formar las nuevas explotaciones agrarias (los «lotes»). Era un proceso de redistribución de la propiedad que se justificaba en las cuantiosas inversiones públicas requeridas por las obras de transformación. Las grandes fincas de secano, parceladas tras la llegada del agua de riego, eran adjudicadas a cultivadores directos (los «colonos») que se asentaban con sus familias en las nuevas poblaciones: primero, en régimen de concesión administrativa, hasta que, cumplidas las obligaciones de cultivo directo y personal, así como las de pago de las cuotas correspondientes en los plazos establecidos, se accedía a la propiedad de la explotación. El rela-

7 Entre los variados estudios referidos a la despoblación, bajo la óptica jurídica cabe destacar últimamente la completa exposición de F. J. SANZ LARRUGA (2021) y los trabajos dirigidos por D. SANTIAGO & *alii* (2021).

tivo éxito a medio plazo de estas operaciones ha de ser, sin embargo, compensado con la tendencia al abandono del cultivo directo por los descendientes de los primeros colonos y los subsiguientes procesos de concentración de la propiedad en las zonas que fueron transformadas.

Los modernos *sistemas ganaderos industriales* se introdujeron de manera general en España en la década iniciada en 1960. Tuvo lugar entonces una modificación sin precedentes de la ganadería española, con introducción de razas extranjeras, opción estabuladora, alimentación con piensos compuestos y gestión mediante los contratos de integración ganadera empleados por las empresas productoras de piensos. Los sistemas tradicionales entraron entonces en una crisis que probablemente hemos de considerar ya definitiva, sin perjuicio de la pervivencia o la recuperación de algunas modalidades de ganadería extensiva.

Diversos factores contribuyeron a los cambios, como la ayuda norteamericana para la importación de soja y semillas usadas en la fabricación de piensos compuestos tras el Tratado de Amistad y Cooperación con Estados Unidos (1953) o la prosperidad fomentada por el Plan de Estabilización (1959), que hizo crecer la demanda de carne y leche. Pero, especialmente, la estabulación fue la opción vivamente recomendada en el Informe del Banco Mundial sobre la economía española (1965). De esta forma se produjo, ciertamente, un evidente progreso económico inmediato, pero ello a costa de una fuerte dependencia genética, sanitaria y tecnológica del extranjero, así como de la generación de notables problemas ambientales por malos olores y vertidos.

Al calor de la planificación del desarrollo económico-social, como vía ampliatoria de las actuaciones de concentración parcelaria, surgió el concepto de la *ordenación rural* (1963). La reordenación de la propiedad se mostraba insuficiente para atender a las necesidades de transformación agraria, que exigían formar explotaciones agrarias modernas y viables. Los amplios objetivos asignados a esta función pública comprendían, junto a la concentración parcelaria, la promoción de la agricultura de grupo, las obras y mejoras en las explotaciones, la planificación de cultivos, el fomento de la instalación de industrias alimentarias y la formación profesional. En la legislación, las operaciones se diseñaban como una reforma integral del medio rural afectado, aunque los resultados prácticos fueron modestos.

La promoción de la *agricultura de montaña*, cuyo tratamiento especial se impuso en la Constitución (art. 130.2), constituye una política introducida por un temprano influjo de la normativa de la CEE (1982). Las finalidades consisten en posibilitar el desarrollo social y económico de las zonas de montaña, mantener en ellas un nivel demográfico adecuado, y atender a la conservación y restauración del medio físico. Para ello se prevé un conjunto muy variado de acciones y medidas de protección ambiental, obras públicas, formación profesional y, sobre todo, medidas de fomento de la agricultura, los aprovechamientos forestales y ganaderos, el turismo, la industria y la artesanía. En conjunto, la regulación parecía ofrecer posibilidades para llevar a cabo una ordenación integral de la montaña, aunque la excesiva generalidad de los criterios determinantes de la identificación de las zonas beneficiadas propició las designaciones fundadas en la influencia política[8].

- En el ámbito *europeo*, junto a la política de precios adoptada en la organización común de los mercados, la CEE puso en práctica una *acción socio-estructural*, cuyo fundamento económico residía en la necesidad de contar con explotaciones agrarias rentables, aptas para concurrir en un mercado menos intervenido. Los fundamentos jurídicos podían encontrarse en los objetivos de la PAC relativos a la garantía de un nivel de vida equitativo de la población rural, el impulso de la formación profesional, la investigación y la divulgación de conocimientos agronómicos, y la promoción de las explotaciones desfavorecidas por condiciones estructurales o naturales.

En realidad, inicialmente, bajo el Plan Mansholt (1972), se establecieron medidas tendentes a atajar la excesiva incidencia de los criterios sociales en la determinación de los precios agrícolas. El abandono de tierras agrícolas y la disminución de la población rural fueron las protagonistas en esos intentos de modernizar las explotaciones agrarias. Paulatinamente, el foco de las intervenciones se dirigió al apoyo de la agricultura de montaña y otras zonas desfavorecidas (1975) o a la mejora de las estructuras de transformación y comercialización de productos agrarios (1977). Tras el replanteamiento llevado a cabo en el período 1985-1988, las medidas estructurales atienden especialmente a la consolidación o formación de explotaciones agrarias rentables y a la modernización de las estructuras comerciales.

Más recientemente, se advierte una decidida implicación en la sostenibilidad social de los sistemas agroalimentarios de la Unión. En diversos documentos previos, como la Comunicación sobre el futuro de los alimentos y la agricultura (2017), encontramos la opción por una producción agrícola sostenible en términos de salud y nutrición. Particularmente, en la Estrategia «de la granja a la mesa» (2020), se desarrolla un sistema alimentario sostenible en todas sus fases: en la producción, en la seguridad y en la evitación del desperdicio. En la formulación definitiva de la nueva PAC, a partir de 2023 se potencian los planes estratégicos estatales, con particular énfasis en los objetivos sociales de apoyo a las rentas agrarias, a los jóvenes o a las mujeres[9].

- Un adelanto español de estos últimos planteamientos lo encontramos en la legislación de *desarrollo rural sostenible* (2007), que trata de organizar la cooperación entre los tres niveles de poder territorial: el estatal, el autonómico y el local. Se establecen finalidades de mantenimiento y ampliación de

---

8 Sobre el régimen jurídico de las zonas de montaña, véase J. OLIVÁN DEL CACHO (1994).

9 Véanse los estudios sobre cohesión social y territorial recogidos por M. FERNANDO PABLO & J. L. DOMÍNGUEZ ÁLVAREZ (2022); también el conjunto de propuestas para la revitalización del medio rural del Consejo Económico y Social de España (2021).

la base económica del medio rural, del nivel de población, y del patrimonio natural y cultural. Específicamente, se identifican objetivos de fomento de una actividad económica continuada y diversificada, de dotación de infraestructuras y equipamientos o de acceso a la vivienda[10].

Como instrumento principal de aplicación se prevé un programa nacional de las zonas rurales prioritarias, que se delimitan en función de su baja densidad poblacional y escasa actividad económica. Las acciones encaminadas al desarrollo rural sostenible comprenden, por supuesto, el apoyo a la actividad agraria, con particular atención a la formación profesional y a las necesidades de algunos colectivos como mujeres, jóvenes o empresarios individuales. Pero también se incluyen medidas de diversificación económica, de conservación de la naturaleza, de creación y mantenimiento del empleo, de promoción de energías renovables, especialmente de las derivadas de la biomasa, de gestión integral del agua, de incremento de la seguridad ciudadana o de mejora de los servicios públicos sanitarios. En aplicación de las previsiones legales, se han aprobado los Programas de Desarrollo Rural Sostenible 2010-2014 y 2014-2020 (extendido a 2025), que canalizan la aplicación de los importantes fondos del FEADER para estas actuaciones.

Cabe también destacar la figura de los contratos territoriales de zona rural, que han de contener el conjunto de compromisos de desarrollo sostenible suscritos entre las diversas administraciones públicas y los titulares de las explotaciones agrarias. La idea de los convenios interadministrativos de colaboración con los interesados, de honda tradición francesa, parece muy adecuada para instrumentar acciones de reequilibrio territorial. Permiten traducir en compromisos financieros y organizativos las potencialidades de diversos actores locales y nacionales, garantizando la utilidad y eficacia de los resultados[11].

IV. La sostenibilidad ambiental de los paisajes agrarios: protección de la biodiversidad y producción agraria integrada

- Los sistemas agroalimentarios de Europa Occidental y otras partes del mundo han estado muy condicionados por el modelo estadounidense de la equívocamente denominada *Green Revolution*, que, desde la década de 1960, impulsa el espectacular incremento de la productividad agraria. La fór-

10 Véase J. González Regidor (2008), aunque moderando algunos de los entusiasmos que invaden al autor como redactor del texto de la Ley de Desarrollo Rural Sostenible.

11 Véase la monografía sobre los contratos territoriales agrarios de M. M. Muñoz Amor (2021).

mula consiste en una explosiva combinación de consumo de agua, uso de plaguicidas y fertilizantes, y empleo de semillas transgénicas[12].

En la actualidad, parece claro que la evolución de los conceptos ha determinado la impropiedad terminológica de la expresión, ya que el adjetivo verde, especialmente si se aplica a una revolución, habría de referirse al empleo de técnicas justamente opuestas a las que caracterizaron aquellas actuaciones. Así, se ha ido asentando una importante corriente crítica con el sistema por entender que, entre otras consecuencias, genera dependencia tecnológica, agotamiento del recurso hídrico y concentración empresarial al favorecer a las grandes empresas multinacionales de la alimentación.

En todo caso, la pervivencia de esos planteamientos productivistas permite explicar que, aun habiéndose generado en la política ambiental el concepto de la sostenibilidad, la vertiente ambiental de ésta haya sido la última en aplicarse a los sistemas agroalimentarios. En efecto, como hemos visto, de una parte, algunos instrumentos de lo que, posteriormente, denominamos sostenibilidad económica estaban ya presentes en las primeras regulaciones agrarias de la postguerra y, de otra parte, ciertos adelantos de lo que hoy conocemos como sostenibilidad social también se identificaban en diversas actuaciones promovidas en el contexto general de mejora del bienestar de la población desde la década iniciada en 1960. El adelanto temporal de elementos de las grandes políticas públicas ha sido y es normal en los procesos históricos, según se puede advertir en la formación de conceptos esenciales del Derecho público como el dominio público, el servicio público o el control judicial del poder ejecutivo. Algo parecido ha sucedido con la sostenibilidad agraria, que primero penetró en la visión económica, luego en los planteamientos sociales y finalmente lo ha hecho en relación con el medio ambiente.

- Tal retraso, además de por el influjo de los planteamientos productivistas, fue debido a la tardía incorporación de las *políticas ambientales*, que no se activaron realmente hasta 1970, con la entrada en vigor en Estados Unidos de la Ley de Política Nacional de Medio Ambiente (NEPA, por sus siglas en inglés). La implicación ambiental de la CEE tuvo lugar tras la Conferencia de Estocolmo (1972), cuando imaginativos esfuerzos interpretativos permitieron que el desarrollo armonioso de las economías comunitarias —objetivo proclamado en el preámbulo del Tratado CEE— fuera considerado el fundamento adecuado para poner en marcha el primer programa de acción ambiental (1973). Y todavía estábamos lejos de relacionar agricultura y medio ambiente.

Así fue, ya que los primeros pasos de la política ambiental comunitaria fueron muy cautelosos, dada la necesidad de vincular las medidas tutelares del medio ambiente a la defensa del mercado común, conforme al requisito aplicable para la generación de nuevos poderes de la CEE. Hasta la aproba-

12 Con particular énfasis en las fumigaciones aéreas de DDT, véase D. KINKELA (2011).

ción del Acta Única Europea (1986), la política ambiental no contó con una adecuada formalización que permitiera su desarrollo. La implicación ambiental de la PAC y de las demás políticas vino de la mano del importante principio de integración ambiental, que actualmente figura entre las disposiciones de aplicación general del Tratado de Funcionamiento de la UE, donde se establece que «las exigencias de la protección del medio ambiente deberán integrarse en la definición y en la realización de las políticas y acciones de la Unión, en particular con objeto de fomentar un desarrollo sostenible»[13].

Finalmente, tras un acelerado proceso regulatorio, contamos en la Unión Europea con una política ambiental en la que se aplican avanzadas técnicas generales de protección del medio ambiente (evaluaciones ambientales, autorizaciones integradas, ecoauditorías, etiquetas ecológicas, responsabilidad medioambiental) y de conservación de los elementos naturales (cambio climático, agua, aire, ruido, residuos, suelo, flora, fauna, ecosistemas). Los sistemas agroalimentarios de la Unión se benefician de todos esos instrumentos que inciden en las actividades productivas primarias, de transformación, comercialización y consumo.

Dentro de los variados mecanismos de la política ambiental, cabe destacar la *red Natura 2000*, puesta en marcha por las Directivas de Aves (1979-2009) y de Hábitats (1992). Se trata de un pionero y ambicioso proyecto que pretende crear un sistema de conservación de la biodiversidad integrado en el territorio. En consecuencia, los ámbitos protegidos no se presentan como figuras aisladas sino, junto con otras medidas conservacionistas, como elementos de la ordenación del territorio europeo. La inclusión de un espacio en la red, tras un procedimiento coordinado entre las autoridades de la Unión y las estatales, ha de conllevar el establecimiento de exigentes medidas de protección. La desclasificación de las zonas protegidas no se admite, salvo por motivos imperativos de relevante interés público, que deben ir acompañados de medidas compensatorias para garantizar la coherencia global de la red.

Fácilmente puede comprenderse la trascendencia de este régimen para la protección de los ecosistemas si se tiene en cuenta que más del 27 por ciento del territorio nacional, en el caso español, está incluido en la red Natura 2000. Para nuestros sistemas agrarios (agrícolas, forestales y pastoriles), dicho régimen conlleva un elevado nivel de compromisos no solo en las zonas directamente afectadas, sino en todos los espacios objeto de las actividades de cultivo, aprovechamiento forestal o ganadero. Muchos de los elementos de esos sistemas desempeñan funciones esenciales en la conectividad ecológica, como sucede con las riberas, las vías pecuarias o los cañaverales.

- En el ámbito de la PAC, el principio de integración ambiental ha llevado al establecimiento de la *eco-condicionalidad* (2003), que supedita las ayudas al respeto de las regulaciones aplicables y estimula el cumplimiento de objetivos

13 Sobre el principio de integración ambiental, véase M. Verdú Amorós (2008).

y buenas prácticas conservacionistas. Así, el productor, de un lado, ha de cumplir con los «requisitos legales de gestión» en materia de tutela de los hábitats, flora y fauna silvestres, empleo de productos fitosanitarios, sanidad y bienestar animal, protección de aguas subterráneas, prevención de la contaminación de suelos, seguridad alimentaria o uso de nitratos; y de otro lado, recibe pagos complementarios por observar «buenas condiciones agrarias y medioambientales», como las relativas a la conservación de los suelos, el mantenimiento de las superficies agrícolas o la evitación del deterioro de los hábitats[14].

Posteriormente (2013), el «pago verde» recompensa la diversificación de cultivos, los pastos permanentes, los huertos tradicionales o las superficies de interés ecológico. En las últimas reformas (2023) priman las medidas de lucha contra el cambio climático, la gestión eficiente de los recursos naturales y la acciones que evitan la pérdida de biodiversidad, previéndose a tal fin nuevos instrumentos, como los eco-esquemas, que favorecen las prácticas adicionales beneficiosas para el clima, o la condicionalidad reforzada cuando las formas de producción mantienen el patrimonio natural. Los habitantes del medio rural se convierten, así, en gestores indispensable de los ecosistemas y paisajes, tal y como se indica en la Comunicación sobre el futuro de los alimentos y la agricultura (2017)[15].

Ahora bien, para que el panorama de cambios propiciado por la política ambiental y por los componentes ambientales de la PAC se pueda hacer realidad, es preciso contar con las otras vertientes de la sostenibilidad agroalimentaria[16]. Sin las múltiples explotaciones agrarias que constituyen la base del sistema, no es posible que se desempeñen esas funciones de guardia y promoción del mundo rural[17]. Hace falta contar con explotaciones rentables gestionadas por personas que puedan beneficiarse de los servicios y las oportunidades de una sociedad adelantada. En definitiva, la sostenibilidad agroalimentaria exige la complementariedad de las tres vertientes aquí examinadas: la económica, la social y la ambiental.

V. Reflexión final: entre la anhelada esperanza y la amarga realidad

En el tratamiento de las cuestiones agrarias, quizá sea inevitable que se deslice un sentimiento de amargura derivado de la frustración ante los pro-

14 Sobre el régimen de la eco-condicionalidad agraria, véase M. T. Cantó (2005).

15 Una exposición reflexiva de los antecedentes y contenidos ambientales de la nueva PAC en B. Rodríguez-Chaves (2021).

16 Véanse en este sentido los variados elementos que, bajo el concepto de la multifuncionalidad agraria, sistematiza M. M. Muñoz Amor (2023).

17 Con especial énfasis en la integración de las medidas de transición ecológica y las políticas de desarrollo rural, véanse los estudios recogidos en F. García-Moreno (2021).

yectos fracasados. Es en la fase de la producción primaria donde más fácilmente se advierten fallos y carencias que afectan a una clase social en peligro de extinción. Leñadores y pastores prácticamente ya han desaparecido, y es posible que agricultores, ganaderos y otros oficios tradicionales estén iniciando la misma transición.

¿Qué futuro puede preverse? ¿Un panorama territorial de nuevos latifundios pertenecientes a sociedades mercantiles y fondos de pensiones? ¿Una gestión eficiente de la producción agraria atendiendo a las necesidades alimenticias de la población, con trabajo asalariado o integrado y observando las reglamentaciones aplicables?

El futuro da miedo.

VI. Bibliografía

Arco Blanco, M. A, ed. *Los «Años del Hambre»: Historia y Memoria de la Posguerra Franquista*. Madrid: Pons, 2020.

Bueno Armijo, A. *La Organización Mundial del Comercio y la Transformación de las Políticas Agrícolas Nacionales*. Málaga: Unicaja, 2007.

Cantó López, M. T. *Ordenación Ambiental de la Agricultura (Ayudas Ecocondicionadas y Técnicas de Mercado)*. Valencia: Tirant, 2005.

Consejo Económico y Social España. *Un Medio Rural Vivo y Sostenible*. Madrid, 2021.

Fernández Torres, J. R. *La Política Agrícola Común: Régimen Jurídico de la Agricultura Europea y Española*. Cizur Menor (Navarra): Aranzadi, 2000.

Fernando Pablo, M. y **Domínguez Álvarez, J. L.** (dirs.) *Rural Renaissance: Acción, Promoción y Resiliencia*. Navarra: Aranzadi, 2022.

García-Moreno, F. (dir.) *Transición Ecológica y Desarrollo Rural: Algunas Propuestas Integradoras en el Camino Hacia una Sinergia Necesaria y Mutuamente Beneficiosa de Ambas Políticas Públicas*. Cizur Menor (Navarra): Aranzadi, 2021.

González Regidor, J. *Desarrollo Rural Sostenible: Un Nuevo Desafío*. Madrid: Mundi Prensa, 2008.

Hogan, Michael J. *The Marshall Plan: America, Britain and the Reconstruction of Western Europe, 1947-1952*. Cambridge: Cambridge University Press, 1987.

Kinkela, D. *DDT and American Century: Global Health, Environmental Politics and the Pesticide That Changed the World*. Chapel Hill: The University of North Carolina Press, 2011.

Muñiz Espada, E. (dir). *Seguridad Alimentaria y Medio Ambiente: Nuevas Propuestas Legislativas, Nuevos Instrumentos*. Valencia: Tirant, 2022.

Muñoz Amor, M. M. *El Contrato Territorial en la Agricultura Multifuncional*. Madrid: Pons, 2017.

Muñoz Amor, M. M. «La Multifuncionalidad de la Actividad Agropecuaria: Su Papel en la Protección de la Salud, en la Lucha Contra el Cambio Climático y en la Dinamización Rural», *Revista Española de Estudios Agro-Sociales y Pesqueros* 260 (2023): 114-184.

Oliván del Cacho, J. *El Régimen Jurídico de las Zonas de Montaña*. Madrid: Civitas, 1994.

Piñar Mañas, J. L. «El Desarrollo Sostenible como Principio Jurídico», En *Desarrollo Sostenible y Protección del Medio Ambiente*, 23-48. Madrid: Civitas, 2002.

Rodríguez-Chaves, B. «El Pacto Verde, Next Generation EU y la PAC 2021-2027: Tres Instrumentos que Marcarán el Futuro del Desarrollo Rural en la Unión Europea», En *Derecho y Dinamización e Innovación Rural*, editado por J. Sanz Larruga y Luis Míguez Macho, 209-267. Valencia: Tirant, 2021.

Santiago Iglesias, D., *et al.* (dirs.) *Instrumentos Jurídicos para la Lucha Contra la Despoblación Rural*. Cizur Menor (Navarra): Aranzadi, 2021.

Sanz Larruga, J. «Cohesión Territorial, Reto Demográfico y Dinamización Rural: Las limitadas pero necesarias respuestas desde el derecho», en *Derecho y Dinamización e Innovación Rural*, editado por J. Sanz Larruga y Luis Míguez Macho, 31-206. Valencia: Tirant, 2021.

Verdú Amorós, M. *Concepto y Formulación del Principio de Integración Ambiental*. Cizur Menor (Navarra): Aranzadi, 2008.

CAPÍTULO 3

LA PRODUCCIÓN ECOLÓGICA

Mariano López Benítez
Catedrático de Derecho Administrativo, Universidad de Córdoba

I. Agricultura ecológica: antecedentes y regulación

1. El nacimiento de un controvertido concepto

Bajo los calificativos de ecológica, biológica, orgánica u otros adjetivos similares[1] se alude a una modalidad de agricultura caracterizada por el hecho de que la gestión y la producción agrícolas se desarrollan a partir de sustancias y procesos naturales, evitando, por consiguiente, la utilización de *inputs* externos y confiándose, en cambio, para controlar eficazmente la presencia de parásitos y enfermedades tanto a la fertilidad intrínseca del suelo y de las especies animales como a la capacidad de los medios y sustancias de origen natural. La descriptiva y originaria definición de agricultura orgánica proporcionada en 1972 por la Federación Internacional de Movimientos de Agricultura Orgánica (IFOAM), señalada como la primera concepción *normativa* de este tipo de producción[2], subrayaba convenientemente todos estos caracteres cuando describía la agricultura orgánica en los siguientes términos:

> «Todos los sistemas agrícolas que promueven la producción de alimentos y fibras de manera ecológica, social y económicamente sanas. Estos sistemas tienen como base de la capacidad productiva la fertilidad intrínseca del suelo y, en el respeto de la naturaleza, las plantas, los animales y el paisaje, optimizan todos estos factores interdependientes. La agricultura biológica reduce drásticamente la utilización de imputs externos a través de la exclusión de fertilizantes, pesticidas, organismos genéticamente modificados y productos químicos medicinales de síntesis. Parásitos y enfermedades son controlados a través de medios y sustancias de origen natural, utilizando saberes tradicionales y conocimientos

---

1 Por ejemplo, dentro de estas otras menciones, se encuentra la de la *agricultura biodinámica*, que, en palabras de J CUBERO SALMERÓN, J. I. *Historia General de la Agricultura: De los Pueblos Nómadas a la Biotecnología*. Guadalmazán: 2018, 773, requiere «comentario aparte»: «En gran parte de la práctica agrícola antigua, las fases lunares marcan la pauta de las operaciones, pero la *agricultura biodinámica* hace intervenir, además, a todos los planetas. Siguiendo una compleja nomenclatura, las prescripciones se hacen en relación con las posiciones de los planetas y la Luna en relación con el observador. Algunas prácticas de abonado, como la realizada por medio de cuernos de vaca rellenos de estiércol, derivan de la magia milenaria. Hay que reconocer que se le dedica un esfuerzo encomiable a la obtención de compost y preparados vegetales y a la apicultura» (cursivas del autor). En notas a pie números 879 y 880, el autor cita algunas de las obras que proporcionan información sobre este tipo de agricultura, como son, los *Calendarios de María Thun sobre Agricultura Biodinámica a partir de ensayos con las constelaciones,* que llevan más de cincuenta años publicándose, o, más recientemente, el de Ilya VIRGATCHIK, *Le guide Marabout de la Lune et des influences lunaires,* Les Nouvelles Éditions Marabout, 1983.

2 Se emplea aquí el término «normativo» en el sentido con el que Santi Romano manejaba este concepto en su célebre obra *El ordenamiento jurídico*. En realidad, lo que describe es un *soft law* cuya importancia radica en la relevancia de la Asociación que la produce.

científicos modernos para incrementar tanto el rendimiento agrícola como la resistencia de las plantas»[3].

La filosofía que inspira esta modalidad de producción se ha vinculado a las denominadas teorías antroposóficas, elaboradas por Rudolf Steiner y proyectadas por Albert Howard en el ámbito de la agricultura[4]. Sin embargo, hay que notar que el concepto de agricultura biológica constituye un con-

---

3 No obstante, esta definición inicial ha sido objeto de una redacción más sucinta, fruto de los trabajos llevados a cabo a este respecto y aprobados en las asambleas generales de Adelaida —Australia— (2005) y Vignola —Italia— (junio de 2008). Dicha definición, según la traducción oficial vertida al castellano por la propia IFOAM [www.ifoam.bio], es: «La agricultura orgánica es un sistema de producción que mantiene y mejora la salud de los suelos, los ecosistemas y las personas. Se basa fundamentalmente en los procesos ecológicos, la biodiversidad y los ciclos adaptados a las condiciones locales, sin usar insumos que tengan efectos adversos. La agricultura orgánica combina tradición, innovación y ciencia para favorecer el medio ambiente que compartimos y promover relaciones justas y una buena calidad de vida para todos los que participan en ella».

4 Siguiendo la excelente exposición realizada entre nosotros por BOZA MARTÍNEZ, Sofía. *La Agricultura Ecológica como Parte de la Estrategia de Desarrollo Rural Sostenible en Andalucía*. Sevilla: Fundación Pública Andaluza Centro de Estudios Andaluces, 2011, 21-23, *passim*, el nacimiento del concepto de agricultura se vincula al *Curso sobre agricultura biológico dinámica,* de Rudolf Steiner, síntesis de la serie de conferencias dictadas en Koberwitz en 1924 a un grupo de agricultores, pertenecientes a la Sociedad Antroposófica que él mismo había creado. Tratando de superar lo que denominaba límites de las ciencias materialistas, Steiner reivindicaba la aplicación de la ciencia espiritual a la agricultura: «no habrá comprensión alguna de la vida vegetal, a menos que se considere en qué forma todo lo que está sobre la tierra es en realidad sólo un reflejo de lo que ocurre en el cosmos». Partiendo de estas premisas, Steiner percibe el suelo como «una especie de órgano dentro del organismo del crecimiento natural», razón por la que rechaza el empleo de abonos industriales, a los que describe como «cacharrería química» y postula que «es necesario vivificar la tierra directamente, y esto no se logra acentuando lo mineral, lo inorgánico, sino sólo si se trabaja con lo orgánico». Por ello, como sintetiza Sofía BOZA, «él apuesta por la utilización de un abono completamente orgánico, de base principalmente animal pero complementado con pequeñas cantidades de ciertas plantas. Del mismo tipo, serán las soluciones que defiende Steiner para combatir las malas hierbas, las plagas en el ganado y las enfermedades en los cultivos» (p. 23).
Desarrollando estas ideas y alimentándose de la experiencia adquirida profesionalmente como consejero agrícola en la India, el agrónomo inglés Albert HOWARD conformó en su libro *Testamento agrícola* (1940) las bases de lo que actualmente se considera como agricultura orgánica (o biológica). Una agricultura basada fundamentalmente en una protección continuada del suelo que asegura su permanente fertilidad y en la que «nada se pierde»: «La Madre Tierra nunca intenta cultivar sin que haya presencia animal; siempre hace crecer cultivos variados; se toma grandes molestias para preservar el suelo y prevenir la erosión; convierte las variedades vegetales y los desperdicios animales en humus; nada se desperdicia; los procesos de crecimiento y declive se complementan; se provee para mantener reservas de fertilidad; cuida de almacenar agua de lluvia; deja que tanto plantas como animales se protejan ellos mismos de las enfermedades» (*apud* Sofía BOZA, *op. cit.* p. 27). Para J. I. CUBERO SALMERÓN, *Historia de la agricultura...*, cit., p. 771 y nota 874, algunas de las ideas de estos autores y de los que los siguieron (Jerome Rodale) «podían haber pasado por buenas prácticas de agricultura tradicional de no haberse desviado rechazando rotundamente la Ciencia».

cepto científicamente controvertido. Por ejemplo, para José Ignacio Cubero Salmerón, el concepto de agricultura ecológica es un oxímoron porque la agricultura pretende el control de la Naturaleza en beneficio del hombre[5]. Las mismas notas, planteadas como caracteres específicos de esta clase de producción, presentan, en opinión de este autor, numerosas contradicciones, ya que esa aparente contraposición entre lo natural y lo artificial, abonada por los defensores de la agricultura ecológica, ocluye que lo «artificial es hacer algo con técnica, algo que sólo el hombre puede hacer»; que el pretendido uso de variedades naturales «es algo que no existe, porque todo lo cultivado se ha conseguido modificando los aspectos negativos del original *salvaje,* que es lo único natural»; y que, en fin, la estrecha ilación que se postula por sus defensores entre la agricultura ecológica y el respeto al medio ambiente, también omite datos dignos de reseña como, por ejemplo, la necesidad de dedicar mayores extensiones de terreno a la producción agrícola por ser los rendimientos de la agricultura ecológica menores a los de la agricultura convencional[6].

Dejando al margen del presente estudio las disputas entre científicos en las que, por razones obvias, no podemos terciar, y, centrándonos únicamente en el tratamiento de los aspectos relativos a la ordenación jurídica de la agricultura ecológica, debe destacarse que su regulación legal es relativamente reciente tanto en lo que respecta al ámbito de la Unión Europea como en lo que corresponde al propio del ordenamiento español. La atención legislativa prestada por parte de estos últimos viene precedida y, en cierta forma, condicionada, por una previa y dilatada etapa de autorregulación privada, fraguada, en primer lugar, a través de la constitución de asociaciones nacionales creadoras de normas aplicables únicamente a sus socios, y cristalizada, más tarde, en la constitución de la ya mencionada IFOAM, autora de la defi-

---

5 J. I. Cubero Salmerón, *Historia general de la agricultura...,* cit. p. 770. Como a continuación se expresa en el texto, el citado autor, Catedrático de Genética y Mejora de Plantas en la Universidad de Córdoba, es muy escéptico con «las denominadas ecológicas, biológicas, orgánicas, y biodinámicas, adjetivos que califican un mismo fondo y, salvo detalles, la misma forma». Para él, «los nombres se prestan a confusión por lo imprecisos: todo ser vivo (biológico) es dinámico; toda Agricultura es biológica y orgánica, y el adjetivo ecológico no puede aplicarse a la Agricultura pues ésta pretende el control de la Naturaleza en beneficio del Hombre; la expresión agricultura ecológica es, pues, un oxímoron».

6 J. I. Cubero Salmerón, *Historia general de la agricultura...,* cit. pp. 770-773, *passim*. Todo ello sin olvidar, como también expone el meritado autor, que hay otros puntos en la agricultura ecológica que mitigan considerablemente ese menor impacto medioambientalista postulado por sus defensores; por ejemplo, el relativo a la comercialización de los productos ecológicos, toda vez que «su venta puede estar situada a miles de kilómetros del punto de producción, en mercados con alto poder adquisitivo, adónde llegan en camión refrigerado, barco o avión, con la misma huella de carbono que los tradicionales. Además, la comercialización se realiza por firmas que, con frecuencia, son satélites de grandes cadenas alimentarias» (p. 772).

nición de agricultura ecológica transcrita más arriba, así como de un *Estándar de Agricultura Biológica para los comercios nacionales e internacionales*[7].

2. Las fases de la regulación europea relativa a la agricultura ecológica

La previa existencia de este marco privado de autorregulación influye sin duda en el reducido ámbito de aplicación que tiene la primera regulación europea sobre la materia: el Reglamento (CEE) núm. 2092/1991, de 24 de junio, comprende originariamente los productos vegetales y los transformados compuestos de varios ingredientes vegetales, y, sólo unos años más tarde, se extiende también a la cría de animales, percibida como el corolario y complemento necesarios para la plena implementación de la producción ecológica[8]. Asimismo, es importante resaltar que el Reglamento 2092/1991 no es una pieza aislada dentro de la normativa europea, sino que se inscribe por derecho propio en el seno de una hornada de normas, producidas durante esas mismas fechas, centradas en la protección de la calidad diferenciada de los productos agroalimentarios europeos. La comprensión de la política agraria europea en el contexto de los primeros acuerdos firmados con la OMC obliga a un importante viraje de la *PAC* desde la inicial política de apoyo a los precios hacia otro nuevo sistema, centrado en otros parámetros, como el incremento de la competitividad y la protección de la calidad de los productos agroalimentarios europeos. Consiguientemente, la finalidad de esta primera regulación de la agricultura ecológica tiene más que ver con el logro de estos objetivos económicos de la *nueva* PAC que con otras preocupaciones medioambientalistas, que sólo aparecerán de una manera más diáfana una vez principiado el siglo XXI[9].

7 Así lo destaca CRISTIANI, Eloisa. «Il Metodo di Produzione Biológico», en *Trattato di Diritto Agrario. 3. Il Diritto Agroalimentare*, dirigido por Luigi COSTATO, Alberto GERMANÒ y Eva ROOK BASILE, 82. Turín: Utet Giuridica, 2011

8 El considerando 5.° de este Reglamento 1804/1999 justificaba esta modificación, además de por el propio emplazamiento que al respecto hacía el 2092, por lo siguiente: «...en la agricultura ecológica, la cría de animales constituye parte integrante de la organización de la explotación agrícola, ya que permite responder a las necesidades de las tierras de cultivo en lo referente a materia orgánica y elementos nutritivos y, por ello, contribuye a la mejora de los suelos y al desarrollo de una agricultura sostenible».

9 Para Eloisa CRISTIANI, «Il método...», cit., p. 84, tal finalidad esencialmente económica queda bien reflejada en los considerandos del Reglamento. «No hay duda —dice la autora— de que, en 1991, el legislador comunitario legitima su intervención de armonización de las disposiciones relativas al método de producción biológica sobre la base de exigencias esencialmente de tipo económico. Existe en efecto una creciente demanda de productos bio y se dibuja un interesante mercado para estos productos que, vendidos a un precio más elevado, pueden desarrollar una importante función de reequilibrio».

El testigo medioambientalista lo asume el Reglamento (CE) núm. 834/2007, de 28 de junio, cuya finalidad es compatibilizar, por un lado, la política de calidad agroalimentaria con la tutela medioambiental, para lo cual, junto a una serie de principios generales a los que debe atenerse la producción ecológica, establece a continuación una serie de normas específicas que flexibilizan por sectores la aplicación de aquellos principios. Por otro lado, el mencionado Reglamento, fiel al contexto del Derecho agroalimentario europeo, existente al momento de su publicación, busca también su necesario engarce con el grupo normativo encabezado por el Reglamento 178/2002, del que asume no sólo su definición de alimento, sino también el rosario de deberes que impone a lo largo de las distintas fases de la cadena alimentaria, así como su régimen de control[10].

II. La normativa europea vigente. El ámbito de aplicación del Reglamento (UE) núm. 2018/848, de 30 de mayo

La normativa vigente constituida por el Reglamento (UE) núm. 2018/848, de 30 de mayo, cuyo art. 56 deroga el Reglamento 834/2007[11], continúa a grandes rasgos la secuencia trazada por este último y, tras el enunciado de unos principios generales de regulación (art. 5), individualiza después unos principios específicos para las actividades agrarias y la acuicultura (art. 6) y para la transformación de productos y piensos ecológicos (arts. 7 y 8). Principios, unos y otros, que actúan como criterios interpretativos no sólo para la adopción de actos delegados (normativos o no) por parte de las autoridades comunitarias y nacionales, sino también para los restantes operadores a la hora de aplicar e interpretar toda esta normativa[12].

Desde un punto de vista objetivo, el Reglamento 2018/848 se aplica a todos los productos procedentes de la agricultura (incluida la apicultura y la

---

10 En palabras de Canfora. «Il Nuevo Assetto dell'Agricoltura Biologica nel Sistema del Diritto Agroalimentare Europeo», *Rivista Diritto Agricola* 2007, I: 363, el reenvío expreso al Reglamento (CE) 178/2002 realizado en este punto por el Reglamento 834/2007, se dirige «a consolidare l´unitarietà del complesso normativo del diritto alimentare» (*Apud.* Eloisa Cristiani, «Il método...», cit., p. 85).

11 El nuevo Reglamento se publicó en el DOUE L 150, de 14 de junio de 2018, entró en vigor a los tres días de su publicación y resultaba aplicable a partir de 1 de enero de 2021, período ampliado al 1 de enero de 2022 por el art. 1 del Reglamento Delegado (UE) núm. 2021/269, de 4 de diciembre, de la Comisión.

12 Como sintetiza Barents, R. *The Agricultural Law of the EU*. Alphen aan den Rijn: Wolters Kluwer Law International, 2022, § 10.28, la complejidad de este voluminoso y técnico Reglamento queda reflejado en sus diez objetivos; setenta y cinco definiciones, diez principios generales y múltiples principios especiales relativos a las actividades agrícolas y a la acuicultura y a la producción de alimentos y piensos orgánicos.

acuicultura), así como a todos los productos que tengan su origen en ella. En particular, quedan incluidos dentro de su ámbito de aplicación: a) los productos agrícolas vivos o no transformados (incluidas las semillas y demás materiales de reproducción vegetal); b) los productos agrícolas transformados destinados a la alimentación humana; y c) los piensos[13]. Por el contrario, se excluye la caza y la pesca de animales salvajes (art. 3.2) y se establecen normas especiales para la recolección de algas y vegetales selváticos.

Por su parte, el campo de aplicación subjetivo de las previsiones del Reglamento se construye en conexión y a imagen y semejanza de lo que es común en la normativa general alimentaria, esto es, se extiende a todas las fases de la cadena alimentaria y a todos los operadores que intervienen en cada una de ellas. Como ya viene siendo usual en el Derecho agroalimentario, el concepto de operador —definido en el art. 3.13 del Reglamento— es la noción crucial del sistema, ya que se erige en el responsable de asegurar el cumplimiento de las determinaciones del Reglamento en cada etapa de la cadena alimentaria llevada a cabo bajo su control, y, en particular, según tendremos ocasión de exponer, de los deberes de policía impuestos por los arts. 9.1 y 27 del Reglamento.

La aplicación, por último, del Reglamento 2018/848 se entiende sin perjuicio del respeto a lo dispuesto a las normativas horizontales en materia de seguridad de la cadena alimentaria; salud y bienestar de los animales; fitosanidad y materiales de reproducción vegetal. Habida cuenta su naturaleza horizontal, tales normativas actúan como el marco normativo dentro del cual debe desarrollarse la producción ecológica, dejando a salvo las excepciones y dispensas que, en su caso, establece expresamente el Reglamento 2018/848.

III. Normas de producción ecológica: el equilibrio entre lo general y lo específico

Siguiendo la tónica iniciada por su antecesor, el Reglamento 2018/848 parte de la fijación de unas *normas generales de producción* que, más que derogarse o dispensarse, se *flexibilizan y adaptan* con respecto a las características intrínsecas de los distintos sectores productivos a través de una serie de *normas específicas*, cuya finalidad consiste esencialmente en habilitar a la Comisión para que, mediante actos delegados, concrete el alcance

13 El Anexo I incluye: levaduras destinadas al consumo humano o animal; yerba mate, maíz dulce, hojas de vid, palmitos, brotes de lúpulo y otras partes similares de plantas y productos obtenidos de las mismas; sal marina y otras sales para alimentación y piensos; capullos de seda aptos para el devanado; gomas y resinas naturales; cera de abejas; aceites esenciales; tapones de corcho natural; algodón y lana sin cardar ni peinar; pieles en bruto y sin tratar; preparaciones vegetales tradicionales a base de plantas. Criterio ampliable o sujeto a restricciones mediante actos delegados de la Comisión.

de aquellas matizaciones[14]. El cuadro se ultima con la previsión de unas *normas excepcionales* que permitan afrontar las situaciones descritas en el Reglamento (UE) núm. 1305/2013 de catástrofe, desastre natural, incidente medioambiental, adversidad climática y enfermedades de animales mediante habilitaciones tanto a la Comisión para que dicte actos delegados, como a los Estados para que excepcionen durante un tiempo limitado la aplicación de las normas de producción o dicten normas específicas para subvenir tales situaciones.

1. La lista de sustancias autorizadas. Un apunte sobre la naturaleza jurídica de estas listas

El régimen de las *normas generales de producción* ecológica se construye en torno a dos vectores: una lista restringida de sustancias autorizadas empleables para dicha producción, por un lado, y una serie de prácticas prohibidas, en todo caso, por otro.

La piedra angular del sistema trazado por el Reglamento es que, para la producción ecológica, sólo puedan utilizarse las sustancias expresamente

14 Tras sentar unas normas generales de producción (art. 9), el Reglamento 2018/848 prosigue, como decimos en el texto, estableciendo normas específicas de producción vegetal (art. 12 y Anexo II, 1); de producción ganadera (art. 14 y Anexo II, 2); de algas y animales de la acuicultura (art. 15 y Anexo II, 3); de alimentos transformados (art. 16 y Anexo II, 4); de producción de piensos transformados (art. 17 y Anexo II, 5); de producción del vino (art. 18 y Anexo II, 6); de levadura utilizada como alimento o pienso (art. 19 y Anexo II, 7); y de productos no pertenecientes a las categorías de productos indicadas en los arts. 12 a 19 (art. 21). En realidad, tales preceptos, más que establecer regulaciones substantivas, lo que hacen es, por un lado, reenviar al Anexo II el detalle de las citadas normas de producción, y habilitar, por otro lado, a la Comisión para que adopte al respecto tanto actos delegados como actos de ejecución. Incluso, para el caso de algunas especies de animales y especies de animales de la acuicultura, el art. 20 del Reglamento 2018/848 habilita directamente a los Estados miembros para que establezcan normas detalladas de producción hasta tanto no se adopten normas generales.
El contenido de estas Normas de Producción detalladas recogidas por el Anexo II es muy variado en función de la tipología a la que se refiera. Por ejemplificar con el caso del vino, el Anexo II, parte VI, establece: a) que para la producción de vino ecológico sólo pueden emplearse materias primas ecológicas y sustancias previamente autorizadas; b) se prohíben determinadas prácticas enológicas (la concentración parcial por frío; la eliminación del dióxido de azufre mediante procesos físicos; desalcoholización parcial del vino; tratamiento por electrodiálisis para la estabilización tartárica del vino) y se autorizan, en cambio, otras (los tratamientos térmicos hasta 75 grados y la centrifugación y filtración siempre que el tamaño de los poros no sea inferior a 0,2 micrómetros). Cualquier modificación posterior necesita estar incluida en este anexo tras un proceso de evaluación.
En último lugar, cabe señalar que el mencionado Anexo II ha sido objeto de algunas modificaciones llevadas a cabo por los Reglamentos Delegados de la Comisión 2021/716, de 9 de febrero; 2021/1691, de 12 de julio; y 2022/474, de 17 de enero.

autorizadas por la Comisión mediante un sistema de listas restringidas[15]. El art. 24 del Reglamento no establece, sin embargo, un régimen jurídico homogéneo al respecto, pues, en primer lugar, parte de un *mínimum de fines* que pudieran justificar la autorización de productos y sustancias para su uso en la producción ecológica (art. 24.1); fines que pueden incrementarse en relación con la producción de alimentos ecológicos transformados y de levadura empleada como alimento o pienso (art. 24.2)[16].

Desde un punto de vista substantivo, las listas deben nutrirse fundamentalmente de productos y sustancias naturales, aunque también pueden incluirse sustancias y productos no ecológicos, siempre que: a) no se disponga de productos alternativos; b) resulte imposible producir o conservar los alimentos o cumplir determinadas exigencias dietéticas exigidas legalmente sin recurrir a esos productos; c) esos productos y sustancias estén en la naturaleza y sólo hayan sufrido procesos mecánicos, físicos, biológicos, enzimáticos o microbianos; y d) no se disponga de ingrediente ecológico en cantidad suficiente. A estos criterios, el art. 9.3 del Reglamento añade un límite: que las sustancias y productos que se autoricen para la producción ecológica estén igualmente autorizadas para la producción no ecológica.

No resulta esclarecida del todo la naturaleza de la potestad ejercida por la Comisión de cara a la inclusión de una sustancia o producto en las listas de sustancias autorizadas, aunque la íntegra lectura del art. 24 nos induce a pensar que nos hallamos ante el ejercicio de una potestad discrecional, plagada, no obstante, de elementos reglados facilitadores de su control. Para alcanzar tal conclusión no resulta determinante, desde luego, el empleo del tiempo verbal «podrá», ya que, como hemos señalado en otro lugar, dicho término puede referir en ocasiones simples habilitaciones de capacidad que vencen la prohibición genéricamente establecida con anterioridad[17]. A nuestro juicio, la discrecionalidad de la que la Comisión goza para la inclusión de sustancias o productos en las respectivas listas de sustancias autorizadas se desvela fundamentalmente de los criterios aludidos en los apartados 3.º y 4.º de este art. 24[18]; criterios que,

---

15 El Reglamento de Ejecución (UE) núm. 2021/1165, de 15 de julio, autorizó determinados productos y sustancias para su uso en la producción ecológica y estableció sus listas. Posteriormente ha sido modificado por los Reglamentos de Ejecución (UE) de la Comisión núms. 2023/121, de 17 de enero de 2023 y 2023/2229, de 25 de octubre de 2023.

16 Los fines mencionados se enumeran en los apartados 1.º y 2.º del art. 24 del Reglamento.

17 Rebollo Puig, Manuel, y Diego Vera Jurado, eds. *Derecho Administrativo: Conceptos Fundamentales, Fuentes y Organización*. 3.ª ed. Madrid: Tecnos, 2017, 152.

18 A este respecto, el art. 24 distingue, por un lado, entre la autorización de productos y sustancias empleables para su uso en la producción ecológica como sustancias activas, fertilizantes, materias primas, aditivos y productos de limpieza y desinfección en sus distintas variantes art. [24.3], y la autorización de productos y sustancias para su empleo como aditivos alimentarios y coadyuvantes tecnológicos, como ingredientes agrarios no ecológicos para la producción de alimentos ecológicos transformados y como coadyuvantes tecnológicos para la producción de levadura y derivados [art. 24.4].

además del componente discrecional intrínseco que encierran algunos de ellos, «se evaluarán en su conjunto», deben ser puestos en relación con el respeto a los principios de producción sentados por el capítulo II del Reglamento. Todas estas operaciones encierran, por consiguiente, un amplio margen de apreciación discrecional en favor de la Comisión, la cual, una vez autoriza una sustancia o producto, se ve impelida a incluirlos en la lista como un acto de obligado cumplimiento. A veces, los nombres que damos a las cosas nos llevan al engaño. En este sentido, los denominados productos o sustancias autorizadas para su empleo en la producción ecológica más que naturaleza de autorización, tienen esencia de elemento normativo desgajado respecto de una lista de ingredientes de productos y sustancias permitidas para la producción ecológica, cuya naturaleza es esencialmente normativa[19], como prueba el hecho de que los operadores puedan valerse libremente del empleo de aquellas sustancias o productos integrados en las listas sin necesidad de actos concretos que les permitan usarlas.

Pese a su carácter taxativo, las listas de productos y sustancias autorizados para la producción ecológica son modificables. Por un lado, la Comisión puede revisarlas regularmente y tiene que hacerlo anualmente con respecto a la lista de ingredientes no ecológicos enunciados por el art. 24.2 b). Por otro lado, según el apartado 6.º del art. 24, la Comisión también puede añadir nuevos criterios tanto para la autorización de productos y sustancias como para la retirada o modificación de los ya incluidos en las correspondientes listas. Esta potestad de modificación de los listados atribuida a la Comisión puede ser excitada por los Estados, los cuales gozan de la potestad de remitir a la Comisión y a los restantes Estados miembros, «un expediente en que se expongan los motivos de la inclusión [de una nueva sustancia o producto], retirada u otras modificaciones [de los ya incluidos]» [art. 24.7].

El art. 25 del Reglamento contiene una cláusula de cierre que habilita a los Estados miembros para que, con carácter provisional, autoricen el uso de ingredientes agrarios no ecológicos en la producción de alimentos ecológicos transformados en su territorio. No obstante, el reconocimiento de esta potestad, en tanto que entraña una excepción al principio general de que sólo la Comisión es competente para alterar el contenido de las listas de sustancias autorizadas, se sujeta a unos confines muy estrechos tanto de índole substantiva como temporal y procedimental. En primer lugar, aun expresado a través de la técnica de los conceptos jurídicos indeterminados, el supuesto de hecho de la norma habilitadora de la competencia de los Estados es muy restringido y se anuda al hecho de que la autorización provisional resulte «necesaria para garantizar el acceso a determinados ingredientes agrarios» y

19 Para la comprensión de este útil concepto de los elementos normativos desgajados dentro de la concepción general del grupo normativo como superador de la idea de la norma singular, continúa siendo imprescindible la lectura de Villar Palasí, José Luis. *Curso de Derecho Administrativo: Introducción, Teoría de las Normas y Grupos Normativos*. Madrid: Universidad Complutense, 1971, 167-170.

éstos «no estén disponibles en su variante ecológica en cantidad suficiente». Además de ello, el carácter provisional de la autorización limita su duración a seis meses, que pueden ser prorrogados, como máximo, por dos períodos iguales «siempre que ningún otro Estado miembro se haya opuesto indicando [...] que se dispone de suficientes cantidades de dichos ingredientes en su variante ecológica»[20]. Interesa destacar que esta autorización provisional, otorgada, en su caso, por un Estado miembro no altera, ni modifica el listado de sustancias vigente aprobado por parte de la Comisión. Por consiguiente, si tras la concesión de las dos prórrogas previstas legalmente, persistiesen las circunstancias que determinaron el otorgamiento de la autorización provisional, el Estado concernido podrá presentar una solicitud a la Comisión para que, en su caso, inicie el pertinente procedimiento de modificación de los listados. De esta guisa, la naturaleza de la autorización provisional otorgada por el Estado miembro se aproxima notablemente a la de una dispensa de la normativa general prevista exclusivamente en favor de los productores de ese Estado miembro y que, mientras mantenga vigencia, ha de ser respetada por los demás Estados en virtud del principio de reconocimiento y sin que se actúen y pongan en marcha las medidas cautelares previstas por el art. 29 del Reglamento.

2. El régimen de prohibiciones en la producción ecológica

Junto a la lista de sustancias autorizadas, el régimen jurídico de las normas de producción pivota en torno a una serie de prohibiciones absolutas establecidas por el Reglamento, a saber:

- La del empleo de radiaciones ionizantes para tratar alimentos o piensos ecológicos y para tratar materias primas utilizadas en alimentos o piensos ecológicos (art. 9.4).
- El recurso a la clonación de animales y la cría de animales poliploides inducidos artificialmente (art. 9.5).
- La utilización de organismos modificados genéticamente (OMG), de productos obtenidos a partir de ellos, ni de productos obtenidos mediante OMG en alimentos ni piensos, ni como alimentos, piensos, coadyuvantes tecnológicos, productos fitosanitarios, fertilizantes, acondicionadores del suelo, materiales de reproducción vegetal, macroorganismos o animales (art. 11.1).

20 Como previsión instrumental a tal finalidad, el apartado 2.° de este art. 25 dispone que «el Estado miembro notificará de inmediato a la Comisión y a los demás Estados miembros, a través de un sistema informático que permita el intercambio electrónico de documentos e información facilitados por la Comisión, cualquier autorización concedida para su territorio con arreglo al apartado 1».

En relación con esta última prohibición, la de servirse de OMG, se establecen una serie de presunciones legales que mitigan las dificultades con las que los productores pueden encontrarse, en ocasiones, a la hora de conocer con certeza si están adquiriendo o no componentes de esta naturaleza. Tales presunciones se apoyan en el valor informativo que las etiquetas poseen: en principio, los operadores pueden basarse en la información dimanante de las etiquetas que lleve adheridas el producto o que lo acompañen o en cualquier otro documento que se adjunte con arreglo a este, «a menos que hayan obtenido otra información que indique que el etiquetado de dichos productos no cumple los requisitos de los citados jurídicos» [art. 11.3]. Esta cautela última emplaza a que los operadores desplieguen una actitud diligente y vigilante, entronizada plenamente dentro del deber general que les asiste de no producir, preparar, importar o recibir productos que no cumplan las normas de producción ecológica (art. 27.1).

Como refuerzo a esta prohibición de valerse de OMG, la STJUE de 7 de julio de 2022 (as. C-24-21) admite que los Estados miembros puedan adoptar medidas que impidan el cultivo de OMG el territorio de una región del Estado miembro de que se trate, aunque tales prohibiciones no estén basadas en consideraciones de salud humana o de medio ambiente:

> «el artículo 26 bis de la Directiva 2001/18, a la vista del Reglamento n.° 1829/2003 y de la Recomendación de 13 de julio de 2010, debe interpretarse en el sentido de que no se opone a una medida nacional por la que se prohíbe, con el fin de impedir la presencia accidental de OMG en otros productos, el cultivo en el territorio de una región del Estado miembro de que se trate de OMG autorizados en virtud del Reglamento n.° 1829/2003, siempre que dicha medida permita alcanzar el objetivo de garantizar a los productores y a los consumidores la posibilidad de elegir entre productos procedentes de cultivos modificados genéticamente y productos procedentes de cultivos ecológicos o convencionales y que, habida cuenta de las particularidades de los citados cultivos en ese territorio, la medida sea proporcionada a ese objetivo y necesaria para alcanzarlo»[21].

---

21 STJUE de 7 de julio de 2022, as. C-24/21, *PH y Regione Autonoma Friuli Venezia Giulia*, ECLI:EU:C:2022:526, fdto. 59. La litis del caso versaba sobre la sanción impuesta a la empresa *PH* por cultivar maíz modificado genéticamente. El art. 2.1 de la Ley Regional establecía que «para evitar la presencia involuntaria de OMG en los cultivos convencionales y ecológicos de maíz, en el territorio de Friuli-Venezia-Giulia, caracterizado por modelos productivos y estructuras de explotaciones agrícolas que condicionan el grado de mezcla entre los cultivos transgénicos y no transgénicos, queda excluido el cultivo de maíz modificado genéticamente en virtud de la Recomendación de 13 de julio de 2010. El cultivo de maíz modificado genéticamente conlleva la imposición de una sanción pecuniaria administrativa de 5.000 euros a 50.000 euros por el Servicio del Cuerpo Forestal Regional competente en la materia». En general, para un análisis global de los problemas planteados por esta coexistencia, véase Sirsi, E. «L'Impiego in Agricoltura di Organismi Geneticamente Modificati e la Coesistenza con le Coltivazioni Non Geneticamente Modificate», en *Trattato di Diritto Agrario. 2. Il Diritto Agroambientale*, 269-324. Turín: Utet Giuridica, 2011.

3. La aplicación de las normas de producción: los denominados períodos de conversión

Como regla, las normas de producción ecológica se aplican a la totalidad de la explotación (art. 9.2). No obstante, se permite que una explotación se escinda en unidades de producción ecológica, unidades en conversión y unidades de producción no ecológicas, siempre que se hallen separadas de manera clara y efectiva y siempre que, en lo que respecta a las unidades de producción no ecológica, haya especies diferentes (si se trata de animales) o variedades que puedan diferenciarse fácilmente (si se trata de vegetales). Se combinan, pues, dos criterios: el de la separación física, de un lado[22], y el de la diferenciación de especies y variedades, de otro, restando únicamente el primer criterio en lo que concierne a las algas y animales de acuicultura.

El tránsito desde una producción no ecológica a otra que sí lo es no es flor de un día; antes bien, hay un período temporal, más o menos amplio, según el tipo de producto de que se trate, durante el cual se construye un régimen jurídico específico. Durante esta fase temporal, denominada período de conversión, se deben aplicar las normas de producción ecológica establecidas de manera particular para este período por el Anexo II del Reglamento y que, como decimos, en función de los productos a los que se refieran, resultan muy variadas tanto en su contenido substantivo como en lo que respecta a su tiempo máximo de duración.

El reloj para la puesta en marcha del período de conversión se activa por medio de una notificación a las autoridades competentes del Estado miembro en el que se desarrolle la actividad, comunicándole las medidas que se vayan a tomar para garantizar la separación de los productos, así como el sistema de control al que quedarán sujetos. Los productos obtenidos durante esta fase de conversión no pueden comercializarse como productos ecológicos, ni tampoco como productos en conversión, a excepción, respecto a esto último, de los materiales de reproducción vegetal que hayan observado un período de conversión de, al menos, doce meses; y de los alimentos y piensos de origen vegetal, siempre que el producto de que se trate contenga únicamente un ingrediente de origen agrícola y haya observado también un período de conversión de, al menos, doce meses antes de la cosecha.

22 Como consecuencias de la separación física, el art. 9.10 obliga a que se mantengan separados tanto los productos utilizados como los productos procedentes de unas unidades y otras, así como a que se lleven registros *ad hoc* que demuestren la separación efectiva de las respectivas unidades.

IV. Los deberes de los operadores en relación con la producción ecológica: autocontrol de los operadores y medidas de control oficial

1. El deber general de no producir, preparar, importar o recibir productos que no cumplan las normas de producción ecológica. El contenido del autocontrol ejercido por cada operador

La íntima relación buscada por el sistema de producción ecológica con la normativa alimentaria horizontal determina que sus estructuras resulten muy similares. Según ya se ha indicado, el art. 27 del Reglamento impone a todos los operadores el deber general de no producir, preparar, importar o recibir productos que no cumplan las normas de producción ecológica. La consagración de este deber general no sólo constituye el eje sobre el que basculan todas las normas de policía existentes en la materia, sino que arrastra también consecuencias importantes en otros ámbitos, como, por ejemplo, en el relativo a la determinación de la responsabilidad patrimonial de la Administración, quien quedará exonerada de responder por daños infligidos a los particulares que, en función de la consagración legal de este genérico deber, estos tengan el deber jurídico de soportar.

La observancia de este deber general incumbe fundamentalmente a los distintos operadores de la cadena alimentaria, según el eslabón o fase de ésta en la que desarrollen su actividad. Cada operador debe establecer, por tanto, su propio plan de control, sujetando su verificación y cumplimiento a la vigilancia y seguimiento de un organismo de control en la forma que expondremos más adelante. En gran parte, las medidas preventivas o de precaución —como las llama el art. 28 del Reglamento— enunciadas por este último son medidas, cuya adopción cumple a los operadores, en contraposición con las medidas de reacción previstas en el art. 29, cuyo acuerdo compete a las autoridades competentes o, en su caso, a los respectivos organismos de control. Con claridad lo afirma el art. 28.1:

> «A fin de evitar la contaminación con productos o sustancias que no estén autorizados de conformidad con el artículo 9, apartado 3, párrafo primero, para su uso en la producción ecológica, **los operadores adoptarán las siguientes medidas de precaución en cada etapa de producción, preparación y distribución**».

Estas medidas de precaución forman, por tanto, el contenido preventivo del plan de control que cada operador debe notificar a la autoridad competente, y proporcionan encarnadura propia al deber general establecido por el art. 27 del Reglamento. En este sentido, el operador debe según el art. 28.1 del Reglamento:

- Instaurar y mantener medidas proporcionadas y adecuadas para detectar los riesgos de contaminación de la producción y los productos ecológicos con productos o sustancias no autorizados, incluida la identificación sistemática de medidas de procedimiento fundamentales.
- Instaurar y mantener medidas proporcionadas y adecuadas para evitar los riesgos de contaminación de la producción y los productos ecológicos con productos o sustancias no autorizados.
- Revisar y adaptar dichas medidas regularmente.
- Cumplir otros requisitos pertinentes del presente Reglamento que garanticen la separación de los productos ecológicos, los productos en conversión y los no ecológicos.

Como decimos, estas medidas y procedimientos preventivos que cada operador ha de implementar en el ámbito de sus respectivas actividades integran el contenido del plan de autocontrol cuyo cumplimiento debe asegurarse y ser objeto de posterior control por parte de la Administración o del organismo de control en el que, en su caso, ésta haya delegado sus funciones.

De todos modos, la labor de autocontrol desplegada por cada operador no se reduce al establecimiento de estas medidas y procedimientos preventivos, sino que tiene su corolario en los comportamientos que, por sí mismo, cada operador ha de actuar cuando sospeche que un producto no cumple las determinaciones del Reglamento. En tales casos, el art. 28.2 enumera las distintas medidas que cada operador debe adoptar, según la entidad revestida por la sospecha:

- Identificará y separará el producto de que se trate.
- Comprobará si la sospecha puede demostrarse.
- No comercializará el producto de que se trate como producto ecológico o en conversión ni lo utilizará en la producción ecológica, a menos que pueda descartarse la sospecha.
- Cuando se demuestre la sospecha o cuando esta no pueda descartarse, informará de inmediato a la autoridad competente correspondiente, o, cuando proceda, a la autoridad de control u organismo de control correspondiente, y le proporcionará los elementos de que disponga, en su caso.
- Cooperará plenamente con la autoridad competente correspondiente, o, cuando proceda, con la autoridad de control u organismo de control correspondiente, para identificar y verificar los motivos de la presencia de productos o sustancias no autorizados.

En relación con el cumplimiento de este deber de autocontrol interesa destacar que su plenitud implica que cada operador no sólo se encuentra concernido por los deberes correspondientes a la fase de la cadena alimentaria en la que desarrolle su actividad. Igualmente, el deber de cooperación con las autoridades competentes, consagrado por el art. 28.2 e) del Reglamento, le obliga también a adoptar las medidas adecuadas y proporcionadas en relación con aquellas taras de los productos ecológicos, que, aun originados en momentos anteriores de la cadena alimentaria, hayan sido, sin embargo, detectados en este concreto y posterior momento, sujeto a su responsabilidad.

2. El control oficial por parte de las autoridades competentes y organismos de control ecológicos

El correcto ejercicio de la función de autocontrol desplegada por cada operador tiene su correlato en las potestades de control que el art. 29 reserva a las autoridades competentes o a los organismos de control. Se trata de potestades que se activan a consecuencia de informaciones recabadas por ellos mismos o suministradas por los propios operadores, y que consisten esencialmente en la apertura de un procedimiento tendente a la comprobación de la existencia de productos o sustancias no autorizados en un producto ecológico o en conversión. La incoación de este procedimiento, cuyo objeto reside esencialmente en la realización de una investigación oficial al amparo de lo dispuesto en el Reglamento (UE) 2017/625, lleva implícita la prohibición provisional de comercializar el producto o su uso en la producción ecológica «hasta que se disponga de los resultados de la investigación» oficial llevada a cabo para esclarecer la realidad de los hechos. El carácter contradictorio del procedimiento en cuestión se asegura mediante el derecho del operador afectado a formular observaciones sobre los resultados de la investigación realizada. Si el resultado de la investigación oficial demuestra la realidad de la contaminación, la prohibición provisional de comercializar el producto ecológico o en conversión se hace definitiva.

La prohibición de comercializar el producto no es, en sí misma, una sanción, sino una estricta medida de policía, resultado, como bien especifica el art. 29.2 del Reglamento, de que la investigación determine que: se han utilizado productos o sustancias no autorizados para su uso en la producción ecológica; no se han adoptado medidas de precaución; o no se han tomado medidas en respuesta a los correspondientes requerimientos anteriores efectuados por las autoridades competentes o por los organismos de control. No tratándose de una sanción, ningún óbice existe a que los Estados miembros, en aplicación del principio de autonomía institucional y con arreglo a sus normas sancionadoras nacionales, puedan seguir un procedimiento sancionador, simultánea o posteriormente, para castigar la realización de tales conductas, sin infringir por ello, el principio del *non bis in idem.*

V. La certificación de los productos ecológicos

La sujeción a un sistema de control no tiene únicamente por fin constatar si se ha producido una contaminación y su causa. Su finalidad se dirige asimismo a garantizar la posición de los consumidores, determinando si el producto o sustancia de que se trate tiene derecho a ser comercializado como producto «ecológico» o «en conversión», esto es, si el producto puede ser certificado como tal y servirse de aquella nomenclatura en su etiquetado[23]. Con rotundidad afirma el art. 35.2 que «los operadores y grupos de operadores no podrán comercializar los productos (...) como ecológicos o en conversión hasta que estén en posesión del certificado». Pese a su denominación, el certificado reviste, en realidad, la naturaleza de un acto de autorización, puesto que permite que un producto o sustancia pueda comercializarse legítimamente como producto ecológico o en conversión. La estrecha vinculación que, como hemos visto, este Reglamento tiene con el Reglamento de Controles Oficiales, otorga también carácter oficial a este certificado del que hablamos.

La obligación de contar con el certificado es general y afecta a todos los operadores. No obstante, el Reglamento establece dos modulaciones importantes a este respecto. Por un lado, habilita a los Estados para que eximan de esta obligación a los operadores que vendan directamente al consumidor final productos ecológicos no envasados que no sean piensos, siempre que dichos operadores no produzcan, preparen, almacenen, salvo en relación con el punto de venta, ni importen dichos productos de terceros países, ni subcontraten a un tercero para tales actividades, y siempre que: a) dichas ventas no superen los 5.000 kg al año; b) no representen un volumen de negocios anual de productos ecológicos sin envasar superior a 20.000 euros, o c) el coste potencial de certificación del operador supere el 2 % del volumen de negocios total de productos ecológicos sin envasar vendidos por el operador[24].

Por otro lado, el Reglamento permite igualmente que la certificación pueda obtenerse por medio de grupos de operadores. En este caso, la certificación se confiere al grupo, pero no da derecho a la obtención de certificaciones

---

23 La finalidad doble de estos deberes de los operadores la resalta bien Barents, R. *The Agricultural Law of the EU*, cit., § 10.28.

24 Durante la vigencia del Reglamento núm. 834/2007, la STJUE de 12 de octubre de 2017, as. C 289/16, *Kamin und Grill Shop GmbH,* ECLI:EU:C:2017:758, ya observó que esta exención de controles en favor de los operadores que vendiesen directamente sus productos al consumidor o usuario final, establecida por el art. 28 del citado Reglamento, debía ser objeto de interpretación restrictiva (fdto. 25), toda vez que el régimen establecido por el Reglamento «persigue asegurar la trazabilidad de cada producto en todas las fases» (27). De esta guisa, considerando que «la exención prevista en el artículo 28.2 del Reglamento 834/2007 (...) trata de respetar el principio de proporcionalidad, admitiendo una excepción limitada a los supuestos en los que podría considerarse excesiva la aplicación de requisitos de notificación y control» (32), concluyó afirmando que dicha excepción debe interpretarse «en el sentido de que, para considerar que los productos se venden directamente en el sentido de esa disposición, al consumidor o usuario final, es necesario que la venta se realice con la presencia simultánea del operador o de su personal comercial y del consumidor final» (34).

individuales. Se trata, en suma, de una medida de flexibilización importante en favor de los pequeños operadores, ya que el prolijo art. 36 requiere que los agricultores u operadores de algas o animales de acuicultura que integren el grupo tengan explotaciones que no superen las 5 Ha[25] o el posible coste de certificación individual entrañe para ellos un desequilibrio económico relevante[26]; y desarrollen sus actividades de producción en puntos geográficos próximos entre sí. La constitución del grupo de operadores implica para los agricultores que voluntariamente se adhieren al mismo la asunción de una estructura y estrategia comunes de comercialización, inspecciones y controles, bien descritas por el extenso art. 36 del Reglamento.

El certificado, «se expedirá —según el art. 35.1 a)— en formato electrónico en la medida de lo posible»; advera que la actividad notificada es conforme al Reglamento; identifica al operador o grupo de operadores; singulariza la categoría de productos a que viene referido[27]; y determina, en fin, su período de validez (art. 35.1).

VI. Reglas de etiquetado de los productos ecológicos

Los productos certificados que cumplan las determinaciones del Reglamento pueden emplear los términos «BIO», «ECO» o similares en el etiquetado, presentación, publicidad y documentos oficiales en toda la Unión y en cualquiera de las lenguas oficiales enumeradas en el Anexo IV. No en balde el propio logotipo de producción ecológico es en sí una certificación oficial en el sentido de los arts. 86 y 91 del Reglamento horizontal de control oficial. En coherencia con lo que es propio de todo este tipo de signos distintivos, se prohíbe la inclusión de estos términos en marcas registradas, nombres de empresa o prácticas que puedan inducir a error al consumidor o al usuario sugiriendo que un producto o sus ingredientes cumplen lo dispuesto en el Reglamento.

---

25 La extensión se reduce a la media hectárea en el caso de invernaderos; y a las 15 Has en el caso de pastos permanentes.

26 El coste de certificación individual debe significar más del 2 % del volumen de negocios de cada miembro o producción estándar de producción ecológica de cada miembro, y cuyo volumen de negocios de producción ecológica anual no supere los 25.000 euros o cuya producción estándar de producción ecológica no supere los 15.000 euros al año.

27 El art. 35.7 señala que los productos se clasifican en alguna de las siguientes categorías: a) vegetales y productos vegetales no transformados, incluidas las semillas y demás materiales de reproducción vegetal; b) animales y productos animales no transformados; c) algas y productos de la acuicultura no transformados; d) productos agrarios transformados, incluidos los productos de la acuicultura, destinados a ser utilizados en la alimentación humana; e) piensos; f) vino; y g) otros productos enumerados en el anexo I del presente Reglamento no incluidos en las categorías anteriores.

Tampoco los productos obtenidos durante el denominado «período de conversión» pueden anunciarse o etiquetarse como productos ecológicos o como productos en conversión, con la excepción ya comentada de los materiales de reproducción vegetal y de los alimentos y piensos de origen vegetal producidos durante dicho período cumpliendo las determinaciones del art. 10.4.

El Reglamento establece también un régimen específico para el etiquetado de los alimentos y piensos transformados (art. 30.5 y 6). Para el caso de los alimentos transformados, los términos arriba indicados únicamente pueden emplearse

- En la denominación de venta y en la lista de ingredientes cuando dicha lista sea obligatoria en virtud de la legislación de la Unión, si los alimentos cumplen las normas de producción (del Anexo II, IV) y si, al menos, el 95 % de los ingredientes al peso son ecológicos.
- En la lista de ingredientes, únicamente si el 95 % de los ingredientes agrarios son ecológicos y los alimentos transformados cumplen las reglas de producción previstas en el art. 30.5 b) ii.
- En la denominación de venta y en la lista de ingredientes: si el ingrediente principal es un producto de la caza o la pesca; si el término orgánico se relaciona directamente en la denominación de venta con otro ingrediente que es ecológico y distinto del principal (atún en aceite de oliva virgen extra ecológico, por ejemplo)[28]; si todos los demás ingredientes agrarios son ecológicos; y si los alimentos transformados cumplen las normas de producción previstas en el art. 30.5 c) iv).

El término ecológico o similares no puede usarse asimismo respecto a los productos en cuyo etiquetado o publicidad deba indicarse, según la normativa de la Unión, que el producto contiene OMG, está compuesto de OMG o se produce a partir de OMG[29]. Por otra parte, la STJUE de 26 de febrero de 2019 tampoco permite el uso del logotipo producto ecológico para productos procedentes de animales que hayan sido objeto de un sacrificio ritual sin aturdimiento previo[30].

---

28 Cristiani, Eloisa. «Il Metodo di Produzione Biologico», cit., 93.

29 Benozzo, Matteo. «Alimenti Geneticamente Modificati», en *Trattato di Diritto Agrario*, cit., III: 150-181.

30 STJUE de 26 de febrero de 2019, as. C 497/17, *Oeuvre d´assistance aux bêtes d´abattoirs,* ECLI:EU:C:2019:137. Como se razonaba en el fundamento 50 de esta resolución judicial, «contrariamente a lo que sostienen tanto el Gobierno francés como las partes demandadas en el litigio principal en sus observaciones escritas, los métodos específicos de sacrificio prescritos por ritos religiosos, que se realizan sin aturdimiento previo y cuya práctica admite el artículo 4, apartado 4, del Reglamento n.° 1099/2009, no equivalen, en términos de garantía de un elevado nivel de protección del bienestar animal en el momento de la matanza, al método de sacrificio con aturdimiento previo, en principio impuesto por el artículo 4, apartado 1» del Reglamento 834/2007.

Finalmente, el empleo del logotipo de producción ecológico se atiene a una serie de determinaciones:

- Debe seguir, en primer lugar, el modelo y las normas establecidas en el Anexo V del Reglamento.
- Por razón del lugar en que se hayan obtenido las materias primas agrarias de que se compone el producto en el mismo campo visual que el logotipo debe figurar alguna de las siguientes menciones: «Agricultura UE» (para los casos en que la totalidad de las materias primas agrarias hayan sido obtenidas en la Unión); «Agricultura no UE» (cuando dichas materias provengan de terceros países); y «Agricultura UE/no UE» (en los casos en que las materias primas procedan tanto de la Unión como de un país tercero).
- Las indicaciones «UE» y «no UE» no figurarán en un color, tamaño ni estilo tipográfico que destaque sobre el nombre del producto.
- Los términos «UE» o «no UE» pueden sustituirse o completarse por los del país o región, si todas las materias primas se han obtenido en dicho país o región, considerándose como cantidades inapreciables a estos efectos las que sean inferiores al 5 % de la cantidad total en peso de materias primas agrarias.
- Pueden utilizarse logotipos nacionales y logotipos privados en el etiquetado, en la presentación y en la publicidad de productos acompañando al europeo.
- Ha de incluir el código numérico de la autoridad u organismo de control de que dependa el responsable de la última operación de producción o preparación y, en caso de los productos envasados, en el envase.
- Tiene que incorporar asimismo el lugar en el que se hayan obtenido las materias primas agrarias de las que se compone el producto, información que es necesario que figure en el mismo campo visual que el logotipo.

VII. La regulación de los controles oficiales: autoridades y organismos de control ecológicos

Como venimos diciendo, el autocontrol realizado por los operadores queda sujeto a la verificación que, sobre la bondad de lo efectuado, lleven a cabo las autoridades de control. Por ello, el Reglamento es insistente en que, antes de comercializar cualquier producto como ecológico o en conversión, o antes de período de conversión, los operadores y grupos de operadores «notifiquen su actividad a las autoridades competentes del Estado miembro en el que se lleve a cabo la actividad» (art. 34.1, primer párrafo), e indiquen en la mencionada notificación «qué autoridad de control u organismo de control verifica si la actividad cumple lo dispuesto en el presente Reglamento» (art. 34.1, segundo párrafo).

El capítulo VI del Reglamento, que es el dedicado a los controles oficiales, constituye, en realidad, una remisión al Reglamento horizontal en materia de controles oficiales: el Reglamento (UE) 2017/625. Su extenso contenido se limita a marcar una serie de previsiones que, más que normas adicionales —como las denomina—, son adaptaciones de las determinaciones del Reglamento horizontal a las características particulares y a los concretos problemas planteados por este tipo de producción específica. Al igual de lo previsto en el Reglamento horizontal, el control oficial puede ser delegado en organismos de control por parte de las autoridades competentes, dándose cuenta en el acto de delegación de la descripción detallada de las tareas de control oficial delegadas, de los procedimientos instituidos para llevar a cabo el control, de la lista de medidas aplicables a los operadores y grupos de operadores ante casos de incumplimiento supuesto o demostrado, y del seguimiento y mecanismos de información que al respecto se establezcan [art. 40.1 a)]. El apartado 4.° del art. 40 enumera las funciones que, en todo caso, no pueden ser objeto de delegación, entre las que están, además lógicamente de la propia supervisión o auditoría de otras autoridades u organismos de control[31], la prohibición de que reciban las notificaciones de actividad del art. 34 y de que ideen exenciones y medidas ante incumplimientos distintas de las previstas por el Reglamento y sus normas de desarrollo.

Por lo demás, la actividad de control oficial ya venga desarrollada por las autoridades competentes, ya por los organismos de control en virtud de delegación, comprende la realización de los procedimientos de investigación oficial ya aludidos y la adopción de las medidas de prohibición de comercialización y retirada de la certificación procedentes, en su caso, ante los casos de incumplimiento, todo ello dentro del catálogo común elaborado por las autoridades competentes (arts. 41 y 42).

VIII. Exportación e importación de productos ecológicos

Los productos con derecho al uso del logotipo de producción ecológica de la UE pueden ser exportados como productos ecológicos, a cuyos efectos se le expedirá en formato electrónico el certificado ecológico de exportación.

31 En este sentido, en línea con lo establecido en el Reglamento horizontal, los apartados 7.° a 11.° de este art. 40 pormenorizan lo relativo al ejercicio de las tareas delegadas, su supervisión, así como la suspensión y revocación de la delegación.

Por su parte, para ser comercializados en la UE como productos ecológicos, los productos de terceros países han de reunir tres condiciones:

a) que sea un producto en el sentido del art. 2.1 del Reglamento;

b) que, desde el punto de vista de su calificación como producto ecológico, cumpla alguna de las tres siguientes condiciones: i) que los productos hayan sido controlados por autoridades u organismos de control reconocidos, que, como tales, les hayan expedidos los correspondientes certificados; ii) que el producto cumple las condiciones establecidas en el acuerdo comercial correspondiente con un tercer país; e, iii) que el producto proceda de un tercer país reconocido a efectos de equivalencia con arreglo al art. 33.3 del Reglamento (CE) n.º 834/2007, reconocimiento que expirará el 31 de diciembre de 2026.

c) Que los operadores de terceros países puedan presentar en cualquier momento a los importadores y a las autoridades nacionales de la UE y de esos terceros países, información que permita identificar a los operadores que sean sus proveedores y a las autoridades u organismos de control de esos proveedores con el fin de garantizar la trazabilidad del producto ecológico o en conversión.

IX. Panorama normativo español en materia de agricultura ecológica

1. Fases de su regulación

La regulación de la agricultura ecológica ha pasado también en nuestro ordenamiento por distintas etapas, todas ellas muy vinculadas a su reconocimiento como signo distintivo de calidad.

En una primera fase, el marco normativo ofrecido por los Reales Decretos 1573/1985, de 1 de agosto y 728/1988, de 8 de julio, permitió la consideración de la agricultura ecológica como una denominación genérica de calidad, signo distintivo aplicable a los productos con características comunes y especiales debidas a su naturaleza, a los sistemas de producción empleados o a los procedimientos de transformación, elaboración y fabricación[32]. Dentro de esta figura de calidad encontró amparo la agricultura ecológica reconocida como denominación genérica mediante Orden del Ministerio de Agricultura, Pesca y Alimentación de 4 de octubre de 1989. En cierta manera,

32 Según el art. 2 del RD 1573/1985, de 1 de agosto, se entiende por denominación genérica «la calificación aplicable a los productos que tienen caracteres comunes y especiales debidos a su naturaleza, a los sistemas de producción empleados o a los procedimientos de transformación, elaboración y fabricación».

las denominaciones genéricas de calidad surgieron como un complemento de las denominaciones de origen sólo que respecto a aquéllas los atributos de calidad no sean debidos al territorio, sino a la forma mediante la que se produzcan, transformen o elaboren los productos[33]. En este sentido, los Reales Decretos mencionados no sólo encontraban su habilitación normativa en el propio Estatuto de la Viña, el Vino y los Alcoholes de 1970[34], sino que trazaron su régimen jurídico de reconocimiento y protección a imagen y semejanza del existente con respecto a las denominaciones de origen. De este modo, configurando todo el territorio nacional como zona de producción, se creó un Consejo Regulador para la Agricultura Ecológica, único para toda España.

Sin embargo, pronto este marco unitario se rompió, puesto que, con el inicio de la década de los noventa, las comunidades autónomas, en ejercicio de las competencias asumidas en sus respectivos Estatutos, dieron cauce a las *Denominaciones de calidad de productos agroalimentarios ecológicos*, ceñidas al ámbito de sus correspondientes territorios y dotadas de Consejos Reguladores propios[35].

La reacción estatal a esta ruptura autonómica vino de la mano del RD 1852/1993. Bajo la premisa de adecuar el ordenamiento español al nuevo marco europeo de protección de la calidad agroalimentaria, constituido por el Reglamento (CE) 2092/1991, el RD 1852/1993 pretendió coordinar el ejercicio de las competencias autonómicas con el interés nacional representado por la necesidad de ofrecer un cierto marco unitario. Se creó así la Comisión Reguladora de la Agricultura Ecológica (CRAE), adscrita al Ministerio de Agricultura, Pesca y Alimentación, pero con representación autonómica; se promovió la creación de un logotipo nacional con indicaciones «ecológico», «biológico», «orgánico», «biodinámico» o «eco» o «bio», que podía coexistir con los crea-

33 Sin embargo, como ya relatamos en *Las Denominaciones de Origen*. Cedecs, 1996, 75, los comienzos fueron un tanto difusos, porque, en un primer momento, el RD 759/1988, de 15 de julio, vislumbró la posibilidad de que este tipo de Agricultura, desvinculado, por completo, del medio geográfico, integrase también un supuesto de denominación de origen. Fueron, posteriormente, la Orden de 4 de octubre de 1989 y el RD 1852/1993, de 22 de octubre, los que corrigieron tal calificación, devolviendo las aguas a su cauce, circunstancia que, obviamente, no empece, como reconoce el art. 14 de la Orden de 4 de octubre de 1989, a que los productos que ostentasen esta denominación genérica pudieran, a su vez, ser amparados como denominación de origen, si reunían las cualidades requeridas para ello.

34 Disponía el art. 96 del Estatuto de la Viña, del Vino y los Alcoholes (Ley 25/1970, de 2 de diciembre) que «por los Ministerios competentes podrá ser protegido y reglamentado el empleo de denominaciones genéricas o específicas relativas a la calidad, método o lugar de producción, o de elaboración, o determinados caracteres de los productos a los que se refiere esta Ley cuando sea de interés general. El trámite a seguir será el establecido en los artículos 84 y 85».

35 Los problemas planteados respecto a las inicialmente llamadas Denominaciones genéricas de calidad y, después, Denominaciones de calidad, a secas, aunque, en numerosísimas ocasiones localizaciones geográficas, los tratamos ampliamente en *Las Denominaciones de Origen*, cit., 77-81.

dos por las comunidades autónomas[36]; y, en fin, se reconoció la competencia autonómica para la creación de los signos autonómicos, pero, al igual que acontecía con respecto a las denominaciones de origen, el reconocimiento de estos signos, así como de sus Consejos Reguladores, quedaba supeditado a la ratificación estatal como requisito de eficacia, que no de validez, esto es, como instrumento de colaboración estatal de cara a la protección de la denominación de calidad en los ámbitos nacional e internacional.

Las siguientes fases en el desarrollo normativo de la agricultura ecológica en nuestro ordenamiento vinieron al socaire de las sucesivas reformas experimentadas por la regulación europea. Al Reglamento (CE) 392/2004 le siguió la aprobación del RD 1614/2005, de 30 de diciembre, que, en línea con aquél y con lo proclamado por la STJUE de 14 de julio de 2005, entrañó una depuración del propio concepto de agricultura ecológica y de las indicaciones que le acompañan, ya sólo empleables con respecto a los productos obtenidos con arreglo al método de producción ecológico[37].

Aunque un tanto tardíamente con respecto a la aprobación del Reglamento (CE) 834/2007, el RD 833/2014 representa todavía la norma estatal de referencia, norma de contenido muy exiguo, destinada primordialmente a crear un marco mínimo de coordinación estatal con la extensa regulación autonómica recaída al respecto. De esta guisa, se instituye el Registro General

---

36 La redacción inicial del art. 3 del RD 1852/1993, de 22 de octubre, decía en este sentido que: «de conformidad con lo establecido en el artículo 2 del Reglamento (CEE) 2092/91, en todo caso, se considerará que un producto lleva indicaciones referentes al método ecológico de producción cuando en el etiquetado, en la publicidad o en los documentos comerciales, el producto o sus ingredientes se identifique con el término ecológico. Asimismo, y con carácter supletorio a otras indicaciones que pudieran establecer las Comunidades Autónomas, podrán utilizar, además, las siguientes: obtenido sin el empleo de productos químicos de síntesis; biológico; orgánico; biodinámico y sus respectivos nombres compuestos, así como los vocablos eco y bio, acompañados o no del nombre del producto, sus ingredientes o marca comercial».

37 El artículo único de este RD, que modifica el art. 3.1 del RD 1852/1993, de 22 de octubre, establece que «se considera que un producto lleva indicaciones referentes al método ecológico de producción cuando en el etiquetado, en la publicidad o en los documentos comerciales, el producto o sus ingredientes se identifiquen con el término *ecológico, biológico* u *orgánico*, así como sus diminutivos y derivados habituales, tales como *bio, eco*, etc., acompañados o no del nombre del producto, sus ingredientes o su marca comercial».
Aunque el Preámbulo del RD 1614/2005 no la invoca, la STJCE de 14 de julio de 2005, as. C-107/04, *Comité Andaluz de Agricultura Ecológica*, ECLI:EU:C:2005:470 estableció que, en su versión originaria, el art. 2 del Reglamento 2092/1991 no prohibía que, en España, los productos no obtenidos con arreglo al método de producción ecológico llevaran la indicación «biológico»; la prohibición, según la sentencia, sólo resultaba operativa a partir de la reforma del citado art. 2 por parte del Reglamento (CE) 392/2004. La decisión en cuestión daba respuesta a la cuestión prejudicial originada en el seno de un recurso contencioso-administrativo planteado por el Comité Andaluz de Agricultura Ecológica contra la Administración General del Estado y el Comité Aragonés de Agricultura Ecológica relativa a la compatibilidad de la originaria redacción del art. 3.1 del RD 1852/1993, de 22 de octubre con el Derecho comunitario.

de Operadores Ecológicos (REGOE) —como base de datos de ámbito estatal[38]— y se erige igualmente una Mesa de Coordinación con las autoridades competentes autonómicas, que sustituye al CRAE. La Disposición adicional 1.ª de este RD 833/2014 permite además seguir utilizando, junto al logotipo europeo, el logotipo nacional proveniente del art. 3.2 del RD 1852/1993 (al que, sin embargo, deroga expresamente)[39].

Por consiguiente, podemos convenir en que, en la actualidad, la regulación jurídica de la agricultura ecológica en España se realiza fundamentalmente a través de normas autonómicas. La tipología a este respecto es muy variada, tanto en formas como en contenidos. La gran mayoría de las comunidades autónomas han optado por establecer regulaciones reglamentarias específicamente dedicadas a la agricultura ecológica con la salvedad del País Vasco y Extremadura que han entronizado la ordenación de la agricultura dentro de sus respectivas Leyes Agrarias o de Agricultura. Destaca también el hecho de que, hasta la fecha, sólo son unas pocas las comunidades autónomas que han adecuado su normativa a las nuevas previsiones del Reglamento (UE) 2018/848.

2. Los modelos de control y certificación de los productos ecológicos instaurados por la normativa autonómica

Obviamente, existiendo una regulación europea que disciplina de manera muy completa el régimen substantivo de la agricultura ecológica, no extraña que los principales afanes de esta normativa autonómica aparezcan centrados en ultimar en clave interna los modelos de control y certificación de la agricultura ecológica dentro de los márgenes dejados al respecto por la normativa europea. En este sentido, el aún escaso desarrollo autonómico producido hasta la fecha muestra que, en síntesis, se puede vislumbrar la exis-

38 El REGOE se articula y funciona de manera similar a otros registros alimentarios de naturaleza estatal, como, por ejemplo, el Registro General Sanitario. Está adscrito a la Dirección General de Industria Alimentaria del Ministerio de Agricultura y se nutre de los datos que, al respecto, incorporen los órganos competentes de las comunidades autónomas, a las que cada operador está obligado a registrarse o notificar su actividad. Por ello, en puridad, el REGOE es únicamente una base de datos informatizada en la que se incluyen los datos obrantes en los registros o sistemas de información gestionados por las autoridades competentes de las comunidades autónomas. En dicha base, han de figurar: los datos identificativos del operador y sus representantes; los datos de ubicación de las actividades ecológicas; el tipo de actividad ecológica; el estado (ecológica, en conversión, primer año en prácticas o suspensión) y el tipo de operador.

39 La Disposición derogatoria única de este RD 833/2014 abroga también el RD 759/1988, de 15 de julio y la Orden de 14 de marzo de 1995, por la que se dictaban normas de desarrollo del RD 1852/1993.

tencia de dos modelos[40]. Dos modelos sobre los que, por otra parte, sigue pesando de manera muy relevante el influjo de la legislación relativa a denominaciones de origen, como prueba la preferencia porque la autoridad de control autonómica se configure como una Corporación de Derecho Público a imagen y semejanza de cuanto acontece con los Consejos Reguladores de las Denominaciones de Origen e Indicaciones Geográficas Protegidas.

A) Coexistencia de autoridades y de organismos de control públicos y privados

El primer modelo puede venir ejemplificado a través del Reglamento de Producción Ecológica de Comunidad Foral de Navarra (Decreto Foral 13/2023, de 22 de febrero). Fiel a los postulados del Reglamento horizontal europeo en materia de inspección y control, al que invoca expresamente, hace descansar primariamente el sistema de control en los propios operadores, obligados a implantar —según su art. 22.1— un sistema de autocontrol, «entendiendo como tal el conjunto de actuaciones, procedimientos y controles que, de forma específica, programada y documentada, realizan las personas operadoras alimentarias para asegurar que los alimentos, materias o elementos alimentarios cumplen los requisitos establecidos por normas de calidad».

Junto a este deber, el operador de producción ecológica asume, entre otras, la obligación de someterse al régimen de control establecido en el Reglamento Foral [art. 23 b)]. Un régimen en el que se distingue entre la autoridad competente —que es el Departamento de Agricultura— y las autoridades y los organismos *privados* de control ecológico a los que, en teoría,

40 Como decimos, en realidad, son muy pocas las comunidades autónomas que han abordado el desarrollo de la nueva normativa europea en materia de producción ecológica. Salvando los casos de las Comunidades Autónomas de Navarra, Cataluña, La Rioja y Aragón, sobre cuyas regulaciones tratamos más adelante, la gran mayoría de las regulaciones autonómicas son anteriores a esta fecha. En el momento en el que se ultima el presente trabajo, la Comunidad Autónoma de Andalucía ha abierto a información pública el Anteproyecto de Ley de Impulso y Promoción de la producción ecológica y otros productos agrarios y pesqueros sostenibles [Resolución de 14 de mayo de 2024, BOJA de 20 de mayo). Hasta donde hemos podido examinar, se trata de un Anteproyecto de Ley muy alejado de los contenidos tratados en el presente epígrafe, y centrado tanto en el fomento de este tipo de producción (de ahí el predominio de preceptos de índole programática) como en el diseño de un específico órgano consultivo y de participación en materia de producción ecológica (art. 17) y de un sistema de información ecológico (SIPEA, art. 18) coordinado con el SIGPAC y con los restantes instrumentos de información estatales y autonómicas en materia de agricultura ecológica. La Ley de Calidad Diferenciada de Galicia (Ley 1/2024, de 11 de enero) reconoce la producción ecológica dentro de los signos distintivos de calidad (art. 35) y, en línea con la solución preconizada por las normas navarras, de las que hablaremos a continuación, convierte a la Agencia Gallega de Calidad Alimentaria como autoridad competente (art. 79), entronizando al Consejo Regulador de la Agricultura Ecológica como autoridad de control (art. 47), sin perjuicio de las delegaciones que, en su caso, puedan hacerse en favor de organismos de control privados (art. 79.3).

dicho Departamento de Agricultura puede *atribuir* o *delegar* el ejercicio de las funciones de control[41]. Según el Reglamento de Producción Ecológica de Navarra, las autoridades de control ecológico parecen estar dotadas de una personificación jurídico-pública frente a los organismos de control ecológico cuya personificación es privada. Sin embargo, unas y otros están sujetas a obligaciones muy similares (arts. 15 y 17); deben ofrecer las suficientes garantías de objetividad e imparcialidad y disponer del personal cualificado y de los recursos necesarios para desempeñar sus funciones [arts. 15.1 d), e) y f) y 17.1 a), b) y c)]; y encontrarse acreditadas por ENAC en el cumplimiento de la Normativa Técnica correspondiente, que, para el caso de las autoridades de control es la Norma ISO/IEC 17065 (control y certificación) y para el de los organismos de control viene representado por la Norma ISO/IEC 17020 (control e inspección). Precisamente, esto último nos pone sobre la pista de que a las autoridades de control ecológico pueden atribuírseles no sólo funciones de control, sino también de certificación de los productos, aunque, en este último caso, la Autoridad competente —esto es, el Departamento de Agricultura— se reserva la presidencia del Comité de Certificación [art. 5.1 c)].

Por consiguiente, aunque en la práctica el modelo navarro haya terminado por configurarse en un modelo de control ejercido por una autoridad única de control —el Consejo de la Producción Agraria Ecológica de Navarra[42]—, sin embargo, incorpora los resortes necesarios para que, en un futuro, tales tareas puedan desarrollarse también a través de su delegación en organismos de control.

41 El empleo de los sustantivos «atribución» o «delegación» no es gratuito ni inane, como fácilmente podemos imaginar. Cuando se refiere a la «autoridad de control ecológico», el art. 14 del Reglamento Foral explicita que «se podrán *atribuir*, mediante la correspondiente orden foral de la persona titular del departamento competente, a una autoridad de control ecológico en la Comunidad Foral de Navarra, determinadas responsabilidades en relación con los controles oficiales y de certificación». Por el contrario, cuando el art. 16.1 del Reglamento Foral describe a los organismos de control ecológico subraya que «las autoridades competentes podrán *delegar* determinadas funciones de control oficial o determinadas funciones relacionadas con otras actividades oficiales en un organismo delegado», añadiendo en su apartado 2.º que «la *delegación* de funciones a la que se refiere este artículo se determinará en la correspondiente orden foral de la persona titular del departamento competente».

42 Según la Disposición transitoria 2.ª del Decreto Foral 13/2023, de 22 de febrero, el Consejo de la Producción Agraria Ecológica de Navarra (CPAEN) ostenta la condición de autoridad de control ecológico, otorgada en virtud del art. 5 del Decreto Foral 617/1999, de 20 de diciembre, y «continuará actuando como autoridad de control ecológico disponiendo de un plazo de 18 meses desde la entrada en vigor del presente Decreto Foral para presentar ante la autoridad competente la documentación que acredite que la entidad cumple los requisitos exigidos en el artículo 15 que le permitan actuar como autoridad de control ecológico en la Comunidad Foral de Navarra».

B) Preferencia por un modelo público de control

En contraposición al modelo navarro, que, al menos en teoría, abre la puerta a la coexistencia de autoridades y de organismos de control ecológicos, el modelo catalán, implantado por el Decreto 312/2022, de 2 de noviembre, opta sin ambigüedades por un sistema de control y certificación públicos, muy semejante, por cierto, al adoptado en el seno de numerosas Denominaciones de Origen Protegidas[43].

Según reza el art. 9 del Reglamento de Producción Ecológica de Cataluña, los operadores ecológicos deben figurar inscritos en algunas de las secciones del Registro instaurado por el Decreto[44] y han de someter su actividad al régimen de certificación previsto en el Reglamento, cuya finalidad es verificar antes de la comercialización el cumplimiento de los requisitos aplicables a la producción ecológica. A tales efectos, el Reglamento catalán establece una única Autoridad de control: el Consejo Catalán de Producción Ecológica.

El Consejo Catalán de Producción Ecológica se configura como una Corporación de Derecho Público, sujeta a la tutela de la Autoridad Competente, —el Departamento de Agricultura—. Ejerce las competencias en materia de certificación e inspección y emite la certificación de cumplimiento de la normativa [art. 23 c), d), e) y f)], lo que le obliga no sólo a garantizar los criterios de imparcialidad e independencia y estar acreditado conforme a la Norma ISO/IEC 17065 [art. 25 b)], sino también a establecer, dentro de su estructura interna, una nítida diferenciación y separación entre las unidades competentes en materia de gestión y las que lo son para las funciones de control y certificación. Así se distingue entre un Área de Control (art. 35), un Comité de Certificación (art. 36) y la Presidencia y Junta Rectora, órganos de gestión y administración ordinarios del ente corporativo [arts. 27.2 y 28-34]. Se crea además la denominada Comisión de Partes, integrada por representantes de la Administración, de los consumidores y de los operadores, y encargada de

> «supervisar la imparcialidad del Consejo en el proceso de certificación, garantizar la imparcialidad, confianza y transparencia de la actividad de certificación que desarrolla el Consejo, evitar que los intereses comerciales u otros puedan afectarla

---

43 López Benítez, M. «La Protección Extrarregistral de las DOP e IGP: Las Relaciones entre la Administración Pública y los Entes Gestores de Cada Signo Distintivo», en *Indicaciones Geográficas y Marcas: Luces y Sombras de una Obligada Convivencia Comercial*, dirigido por A. Martínez Gutiérrez y T. Vázquez Ruano, 188-192. Madrid: Reus Editorial, 2022.

44 El art. 14 obliga a que todas las personas operadoras de producción agroalimentaria ecológica en Cataluña se inscriban en el Registro de Operadores Ecológicos de Cataluña, estructurado, según su art. 16, en diversas secciones: a) actividades de producción primaria; b) actividades de preparación; c) actividades de importación y/o exportación; d) actividades de distribución mayorista; e) actividades de distribución minorista; y f) otras actividades sujetas al sistema de control.

y asegurar una representación equilibrada de todas las personas interesadas en este proceso» **(art. 37)**.

Con escasas variantes, este modelo público de control es el seguido también por las Comunidades Autónomas de La Rioja y de Aragón. La primera de estas configura el Consejo de la Producción Agraria Ecológica de La Rioja (CPAER) como una Corporación de Derecho Público, encargada de controlar y certificar la producción ecológica, cumpliendo para ello los requisitos establecidos por la Norma UNE EN ISO/IEC 17065, para lo cual distingue entre Área de Servicios Generales y un Área de Control, estructurada en una Dirección Técnica, un Comité de Certificación, Auditores y un denominado Comité de Garantía de Imparcialidad, en el que se integran todas las partes interesadas en el proceso de certificación y vela, entre otros aspectos, por «contrarrestar cualquier tendencia por parte del CPAER a permitir que consideraciones comerciales o de otra índole interfieran en la objetividad de la certificación»[45].

De manera muy similar, la Comunidad Autónoma de Aragón erige al Comité Aragonés de Agricultura Ecológica (CAAE) la autoridad de control en el territorio autonómico, determinándose, en consecuencia, que «el control del cumplimiento de la normativa reguladora de la producción ecológica a nivel de los operadores será ejercido por la autoridad de control»[46].

X. Conclusiones

Pese a las controversias científicas existentes en torno a los *pros* y los *contras* de la agricultura ecológica, la agricultura ecológica es una realidad que está cobrando mayor auge cada día, como muestra tanto el aumento del número de superficies y operadores dedicados a este tipo de producción[47],

---

45 Art. 14 del Reglamento de Funcionamiento y Régimen Interno del Consejo de la Producción Agraria Ecológica de la Rioja, aprobado como Anexo del Decreto 21/2019, de 31 de mayo (BOR núm. 68, de 5 de junio), por el que se regula el ejercicio de funciones en materia de certificación y control de la producción ecológica en La Rioja

46 Art. 6.1 del Decreto 174/2022, de 14 de diciembre (BOAR núm. 248, de 27 de diciembre), por el que se regula la producción ecológica en Aragón, se establece el régimen jurídico del Comité Aragonés de Agricultura Ecológica y se aprueba su reglamento de funcionamiento. Añade el art. 6.2 que dicho Comité debe estar inscrito en el Registro de Entidades de Control y Certificación de Productos Agroalimentarios, y estar acreditado por ENAC en el cumplimiento de la Norma UNE EN ISO/IEC vigente. El art. 9 del Reglamento de Funcionamiento del CAAE, que figura como Anexo al Decreto 174/2022, crea en este sentido una Unidad de Control y también, como en los modelos catalán y riojano, se instituye un Comité de Partes (art. 10), «encargado de velar por el buen funcionamiento de la Unidad de Control, con la participación de todos los intereses implicados en relación con el contenido y funcionamiento del sistema de certificación».

47 Centrándonos en España, las cifras mostradas a este respecto por la última estadística publicada por el Ministerio de Agricultura en relación con el año 2022, revelan que la superficie dedicada a la producción agrícola durante ese curso fue de 2.675.331 hectá-

como la valoración que la agricultura ecológica va adquiriendo entre los propios consumidores. Más allá de su regulación substantiva, expuesta someramente en las páginas que anteceden, los legisladores y las distintas Administraciones nacionales están estimulando también el apego a la producción ecológica mediante programas específicos de ayuda y a través también del recurso a variadas técnicas de fomento de muy distinta índole[48].

Las distintas fases por las que ha pasado la regulación de la producción ecológica han servido también para estratificar una serie de capas de interés, íntimamente compenetradas y que, en la actualidad, se nos ofrecen imbricadas en el Reglamento 2018/848. La tutela del medio ambiente mediante el empleo de unas prácticas agrícolas más respetuosas con el medio físico se combina con la preferente atención que el realce de la calidad de los productos agroalimentarios ha ido adquiriendo en la agricultura europea desde finales del pasado siglo, momento en el que las técnicas de apoyo a los precios cedieron y fueron sustituidas por otras formas más subliminales de ayuda a la agricultura. En este sentido, la culminación de todos los procesos productivos en torno a la agricultura ecológica se corona, como se ha visto, con el otorgamiento de una certificación de conformidad que permite al operador etiquetar su producto de una determinada manera —esto es, diferenciarlo en los mercados—, sumando así en muchos casos un jalón más a los otros distintivos de calidad poseídos ya por el producto en cuestión.

La contrapartida de estas pretendidas ventajas radica, sin embargo, en el complejo racimo de deberes y obligaciones que los operadores asumen, así como en los acabados sistemas de autocontrol que al respecto han de articular en sus explotaciones, que incrementan esa cierta percepción burocrática que en la actualidad se tiene de la actividad agrícola.

XI. Bibliografía

Barents, R. *The Agricultural Law of the EU*. Alphen aan den Rijn: Wolters Kluwer Law International, 2022.

Boza Martínez, S. *La Agricultura Ecológica como Parte de la Estrategia de*

reas lo que supone un incremento del 0,16 % de las existentes en 2021 (2.635.442 hectáreas). Dicha superficie, que supone el 10,95 % de la superficie agrícola total de nuestro país, tiene en Andalucía (47,33 %), Castilla-La Mancha (15,42 %) y Cataluña (9,60 %) sus principales localizaciones. En lo que respecta a los cultivos, la mayor dedicación de agricultura ecológica se centra en los frutos secos (35,81 %), el olivar (32,39 %) y el viñedo (18,51 %). Por último, se ha incrementado también el número de operadores con respecto al año 2021, pasando de 58.485 a 60.621.

48 Por ejemplo, en este sentido, la STJUE de 7 de diciembre de 2023, as. C-329/22, *Zamestnik*, ECLI:EU:C:2023:968 ha examinado la compatibilidad por parte de los Estados de limitar las ayudas financieras del FEADER a la apicultura y a la agricultura ecológica a la exigencia de un período de conversión mínimo.

Desarrollo Rural Sostenible en Andalucía. Sevilla: Fundación Pública Andaluza Centro de Estudios Andaluces, 2011.

Costato, L. Germanò, A. and **Basile, E. R.** (ed.). «Il Metodo di Produzione Biologico». In *Trattato di Diritto Agrario. Vol. 3, Il Diritto Agroalimentare*, 82. Turin: Utet Giuridica, 2011.

Cristiani, E. «Il Metodo di Produzione Biologico», in *Trattato di Diritto Agrario. Vol. 3, Il Diritto Agroalimentare*, ed. Luigi Costato, Alberto Germanò, and Eva Rook Basile (Turin: Utet Giuridica, 2011).

Cubero Salmerón, J. I. *Historia General de la Agricultura: De los Pueblos Nómadas a la Biotecnología*. Guadalmazán, 2018.

IFOAM (International Federation of Organic Agriculture Movements). *Definición oficial de agricultura orgánica*, as adopted in the General Assemblies of Adelaide, Australia (2005) and Vignola, Italy (June 2008). Official Spanish translation by **IFOAM**.

López Benítez, M. «La Protección Extrarregistral de las DOP e IGP: Las Relaciones entre la Administración Pública y los Entes Gestores de Cada Signo Distintivo». In *Indicaciones Geográficas y Marcas: Luces y Sombras de una Obligada Convivencia Comercial*, edited by A. Martínez Gutiérrez and T. Vázquez Ruano, 188-192. Madrid: Reus Editorial, 2022.

Rebollo Puig, M., and **Vera Jurado, D.**, eds. *Derecho Administrativo: Conceptos Fundamentales, Fuentes y Organización*. 3rd ed. Madrid: Tecnos, 2017.

Sirsi, E. «L'Impiego in Agricoltura di Organismi Geneticamente Modificati e la Coesistenza con le Coltivazioni Non Geneticamente Modificate». In *Trattato di Diritto Agrario. Vol. 2, Il Diritto Agroambientale*, 269-324. Turin: Utet Giuridica, 2011.

Villar Palasí, J. L. *Curso de Derecho Administrativo: Introducción, Teoría de las Normas y Grupos Normativos*. Madrid: Universidad Complutense, 1971.

CAPÍTULO 4

EL POSICIONAMIENTO DE LA UNIÓN EUROPEA ANTE EL IMPACTO DE LOS FITOSANITARIOS EN LAS ESPECIES POLINIZADORAS

Elisa Pérez de los Cobos Hernández[1]
Profesora Contratada Doctora de la Universidad de Murcia

Sumario: I. INTRODUCCIÓN: SOBRE LA IMPORTANCIA Y EL DECLIVE DE LOS POLINIZADORES. II. HACIA UN NUEVO MARCO JURÍDICO DE LOS PLAGUICIDAS: NUEVOS OBJETIVOS DE REDUCCIÓN DEL RIESGO Y EL USO DE PRODUCTOS FITOSANITARIOS. III. LA EVALUACIÓN DEL RIESGO DE LOS PRODUCTOS FITOSANITARIOS PARA LAS ABEJAS: «BEE GUIDANCE DOCUMENT». IV. DEL ABUSO DE LAS AUTORIZACIONES DE EMERGENCIA: LA NECESARIA CONCRECIÓN DEL ÁMBITO DE APLICACIÓN DEL ART. 53 DEL REGLAMENTO DE FITOSANITARIOS Y EL ALCANCE EXACTO DE LA EXCEPCIÓN QUE ESTABLECE. V. BREVE REFERENCIA A LA INICIATIVA CIUDADANA EUROPEA «SALVEMOS A LAS ABEJAS Y A LOS AGRICULTORES». VI. LA PONDERACIÓN DEL PRINCIPIO DE SEGURIDAD JURÍDICA CON EL PRINCIPIO DE CAUTELA. VII. BIBLIOGRAFÍA.

RESUMEN: La UE está tomando medidas para reducir el impacto negativo de los fitosanitarios en las especies polinizadoras, esenciales para la biodiversidad y la agricultura. Los fitosanitarios han sido vinculados a la disminución de insectos polinizadores y problemas de salud humana. Estrategias como la de Biodiversidad para 2030 y «De la granja a la mesa» buscan reducir el uso de plaguicidas en un 50 % y promover la agricultura ecológica en el 25 % de las tierras agrícolas de la UE

1 El presente trabajo se realiza en el marco del proyecto de investigación «Retos jurídico-ambientales de la estrategia europea de biodiversidad en un contexto de cambio climático», PID2020-115505RB-C21/C22, financiado por MCIN/AEI /10.13039/501100011033.

para 2030. El marco regulatorio incluye la Directiva 2009/128/CE y el Reglamento 1107/2009, que buscan garantizar un uso sostenible de los fitosanitarios. La UE también ha desarrollado el «Bee Guidance Document» para evaluar los riesgos de los fitosanitarios en las abejas. A pesar de estos esfuerzos, algunos Estados miembros han abusado de las autorizaciones de emergencia para plaguicidas prohibidos, lo que ha llevado a una intervención del TJUE. Además, iniciativas ciudadanas como «Salvemos a las abejas y a los agricultores» piden una eliminación gradual de los plaguicidas sintéticos y la restauración de hábitats naturales. En resumen, aunque se han hecho progresos significativos, es crucial continuar implementando y fortaleciendo medidas para proteger a los polinizadores y el medio ambiente.

I. Introducción: sobre la importancia y el declive de los polinizadores

Como ha señalado la Agencia Europea de Medio Ambiente (AEMA), «la contaminación por [productos fitosanitarios (plaguicidas)] conlleva la pérdida de biodiversidad en Europa. Esta contaminación reduce significativamente las poblaciones de insectos y supone una amenaza para el papel crítico que estos desempeñan en la producción de alimentos» y «la exposición humana a plaguicidas químicos está relacionada con enfermedades crónicas como el cáncer y enfermedades cardíacas, respiratorias y neurológicas».

La importancia de la polinización y, por ende, de los polinizadores, puede analizarse desde distintos puntos de vista. En primer lugar, debe tenerse en consideración su función vital como servicio ecosistémico regulador de la naturaleza. Casi el 90 % de las fitoespecies florales silvestres del mundo dependen, al menos parcialmente, de la transferencia de polen por los animales[2]. Además, los polinizadores resultan cruciales para la agricultura y la alimentación. El 76 % de la producción de alimentos en Europa dependen de la polinización entomófila, o lo que es lo mismo, casi 15.000 millones de euros de la producción agrícola anual de la UE se atribuyen directamente a los insectos polinizadores[3]. A nivel estatal, España no sólo es uno de los países europeos con mayor número de especies de abejas, sino también, el segundo productor de miel de abeja doméstica *(Apis mellifera)* en Europa. De

2 Sobre la importancia de la polinización y los distintos tipos de polinizadores puede consultarse el informe presentado por la Plataforma Intergubernamental Científico-Normativa sobre Diversidad Biológica y Servicios de los Ecosistemas (IPBES). *Resumen para los responsables de Formular Políticas del Informe de Evaluación de la Plataforma Intergubernamental Científico-Normativa sobre Diversidad Biológica y Servicios de los Ecosistemas sobre Polinizadores, Polinización y Producción de Alimentos*. Anexo II a la Decisión IPBES-4/1, 2016, 39.

3 En este sentido pueden consultarse, entre otros, el trabajo de Miñarro, M., García, D., y Martínez Sastre, R. «Los Insectos Polinizadores en la Agricultura: Importancia y Gestión de su Biodiversidad», *Ecosistemas* 27, no. 2 (2018): 81-90, monográfico: *Pérdida de polinizadores: evidencias, causas y consecuencias.* Doi.: 10.7818/ECOS.1394.

ahí que, sectores como la apicultura y la agricultura relacionada con los cultivos dependientes de la polinización resulten clave para nuestra economía.

Este servicio ecosistémico resulta esencial también desde el prisma de su repercusión económica que, únicamente referida a la producción de alimentos, se calcula en 153.000 millones de euros a nivel mundial, casi 15.000 millones para la agricultura europea y más de 2.400 millones de euros para la agricultura española[4]. La importancia de atribuir un valor económico a este servicio de polinización resulta fundamental pues, no solo permite computar su contribución a la producción agrícola; sino también, calcular las potenciales consecuencias y costes que podrían derivar de la pérdida del servicio de polinización y analizar la importancia del capital natural en el contexto de un desarrollo sustentable[5]. Ahora bien, el valor de este servicio ecosistémico no se agota aquí. A la importancia de esa función esencial como garantía del equilibrio regulatorio de la naturaleza, de la seguridad nutricional, la salud y el bienestar humano, debe añadirse, además, su carácter irremplazable. Y es que, pese a los avances de la ciencia, los polinizadores, al menos de momento, no resultan sustituibles lo que «hace que su valor tienda al infinito»[6 / 7].

Sin embargo, pese a su vital importancia, la situación y tendencia de los polinizadores es cada vez más preocupante. Aun cuando no disponemos de evaluaciones mundiales de la Lista Roja de la IUCN, específicas para los insectos polinizadores, los resultados de las evaluaciones más localizadas (nacionales o regionales) muestran que más de un 40 % de las especies de

4 Ministerio para la Transición Ecológica y el Reto Demográfico (MTERD). *Estrategia Nacional para la Conservación de los Polinizadores*. 21 de septiembre de 2020, 7.

5 Resulta de especial interés el trabajo de Vysna, V., Maes, J., Petersen, J. E., La Notte, A., Vallecillo, S., Aizpurua, N., Ivits, E., y Teller, A. *Accounting for Ecosystems and Their Services in the European Union (INCA). Informe Final de la Fase II del Proyecto INCA*. Luxemburgo: Oficina de Publicaciones de la UE, 2021. Sirva de comparación el trabajo de Galindo, L. M., y Basurto, S. *Valoración Monetaria del Servicio de Polinización en México. Informe del Proyecto NCAVES*. Nueva York: División de Estadística de las Naciones Unidas, Departamento de Asuntos Económicos y Sociales, 2021.

6 En un sentido similar, Ortiz García señala que «las abejas no poseen un valor económico intrínseco, ya que oculta el hecho de que, si la polinización natural se viese seriamente perjudicada o cesase, podría resultar imposible de sustituir; algo que, en la práctica, hace que su valor tienda al infinito». Ortíz García, M. «La Primavera Gris: Sobre el Declive de las Abejas», *RVAP*, no. especial 99-100 (2014): 2267. https://doi.org/10.47623/ivap-rvap.99.100.2014.098.

7 Actualmente existen muchos los avances científicos en relación con la polinización con drones, estando en marcha distintos experimentos de campo comparando rendimientos de la polinización artificial con la natural. Entre los países con mayor desarrollo actual de esta tecnología se encuentran USA, Japón e Israel. Sobre esta cuestión puede consultarse el trabajo de Montilla-Pacheco, A., *et al.* «Polinización con Drones: ¿Una Respuesta Acertada Ante la Disminución de Polinizadores Entomófilos?» *Scientia Agropecuaria* 12, no. 4 (2021): 509-516. http://dx.doi.org/10.17268/sci.agropecu.2021.055

abejas podrían estar amenazadas[8]. En concreto, según la Lista Roja europea, alrededor de una de cada tres especies de abejas y mariposas tiene una población en descenso, mientras que aproximadamente una de cada diez se encuentra en peligro de extinción[9]. Y lo expuesto no mejora si se tiene en cuenta que, el estado actual del saber solo revela una situación aproximada, de forma que es muy probable que un mayor conocimiento ponga de manifiesto una situación aún más preocupante.

La ciencia apunta a una causa multifactorial en el declive de los polinizadores: el cambio en el uso de la tierra, la gestión intensiva de la agricultura y del uso de los plaguicidas, la contaminación ambiental, las especies exóticas invasoras, los patógenos y el cambio climático, son los principales señalados[10]. Ahora bien, como advierte la IPBES, la insuficiencia y complejidad de los datos existentes dificulta establecer vínculos explícitos entre la disminución de los polinizadores y cada una de estas causas o incluso con una combinación exacta de las mismas. De ahí que sea tan importante el desarrollo de nuevos estudios e investigaciones que permitan perfeccionar el contexto de protección y conservación de los polinizadores a la luz de nuevos hallazgos científicos, cuyos resultados se trasladen de forma efectiva al ámbito normativo donde, como veremos a continuación, ya se advierte una clara intención (y necesidad) de restaurar el daño causado en el ámbito que aquí nos ocupa.

II. Hacia un nuevo marco jurídico de los plaguicidas: nuevos objetivos de reducción del riesgo y el uso de productos fitosanitarios

Pese a que el declive de los polinizadores responde a motivos multifactoriales, el actual estado de la ciencia sí permite establecer un nexo causal indubitado entre la utilización de productos fitosanitarios y la pérdida de los insectos polinizadores. Tanto que, reducir el impacto de estas sustancias a través de la adopción de nuevas políticas y medidas realmente efectivas, no parece opcional. A nivel europeo son muchas las estrategias e iniciativas adoptadas con el fin de hacer frente al declive señalado. En 2018 la Comisión adoptó el primer marco de la historia de la UE para hacer frente a la pérdida de polinizadores silvestres: la Iniciativa europea sobre los polinizadores[11]. Si bien, no se trata

---

8 IPBES. *Resumen para los Responsables de Formular Políticas...*, cit., 36 y 50.

9 European Commission. «The IUCN Red List of Threatened Species», accessed October 14, 2024. https://ec.europa.eu/environment/nature/conservation/species/redlist/.

10 IPBES. *Resumen para los Responsables de Formular Políticas...*, cit., 37.

11 Parece lógico aclarar aquí que tanto la Iniciativa sobre polinizadores (original y revisada), como el Informe especial n.° 15/2020, de 9 de julio, del TCuE, se centran exclusivamente en los polinizadores silvestres dado que se entiende que las medidas que se adoptan en beneficio de estos afectan a problemas comunes a todos los polinizadores.

del único paso dado en este sentido. Junto a esta destacan otras como la Estrategia sobre la Biodiversidad para 2030 o la Estrategia «De la granja a la mesa» (2020); a las que hay que añadir, además, además, el Plan de acción de la UE «Contaminación cero para el aire, el agua y el suelo» (2021), la Estrategia Forestal para 2030 (2021) y la nueva Estrategia de adaptación al cambio climático (2021). La suma de todas ellas permite abordar, de forma global, las principales amenazas a las que se enfrentan los polinizadores.

No obstante, serán las Estrategias sobre biodiversidad para 2030 y «De la Granja a la Mesa» las que ocupen un lugar protagonista, en la medida que sus objetivos han terminado vertebrando tanto la Iniciativa Europea, como la Estrategia nacional española sobre polinizadores. Así, entre las medidas previstas en la Estrategia sobre biodiversidad para 2030 destaca la llamada a garantizar que al menos el 10 % de la superficie agraria vuelva a estar ocupado por elementos paisajísticos de gran diversidad. Del mismo modo, la Estrategia «De la granja a la mesa» establece como objetivos, con repercusión directa en los polinizadores, el de la reducción en un 50 % del uso y el riesgo de los plaguicidas químicos y del uso de los plaguicidas más peligrosos, en un 50 %, de aquí a 2030. Otras medidas comunes en ambas Estrategias y que resultan especialmente relevantes para la conservación de polinizadores son las relacionadas con el fomento de la agroecología, quedando previsto en ambos casos que, al menos el 25 % de las tierras agrícolas de la UE, se dedique a la agricultura ecológica de aquí a 2030. A nivel nacional, en línea con los compromisos internacionales asumidos por España, y en el marco de la Iniciativa de la UE sobre Polinizadores, el pasado 21 de septiembre de 2020 se aprobó la Estrategia nacional para la conservación de los polinizadores[12].

Esta especial incidencia de los plaguicidas sobre los polinizadores hace que el marco jurídico al que su uso y comercialización deben ajustarse tenga una importancia determinante. Conocedora de esta realidad, la UE ha adoptado una de las regulaciones más exigentes del mundo en cuando a objetivos, estableciendo como principio elemental la ausencia de efectos inaceptables sobre el medio ambiente[13]. Entre sus normas de referencia deben subrayarse

12 España es miembro de la Coalición Internacional para la Conservación de los Polinizadores en el contexto del Convenio de Naciones Unidas sobre Diversidad Biológica. En la 13.ª COP se adoptó la Decisión XIII/15 de fomento de la ejecución de acciones para la mejora de la conservación de los polinizadores de forma que España se comprometió a tomar una serie de medidas en el marco de un plan de acción nacional encaminado a: i) promover hábitats favorables para los polinizadores, incluyendo prácticas agrícolas sostenibles, como la agricultura ecológica; ii) mejorar la gestión de los polinizadores y reducir los riesgos derivados de plagas, patógenos y especies invasoras; iii) evitar y reducir el uso de los pesticidas perjudiciales para los polinizadores domésticos y silvestres, y desarrollar alternativas a su uso; iv) realizar investigaciones que ayuden a cubrir los vacíos de conocimientos existentes en relación con la conservación de polinizadores, entre otras cuestiones.

13 Comisión Europea. *Reglamento (UE) n.º 546/2011*, de 10 de junio de 2011, por el que se aplica el Reglamento (CE) n.º 1107/2009 del Parlamento Europeo y del Consejo en lo relativo a los principios uniformes para la evaluación y autorización de los productos fitosanitarios.

dos: la Directiva 2009/128/CE del Parlamento Europeo y del Consejo, de 21 de octubre, por la que se regula la actuación comunitaria para conseguir un uso sostenible de los plaguicidas y el Reglamento n.° 1107/2009, del Parlamento Europeo y del Consejo, de 21 de octubre de 2009, relativo a la comercialización de productos fitosanitarios. Y junto a estas, referidos estrictamente a la materia que nos ocupa, los polinizadores, podemos apuntar la importancia de distintos reglamentos de ejecución como, por ejemplo, los Reglamentos n.° 283/2013 y 284/2013, de 1 de marzo; 485/2013 de 24 de mayo de 2013 y 2018/784 y 2018/785, de la Comisión, de 29 de mayo[14].

Ahora bien, la creciente preocupación pública por los riesgos asociados al uso de plaguicidas y su impacto en el medio ambiente y la salud humana está detrás de una serie de importantes cambios que afectan de lleno a los polinizadores. Claro ejemplo de esto es la nueva propuesta de reglamento sobre el uso sostenible de los productos fitosanitarios (en adelante, PRF) que la Comisión presentó el pasado 22 de junio de 2022 y por la que se pretende sustituir, en un futuro inmediato, la actual Directiva 2009/128/CE[15]. La propuesta permite apreciaciones tanto desde un punto de vista formal, puesto que, en esta ocasión, se ha recurrido a la figura del reglamento y no a la de directiva, lo que vendría a evidenciar la intención de la Comisión de reforzar la aplicación de la normativa y evitar las divergencias y desigualdades que se han constatado en la implementación, aplicación y ejecución de la Directiva de 2009 entre los Estados miembros[16]. Como desde el prisma del fondo jurídico, puesto que la PRF parece ajustarse mejor que la Directiva vigente a las metas que plantean el Pacto Verde Europeo y la Estrategia «De la Granja a la Mesa». Y es que, entre sus objetivos principales destacan los referidos a los plaguicidas —i) reducir de forma significativa el uso y el riesgo de los plaguicidas, así como la dependencia de ellos, y mejorar la gestión integrada

---

14 En concreto, para el presente trabajo han resultado fundamentales los Reglamento de ejecución n.° 283/2013 y 284/2013, de 1 de marzo, por los que se establecen requisitos sobre datos aplicables a las sustancias activas relativo a la comercialización de productos fitosanitarios; n.° 485/2013 de la Comisión de 24 de mayo de 2013 por el que se modifica el Reglamento de ejecución n.° 540/2011 en lo relativo a las condiciones de aprobación de las sustancias activas clotianidina, tiametoxam e imidacloprid, y se prohíben el uso y la venta de semillas tratadas con productos fitosanitarios que las contengan; y los 2018/784 y 2018/785, de la Comisión, de 29 de mayo, por los que se modifica el reglamento de ejecución n.° 540/2011 en lo que respecta a las condiciones de aprobación de las sustancias activas clotianidina y tiametoxam, respectivamente.

15 Comisión Europea. *Propuesta de Reglamento del Parlamento Europeo y del Consejo Relativo al Uso Sostenible de los Productos Fitosanitarios y por el que se Modifica el Reglamento (UE) 2021/2115*. Bruselas, 22 de junio de 2022. COM (2022) 305 final. 2022/0196 (COD)

16 En su Informe especial n.° 15/2020, de 9 de julio, el TCuE cuestionó la eficacia real de las medidas adoptadas por la Comisión y los Estados miembros a la hora de reducir los riesgos relacionados con el uso de los plaguicidas, siendo difícil determinar en qué grado, la Directiva 2009/128/CE ha contribuido en realidad a proteger la salud humana y el medio ambiente de los efectos adversos de los plaguicidas.

de plagas; ii) mejorar la disponibilidad de datos de seguimiento sobre la aplicación, el uso y el riesgo de los plaguicidas, y el seguimiento respecto al medio ambiente y la salud, de modo que exista un marco más adecuado para medir los avances; iii) promover la adopción de nuevas tecnologías, como la agricultura de precisión, para disminuir la utilización y el riesgo totales de los plaguicidas—; y aquellos que se centran en solucionar las disparidades existentes entre los Estados miembros que dificultan la eficacia práctica real de las políticas globales —objetivo como el de mejorar la implementación, la aplicación y la ejecución de las disposiciones legales en todos los Estados miembros para mejorar la eficacia y la eficiencia de las políticas—.

La PRF está llamada a ser la herramienta con la que alcanzar los objetivos de reducción de plaguicidas contenidos en la Estrategia «De la Granja a la Mesa»[17]. En línea con esta, la propuesta no solo fija objetivos de reducción, sino que refuerza el empleo de la GIP e introduce una herramienta de protección de la salud y el medio ambiente como es la identificación de zonas sensibles. Por lo que se refiere a la primera cuestión, la PRF establece lo que denomina «los objetivos de reducción de la Unión para 2030». Un objetivo jurídicamente vinculante de reducción del 50 % a escala de la Unión, tanto del uso como del riesgo de los productos fitosanitarios químicos y del uso de los productos fitosanitarios más peligrosos. Además, obliga a los Estados miembros establecer «objetivos de reducción nacionales» que permitan alcanzar los objetivos colectivos para 2030 y que no podrán desviarse de los objetivos de la Unión en más de un 50 % dentro de los parámetros de una fórmula vinculante[18]. Además, se prevé que la Comisión haga públicas no solo las tendencias medias en los avances hacia la consecución de los objetivos de reducción de la Unión para 2030, sino, también, la información particular sobre los avances individuales de cada Estado miembro en la consecución de sus propios objetivos nacionales de reducción[19].

En segundo lugar, la PRF refuerza el empleo de la GIP para fomentar el uso de medios de lucha alternativos a los productos fitosanitarios y el empleo de productos de menor riesgo. En concreto, se introducen medidas como la obligación para usuarios profesionales de recurrir, en primer lugar, a méto-

---

17 Junto con la introducción de nuevos objetivos de reducción también debe señalarse los avances en la mejora de los indicadores utilizados para cuantificar la reducción del riesgo y el uso de productos fitosanitarios

18 *Cfr. Propuesta de Reglamento del Parlamento Europeo y del Consejo Relativo al Uso Sostenible de los Productos Fitosanitarios y por el que se Modifica el Reglamento (UE) 2021/2115*, cap. II, art. 5 (Bruselas, 22 de junio de 2022).

19 *Vid.,* Art. 7. El capítulo IX y el anexo de la PRF recogen la metodología para calcular los avances hacia la consecución de los dos objetivos de reducción de la Unión para 2030 y los dos objetivos de reducción nacionales para 2030. El período de referencia a efectos del cálculo de los avances hacia los objetivos de reducción para 2030 es 2015-2017, ya que se trata de los tres años más recientes cuyos datos estaban disponibles en el momento de anunciarse la Estrategia «De la Granja a la Mesa».

dos ecológicos alternativos de prevención y control de plagas, relegando el uso de productos fitosanitarios químicos como último recurso posible (art. 13). Asimismo, se incluye la obligación de llevar registros electrónicos de la GIP en los que los usuarios profesionales deberán dejar constancia de las medidas e intervenciones preventivas para la protección de cultivos a la que han recurrido, debiendo justificar los motivos que les hayan podido llevar, en su caso, a no aplicar las previstas a tal fin en la Ley (art. 14). A lo anterior hay que añadir que los Estados miembros deberán establecer normas específicas por cultivos que indiquen las alternativas a los plaguicidas químicos que han de utilizarse (art. 15).

Junto con lo anterior, la PRF tiene en cuenta las repercusiones especialmente negativas que el uso de fitosanitarios puede tener en las que se denominan zonas sensibles (zonas muy frecuentadas por el público en general o por grupos vulnerables, comunidades en las que viven y trabajan personas y zonas ecológicamente sensibles, como los espacios Natura 2000)[20]. Por ello la norma prohíbe su uso en estas zonas y a menos de tres metros de las mismas[21]. Si bien, se admite una excepción, permitiendo el uso de fitosanitarios en zonas sensibles siempre que exista un riesgo grave y excepcional demostrado de propagación de plagas cuarentenarias o de especies exóticas invasoras y no exista ninguna técnica de control alternativa de menor riesgo que sea técnicamente viable para contener la propagación. En todo caso, la concesión de este permiso excepcional se sujeta a un límite temporal máximo de sesenta días y al cumplimiento taxativo de obligaciones tanto para el profesional autorizado, como para la autoridad competente para su autorización.

Sin embargo, pese a las bondades señaladas, la PRF se ha encontrado con ciertas reticencias por parte del Consejo de la UE, al que le preocupan las repercusiones que esta propuesta de reglamento pueda tener a largo plazo sobre la seguridad alimentaria en la Unión. En particular, el Consejo considera que la propuesta debe acompañarse de un análisis adicional que tenga en cuenta la producción agrícola de la Unión, la disminución prevista de los rendimientos como consecuencia de la reducción y restricción del uso de productos fitosanitarios y la posible dependencia respecto de las importaciones de alimentos y piensos. Análisis al que debería añadirse también la situación de las pequeñas y medianas empresas y de la rentabilidad a lo largo de sus respectivas cadenas de suministro. De acuerdo con esto, el pasado el pasado 27 de diciembre de 2022, el Consejo solicitó a la Comisión la presentación de un estudio complementario de la actual evaluación de impacto de la propuesta de Reglamento relativo al uso sostenible de los productos fitosanitarios, solicitándose la proposición de medidas ulteriores a

---

20 Consd., 25 PRF.

21 Art. 18 PRF.

la luz de los resultados del estudio que deberá presentarse no más tarde del 28 de junio de 2023.

III. La evaluación del riesgo de los productos fitosanitarios para las abejas: «bee guidance document»

A fin de evitar posibles efectos adversos para la salud y el medio ambiente, el Reglamento n.º 1107/2009, de 21 de octubre, condiciona la aprobación de sustancias activas para su uso en productos fitosanitarios a una evaluación de riesgos y al consiguiente cumplimiento de determinados requisitos. De forma resumida, no se podrá autorizar el uso de sustancias activas que estén clasificadas como mutágenas, cancerígenas o tóxicas para la reproducción, ni aquellas que, por su capacidad de alterar el sistema hormonal, puedan causar efectos nocivos a la salud humana o en organismos no objetivo. Por lo que aquí interesa, entre los criterios vertebrales de la evaluación de riesgos se incluye la consideración de los posibles efectos sobre las abejas melíferas. En concreto, el reglamento prevé que solo se aprobará una sustancia activa si, sobre la base de una evaluación exhaustiva del riesgo basada en datos científicos, se demuestra que su uso en productos fitosanitarios, en las condiciones propuestas, «dará lugar a una exposición insignificante a las abejas, o no tendrá efectos agudos o crónicos inaceptables en la supervivencia y el desarrollo de las colonias, teniendo en cuenta los efectos sobre las larvas y el comportamiento de las abejas»[22].

Dada la importancia de estas evaluaciones en la aprobación y la renovación de la aprobación de sustancias activas, la Comisión Europea solicitó a la Autoridad Europea de Seguridad Alimentaria (EFSA) la elaboración de unas directrices sobre cómo llevar a cabo la evaluación del riesgo de los plaguicidas en relación con las abejas melíferas, abejas bombas y abejas solitarias: el conocido como «Documento de orientación sobre las abejas» o «Bee Guidance Document», actualmente en fase de consulta pública y cuya publicación se prevé para el primer semestre de 2023[23]. Se trata de una revisión actualizada, a la luz de los nuevos conocimientos científicos, del «Documento

22 Reglamento (CE) n.º 1107/2009, de 21 de octubre, anexo II: Procedimiento y Criterios para la Aprobación de Sustancias Activas, Protectores y Sinergistas de Conformidad con el Capítulo II, Apartado 3.8.3.

23 EFSA (European Food Safety Authority), Adriaanse, P., Arce, A., Focks, A., Ingels, B., Jölli, D., Lambin, S., Rundlöf, M., Süssenbach, D., Del Aguila, M., Ercolano, V., Ferilli, F., Ippolito, A., Szentes, Cs., Neri, FM., Padovani, L., Rortais, A., Wassenberg, J., Auteri, D., «Revised guidance on the risk assessment of plant protection products on bees (Apis mellifera, Bombus spp. and solitary bees)». *EFSA Journal*, 2023, 133 págs. DOI: https://doi.org/10.2903/j.efsa.2023.7989 Disponible en: https://www.efsa.europa.eu/en/efsajournal/pub/7989

de orientación sobre la evaluación del riesgo de los productos fitosanitarios y las abejas, abejorros y abejas solitarias» que la EFSA publicó en 2013 y que nunca llegó a ser aprobado por el Comité Permanente de Vegetales, Animales, Alimentos y Piensos de la Comisión Europea[24]. Pese a ello, el documento de orientación de 2013 se utilizó durante la revisión no programada (ex art. 21 del reglamento de fitosanitarios)[25] de la aprobación de tres sustancias: la clotianidina, el imidacloprid y el tiametoxam, en las que la EFSA puso de relieve su relación directa con la alta mortalidad de las abejas. El resultado dio lugar a la aprobación, en primer lugar, del Reglamento de ejecución n.° 485/2013 de la Comisión, de 24 de mayo de 2013, y, fruto de nuevos datos científicos, a los Reglamentos de ejecución n.° 2018/784 y 2018/785, de 29 de mayo, por los que se limita el uso de estas sustancias activas como insecticidas en invernaderos permanentes o para el tratamiento de semillas destinadas a su uso exclusivo en invernaderos permanentes; y se prohíbe la comercialización y el uso en el exterior de semillas tratadas con productos fitosanitarios que contuviesen las sustancias activas clotianidina y tiametoxam[26].

El «Bee Guidance Document», que previsiblemente se aprobará en 2023, se perfecciona respecto a su versión de 2013 en un doble ámbito. Desde el punto de vista de su contenido se muestra más completo al describir un enfoque por niveles para la estimación de la exposición en diferentes escenarios; incluir la caracterización de peligros y proporcionar una metodología actualizadas de evaluación de riesgos que cubre la exposición dietética y de contacto. Además de fijar una serie de objetivos específicos de protección y proporcionar recomendaciones para estudios de nivel superior, riesgo de metabolitos y mezclas. Y en cuanto a su proceso de elaboración, la EFSA ha buscado evitar los problemas que impidieron la aprobación del documento de 2013. Para ello ha contado con la participación de expertos de los Estados miembros y de las partes interesadas en el proceso para garantizar que se tuvieran en cuenta todos los intereses concurrentes. La situación actual de

24 El documento de 2013 parte del dictamen científico que la EFSA publicó en 2012 sobre la ciencia detrás del desarrollo de una evaluación del riesgo de los productos fitosanitarios en las abejas. La publicación revelaba importantes debilidades y lagunas en la metodología de evaluación de riesgos de la época: no tratar con la toxicidad crónica o los efectos subletales, no lidiar con la toxicidad de las larvas y el despido de varias rutas de exposición tóxica a través del agua, alimentos (polen, néctar) o aire (polvo de semilla). Partiendo de estas conclusiones, en 2013 se publicó un «Documento de orientación» propuesto por ecotoxicólogos y evaluadores de riesgos de abejas en el que se propone una nueva metodología de evaluación de riesgos que, por colisionar con otros intereses, fue rechazado por un número considerable de Estados miembros.

25 En la primavera de 2012 se hizo pública nueva información científica sobre los efectos subletales de los neonicotinoides en las abejas. La Comisión, de conformidad con el art. 21.2 del Reglamento n.° 1107/2009, de 21 de octubre, pidió asistencia científica y técnica a la EFSA para evaluar estos nuevos datos y revisar la evaluación de riesgos de los neonicotinoides por lo que se refiere a sus efectos en las abejas.

26 *Vid.*, nota 47.

declive de los polinizadores apremia la aprobación de este documento puesto que mientras el conocimiento científico continúa avanzando en la mejora de las medidas para la evaluación del riesgo de los productos fitosanitarios, la legislación se está quedando atrás. No obstante, y como se ha visto en este trabajo, el 2023 se presenta como un año de importantes avances.

IV. Del abuso de las autorizaciones de emergencia: la necesaria concreción del ámbito de aplicación del art. 53 del reglamento de fitosanitarios y el alcance exacto de la excepción que establece

La comercialización y uso de los productos fitosanitarios en la UE está sujeta a una regla general prevista en el art. 28.1 del Reglamento n.º 1107/2009, de 21 de octubre, conforme a la cual estos productos solo podrán ser comercializados o utilizarse si ha sido previamente autorizado en el Estado miembro de que se trate conforme a las disposiciones del Reglamento. Sin embargo, esta regla general contempla una excepción cuyo abuso por parte de los Estados miembros ha puesto encima de la mesa una de las principales problemáticas ambientales en relación con los plaguicidas. Nos referimos a las autorizaciones de emergencia previstas en el art. 53.1 del reglamento de fitosanitarios. Así, de conformidad con el referido precepto, ante determinadas situaciones especiales que requieran controlar un peligro que no pueda gestionarse por otros medios razonables, las autoridades competentes podrán conceder autorizaciones excepcionales para el uso de sustancias plaguicidas no autorizadas. Estas autorizaciones excepcionales deberán estar científicamente justificadas, serán para usos concretos y quedarán sujetas a un plazo de tiempo limitado no superior a 120 días[27]. Sin embargo, el uso rutinario de este instrumento excepcional ha consolidado una práctica paralela con la que se fomenta el uso de productos fitosanitarios extremadamente peligrosos —que ya no están aprobados a nivel de la UE— dificultándose el desarrollo de alternativas más seguras.

Se trata de una práctica con graves consecuencias para los polinizadores que ha sido reiteradamente denunciada desde las asociaciones ecologistas y que recientemente ha accedido a la jurisdicción del TJUE, que da un nuevo paso en defensa de la salud y el medio ambiente. Y es que, como puso de manifiesto el TCuE en 2020, pese a la progresiva prohibición del uso de neo-

27 Además, el Estado de que se trate deberá informar inmediatamente de la medida adoptada a los demás Estados miembros y a la Comisión y proporcionará información detallada sobre la situación y cualquier medida adoptada para garantizar la seguridad de los consumidores.

nicotinoiedes en la UE[28], entre los años 2013 y 2019, los Estados miembros concedieron 206 autorizaciones de emergencia para los tres neonicotinoides restringidos[29]. Este ejercicio abusivo de la figura de las autorizaciones excepcionales ha dado lugar a que se planteen dudas razonables sobre el concreto ámbito de aplicación del precepto y sobre el alcance exacto de la excepción que este establece. Cuestiones que han sido recientemente abordadas por el TJUE en su Sentencia de 19 de enero de 2023, (asunto C-162/2)[30].

Esta resolución tiene importantes consecuencias prácticas cuya repercusión a nivel europeo no se ha hecho esperar. Para entender su alcance es necesario delimitar la cuestión jurídica que aborda y que no es otra que la necesidad de aclarar si, de conformidad con lo dispuesto en el art. 53 del reglamento n.° 1107/2009, de 21 de octubre, es posible o no autorizar la comercialización de productos fitosanitarios para el tratamiento de semillas, así como la comercialización y el uso de semillas tratadas con dichos productos, estableciendo una excepción a una medida explícita de prohibición adoptada sobre la base del art. 49.2 de la misma norma. La adecuada resolución de esta cuestión exige tener en cuenta dos consideraciones: de un lado, que el art. 53.1 de la norma constituye una excepción a una regla general (la prevista en el art. 28.1) y que, como tal, debe ser interpretado de forma restrictiva. Y de otro, que debe distinguirse entre autorizar la comercialización de productos fitosanitarios que contengan sustancias que no reúnan las condiciones previstas en el reglamento y autorizar una sustancia expresamente prohibida conforme a este. Es decir, que, como en el caso de los neonicotinoides, ya existe una prohibición expresa del uso y comercialización de dichas sustancias activas.

---

28 Comisión Europea. *Reglamento de Ejecución n.° 485/2013*, de 24 de mayo; *Reglamento n.° 2018/784* y *Reglamento n.° 2018/785*, de 29 de mayo.

29 A pesar de la prohibición absoluta de su uso en el exterior, en 2018 eran quince los Estados miembros que permitieron los tres neonicotinoides para usos específicos, y diez los Estados miembros que autorizaron su uso en 2019. Al final de 2019, seis Estados miembros ya habían notificado a la Comisión trece autorizaciones de emergencia aplicables en el primer semestre de 2020. Informe Especial n.° 15/2020, de 9 de julio, del TCuE... cit., pág. 37. Estas autorizaciones de emergencia suelen concederse por los Estados miembros cuando se entiende que no existen alternativas adecuadas para proteger sus cultivos. En el momento de la prohibición parcial de 2013, la Comisión no había iniciado proyectos de investigación centrados en soluciones alternativas, como plaguicidas de bajo riesgo u otros métodos alternativos. En 2019 la Comisión incluyó dos proyectos de investigación en su programa de trabajo para el instrumento Horizonte 2020.

30 Sentencia TJUE. (Sala Primera), Asunto C-162/21 (Pesticide Action Network Europe e.a. contra el Estado Belga) de 19 de enero de 2023. (ECLI identifier: ECLI:EU:C:2023:30). El asunto C-162/21 tiene por objeto una petición de decisión prejudicial planteada, con arreglo al art. 267 TFUE, por el Conseil d'État (Consejo de Estado, actuando como Tribunal Supremo de lo Contencioso-Administrativo, Bélgica), mediante resolución de 16 de febrero de 2021, recibida en el Tribunal de Justicia el 11 de marzo de 2021, en el procedimiento entre Pesticide Action Network Europe ASBL, Nature et Progrès Belgique ASBL, TN y État belge.

Partiendo de esta estructura e interpretando el precepto conforme a la finalidad de la norma el TJUE entiende que, «el art. 53. 1, del Reglamento n.º 1107/2009, de 21 de octubre, permite a los Estados miembros autorizar, siempre que se cumplan los requisitos que establece, la comercialización de productos fitosanitarios que contengan sustancias no cubiertas por un reglamento de aprobación. En cambio, el tenor de esta disposición no permite concluir que esos Estados miembros puedan establecer excepciones a las normativas de la Unión que tienen expresamente por objeto prohibir la comercialización y el uso de semillas tratadas con productos fitosanitarios»[31]. De ahí que no queda otra cosa que entender que las excepciones del art. 53.1 se limitan exclusivamente al art. 28 del reglamento, sin que sus efectos puedan hacerse extensivos más allá. No pudiendo entenderse que el art. 53.1 sirva para excepcionar las medidas adoptadas en virtud del art. 49 del reglamento, que son medidas específicas relativas a las semillas tratadas con productos fitosanitarios. Por tanto, puede afirmarse que otorgar autorizaciones excepcionales para el uso de plaguicidas prohibidos es absolutamente contrario a la legislación europea.

Las medidas de prohibición previstas en los Reglamentos de ejecución n.º 2018/784 y 2018/785, de 29 de mayo, con los que se restringe el uso de los neonicotinoides *supra* referidos, se basan en el principio de cautela con el que la Unión pretende evitar que sustancias activas o productos comercializados puedan afectar a la salud o al medio ambiente. De ahí que, al conceder autorizaciones de productos fitosanitarios, el objetivo de proteger la salud y el medio ambiente deba primar sobre el objetivo de mejorar la producción vegetal[32]. Esta consideración vertebra la interpretación del TJUE que entiende que «si el art. 53.1 del reglamento debiera interpretarse en el sentido de que autoriza la comercialización y el uso de semillas tratadas con productos fitosanitarios, aun cuando esa comercialización y ese uso hayan sido objeto, tras la evaluación por la EFSA, de una medida de prohibición expresa, tal interpretación, por una parte, sería contraria al objetivo de dicho Reglamento. Y, por otra, supondría primar la mejora de la producción vegetal sobre la prevención de los riesgos para la salud humana y animal y para el medio ambiente que podría provocar el uso de semillas tratadas mediante productos fitosanitarios, cuya nocividad ha quedado acreditada, infringiendo las consideraciones expuestas en el apartado 48 de la presente sentencia»[33].

31 Apartado 39 de la STJUE de 19 de enero de 2023, Asunto C-162/21.

32 Por este motivo, «antes de comercializar un producto fitosanitario debe demostrarse no solo que presenta un beneficio claro para la producción vegetal, sino que, además, no produce efectos adversos en la salud humana o animal», *vid.*, Consid. 24 del Reglamento n.º 1107/2009, de 21 de octubre.

33 Esta interpretación del art. 53.1 del Reglamento resulta válida no solo para la comercialización y el uso de semillas tratadas con productos fitosanitarios expresamente prohibidos por reglamentos de ejecución —en el caso de la sentencia para la siembra de esas semillas— sino también para la comercialización de tales productos fitosanitarios con vistas al

De acuerdo con esto y como avanzábamos antes, la conclusión parece obvia y es que el art. 53.1 del reglamento no permite a un Estado miembro recurrir al instrumento de las autorizaciones excepcionales desatendiendo una prohibición expresa. Motivo por el que el TJUE, para el caso de los neonicotinoides prohibidos en la Unión, señala que «el art. 53.1, del reglamento debe interpretarse en el sentido de que no permite a un Estado miembro autorizar la comercialización de productos fitosanitarios para el tratamiento de semillas, ni la comercialización y el uso de semillas tratadas con dichos productos, cuando la comercialización y el uso de semillas tratadas con esos mismos productos han sido expresamente prohibidos por un Reglamento de Ejecución»[34].

Las consecuencias prácticas de esta decisión del TJUE ya se han hecho notar y países como Francia se han visto forzados a retirar este tipo de autorizaciones. Sin embargo, en el caso concreto de España, el Ministerio de Agricultura, Pesca y Alimentación mantenía, a día 1 de febrero de 2023, mantiene una autorización excepcional para tratar la semilla de remolacha azucarera con productos formulados a base del insecticida neonicotinoide tiametoxam prohibido en la UE desde 2018 por su impacto sobre los insectos polinizadores, lo cual implica una contravención directa del pronunciamiento expreso del TJUE. Ante la situación, el 6 de febrero de 2023, la ONG Ecologistas en Acción formuló una pregunta parlamentaria con solicitud de respuesta escrita[35]. En concreto, las preguntas formuladas fueron dos: ¿Cómo valora la Comisión la decisión del Ministerio de Agricultura de España de mantener una autorización excepcional para el tiametoxam? Y ¿Considera la Comisión que la norma española que entrará en vigor el 15 de febrero vulnera la sentencia C-162/21 del TJUE? La respuesta de la Comisión, de 14 de marzo de 2023, advierte que los Estados miembros ya no pueden conceder autorizaciones de emergencia que sean incompatibles con la Sentencia de referencia. Y recuerda que, la concesión de autorizaciones de emergencia es responsabilidad de los Estados miembros, por lo que corresponde a los sistemas judiciales de estos garantizar el cumplimiento de las normas aplicables. Y para el caso concreto de España, señala que «a fin de cumplir la Sentencia, las autoridades españolas informaron a la Comisión del inicio de un procedimiento de revisión de la autorización de emergencia ya concedida a un producto que contiene tiametoxam. Mientras se lleva a cabo esta revisión, se ha suspendido el efecto de la autorización de emergencia existente»[36].

---

tratamiento de las citadas semillas. *Vid.*, Apartado 50 de la STJUE de 19 de enero de 2023, Asunto C-162/21.

34 Apartado 54 de la STJUE de 19 de enero de 2023, Asunto C-162/21.

35 Parlamento Europeo. «Reglamento Interno del Parlamento Europeo». Art. 138. *Diario Oficial de la Unión Europea*(DOUE) n.º 302, 22 de noviembre de 2019.

36 Parlamento Europeo. «Respuesta a una Pregunta Escrita de los Diputados». E-9-2023-000347. https://www.europarl.europa.eu/doceo/document/E-9-2023-000347_ES.html.

V. Breve referencia a la iniciativa ciudadana europea «salvemos a las abejas y a los agricultores»

El declive de los polinizadores no solo ocupa un papel protagonista en las agendas políticas sino también en la conciencia social. Prueba de ello es la Iniciativa Ciudadana Europea (ICE) «Salvemos a las abejas y a los agricultores. Hacia una agricultura respetuosa con las abejas para un medio ambiente sano», presentada ante la Comisión el 7 de octubre de 2022. La ICE insta a la Comisión a eliminar gradualmente los plaguicidas sintéticos en la agricultura de la UE en un 80 % de aquí a 2030, empezando por los más peligrosos, para quedar libres de plaguicidas sintéticos de aquí a 2035. Además, pide la adopción de medidas necesarias para restaurar los hábitats naturales y para que las zonas agrícolas se conviertan en vectores de recuperación de la biodiversidad. También se incluyen peticiones de transición hacia la agroecología, favoreciendo a las pequeñas explotaciones sostenibles y la agricultura ecológica, así como impulsar la investigación sobre una práctica agrícola libre de pesticidas y transgénicos.

El pasado 5 de abril de 2023, la Comisión hizo pública su respuesta a la ICE «Salvemos a las abejas y a los agricultores»[37]. En ella, la Comisión reconoce el serio compromiso de la Unión con la causa de revertir el declive de los polinizadores y destaca el elevado número de iniciativas adoptadas en esta línea (examinadas a lo largo de este trabajo). En consecuencia, la Comisión entiende que, «en lugar de proponer nuevos actos legislativos, la prioridad es asegurar que las propuestas actualmente en negociación por los co-legisladores sean adoptadas rápidamente y luego implementadas, junto con la PAC», de forma que el compromiso que se alcanza es el de destinar todos los esfuerzos posibles a lograr este objetivo: convertir en realidad los avances prometidos en la pluralidad de iniciativas que actualmente ocupan un lugar preferente en las agendas gubernamentales.

VI. La ponderación del principio de seguridad jurídica con el principio de cautela

Finaliza este trabajo con el análisis de una de las últimas sentencias del TJUE en materia de productos fitosanitarios que, si bien no afecta específicamente a los polinizadores, si tiene una indudable incidencia sobre la protección de la salud humana y animal, y del medio ambiente. Se trata de la

37 Comisión Europea. *Comunicación de la Comisión sobre la Iniciativa Ciudadana Europea (ICE) «¡Salvemos a las abejas y a los agricultores! Hacia una agricultura amigable con las abejas para un entorno saludable»*, Bruselas, 5 de abril de 2023. C (2023) 2320 final.

Sentencia del TJUE de 25 de abril de 2024 por la que se resuelven las cuestiones prejudiciales planteadas en los asuntos acumulados C-309/2022 y C-310/2022 centradas en la interpretación del arts. 4 (apartados 1 y 3) y del art. 29 apartado 1 letras a y e) del Reglamento (CE) n.° 1107/2009 del Parlamento Europeo y del Consejo, de 21 de octubre de 2009, relativo a la comercialización de productos fitosanitarios[38].

En concreto, aunque las cuestiones planteadas por el Tribunal de origen son varias[39], el TJUE centra el análisis de ambos litigios en despejar una única cuestión cuya esencia da respuesta a todas las demás: aclarar si el art.

---

38 Cuestiones prejudiciales planteadas por el Tribunal de Apelación en Materia Económica, Países Bajos, conforme al art. 267 del TFUE.

39 En el Asunto C 309/22, el College van Beroep voor het bedrijfsleven (Tribunal de Apelación en Materia Económica) plantea al Tribunal de Justicia las siguientes cuestiones prejudiciales:

«1) ¿Implica el artículo 2 del Reglamento 2018/605 que la autoridad competente también debe aplicar los nuevos criterios para la determinación de las propiedades de alteración endocrina en el proceso de evaluación y decisión sobre solicitudes de autorización aún en curso a 10 de noviembre de 2018, a la vista del artículo 29, apartado 1, letra e), del Reglamento n.° 1107/2009, en relación con su artículo 4, apartado 3?

2) En caso de respuesta negativa a la primera cuestión, ¿debe la autoridad competente suspender los procesos de evaluación y decisión sobre solicitudes de autorización a la espera de las conclusiones de la [Comisión] sobre las implicaciones que el Reglamento 2018/605 tiene para cada uno de los procedimientos pendientes con arreglo al Reglamento n.° 1107/2009, habida cuenta del considerando 8 del Reglamento 2018/605?

3) En caso de respuesta negativa a la segunda cuestión, ¿puede limitarse la autoridad competente a realizar una evaluación basada exclusivamente en datos conocidos en el momento de presentación de la solicitud, aun cuando los conocimientos científicos y técnicos recogidos en tales datos ya no sean actuales en el momento de la adopción de la decisión impugnada?»

Por su parte, en el Asunto C 310/22 el Tribunal de Apelación en Materia Económica planteó las siguientes cuestiones prejudiciales:

«1) Se desprende del artículo 4, apartado 1, párrafo segundo, en relación con el punto 3.6.5 del anexo II, del Reglamento n.° 1107/2009 que las propiedades de alteración endocrina que pudiera tener una sustancia activa ya no se tienen en cuenta al examinar a nivel nacional una solicitud de autorización de un producto fitosanitario?

2) En caso de respuesta afirmativa a la primera cuestión, ¿significa esto que los conocimientos científicos y técnicos sobre las propiedades de alteración endocrina, como, por ejemplo, aquellos en los que se basan los Reglamentos 283/2013 y 2018/605, no se tienen en cuenta a la hora de examinar la autorización de un producto fitosanitario? ¿Cómo se relaciona lo anterior con el requisito establecido en el artículo 29, apartado 1, letra e), del Reglamento n.° 1107/2009 de que este examen se realiza a la luz de los conocimientos científicos y técnicos existentes?

3) En caso de respuesta afirmativa a la primera cuestión, ¿cómo ejerce una organización no gubernamental como la recurrente el derecho a la tutela judicial efectiva, consagrado en el artículo 47 de la Carta, para someter a un órgano jurisdiccional la aprobación de una sustancia activa?

4) En caso de respuesta negativa a la primera cuestión, ¿significa esto que, al examinar una solicitud de autorización, debe tomarse como referencia el estado de los conocimientos científicos y técnicos en tal momento sobre las propiedades de alteración endocrina?».

29. 1. a) y e), relativo a los requisitos aplicables a la autorización de comercialización de los productos fitosanitarios y el art. 4.1 y 3 del Reglamento n.º 1107/2009, en relación con el punto 3.6.5 del anexo II de dicho Reglamento, deben interpretarse en el sentido de que la autoridad competente de un Estado miembro encargada de evaluar una solicitud de autorización de comercialización de un producto fitosanitario está obligada, al examinar esta solicitud, a tener en cuenta los efectos adversos que las propiedades de alteración endocrina de una sustancia activa contenida en el producto puedan causar en el ser humano, a la luz de los conocimientos científicos o técnicos pertinentes y fiables de que se disponga en el momento de dicho examen y que se recogen, en particular, en los criterios enunciados en dicho punto 3.6.5.

Esta cuestión se plantea a la luz de las solicitudes de autorización de comercialización de los productos fitosanitarios Pitcher y Dagonis. Ambos son resultado de una mezcla de sustancias activas que, si bien fueron en su momento aprobadas[40], sus propiedades de alteración endocrina no llegaron a ser examinadas conforme al Reglamento n.º 2018/605 cuya entrada en vigor fue el 10 de noviembre de 2018[41]. Es decir, el Reglamento entró en vigor con posterioridad a su aprobación como sustancia activa, pero de forma previa a resolver la autorización de comercialización del producto fitosanitario[42]. Por

40 El asunto C 309/22 se centra en la autorización para comercializar Pitcher, un producto fitosanitario, en concreto, un fungicida de uso profesional destinado al tratamiento por inmersión de determinados cultivos de bulbos y tubérculos de flores y al tratamiento de determinados cultivos perennes y de flores. Consiste en una mezcla de las sustancias activas fludioxonil y folpet y siete coformulantes. La validez de la aprobación del fludioxonil como sustancia activa con arreglo al Reglamento n.º 1107/2009 se prorrogó en la UE hasta el 31 de octubre de 2022; y la validez de la aprobación del folpet, como sustancia activa, con arreglo al Reglamento n.º 1107/2009, se prorrogó en la Unión, hasta el 31 de julio de 2022. Se presentaron solicitudes de renovación de la validez de estas aprobaciones, a las que aún no se había respondido en la fecha de la petición de decisión prejudicial. Del mismo modo, en el asunto C 310/22, el Dagonis es un producto fitosanitario, un fungicida destinado, en particular, a luchar contra el oídio y la septoriosis. Contiene las sustancias activas difenoconazol y fluxapiroxad. La validez de esta aprobación del difenoconazol se prorrogó varias veces, en particular mediante el Reglamento de Ejecución (UE) 2021/1449, hasta el 31 de diciembre de 2022. El fluxapiroxad fue aprobado como sustancia activa con efectos a partir del 1 de enero de 2013 y una expiración prevista para el 31 de diciembre de 2022.

41 Comisión Europea. *Reglamento n.º 2018/605*, de 19 de abril de 2018, por el que se modifica el anexo II del Reglamento (CE) n.º 1107/2009 al establecer criterios científicos para la determinación de las propiedades de alteración endocrina. Art. 2. que «el punto 3.6.5 y el punto 3.8.2 del anexo II del Reglamento (CE) n.º 1107/2009, en su versión modificada por el presente Reglamento, serán de aplicación a partir del 10 de noviembre de 2018, salvo para los procedimientos en los que el Comité haya aprobado por votación un proyecto de Reglamento a más tardar el 10 de noviembre de 2018.»

42 En el asunto C 309/22: el 15 de septiembre de 2015, Adama Registrations BV presentó en los Países Bajos una primera solicitud de autorización de comercialización para Pitcher. Mediante decisión de 4 de octubre de 2019, el College voor de toelating van gewasbes-

tanto, puesto que en ambos casos el CTGB autorizó su comercialización, esta decisión se llevó a cabo sin evaluar las propiedades de alteración endocrina de las sustancias activas de los productos fitosanitarios en cuestión.

Los argumentos esgrimidos por las partes implicadas en los procedimientos permiten comprender el alcance de la cuestión que aquí se plantea: A) La primera de las posiciones, la defendida por Adama, BASF Nederland, los Gobiernos neerlandés y helénico y por la Comisión, se basa en entender que las propiedades de alteración endocrina que una sustancia activa puede presentar no deben evaluarse en el marco del examen a nivel nacional de una solicitud de autorización de comercialización de un producto fitosanitario que contiene dicha sustancia activa. Tal examen sería contrario al sistema del Reglamento n.º 1107/2009, a la distinción entre la apreciación, a escala de la Unión, de las propiedades intrínsecas de las sustancias activas y al examen, a escala de los Estados miembros, de las solicitudes de autorización de comercialización de productos fitosanitarios, así como al reparto de competencias entre la Unión y los Estados miembros establecido por dicho Reglamento. B) Frente a este argumento PAN Europe y el Gobierno checo estiman que, cuando una autoridad nacional competente, que se pronuncia sobre una solicitud de autorización de comercialización de un producto fitosanitario, tiene a su disposición conocimientos científicos y técnicos actuales y pertinentes que demuestran que existe el riesgo de que un producto fitosanitario tenga efectos adversos en el ser humano debido a las propiedades de alteración endocrina de una sustancia activa que contiene, dicha autoridad está obligada a apreciar ese riesgo y a extraer las conclusiones adecuadas.

Planteada así la controversia, el TJUE se apoya en tres pilares fundamentales para resolver la cuestión de si la autoridad competente de un Estado miembro encargada de evaluar una solicitud de autorización de comercialización de un producto fitosanitario está obligada, al examinar esta solicitud, a tener en cuenta los efectos adversos que las propiedades de alteración endocrina de una sustancia activa contenida en el producto puedan causar en el ser humano, a la luz de los conocimientos científicos o técnicos pertinentes y

---

chermingsmiddelen en biociden (Instituto para la Autorización de Productos Fitosanitarios y Biocidas, Países Bajos) (en lo sucesivo, CTGB) concedió dicha autorización hasta el 31 de julio de 2021. PAN Europe presentó una reclamación contra esa decisión que fue rechaza mediante resolución de 2 de septiembre de 2020 del CTGB. En consecuencia, PAN Europe interpuso ante el Tribunal de Apelación en Materia Económica, Países Bajos, esto es, el órgano jurisdiccional remitente de la cuestión prejudicial que nos ocupa, un recurso de anulación contra dicha decisión de 2 de septiembre de 2020.

Por su parte, en el asunto C 310/22: BASF Nederland BV solicitó la autorización de comercialización del Dagonis en el Reino de los Países Bajos el 22 de enero de 2016. El 3 de mayo de 2019, el CTGB concedió la autorización de comercialización en el mercado neerlandés del Dagonis hasta el 31 de diciembre de 2020 para el tratamiento de la patata, la fresa y diversas hortalizas, hierbas y flores. PAN Europe presentó una reclamación contra esta decisión ante el CTGB, que, mediante decisión de 13 de noviembre de 2019, desestimó parcialmente.

fiables de que se disponga en el momento de dicho examen o debe limitarse a los conocimientos existentes en el momento de presentarse la solicitud. Estos tres pilares son los siguientes:

1. El TJUE recuerda que el art. 29 del Reglamento n.º 1107/2009, relativo a los requisitos aplicables a la autorización de comercialización de los productos fitosanitarios, establece, que, estos solo se autorizarán si sus sustancias activas han sido aprobadas y si, a la luz de los conocimientos científicos y técnicos existentes, cumple los requisitos previstos en el art. 4. 3 del mismo Reglamento. O lo que es lo mismo, que un producto fitosanitario debe cumplir, en condiciones de aplicación conformes a las buenas prácticas fitosanitarias y teniendo en cuentas condiciones realistas de uso, en particular, el requisito, enunciado en su letra b), de no tener efectos nocivos inmediatos o retardados en la salud humana.

De ahí que a juicio del TJUE una autoridad nacional competente puede autorizar un producto fitosanitario cuando todas las sustancias activas contenidas en ese producto sean aprobadas y dicho producto no tenga efectos nocivos inmediatos o retardados, a la luz de los conocimientos científicos y técnicos existentes, en la salud humana. Y aclara que del art. 29. 1, a) y e), así como del art. 4. 3, letra b) del Reglamento n.º 1107/2009 no se desprende que, cuando se ha de adoptar una decisión sobre la autorización de comercialización de un producto fitosanitario, las autoridades competentes del Estado miembro de que se trate deban tener en cuenta únicamente determinadas categorías de conocimientos científicos o técnicos en función de su fuente o del momento en que dichos conocimientos hayan pasado a ser accesibles. De forma que nada impide a las autoridades nacionales competentes, al examinar una solicitud de autorización de comercialización de un producto fitosanitario, comprobar si, conforme a los conocimientos científicos y técnicos existentes, dicho producto no tiene efectos nocivos inmediatos o retardados en la salud humana[43],

2. El TJUE apoya esta conclusión en el contexto en el que se inscriben las disposiciones examinadas. Para ello señala, en primer término, que el Reglamento n.º 1107/2009 distingue entre la aprobación de sustancias activas a escala de la Unión y las autorizaciones de comercialización y uso de productos fitosanitarios. Mientras que esta aprobación de las sustancias activas se rige por las disposiciones del capítulo II de dicho Reglamento, entre las que figura el artículo 4, y es competencia de la Comisión, las autorizaciones de comercialización y uso de los productos fitosanitarios se recogen en el capítulo III del mismo Reglamento y son adoptadas por los Estados miembros. No obstante, en el marco de las solicitudes de autorización de comercialización de un producto fitosanitario, el art. 29.1. e) del Reglamento n.º 1107/2009

43 En el sentido del art. 4. 3, b), del Reglamento n.º 1107/2009, a la luz de los criterios que figuran, en particular, en el punto 3.6.5 del anexo II del citado Reglamento.

obliga a los Estados miembros a comprobar que se cumplen los requisitos establecidos en el art. 4.3. Cuestión esta sobre la que ya se ha pronunciado el TJUE señalando que un producto solo podrá autorizarse si se demuestra que no tiene un efecto nocivo inmediato o retardado sobre la salud humana[44]. Por lo tanto, si bien la aprobación por la Comisión de la sustancia activa no puede ser revisada por los Estados miembros al examinar una solicitud de autorización de comercialización de un producto fitosanitario que contenga dicha sustancia, no puede considerarse, en cambio, que la autorización de tal producto constituya una aplicación puramente automática de la aprobación, por la Comisión, de una sustancia activa contenida en ese producto[45]. Por tanto, si bien el Reglamento n.º 1107/2009 impide a un Estado miembro conceder una autorización de comercialización para un producto fitosanitario que contenga una sustancia activa que no haya sido aprobada, un Estado miembro no está obligado a autorizar la comercialización de un producto fitosanitario que contenga sustancias activas que han sido aprobadas en su totalidad, si existen conocimientos científicos o técnicos que determinen que el uso de ese producto entraña un riesgo inaceptable para la salud humana o animal o para el medio ambiente[46].

3. El TJUE termina de encontrar apoyo en sus consideraciones a la luz del objetivo que persigue el Reglamento n.º 1107/2009 y que consiste, en particular, en garantizar un nivel elevado de protección de la salud humana y animal, así como del medio ambiente. En línea con este y con el considerando 24 del Reglamento, debe entenderse que las disposiciones que regulan la autorización de comercialización de productos fitosanitarios deben garantizar un alto nivel de protección y que, al conceder tales autorizaciones, el objetivo de proteger la salud humana y animal y el medio ambiente «debe primar» sobre el objetivo de mejorar la producción vegetal[47].

Si bien, el punto fuerte de esta sentencia lo encontramos en las consideraciones que el TJUE efectúa para resolver una supuesta colisión entre el

---

44 En este sentido, la STJUE de 1 de octubre de 2019 Blaise y otros, C 616/17, EU:C:2019:800, apartados 71 y 11.

45 Tribunal de Justicia de la Unión Europea (TJUE). *Sentencia de 28 de octubre de 2020, Associazione GranoSalus/Comisión*, C 313/19 P, EU:C:2020:869, apartados 55 y 58.

46 En este mismo sentido se pronuncia la Abogada General en el punto 58 de sus conclusiones donde señala que, «si bien dicho Reglamento *impide* a un Estado miembro conceder una autorización para un producto fitosanitario que contenga una sustancia activa que *no ha sido aprobada*, no es menos cierto que un Estado miembro *no está obligado* a autorizar un producto fitosanitario que contenga sustancias activas *que han sido aprobadas en su totalidad*, si existen conocimientos científicos o técnicos que determinen que el uso de esos productos fitosanitarios entraña un riesgo negativo para la salud humana o animal o para el medio ambiente». *Vid.*, *Conclusiones de la Abogada General Sra. Laila Medina presentadas el 28 de septiembre de 2023*, Asuntos acumulados C 309/22 y C 310/22.

47 Tribunal de Justicia de la Unión Europea (TJUE). *Sentencia de 19 de enero de 2023, Pesticide Action Network Europe y otros*, C-162/21, EU:C:2023:30, apartados 46 y 48.

principio de cautela y el principio de seguridad jurídica. Así, mientras que el Reglamento n.º 1107/2009, en su considerando 8 y 24, reconoce expresamente que el mismo se basa en el principio de cautela con objeto de garantizar que las sustancias activas o los productos comercializados no tengan efectos adversos para la salud humana o animal o para el medio ambiente. Y, que, los Estados miembros aplicarán el principio de cautela cuando exista incertidumbre científica acerca de los riesgos para la salud humana o animal o para el medio ambiente que planteen los productos fitosanitarios que se vayan a autorizar en su territorio. El principio de seguridad jurídica permitiría defender —como lo hacen Adama y el Gobierno helénico— la exigencia de que el examen de una solicitud de autorización de comercialización de un producto fitosanitario se efectúe en función de los conocimientos científicos y técnicos existentes en la fecha de presentación de dicha solicitud, basándose para ello en la comprensión de que el principio de seguridad jurídica exige que las normas jurídicas sean claras, precisas y de efectos previsibles, a fin de que los interesados puedan orientarse en las situaciones y relaciones jurídicas reguladas por el ordenamiento jurídico de la Unión[48].

Esta supuesta colisión se resuelve por el TJUE afirmando que, en el ámbito específico de las autorizaciones de comercialización de productos fitosanitarios, el principio de seguridad jurídica debe ponderarse con el principio de cautela en el que se basa el Reglamento n.º 1107/2009. De este modo, en caso de aparición de elementos que demuestren que una sustancia activa o un producto fitosanitario tiene efectos nocivos en la salud humana o animal o efectos inaceptables en el medio ambiente, la Comisión y/o los Estados miembros pueden verse obligados a retirar la aprobación de dicha sustancia activa o la autorización de comercialización de dicho producto fitosanitario, así como, en su caso, a adoptar medidas de emergencia. De ello se deduce que, en el contexto de este Reglamento, cualquier solicitante que desee comercializar un producto fitosanitario puede esperar que se modifiquen los conocimientos científicos o técnicos existentes durante el procedimiento de autorización o durante el período para el que se autoriza una sustancia activa o un producto fitosanitario. Además, de los art. 46 y 69 a 71 del Reglamento n.º 1107/2009 se desprende que la retirada de una autorización o la adopción de una medida de emergencia pueden surtir efecto inmediatamente, sin permitir ya la comercialización ni el uso de las existencias del producto de que se trate. Por consiguiente, cabe concluir que la toma en consideración de un conocimiento científico o técnico pertinente y fiable que aún no era accesible en el momento de la presentación de la solicitud de autorización de comercialización de un producto fitosanitario no puede considerarse contraria al principio de seguridad jurídica.

48 Tribunal de Justicia de la Unión Europea (TJUE). *Sentencia de 6 de mayo de 2021, Bayer CropScience y Bayer/Comisión*, C-499/18 P, EU:C:2021:367, apartado 101.

Y, es en base a esta conclusión, que el TJUE resuelve la cuestión fundamental de este procedimiento al sostener que: «los artículos 29, apartado 1, letras a) y e), y 4, apartados 1, párrafo segundo, y 3, del Reglamento n.º 1107/2009, en relación con el punto 3.6.5 del anexo II de dicho Reglamento, deben interpretarse en el sentido de que la autoridad competente de un Estado miembro encargada de evaluar una solicitud de autorización de comercialización de un producto fitosanitario está obligada, al examinar esta solicitud, a tener en cuenta los efectos adversos que las propiedades de alteración endocrina de una sustancia activa contenida en el producto puedan causar en el ser humano, a la luz de los conocimientos científicos o técnicos pertinentes y fiables de que se disponga en el momento de dicho examen y que se recogen, en particular, en los criterios enunciados en dicho punto 3.6.5».

VII. Bibliografía

EFSA (European Food Safety Authority), ADRIAANSE, P., ARCE, A., FOCKS, A., INGELS, B., JÖLLI, D., LAMBIN, S., RUNDLÖF, M., SÜSSENBACH, D., DEL AGUILA, M., ERCOLANO, V., FERILLI, F., IPPOLITO, A., SZENTES, CS., NERI, FM., PADOVANI, L., RORTAIS, A., Y WASSENBERG, J. «Revised guidance on the risk assessment of plant protection products on bees (Apis mellifera, Bombus spp. and solitary bees)». *EFSA Journal* (2023): 133 págs.

GALINDO, L. M., y **BASURTO, S**. «Valoración monetaria del servicio de polinización en México». *Informe del proyecto NCAVES.* Nueva York: División de Estadística de las Naciones Unidas, Departamento de Asuntos Económicos y Sociales, 2021.

MIÑARRO, M., GARCÍA, D., Y MARTÍNEZ SASTRE, R. «Los insectos polinizadores en la agricultura: importancia y gestión de su biodiversidad». *Ecosistemas* 27, no. 2 (2018): monográfico: Pérdida de polinizadores: evidencias, causas y consecuencias.

MONTILLA-PACHECO, A., *et al.* «Polinización con drones: ¿Una respuesta acertada ante la disminución de polinizadores entomófilos?» *Scientia Agropecuaria* 12, no. 4 (2021).

ORTÍZ GARCÍA, M. «La primavera gris. Sobre el declive de las abejas». *RVAP*, no. especial 99-100 (2014).

PLATAFORMA INTERGUBERNAMENTAL CIENTÍFICO-NORMATIVA SOBRE DIVERSIDAD BIOLÓGICA Y SERVICIOS DE LOS ECOSISTEMAS (IPBES). «Resumen para los responsables de formular políticas del informe de evaluación sobre polinizadores, polinización y producción de alimentos». *Anexo II a la decisión IPBES-4/1*, 2016.

Vysna, V., Maes, J., Petersen, J. E., La Notte, A., Vallecillo, S., Aizpurua, N., Ivits, E., y Teller, A. «Accounting for ecosystems and their services in the European Union (INCA)». *Informe final de la fase II del proyecto INCA*. Luxemburgo: Oficina de Publicaciones de la UE, 2021.

CAPÍTULO 5

EL NUEVO ROL DEL BIENESTAR ANIMAL EN LA PRODUCCIÓN ANIMAL[1]

Oscar Expósito-López
Investigador Predoctoral FPI en Derecho Administrativo, Universitat Rovira i Virgili; Investigador del Centre de Estudis de Dret Ambiental de Tarragona (CEDAT) y del Institut Universitari de Recerca en Sostenibilitat, Canvi Climàtic i Transició Energètica (IU-RESCAT)

RESUMEN. La sintiencia animal es un factor jurídico reconocido en cada vez más países del mundo con una novedosa incidencia en el seno de la Unión Europea. Los animales de producción, debido a su amplio interés utilitarista y el gran número de individuos que existen, son unos de los grandes afectados por la falta de esta protección animal. Las nuevas políticas de la Unión Europea tienen previsto modificar de manera integral toda la normativa de protección animal en un futuro próximo debido a su programa *farm to fork*, sin embargo y hasta entonces, determinados Estados Miembros ya han comenzado a operar algunas de estas modificaciones. La reciente reforma normativa del Código Civil en España ha sido el disparador para iniciar este movimiento reformista que ha incluido, en esta materia, nuevos Reales Decretos que inciden en la necesidad de garantizar el bienestar

1 Este trabajo se ha realizado dentro del Grupo de investigación de la Universidad Rovira i Virgili, del cual el autor es miembro, «Territorio, Ciudadanía y Sostenibilidad», reconocido como grupo de investigación consolidado y que cuenta con el apoyo del Departament de Recerca i Universitats de la Generalitat de Catalunya (2021 SGR 00162).

animal en la mayoría de las explotaciones ganaderas del país con una normativa que, en mayor o menor medida, mejora la calidad de vida de estos animales con tan fatídico destino.

I. Sobre la sintiencia animal y el Derecho

Desde la aparición de las civilizaciones, ha desaparecido un 83 % de la biomasa silvestre mamífera del planeta, constituyendo ésta en la actualidad únicamente el 4 % del total. El porcentaje restante se reparte entre el ser humano, que representa el 36 % de la biomasa, y nuestro ganado, que comprende el 60 % restante; asimismo, es interesante apuntar a que el 70 % de la masa aviar correspondería a las aves de corral[2]. En números absolutos, en la Unión Europea en 2020 se contabilizaron 146 millones de cabezas porcinas, 76 millones de cabezas bovinas y se estimó que existían alrededor de 75 millones entre cabezas de ovejas y cabras. Asimismo, a nivel aviar se estimó que existían alrededor de 4.500 millones de individuos. Y todo ello a pesar de que entre 2001 y 2020 estos números habían decrecido en un 8,9 %[3]. Es una masa tan amplia de animales los cuales se ha demostrado que sufren dolor[4], tienen preferencias personales propias derivadas de subjetividad[5] e, incluso comienza a hablarse una supuesta conciencia similar a la humana[6], que parece innegable tratar a estas especies desde una perspectiva de sintiencia.

Así se reconoce a nivel jurídico tanto europeo, primeramente, como español, posteriormente, el carácter sintiente de todos los animales. Sin embargo, a pesar de la aplicabilidad al sector y la funcionalidad del artículo 13 del Tratado de Funcionamiento de la Unión Europea, que reconoce a todos los animales como seres sintientes siempre dentro de sus competencias[7]; no

2 Bar-On, Yinon M., Rob Phillips, y Ron Milo. «The Biomass Distribution on Earth». *Proceedings of the National Academy of Sciences* 115, núm. 25 (2018): 6506-6511.

3 European Commission. *Fitness Check of the EU Animal Welfare Legislation*. 2022. p. 13.

4 Daniel Goleman, *El punto ciego*, Penguin Random House Editorial, Madrid, 1985. pp. 42-43.

5 Deborah L. Wells, «Sensory stimulation as environmental enrichment for captive animals: A review» en *Applied Animal Behaviour Science*, 2009. pp. 1-11.

6 *Vid*. David M. Peña-Guzmán, *Cuando los animales sueñan*, Errata Naturae, Madrid, 2022, p. 76 en relación con Jennifer Windt, «The immersive Spatiotemporal Hallucination Modelo of Dreaming» en *Phenomenology and the Cognitive Sciences*, núm. 9, 2010, pp. 295-316

7 La aplicabilidad de la sintiencia animal europea únicamente es de aplicación para los ámbitos en los cuales la UE es competente: agricultura, pesca, transporte, mercado interior, investigación y desarrollo tecnológico y espacio. *Vid*. Enrique Alonso, «El artículo 13 del Tratado de Funcionamiento de la Unión Europea: Los animales como seres "sensibles [sentientes]" a la luz de la jurisprudencia del Tribunal de Justicia de la Unión Europea» en David Frave, Teresa Giménez Candela (Eds.) *Animales y Derecho*, Valencia, España: Tirant lo Blanch, 2015, p. 25.

es hasta la entrada en vigor del artículo 333 bis del Código Civil, con similares características, que no han cambiado los paradigmas legales establecidos con una tendencia hacia el bienestar animal de forma tan especializada.

Un ejemplo es la Ley 7/2023, de 28 de marzo, de protección de los derechos y el bienestar de los animales. Sin embargo, y a pesar de su nombre generalista e inclusivo, la norma en su objeto —preceptuado por el artículo 1— únicamente ampara a «los animales de compañía y silvestres en cautividad» quedando expresamente excluidos, por el artículo 1.3.b) «los animales de producción, tal como se definen en la Ley 32/2007, de 7 de noviembre, para el cuidado de los animales, en su explotación, transporte, experimentación y sacrificio, en todo su ciclo vital». Todo ello, siempre y cuando no sean inscritos como animal de compañía en un registro apropiado para ello, por lo cual el dueño renunciaría a ese carácter productivo. Ello no implica que estos animales «de producción» no tengan su régimen jurídico de bienestar propio, sino que ultimadamente no quedan sujetos a los principios éticos desarrollados por la mencionada norma en su artículo 2. Así, los animales de granja están sujetos a un sistema de protección animal mucho más antropocéntrico y antiguo. Ello se debe a que en origen la protección de los animales no se basó únicamente en beneficiar jurídicamente a los «seres sintientes», sino que también existía el objetivo de criar animales saludables para que a la hora de ser usados o consumidos fuesen lo menos perjudiciales posible para las personas. Con esa idea se elaboró el Reglamento (CE) 1099/2009 del Consejo de 24 de septiembre de 2009 relativo a la protección de los animales en el momento de la matanza[8] o, más recientemente, el programa europeo «de la granja a la mesa» que defiende que «el bienestar animal mejora la salud de los animales y la calidad de los alimentos, reduce la necesidad de medicación y puede contribuir a preservar la biodiversidad»[9].

Todo ello concuerda con la ideología con la cual se formula la definición de «Bienestar Animal» por la propia Unión Europea, entendiéndose que este concepto «se encuentra en el corazón de la sostenibilidad, ya que un nivel apropiado de bienestar animal está vinculado a un menor uso de antibióticos, a la entrada de animales más sanos en la cadena alimentaria y a una reducción de la transmisión de enfermedades de los animales a las personas»[10].

Ahora bien, fueren los motivos más o menos antropocéntricos, la realidad paralela de los animales de granja debe cumplir con una serie de principios derivados de la firma de la Convención Europea para la Protección de Ani-

---

8 De acuerdo con el Considerando 4, «la mejora de la protección de los animales en el momento del sacrificio contribuye a mejorar la calidad de la carne y tiene un efecto positivo indirecto en la seguridad laboral en los mataderos».

9 Se puede consultar esta información en el siguiente enlace [consultado en fecha 23/10/2023]: https://ec.europa.eu/commission/presscorner/detail/es/qanda_20_885

10 *Vid*. definición europea de «Bienestar Animal». [consultado en fecha 23/10/2023]: https://eur-lex.europa.eu/ES/legal-content/glossary/animal-welfare.html

males en explotaciones ganaderas: Libertad de hambre y sed, de molestias, de dolor, heridas y enfermedades, de expresar un comportamiento normal y de miedo y angustia. En España. si bien existía una normativa que regulaba estos principios mínimos debido a la necesidad de transponer las directivas europeas, no ha sido hasta este estallido filosófico-normativo que ha comenzado a desarrollar una protección real para los animales.

En definitiva, ya sea por motivos éticos o antropocéntricos, la realidad de la producción animal en España está cambiando hacia una visión más europeizada en materia de bienestar animal. Es necesario, en consecuencia, analizar jurídicamente los requisitos y plazos que se exigirán en este sentido a las granjas ya existentes y a las de nueva creación para observar los nuevos criterios que regirán, en el futuro, las explotaciones ganaderas.

II. La protección utilitarista de los animales en Europa

A pesar de las novedades que parece implicar en todo el mundo jurídico esta revisión animalista de nuestro derecho (ya sea a nivel de mascotas o de animales de producción, entre otros), la invención no ha surgido en los últimos tiempos ni tampoco se origina en occidente, pues la herencia recibida por el derecho romano y, por lo tanto, la tradición jurídica, así lo imperaba[11]. Existen registros jurídicos de la antigua China donde ya se daba una regulación normativa sobre bienestar animal, con especial referencia a los caballos, pero extensible en algunos casos a otras especies, cuyas obligaciones podrían equipararse —e incluso superar— a las actuales[12]. Obviamente ese régimen jurídico tan estricto obedecía a necesidades evidentes como eran el transporte de mercancías o el arte de la guerra; situaciones donde el caballo se había convertido en un elemento diferenciador. Sin embargo, sería hipócrita justificar que desde occidente el nacimiento de la corriente jurídica del bienestar animal tiene otro origen que el propio antropocéntrico. La realidad

---

11 González Marino, Israel, Covarrubias Apablaza, Carmen G., Acosta Antognoni, Hedy, «Validación de una escala de percepciones acerca del estatus jurídico atribuido a los animales no humanos» en *dA. Derecho Animal (Forum of animal Law Studies)*, Vol. 12, núm. 3, 2021, p. 56.

12 Aunque no queda claro el inicio jurídico de la protección del bienestar animal en China, así como su alcance y amplitud, es posible situar esta evolución dentro de los años 770aC y 221 aC). El antiguo ordenamiento jurídico chino, mediante diversas normas en dinastías variadas, establecieron entre otras cosas el tipo y cantidad de alimento que había que dar a los caballos, la excepcionalidad (y trato) a yeguas encinta, la obligatoriedad de tenerlos a resguardo de las inclemencias del tiempo y en un lugar ni muy caluroso ni muy frío, la obligatoriedad de tratar todas sus enfermedades con la máxima diligencia posible o la responsabilidad público-privada por mala praxis. *Vid.*, en detalle, Li-hong, Gao, Da, Su, «The legal system for horse protection in ancient China», *dA. Derecho Animal (Forum of animal Law Studies*, vol. 12, núm. 3, 2021, pp. 28-42.

reside en la promoción de las instituciones europeas sobre el bienestar animal —inicialmente para los animales de granja[13]— con el fin de que, como ya se ha comentado, mejorase la calidad productiva de los ganaderos del viejo continente, lo cual repercute de manera positiva en la salud de los ciudadanos con obvias incidencias positivas en todo el sistema de bienestar humano occidental.

Dependiendo de los avances jurídicos y científicos, la normativa de protección animal ha ido cambiando a lo largo del tiempo, dependiendo de la concepción social que se les asigna, entendiendo que existen animales que nos aportan un bien y otros que nos aportan un mal[14]. Siendo de ello un ejemplo las especies exóticas invasoras sobre las cuales, en general, existe una normativa muy negativa que prohíbe, entre otras cosas, su tenencia, venta o transporte; pero existen determinadas especies a las cuales se las excluye de estas consecuencias por su valor económico social como la trucha arco-iris, destinada al consumo humano[15]. El caso de los animales de producción y su bienestar normativo no es una excepción de esta conceptualización entre lo que se considera «bueno» para los humanos, por lo cual existen motivos sociales fundados para que exista esta normativa protectora y, en consecuencia, se observa que el sistema filosófico-moral de la protección jurídica actual de animales de producción no sigue principios ecológicos o éticos, sino utilitaristas[16].

1. La base europea del bienestar animal en los animales de producción

De acuerdo con la interpretación europea del bienestar animal, con base en el Convenio europeo de protección de los animales en explotaciones ganaderas de 1978 y, en su vertiente homogeneizadora, la Directiva 98/58/CE del Consejo de 20 de julio de 1998 relativa a la protección de los animales en las

13 Con la Directiva 98/58/CE del Consejo de 20 de julio de 1998 relativa a la protección de los animales en las explotaciones ganaderas.

14 Sophie Riley, «Listening to nature's voice: invasive species, Earth jurisprudence and compassionate conservation» en Asia *Pacific Journal of Environmental Law*, Vol. 22, núm 1, 2019. p. 122.

15 Este es el caso de las «especies exóticas invasoras naturalizadas», las cuales albergan una conceptualización positiva a nivel humano a pesar de su potencial destructor. Se llega a permitir, incluso, su esparcimiento «controlado» por el territorio nacional con el beneplácito de la ley y de las Administraciones públicas. El poder económico y social de estas invasoras es tal que el legislador acabó por completo con la eficacia del poder judicial para protegerlas de las consecuencias jurídicas del Catálogo Español de Especies Exóticas Invasoras, con la anulación normativa de la Sentencia del Tribunal Supremo 637/2016, de 16 de marzo. *Vid.* el análisis de Pedro Brufao Curiel, «El infructuoso intento de reforma de la ley del patrimonio natural y biodiversidad presentado para favorecer las especies invasoras» en *Revista Catalana de Dret Ambiental*, Vol. VIII, núm. 2, 2017, 1-21.

16 Sophie Riley, «Listening to nature's voice...» cit. p. 124.

explotaciones ganaderas, los mínimos aplicables que deben respetarse siempre en el ámbito del bienestar animal de producción, donde la Unión Europea es competente, son los siguientes:

- Libertad de hambre y de sed. Obedeciendo al mandato de las inspecciones que puedan sucederse, según el Anexo de la Directiva en su apartado 14, «los animales deberán recibir una alimentación sana que sea adecuada a su edad y especie y en suficiente cantidad con el fin de mantener su buen estado de salud y de satisfacer sus necesidades de nutrición», añadiéndole a ello el apartado 16 que vendría a garantizar el suministro suficiente de agua.
- Libres de molestias. Entendiendo éstas como las molestias «físicas y térmicas»[17], en los puntos del Anexo de la Directiva del 8 al 12 es posible encontrar estos aspectos donde se detalla la necesidad de que los animales gocen de luz natural suficiente o, en su defecto, artificial, si la primera no fuere posible; la evitación de gases y toxinas en la contaminación ambiental que puedan suponer daños para ellos; los recintos deberán ser organizados de manera que sea posible limpiarlos y desinfectarlos en su totalidad y; cuando estuviesen en el exterior, deberá garantizarse que tienen refugio adecuado respecto a las inclemencias climáticas.
- Libres de dolor, heridas y enfermedades. Con base en el artículo 3 de la Directiva, los propietarios o criadores deberán garantizar que los animales no sufren daños «inútiles». Se entiende que esta matización se refiere a los efectos propios de la industria agroalimentaria, es decir, la producción cárnica.
- Libertad de expresar un comportamiento normal. Ello, de acuerdo con el artículo 4 de la Directiva, se refiere a velar por sus necesidades fisiológicas y etológicas de acuerdo con los avances científicos al respecto. Como se verá, este ámbito tiene mucho que ver con el nuevo sector del bienestar animal que se centra en el enriquecimiento ambiental como mecanismo para evitar el estrés y los comportamientos agresivos de los animales en comunidad o aislados[18].
- Libertad de miedo y angustia. Aunque sin referencia expresa en los recursos que se mencionan, se entiende a nivel europeo que cuando se habla de la salud del animal dentro del bienestar, se incluye el aspecto mental. Este concepto se observa de forma tácita en diversos preceptos de los dos textos normativos referenciados; pero se incluye

17 *Vid*. la definición de bienestar animal de la Organización Mundial de Sanidad Animal [consultado en fecha 23/10/2023] https://www.woah.org/es/que-hacemos/sanidad-y-bienestar-animal/bienestar-animal/

18 Las nuevas técnicas normativas de gestión de granjas en España apuestan, en algunos casos, por este enriquecimiento ambiental para mejorar esta faceta. *Vid*. 3.3. Granjas Porcinas.

principalmente porque así lo reconoce la Unión Europea en todos sus documentos posteriores. La importancia de esta libertad no es baladí, pues se ha demostrado que observar la tortura y muerte de otros animales de la misma especie puede llegar a provocar enfermedades mentales sobre los animales como TEPT[19].

2. De la granja a la mesa, políticas europeas y bienestar animal

Las políticas *farm to fork* forman parte del conocido como Pacto Verde Europeo. Aunque contienen una pléyade de políticas agroalimentarias sostenibles, uno de sus objetivos es la mejora del bienestar de los animales de granja. A pesar de ello, todavía persiguen el interés utilitarista del derecho animal al justificar la mejora del bienestar animal en el hecho de que «mejoran la salud del animal y la calidad de la comida, reduciendo la necesidad de medicación»[20]. La estrategia que se menciona se adoptó en 2020 y en materia de bienestar animal tenía el objetivo de revisar y reformar toda la normativa para adaptarla a las novedades jurídicas y científicas más actualizadas, centrándose especialmente en aspectos de transporte y muerte y comentando la posibilidad de un posible y nuevo sistema de etiquetado ambiental[21]. El objetivo era que, para finales de 2023 existiese una modificación integral de la normativa europea en materia de bienestar animal[22]. Sin embargo, ya el propio análisis de las normas se ha realizado con un año de retraso, así que era previsible, tal y como ocurrió, que a finales de 2023 tampoco se consolidase la reforma legislativa pertinente, siendo ésta aplazada sin una fecha clara, como demuestra que un año más tarde, a finales de 2024, todavía no se hayan dado estas modificaciones.

El análisis normativo e integral que se comenta ha encontrado que, aunque los avances realizados en bienestar animal en el campo agroalimentario han sido notables y debido a ello se ha mejorado sustancialmente la vida de estos seres sintientes, la normativa europea vigente no se adecúa a las realidades científica y social que se plasman en la actualidad. Y no sólo en estos panoramas, sino que la propia normativa nacional de los Estados Miembros está comenzando a superar las previsiones europeas como es el caso de Alemania que limita el tiempo de transporte de animales vivos a 8 horas y establece condiciones ambientales al respecto como que si la temperatura

19 Yu, Bin, *et al.* «Different Neural Circuitry Is Involved in Physiological and Psychological Stress-Induced PTSD-Like 'Nightmares' in Rats». *Nature Scientific Reports*, 2015: 1-14.

20 European Comission, *Farm to Fork Strategy*, 2020 p. 10.

21 *Ibidem*.

22 Así lo establece la hoja de ruta europea al respecto: [consultado en fecha 09/12/2024] https://food.ec.europa.eu/animals/animal-welfare/evaluations-and-impact-assessment/revision-animal-welfare-legislation_en

es superior a los 30 grados el viaje deberá ser, como máximo, de 4,5 horas; o Rumanía que establece unos controles veterinarios estrictos para el transporte de animales de manera que exista un control médico durante el propio transporte, entre otros[23].

Una normativa anclada en el pasado, con más de veinte años de vigencia, pero dentro de un campo tan cambiante, necesita de una modificación sustancial para adaptarse a las necesidades socio-ecológicas actuales. En definitiva, el nuevo rol del bienestar animal en las políticas europeas es prácticamente inexistente a nivel material, pero con claras intenciones de avanzar en una dirección proactiva para cambiar esta situación. Las acciones llevadas a cabo son, por lo tanto, meramente preparatorias para un paquete normativo novedoso y previsible en los próximos años, siempre y cuando el clima político, económico y social así lo permita y aliente.

III. Novedades sectoriales en bienestar animal

España no es una excepción en esta corriente vanguardista de protección animal en materia de producción, creando desde finales de 2022 una serie de normas de rango reglamentario que vienen a introducir el bienestar animal en las granjas buscando superar, también, estas políticas comunitarias obsoletas. En las medidas tomadas por el ejecutivo español es posible encontrar nuevas normas con claro sentido animalista que afectan sobre todo a las explotaciones ganaderas y a la formación de los trabajadores, tal y como destaca la propia Comisión Europea[24]. Aunque ya existían determinadas materias reguladas desde hace tiempo con base en los principios mínimos de la Directiva 98/58/CE, las nuevas normas y modificaciones han tenido lugar en el ordenamiento jurídico, particularmente, tras la aprobación y vigencia del ya comentado artículo 333bis del Código Civil, ampliando la protección más allá de los mínimos tradicionales. Es posible destacar, en consecuencia, la importancia del precepto y del carácter de la sintiencia para lo que es el futuro del desarrollo jurídico de la protección de los animales en todo el Estado.

1. Explotaciones en general: Planes de Bienestar Animal

El Real Decreto 159/2023, de 7 de marzo, por el que se establecen disposiciones para la aplicación en España de la normativa de la Unión Europea sobre controles oficiales en materia de bienestar animal, y se modifican varios reales decretos, tiene por objeto, según su artículo 1, «establecer disposicio-

23 European Comission. *Fitness check of the EU Animal Welfare legislation*, 2022, pp. 58, 90-91.

24 *Ibidem*.

nes en España que ayuden a mejorar la aplicación de la normativa europea sobre controles oficiales y otras actividades oficiales en materia de bienestar animal». Para ello se modifican los reglamentos que regulan las explotaciones avícolas y porcinas y se establece, mediante el artículo 3, la obligación de disponer de un Plan de bienestar animal exigible a todas las explotaciones ganaderas de animales vertebrados, tanto terrestres como acuáticos, siempre y cuando tengan el tamaño mínimo que dispone el Anexo II del Real Decreto 348/2000, de 10 de marzo, por el que se incorpora al ordenamiento jurídico la Directiva 98/58/CE, relativa a la protección de los animales en las explotaciones ganaderas[25]. Sin embargo, tal y como avanza el preámbulo de la norma, la idea es ir extendiendo paulatinamente la obligatoriedad del Plan a todas las granjas sin importar su tamaño. Este plan se elaborará por personal veterinario que además deberá asesorar al titular de la explotación, responsable de la ejecución del plan.

El Plan de Bienestar Animal, teniendo un alcance discrecional para los titulares de todas aquellas protecciones que deseen añadir, deberán contar como mínimo con los nuevos requisitos del Anexo II del RD 348/2000:

> «a) Descripción de las condiciones estructurales y ambientales de la explotación.
>
> b) Evaluación de factores de riesgo para el bienestar de los animales incluyendo el riesgo de desastres naturales (tales como inundaciones, terremotos o incendios) de acuerdo con las características del lugar donde se encuentra la explotación[26].
>
> c) Plan de acción con medidas a adoptar sobre los riesgos identificados».

---

25 «2. El tamaño de la explotación a partir del cual será obligatoria la existencia del Plan de bienestar animal, establecido en el artículo 3, es el siguiente:
1.º Bovino: Todas las explotaciones ganaderas con una cantidad de animales superior al equivalente a más de 5 Unidades de Ganado Mayor (UGM).
2.º Ovino y caprino: Explotaciones que alberguen una cantidad de animales superior al equivalente de 5 UGM, calculadas de acuerdo con lo establecido en el Real Decreto 1048/2022 de 27 de diciembre, sobre sobre la aplicación, a partir de 2023, de las intervenciones en forma de pagos directos y el establecimiento de requisitos comunes en el marco del Plan Estratégico de la Política Agrícola Común, y la regulación de la solicitud única del sistema integrado de gestión y control.
3.º Équidos (caballos, asnos, mulas y cebras): Explotaciones que mantengan una cantidad de animales superior al equivalente a más de 5 UGM.
4.º Corzos, ciervos y gamos: Explotaciones que mantengan más de 50 animales.
5.º Porcino en extensivo: Explotaciones que alberguen una cantidad de animales superior al equivalente de 5,1 UGM.
6.º Especies peleteras (visón, zorro rojo, nutrias, chinchillas): Todas las explotaciones siempre que se mantengan con fines productivos, comerciales o lucrativos.
7.º Piscicultura (solo de animales vertebrados): Todas las explotaciones siempre que se mantengan con fines productivos, comerciales o lucrativos».

26 Por analogía, deben incluirse los aspectos térmicos del centro donde los animales residan de forma temporal o permanente, de manera que se adecúe a criterios que eviten las molestias derivadas del frío o del calor de acuerdo con los criterios de la especie de la que se trate. *Vid*. Anexo I del del RD 1135/2002 o *Vid. Infra*. 3.3. Granjas Porcinas.

2. Granjas bovinas

El artículo 7 del Real Decreto 1053/2022, de 27 de diciembre, por el que se establecen normas básicas de ordenación de las granjas bovinas, regula los «requisitos del bienestar animal en las granjas bovinas». En todo caso, las explotaciones de ganado bovino deberán asegurar los principios mínimos de protección europeos ya comentados, de acuerdo con el artículo 7.1, pero además añade unas protecciones adicionales interesantes respecto al diseño de las instalaciones en esta materia que deberán llevarse a cabo para beneficiar este régimen de bienestar animal:

1. Los animales deberán disponer de un espacio para acostarse con suelo uniforme y cama cómoda y seca; dicho espacio no podrá ser recubierto de emparrillado siendo que la zona de descanso deberá estar lo más lejos posible de éste.
2. El agua y la comida deberá ser de calidad suficiente para cubrir sus necesidades particulares. Se entiende, en consecuencia, que los alimentos deberán ser acordes a su naturaleza y proporcionarles los nutrientes que necesitan.
3. El diseño de las instalaciones deberá permitir que los animales puedan moverse y pasar parte de su tiempo en un ambiente exterior, con garantías que les eviten molestias térmicas y climáticas. Por ello, toda explotación debe incluir en su diseño un espacio exterior para que los animales puedan acceder a éste.
4. Cuando estén repartidos en cubículos, a parte de los requisitos esenciales europeos, se establece que sólo podrá alojarse a un número de bovinos equivalente al número de cubículos o plazas de alimentación que se posean. Este requisito podría evitarse si existe alimento *ad libitum* u otro sistema que evite las situaciones de competencia (y, por lo tanto, de estrés).

Pero ello no es todo, pues en el caso de que la producción se dedique al sector lácteo o combine producción cárnica y láctea (art. 7.2) deberá también respetar unas condiciones de bienestar en los equipos e instalaciones que se utilicen para el ordeño de manera que exista un espacio suficiente de confort y movilidad, así como que las herramientas utilizadas estén limpias y conservadas, de forma que se eviten lesiones en las ubres y se contamine el producto.

Finalmente, el artículo 7.3 marca algunos límites de bienestar animal respecto a las prácticas y procedimientos para con los bovinos; prohibiéndose toda intervención médica sobre los animales siempre y cuando ésta no la realice un veterinario o, en caso de cauterización de animales o colocación de anillas nasales, por persona formada en la materia. Todo ello, siendo sólo necesario siempre y cuando sea beneficioso para los animales o la protección de las personas que están en contacto con ellos. Adicionalmente, tampoco se podrán utilizar aparatos que emitan descargas eléctricas (a excepción del cercado o, si se permite por la autoridad competente, para el amaestramiento con una revisión previa caso por caso); los terneros de más de ocho semanas no se mantendrán en recintos individuales sin una recomendación veterinaria y; se prohíbe atar el rabo de las vacas de forma permanente.

Respecto a la entrada en vigor también es importante señalar que, de acuerdo con la disposición final cuarta, para aquellas nuevas explotaciones creadas a partir del 30 de diciembre de 2022, la normativa será inmediatamente aplicable. Para las ya existentes para esa fecha, serán también directamente aplicables a excepción de las nuevas condiciones sobre la adaptación de los lugares de residencia animal en lo respectivo al emparrillado, así como el nuevo requisito de que dispongan de un espacio para pasar tiempo en el exterior (artículos 7.1.a y 7.1.c), con el siguiente calendario de ejecución:

> «1.º Para las explotaciones de sistema productivo extensivo, y las semiextensivas y no extensivas de grupo I según su capacidad productiva, el 1 de enero de 2030.
>
> 2.º Para las explotaciones semiextensivas y no extensivas de grupo II, el 1 de enero de 2028.
>
> 3.º Para las explotaciones semiextensivas y no extensivas de grupo III y IV, el 1 de enero de 2025».

Además de este precepto expreso, se encuentran algunas referencias alineadas con esta materia como el artículo 6.l) que determina que toda granja debe poseer un espacio (ya sea temporal o permanente) donde poder aislar y observar a un animal por razones sanitarias o de bienestar animal; el artículo 6.i), donde se preceptúa que las operaciones de carga y descarga, manejo y distribución de animales, material de cama, alimento, estiércoles y cadáveres deben llevarse a cabo sin que afecten negativamente al bienestar animal; y respecto a la formación de trabajadores, el Anexo II del Real Decreto incluye la necesidad de que las personas que actúen en el sector tengan, entre otros, conocimientos en la interacción del bienestar animal.

3. Granjas porcinas

El Real Decreto 159/2023 incluye algunas modificaciones sustanciales en el Real Decreto 1135/2002, de 31 de octubre, relativo a las normas mínimas para la protección de cerdos.

En primer lugar, se amplía la superficie de suelo libre de la que deberá disponer cada lechón destetado o cerdo de producción criado en grupo, del artículo 3.1 RD 1135/2002, dependiendo de su peso, con los siguientes cambios:

Peso en vivo (en kilogramos)	Metros cuadrados
Hasta 10	0,15
Entre 10 y 20	0,20
Entre 20 y 30	0,30
Entre 30 y 50	0,40
Entre 50 y 85	0,55
Entre 85 y 110	0,65
Más de 110	1,00

→

Peso vivo (En kilogramos)	Metros cuadrados
Hasta 10.	0,2
Entre 10 y 20.	0,24
Entre 20 y 30.	0,3
Entre 30 y 50.	0,45
Entre 50 y 85.	0,65
Entre 85 y 110.	0,74
Entre 110 y 130.	1
Más de 130.	1,3»

Figura 1 - Metros cuadrados por peso en granjas porcinas - Antes y después de la modificación del RD 159/2023)[27]

27 Tablas extraídas del propio Boletín Oficial del Estado.

En segundo lugar, se modifica el régimen de aislamiento como castigo a cerdos violentos del artículo 3.6 RD 1135/2002 por una necesidad inicial de búsqueda de las motivaciones que llevan a esa violencia e intentar solucionarlo con técnicas de enriquecimiento ambiental. En caso de que no funcionare sí que sería posible utilizar el aislamiento, pero siempre por el tiempo mínimo y necesario. Se evoluciona, por lo tanto, de este régimen punitivo a uno integrador más acorde a las necesidades fisiológicas y naturales del animal y, en consecuencia, alineadas con este bienestar animal.

En tercer lugar, se modifica el Anexo del RD 1135/2002 (ahora Anexo I) y se añaden los siguientes cambios:

1. Se mejora el bienestar en términos de contaminación atmosférica pues se limitan las concentraciones de gases a la altura de la cabeza de los animales a un máximo de 20 ppm de amoniaco y 3.000 ppm de dióxido de carbono. Para garantizarlo, los titulares deberán disponer de registros de control que aseveren el cumplimiento de estos parámetros y, en caso de que no se cumplan, se informe de qué medidas se están tomando para evitar estos gases.
2. En las explotaciones que superen los 5,1 UGM deberán instalarse medidas de evitación de molestias térmicas frías y calientes para poder mantener la temperatura en el interior en unas características acordes al Plan de Bienestar Animal que deben poseer; siendo necesario establecer todas aquellas medidas correctoras pertinentes para cumplir con los rangos de temperatura contemplados.
3. En las explotaciones de más de 5,1 UGM, el 2,5 % de las plazas de la capacidad total deben destinarse a la cuarentena o al aislamiento para aquellos animales que necesiten ser apartados del resto por motivos sanitarios o de bienestar animal. Se utilizarán, para estos animales, piensos adaptados a las circunstancias y necesidades del animal. Se entiende, por ejemplo, que existen piensos especializados para determinados tipos de dolencias.
4. Se incide sobre el aspecto del enriquecimiento ambiental, mejorando el apartado 4 del Anexo I con respecto al texto anterior, mediante una explicación más detallada de los materiales que deben ser utilizados por los cerdos en sus actividades de investigación y manipulación. Deberá analizarse de manera periódica (mínimo una vez por semana) si los elementos de enriquecimiento ambiental de índole comestible siguen siendo viables o es necesario reponerlos. Asimismo, se obliga a disponer de diversos tipos de actividades o materiales novedosos y alternativos a los utilizados comúnmente para poder controlar la aparición de brotes de caudofagia o agresividad.
5. Se desarrolla el principio de «libertad de sed» de manera que el punto de bebida deberá situarse a una altura adecuada para los animales y para un máximo de doce cerdos. Si la alimentación es húmeda o líquida, el número de puntos de bebida es posible reducirlo en un 50 %.

IV. Conclusiones

El utilitarismo de los animales de producción sigue siendo, en la actualidad, la piedra angular de la gestión de la industria agroalimentaria. Parece, en este sentido, poco moral por parte de la raza humana tratar a unos seres capacitados con sintiencia y que serán utilizados para alimento de una manera que, como mínimo, no sea acorde a unos estándares mínimos de bienestar. Son animales nacidos, criados y sacrificados para el beneficio humano y, como mínima contraprestación, parece justo a nivel ético establecer un mayor nivel de protección jurídica. Son seres que, como se ha comentado, son capaces de sentir dolor, tener preferencias e, incluso, existen estudios que defienden que éstos poseen conciencia.

En este sentido, se observa un movimiento sutil hacia una gestión ética de este tipo de animales en los últimos años en todo el entorno europeo. Sigue existiendo, en la costumbre normativa, esa necesidad que viene imperando desde la Segunda Guerra Mundial de alinear los intereses ambientales con garantizar la seguridad alimentaria, sin embargo este factor comienza a flexibilizarse para ser combinado con la calidad alimentaria que viene precedida por un bienestar animal real que debe garantizar las cinco libertades fundamentales de sed y hambre, miedo y angustia, molestias, expresión de la naturaleza propia de la especie y dolor y enfermedades. Este hecho se mezcla, en los últimos tiempos, con otros factores especialmente relevantes para el bienestar animal como es el enriquecimiento ambiental y un espacio suficiente para desarrollarse.

La normativa española parece centrarse por un lado en la necesaria formación de los trabajadores que manipularán el ganado, siendo necesario el factor de la educación ambiental en materia de bienestar animal y su importancia para que se lleve a cabo de manera efectiva, y en los aspectos de las instalaciones y la gestión de los animales para mejorar el trato con el desarrollo de los principios mínimos de bienestar animal. Así, por ejemplo, se encuentran muchas y novedosas referencias a la evitación de molestias climáticas y/o térmicas, el enriquecimiento ambiental ya sea mediante estímulos o dosis de libertad y la mejora de la calidad en términos de agua y comida.

La regulación española, junto con otros ordenamientos jurídicos europeos, comienzan a avanzar hacia este futuro con pasos tímidos pero reales, que permiten vislumbrar un sistema de gestión ética y de calidad de animales de producción. Sin embargo, debe esperarse al nuevo y previsto paquete europeo de medidas para observar una armonización real y efectiva, así como un gran avance generalizado en esta dirección.

V. Bibliografía

Alonso, E. «El artículo 13 del Tratado de Funcionamiento de la Unión Europea: Los animales como seres "sensibles [sentientes]" a la luz de la jurisprudencia del Tribunal de Justicia de la Unión Europea».

En *Animales y Derecho*, editado por David Frave y Teresa Giménez Candela, 10-52. Valencia, España: Tirant lo Blanch, 2015.

Bar-On, Y. M., Phillips, R. y Milo, R. «The biomass distribution on Earth». *Proceedings of the National Academy of Sciences* 115, no. 25 (2018): 6506-6511.

Brufao Curiel, P. «El infructuoso intento de reforma de la ley del patrimonio natural y biodiversidad presentado para favorecer las especies invasoras». *Revista Catalana de Dret Ambiental* 8, no. 2 (2017): 1-21.

Goleman, D. *El punto ciego*. Madrid: Penguin Random House Editorial, 1985.

González Marino, I. Covarrubias Apablaza, C. G., y Acosta Antognoni, H. «Validación de una escala de percepciones acerca del estatus jurídico atribuido a los animales no humanos». *dA. Derecho Animal (Forum of Animal Law Studies)* 12, no. 3 (2021): 55-77.

Li-hong, G., y Da, S. «The legal system for horse protection in ancient China». *dA. Derecho Animal (Forum of Animal Law Studies)* 12, no. 3 (2021): 28-42.

Peña-Guzmán, D. M. *Cuando los animales sueñan*. Madrid: Errata Naturae, 2022.

Riley, S. «Listening to nature's voice: invasive species, Earth jurisprudence and compassionate conservation». *Asia Pacific Journal of Environmental Law* 22, no. 1 (2019): 117-136.

Wells, Deborah L. «Sensory stimulation as environmental enrichment for captive animals: A review». *Applied Animal Behaviour Science* (2009): 1-11.

Windt, J. «The immersive Spatiotemporal Hallucination Model of Dreaming». *Phenomenology and the Cognitive Sciences* 9 (2010): 295-316.

CAPÍTULO 6

THE CONCEPT OF FOOD SOVEREIGNTY IN THE FARM TO FORK STRATEGY: THE WEAKNESSES OF THE EU ACTION IN EMPOWERING CONSUMERS TOWARDS SUSTAINABLE FOOD SYSTEMS[1]

Maria Vittoria Borghetto
Ph.D. Candidate in Law and Human Sciences at the University of Insubria
Department of Law, Economy and Cultures

1 The contribution presents parts of the research undertaken by the author under her Ph.D. project, entitled "Towards an EU sustainable food-labelling framework: enhancing the complexity of the food system through a public and private mixed approach."

ABSTRACT: Food sovereignty entails consumers' active involvement in the food system's governance, to uproot their current position of passive buyers in the food chain and re-establish their value as persons and citizens. The EU Farm to Fork Strategy and its measures towards consumers seem to diverge from this objective, since the outlined regulatory initiatives affect consumers only in the phase of food purchase and consumption. These measures are still based on the EU concept of the "average consumer" and the belief that the more information consumers are given about the food they consume, the more they will be able to make an informed choice and change their food habits. Among these initiatives, there is the Proposal for a sustainable food-labelling framework to empower consumers to make sustainable food choices. The new Proposal could represent a great opportunity at the EU level to abandon a business-as-usual approach to consumers and embrace new regulatory tools capable of enhancing their effective participation in the food system, such as Participatory Guarantee Systems and narrative food labels.

I. The concept of food sovereignty: overcoming old paradigms to ensure the resilience of the EU food system

The Food Sovereignty concept originates from social movements, and it is based on the subversion of existing assumptions, policies and practices, which are threatening the sustainability of the food system[2]. *De facto*, the food sovereignty movement started questioning the current global food supply chain and its structures of power and control, as well as their impacts on freedom, democracy, equality, justice, culture and natural resources[3].

Food sovereignty is generally defined as "the right of peoples to healthy and culturally appropriate food produced, through ecologically sound and sustainable methods, and their right to define their own food and agriculture systems"[4]. The concept was built around some key pillars: the need of producing food for people, without reducing it to a commodity for agro-industrial purposes; the need of valuing and supporting each individual involved in food production[5]. The other fundamental aspect of food sovereignty is the localisation of food chains, by guaranteeing control and power of local

2 The concept originated from the social movement "La Via Campesina": European Coordination Via Campesina (ECVC), *Food sovereignty now!*, Bruxelles, 2018. On food sovereignty and alternative food networks: Dekeyser, K., Korsten, L., Fioramonti, L., "Food sovereignty: shifting debates on democratic food governance", in *Food Security*, 2018, pp. 223 and ff.; Wald, N., Hill, D. P., "'Rescaling' alternative food systems: from food security to food sovereignty", in *Agriculture and Human Values*, 2016, pp. 203 and ff.

3 ECVC, *Food sovereignty now!*, cit., pp. 14-15.

4 International Forum for Food Sovereignty, *Declaration of Nyéléni*, Conference Report, 2007.

5 ECVC, *Food sovereignty now!*, cit., pp. 14-15.

food communities over their food systems, but also the development and dissemination of skills and knowledge among local food providers[6]. Finally, it stresses the need for food systems that work in synergy with nature, not against it[7].

During the pandemic and the ongoing Russo-Ukrainian conflict, short supply chains, small farmers and local food communities mainly secured the availability of supplies in Europe, demonstrating how local and flexible food systems can provide food security and be resilient[8]. The business-as-usual scenario fell under current economic shocks and supply chain disruptions, requiring overcoming old paradigms, by developing and implementing new food policies driven by the principle of food sovereignty.

Moreover, food sovereignty represents a process in action, rather than a fixed solution. Indeed, given the complexity of food systems, there cannot be one-size-fits-all solutions to re-stabilise sustainability[9]. Multiple challenges must be addressed through multiple and systematic interventions, since decontextualized, non-systemic and *ad interim* measures also proved to fail in most recent food crises[10]. In particular, the traditional top-down approach in the decision-making process and implementation of public measures should be replaced with more flexible and bottom-up procedures. This could allow local food communities to regain control over their food system, as well as the establishment of alternative food networks, as opposed to globalised and agro-industrial unsustainable food chains. Food sovereignty supports this *modus operandi*, recognising diversity and complexity as the food system's values, which must be enhanced to ensure greater sustainability and resilience.

To build food sovereignty, EU policies should look directly to rural areas, smallholder agriculture, and local food systems, since being reliable sources

6 *Ibid.*

7 *Ibid.*

8 International Forum for Food Sovereignty, *Declaration of Nyéléni*, cit., p. 16.

9 Sparrow, J., "There is no 'one weird trick'", in *New Socialist*, Second edition: Ecologies, 2021. Available at the following link: https://newsocialist.org.uk/there-no-one-weird-trick/.

10 During the pandemic, for instance, Member States adopted *ad interim* measures to fill the gap left by seasonal and cross-border workers and secure food production in the short-term. One of these measures was introduced in Italy through Art. 103 of the Law Decree n. 34 of the 19th May 2020 (the so-called *Rilancio Decree*), to regularise undeclared work relationships, particularly in the agricultural sector, and to ensure the availability of supplies during the crisis. Nevertheless, the Article does not consider other social unsustainability aspects of agricultural labour, which have been highlighted in this chapter. Through this attempt to fill the seasonal labour shortage caused by the spread of the virus, with an urgent and decontextualized *ad interim* measure, Italy missed the opportunity to implement more structural changes in the food chain, to ensure greater justice and fairness in the agricultural sector in a long-term perspective.

of sustainable food during the recent crisis. Public institutions should recognise the right of communities and local movements in governing their local food systems, or at least, in influence and being fully represented in those structures governing it.

II. Consumers' role in the transition towards an EU sustainable food system

EU public measures capable of enabling the transition towards a sustainable food system should involve all its actors, from the agricultural community to consumers, as well as all the activities related to each stage of the agri-food chain, from the input supply to the consumption phase. Moreover, public action should be structured to take into consideration the differences among each of these actors and stages, particularly concerning their conditions and roles played in the food system. Indeed, applying the food sovereignty concept, food sustainability policies should value and support each individual involved in food production and consumption, but also empower local food communities and guarantee them control over their food systems[11].

These outcomes could be reached through a high degree of participation of all food system actors in the development process of sustainable policies, not only in the decision-making phase, but also in the following phases, such as the implementation and the enforcement. The importance of this broad-based participation in policymaking was already underlined in the early international documents concerning sustainable development[12], which demonstrates the close connection between sustainability and food sovereignty.

Then, it seems necessary to devolve to local food communities the governance over their food chains. This bottom-up approach could entail a greater share of power and responsibility among food chain actors, implicating that each of them becomes in charge of the overall sustainability of the food system[13].

Finally, the process of delocalisation of power and responsibility within the whole society could empower consumers, too. Consumers play a fundamental role in the ecological transition, since they represent the most

11 ECVC, *Food sovereignty now!*, cit., pp. 14-15.

12 Among these: UN World Commission on Environment and Development, *Report: Our Common Future*, 1987; *UN, Report of the UN Conference on environment and development. Annex I - Rio declaration on environment and development*, 1992; UN, *Report of the World Summit on Sustainable Development Johannesburg*, 2002.

13 RENTING, H., SCHERMER, M., ROSSI, A., "Building Food Democracy: Exploring Civic Food Networks and Newly Emerging Forms of Food Citizenship", in *International Journal of Sociology of Agriculture and Food*, 19, 3, 2012, pp. 289-307.

numerous actors in the food system and they influence its entire functioning with their daily food choices.

To build consumers' sovereignty means to involve them in food systems in a renewed acceptation, by overcoming their passive position of mere buyers in the food chain[14]. Indeed, this attitude towards consumers has failed over the years, leading them to gradually become disinterested in the consequences of their behavior. The same objectives of the Common Agricultural Policy (CAP) acknowledge consumers only for the act of purchasing, since Art. 39 of the Treaty on the Functioning of the European Union (TFEU) provides that this policy shall ensure that supplies reach consumers at reasonable prices, barely assessing the economic aspect of food consumption[15].

New policies orientated towards sustainability represent a great opportunity to actively include consumers in the governance of food systems, re-establishing their value as persons and citizens, and building stronger human relationships along the food chain[16]. This approach also lays the foundations for food democracy, thanks to multilevel food governance where citizens are personally involved[17].

This first step is crucial to achieve real change in the unsustainable dynamics of the supply chain and, at the same time, to build a food environment that can positively influence consumers' purchasing choices[18]. Indeed, the food environment in which people live mainly influences their consumption habits, together with multiple factors and a whole range of physical, economic, political and sociocultural external inputs[19].

---

14 Masini, S., "Diritto all'informazione ed evoluzione in senso 'personalista' del consumatore (osservazioni a margine del nuovo regolamento sull'etichettatura di alimenti)", in *Rivista di diritto agrario*, 1, 2011, p. 579. On consumer sovereignty: Timmermann, C., Félix, G. F., Tittonell, P., "Food sovereignty and consumer sovereignty: two antagonistic goals?", in *Agroecology and Sustainable Food Systems*, 42, 3, 2018, pp. 274-298.

15 Art. 39 TFEU, lett. a).

16 Masini, S., "Diritto all'informazione ed evoluzione in senso 'personalista' del consumatore", cit., p. 583.

17 This concept was introduced in the 1990s due to the lack of consumers' participation in the management and control of food systems, on this topic: Petetin, L., "The COVID-19 Crisis: An Opportunity to Integrate Food Democracy into Post-Pandemic Food Systems", in *European Journal of Risk Regulation*, 11, 2020, pp. 326-336; Renting, H., Schermer, M., Rossi, A., "Building Food Democracy: Exploring Civic Food Networks and Newly Emerging Forms of Food Citizenship", in *International Journal of Sociology of Agriculture and Food*, 19, 3, 2012, pp. 289-307.

18 *Ibid.*

19 Poiron, A., "Carlo Petrini and Olivier de Schutter Discuss the Future of Food in Europe". 2022. Available at the following link: https://www.slowfood.com/carlo-petrini-and-olivier-de-schutter-discuss-the-future-of-food-in-europe/

Given these circumstances, food labelling and food information to consumers appear as a residual instrument in the ecological transition of the European food system, especially, in building consumers' food sovereignty.

III. The european green deal and the farm to fork strategy - for a fair, healthy and environmentally friendly food system

In May 2020, the European Commission launched "A Farm to Fork Strategy: for a fair, healthy and environmentally-friendly food system"[20]. At the heart of the European Green Deal, the Strategy aims to make the EU food system more sustainable, to reach the goal of climate neutrality by 2050[21].

This sustainable transition should take place according to a draft action plan presented by the European Commission as an annexe to the Strategy, which contains twenty-seven heterogeneous measures that should be carried on from 2020 onwards[22].

The F2F has been defined as a regulatory agenda, since it first identifies one macro-objective, consisting of the transition to sustainable food systems, secondly, it lists a series of sub-objectives with a narrow scope[23]. The sub-objectives are divided according to the different stages of the food supply chain: food production, food processing and/or distribution, and food consumption. Therefore, the Strategy innovatively adopts a "supply chain" approach, considering all actors and stages of the EU food system in its measures, from food producers to food consumers.

---

20 European Commission Communication to the European Parliament, the Council, the European Economic and Social Committee and the Committee of the Regions, "A Farm to Fork Strategy for a fair, healthy and environmentally-friendly food system", COM/2020/381 final (hereinafter, Strategy or F2F).

21 European Commission Communication to the European Parliament, the European Council, the Council, the European Economic and Social Committee and the Committee of the Regions, *The European Green Deal*, COM/2019/640 final. For an in-depth analysis of the European Green Deal: ONIDA, M., "Il Green Deal europeo", in *Unione Europea 2020. I dodici mesi che hanno segnato l'integrazione europea*, MANZINI, P., VELLANO, M., (eds.), Milano, 2020; FERRARIS, L., "Green Deal e agricoltura, la vera sfida è a livello globale", in Il *Diritto dell'Agricoltura,* 1, 2020.

22 Annex to the European Commission Communication to the European Parliament, the Council, the European Economic and Social Committee and the Committee of the Regions, "A Farm to Fork Strategy for a fair, healthy and environmentally-friendly food system", cit.

23 VENTURI, F., "The Farm to Fork Strategy. A Comprehensive but Cautious Approach to 'Multidimensional' Food Sustainability", in *Rivista Quadrimestrale di diritto dell'ambiente*, 1, 2021, pp. 71-72.

Undoubtedly, for the first time, the European Union has introduced a comprehensive food policy addressing food sustainability[24], also driven by the new challenges posed by the Covid-19 pandemic[25]. The Covid pandemic indeed jeopardised the resilience of the EU food system, worsening its unsustainability traits and, at the same time, highlighting the need for systematic measures to ensure its stability in a long-term perspective.

Finally, the EU Institutions acknowledged that the complexity of the food system requires an equally complex food policy, thus, multiple, and systematic interventions to achieve its ecological transition. Moreover, it is also understood that such measures shall involve all actors of the food system, from the agricultural community to consumers, as well as all the activities related to each stage of the agri-food chain, from the input supply to the consumption phase.

IV. The strategy's weaknesses

1. The lack of a multi-level governance

The Commission has set a major objective with the F2F Strategy - the sustainable transition of the food system - that requires a revolutionary change, especially considering the complexity of the unsustainable dynamics actually governing the EU agri-food chain.

However, the regulatory framework delineated in the Strategy represents a bare evolution of current regulations. Indeed, the types of regulatory actions proposed by the Commission mainly consist of revisions of already existing EU legislation, proposals of new rules through directives or regulations (thus, classic hard-law instruments), and finally, CAP's measures (especially, the Strategic Plans of Member States)[26].

Concerning the *modus operandi* that the Commission will follow for new regulatory proposals, the F2F Strategy merely acknowledged that they will be based on public consultations and the assessments of their social, economic

24 Schebesta, H., Candel, J. J. L., "Game-changing potential of the EU's Farm to Fork Strategy", in *Nature Food*, 1, 2020, pp. 586-588.

25 In the first paragraph of the F2F Strategy, indeed, the Commission recognised that "the COVID-19 pandemic has underlined the importance of a robust and resilient food system that functions in all circumstances, and is capable of ensuring access to a sufficient supply of affordable food for citizens." F2F Strategy, p. 2.

26 Venturi, F., *The Farm to Fork Strategy*, cit., p. 76.

and environmental outcomes, of their impact on SMEs, and finally, on their innovation traits[27].

From an initial analysis of the text of the Strategy and its action plan, the provided measures lack innovative regulatory approaches, for instance, capable of coordinating EU legislative activity with the Member States and private regularity ones.

Concerning horizontal coordination, in each F2F measure the Commission must consider what has already been done by private actors (civil society, food business operators, *etc*.), especially, in deciding the regulatory instrument to complement private measures, or to fill any regulatory gaps left by private regulators[28]. In recent years, indeed, the role of private actors is becoming increasingly central in the regulation of transnational supply chains, such as the agri-food one.

Concerning vertical complementarity, the Commission must coordinate not only with Member States, but also with local autonomies, rural areas, and cities. Rural and urban contexts in sustainable food policies are fundamental not only in the governance of the food system and its natural resources, but also in the engagement and empowerment of local communities and individuals for its sustainable transition[29]. A sustainable food policy should include existing and virtuous experiences in these contexts, as well as intervene in cases where bottom-up processes are not equally distributed across a territory. Considering urban areas, today more than half the world's population live in cities and this data is estimated to increase in next years[30]. Many metropolitan cities are currently adopting sustainable food policies[31], which encourage the production, processing and consumption of food that is local, organic, collective, and

27 European Commission, "Farm to Fork Strategy for a fair, healthy and environmentally-friendly food system", cit., p. 5.

28 *Ibid*.

29 Alberdi, G., *et al.,* "A Collective response from food sovereignty scholars on the EU's Farm to Fork Strategy", 2020.

30 UN. *Sustainable Development Goals. Goal 11: Make cities inclusive, safe, resilient and sustainable*. Available at the following link: https://www.un.org/sustainabledevelopment/cities/

31 Many cities have also coordinated with each other by committing to joint food policies, as well as co-designing their policies, resulting in integrated and coherent systems that transcend local urban contexts. For instance, more than two hundred cities worldwide have signed the Milan Urban Food Policy Pact (MUFPP), an international agreement of Mayors, which includes concrete actions and indicators for the implementation of local sustainable food policies, available at the following link: https://www.milanurbanfoodpolicypact.org/the-milan-pact/. Moreover, after the publication of the F2F Strategy, a new project rooted in the MUFPP was launched called "Food Trails", to facilitate collaboration among cities and researchers to encourage knowledge sharing, replication and scaling up of best practices for sustainable, healthy, and inclusive food policies. More information about the project is available at the following link: https://foodtrails.milanurbanfoodpolicypact.org/.

accessible to all[32]. At the same time, according to the subsidiarity principle[33], the EU shall value all those actions that can be sufficiently and better achieved at the national, regional, or local level. Indeed, food systems' sustainability seems to be most effectively implemented from the bottom up, with a rather coordinating role of the European Union. Nevertheless, there is no reference in the text of the strategy to the role of cities, as well as their local food policies, in the transition to sustainable food systems.

A transformative change must also take place in the decision-making and implementation process of a new sustainable food policy, with the active participation of private regulators, Members States, and citizens, through new forms of cooperation. Indeed, such a policy shall realise a multi-level governance system, including both vertical and horizontal levels[34].

The F2F Strategy actually acknowledges that "the transition to sustainable food systems requires a collective approach involving public authorities at all levels of governance (including cities, rural and coastal communities), private-sector actors across the food value chain, non-governmental organisations, social partners, academics and citizens"[35]. Nevertheless, the Commission does not articulate this collective approach in substance, since it does not then identify the ways through which it can be effectively implemented.

Unfortunately, with the F2F Strategy, the Commission missed the opportunity to adopt a renewed approach towards the governance of sustainable food systems.

2. The missed opportunity to give consumers a renewed role

In particular, the lack of transformation and the maintenance of a classical approach by the Commission is evident in the proposals concerning food consumption, consumers, and citizens[36].

32 Ferrando, T., *Il sistema cibo come bene comune*, *Beni Comuni 2.0. Contro-egemonia e nuove istituzioni*, Quarta, A., Spanò, M., (eds.), Milano, 2016, p. 108.

33 Art. 5, par. 3, TEU, which states: "Under the principle of subsidiarity, in areas which do not fall within its exclusive competence, the Union shall act only if and in so far as the objectives of the proposed action cannot be sufficiently achieved by the Member States, either at central level or at the regional and local level, but can rather, because of the scale or effects of the proposed action, be better achieved at Union level."

34 Candel, J. J. L., Pereira, L., "Towards integrated food policy: Main challenges and steps ahead, in Environmental Science and Policy", 73, 2017, p. 89.

35 European Commission, "Farm to Fork Strategy for a fair, healthy and environmentally-friendly food system", cit., p. 18.

36 Annex to European Commission, "Farm to Fork Strategy for a fair, healthy and environmentally-friendly food system", cit.

Indeed, citizens are flattened into the figure of consumers in the part of the Strategy dedicated to the promotion of sustainable food consumption and diets. This shortcoming echoes into the F2F action plan, where the provided regulatory initiatives affect consumers only in the final phase of food purchase and consumption. Therefore, citizens and their active role in the governance of sustainable local food systems remain excluded.

The Commission directly refers to citizens only in the conclusions of the F2F Strategy, where it invites them "to engage in a broad debate to formulate a sustainable food policy including in national, regional and local assemblies"[37]. Nevertheless, the Strategy does not identify or provide new mechanisms for the effective inclusion of citizens in the development of sustainable food policies.

Finally, the Commission promises to reach out to citizens on this Strategy in a coordinated way, to encourage them to participate in transforming the food system[38]. A bare invitation and a promise to citizens in the conclusions of the Strategy is insufficient to actively involve citizens in food sustainability policies, considering also that the Strategy is a Commission's communication and, therefore, a soft law measure.

The F2F Strategy recognises that "consumers should be empowered to choose sustainable food"[39], consequently, the need for consumers' engagement and empowerment for a sustainable transition of the food system. Unfortunately, it then identifies outdated and unsuitable measures to achieve such an objective. Indeed, the F2F Strategy considers the revision of EU rules on the information provided to consumers, intending to increase mandatory food information[40]. Likewise, in the paragraph of the European Green Deal dedicated to the F2F, the Commission committed to supporting consumers in choosing healthy and sustainable diets, mainly by "exploring new ways to give consumers better information, including by digital means, on details such as where the food comes from, its nutritional value, and its environmental footprint"[41].

---

37 European Commission, "Farm to Fork Strategy for a fair, healthy and environmentally-friendly food system", cit., p. 19.

38 *Ibid.*

39 *Id.*, p. 2.

40 Indeed, the Commission affirmed that to empower consumers, it will "propose harmonised mandatory front-of-pack nutrition labelling and will consider proposing the extension of mandatory origin or provenance indications to certain products, while fully taking into account impacts on the single market." Moreover, the Commission committed to "examine ways to harmonise voluntary green claims and to create a sustainable labelling framework that covers, in synergy with other relevant initiatives, the nutritional, climate, environmental and social aspects of food products." European Commission, "Farm to Fork Strategy for a fair, healthy and environmentally-friendly food system", cit., p. 13

41 European Commission, *The European Green Deal*, cit., p. 12.

Nevertheless, the juxtaposition of the terms "new ways" and "information" in the same sentence is almost an oxymoron, given that such passive consumer involvement — based on food information — has over time proven to have major limitations in achieving consumer choice orientation goals.

3. The notion of the average consumer and its limitations

The notion of the average consumer — today belonging to the *acquis communautaire* — was first elaborated by the Court of Justice in 1998, in a case dealing with the marketing of foodstuffs[42]. In particular, the case concerned fresh eggs ready-packed, which were marked as "six-grain - 10 fresh eggs" to indicate the mix of feed used, hence, to express a peculiarity of the farming method. The question brought before the Court of Justice was if this product's description could be misleading for consumers, or not. The CJEU stated that it is up to national courts to assess it; however, in their judgement, they must consider "the presumed expectations of an average consumer, who is reasonably well-informed and reasonably observant and circumspect"[43]. Therefore, the CJEU identified food consumers as informed, observant, and critical individuals, in their daily food consumption choices.

In a subsequent case[44], the Court of Justice extended the definition of the average consumer to include social, cultural, or linguistic factors that can differently influence consumers in each Member State. It has been noticed, thus, that consumers in one country may expect a product to have certain characteristics based on its trademark, while no such expectation exists in another country[45]. Consequently, what may mislead the consumer of a Member State, may not be misleading for the consumer of another Member State[46].

The CJEU interpretation of the average consumer was later taken as a benchmark by the EU legislator in the Directive on Unfair Commercial

42 CJEU, 16 July 1998, C-210/96, *Gut Springenheide GmbH and Rudolf Tusky v Oberkreisdirektor des Kreises Steinfurt - Amt für Lebensmittelüberwachung.*

43 *Id.*, para. 31.

44 CJEU, 13 January 2000, C-220/98, *Estée Lauder Cosmetics GmbH & Co OHG v Lancaster Group GmbH*.

45 On this point: CJEU, 26 November 1996, *F.lli Graffione SNC v Ditta Frans*. In this ruling, the Court of Justice stated: "It is possible that because of linguistic, cultural and social differences between the Member States a trademark which is not liable to mislead a consumer in one Member State may be liable to do so in another" (para. 22).

46 Rubino, V., "L'evoluzione della nozione di consumatore nel processo di integrazione europea, in Il Diritto dell'Unione Europea", 2, 2017, p. 349.

Practices of 2005 (hereinafter, UCPD)[47], in order "to permit the effective application of the protections contained in it"[48].

Scholars have greatly criticised the creation of this figure, in which consumers have been progressively abstracted, becoming a hypothetical, virtual and evanescent category[49]. This abstraction and first approach to consumers, *in primis* food ones, follows the phenomenon of globalisation of markets and standardisation of products, as well as the recognition (or rather a reduction) of food as a mere commodity, unrelated to territorial, social, ethical, and environmental peculiarities. In both cases, such simplification is ill-suited to the food system and its players, due to their complexity and heterogeneity.

Moreover, this jurisprudential construction does not correspond to actual average consumers, who in most cases do not read the provided information on a product, or when they do read it, they often interpret it incorrectly[50]. Cognitive psychology and neurosciences have shown that communication is not linear: the provision of information does not eventually result in its reception by the receiver[51]. The recipient may be disturbed by external factors and not receive the information, or, while receiving it, may not be able to understand or decode it. Individuals have cognitive biases that impair their information processing capacity, leading them to distort information and jeopardising their actual ability to self-determine and make informed choices[52].

Both the CJEU judgments and the UCPD seem to be based on the rational choice theory, according to which when consumers "possess an optimal or

---

47 Directive 2005/29/EC of the European Parliament and of the Council of 11 May 2005 concerning unfair business-to-consumer commercial practices in the internal market and amending Council Directive 84/450/EEC, Directives 97/7/EC, 98/27/EC and 2002/65/EC of the European Parliament and of the Council and Regulation (EC) No 2006/2004 of the European Parliament and of the Council ('Unfair Commercial Practices Directive').

48 *Id.*, Recital 18, which acknowledges that even if it is appropriate to protect all consumers from unfair commercial practices, the Court of Justice has found it necessary to examine the effect on a notional and typical consumer: the average one.

49 Cit. SAVORINI, G., "Il diritto all'informazione del consumatore di alimenti: un complesso sistema di regole con indice di protezione incerto", in *Politica del diritto*, 4, 2015, p. 591. Among the scholars criticisms of this consumer notion, see: PONCIBÒ, C., INCARDONA, R., "The Average Consumer, the Unfair Commercial Practices Directive, and the Cognitive Revolution", in *Journal of Consumer Policy Issue*, 30, 1, 2007; SCHEBESTA, H., PURNHAGEN, K. P., "An average consumer concept of bits and pieces: Empirical evidence on the Court of Justice of the European Union's concept of the average consumer in the UCPD", in *Wageningen Working Papers in Law and Governance 02/2019*, 2019.

50 JACOBY, J., "Is it rational to assume consumer rationality? Some psychological perspectives on rational choice theory", in *Roger Williams University Law Review*, 6, pp. 81-161.

51 For an extensive dissertation on this topic, see: KAHNEMAN, D., TVERSKY, A., *Choices, Values, and Frames*, Cambridge, Cambridge University Press, 2000; *Id.*, "The Psychology of Preferences", in *Scientific American*, 246, 1, 1982, pp. 160-173; KAHNEMAN, D., *Thinking, Fast and Slow*, London, Penguin Books Limited, 2011.

52 FERRARI, M., IZZO, U., *Diritto alimentare comparato*, Bologna, 2012, pp. 123 and ff.

adequate amount of information, they act rationally to maximize their self-interest"[53]. However, behavioural science demonstrated that consumers do not act rationally.

Firstly, they often make consumption choices without consulting or evaluating the available product information[54]. Secondly, they are moved in their decisions by various external factors and circumstances, in most cases, hardly predictable. Product purchasing is a process where both sociological and psychological factors are involved; therefore, this side of consumers' behaviour shall be considered in investigating their actions.

On the contrary, the notion of the average consumer was developed on the assumption that consumers read the information provided carefully, devoting time and energy to understanding and re-elaborating it in their decision-making process. Finally, the categorisation of individuals into the figure of the average consumer results in the belief that this *modus operandi* is typical and represents a larger group in the market.

The fact that consumers do not often choose rationally delegitimises the model of the average consumer as reconstructed by early EU case law, especially, as a criterion to be assumed in the development of legislation to protect consumers' right to information, or to guide them towards sustainable diets.

On these terms, the F2F Strategy is still based on the traditional and outdated paradigm that the more information consumers are given about the food they consume, the more they will be able to make an informed and conscious choice, hence, changing their consumption habits. Despite the obvious contradictions, the Commission is still bound to the concept of the "average consumer" elaborated by early case law.

The Commission's approach towards consumers seems in line with the one adopted by the United Nations in the SDGs, in particular, in the twelfth goal of ensuring sustainable consumption and production patterns[55]. This goal is far-reaching, as it applies to all the production processes, therefore, including the agri-food ones. Among the targets identified by the UN to concretise this objective, there is the promotion of a universal understanding of sustainable lifestyles, by ensuring "that people everywhere have the relevant information and awareness for sustainable development and lifestyles in harmony with nature"[56]. Again, information to consumers is identified as a means of empowering them toward more sustainable consumption habits.

---

53 JACOBY, J., "Is it rational to assume consumer rationality?", cit., p. 44.

54 *Ibid*.

55 UN. "Goal 12: Ensure sustainable consumption and production patterns". Available at the following link: https://sdgs.un.org/goals/goal12

56 *Id*., Target 12.8.

Given that in the Commission's agenda, the F2F Strategy is central to the achievement of the SDGs[57], in the end, it merely echoes the line also pursued by the UN, which ultimately turns out to be inadequate, at least as far as active consumer involvement is concerned.

4. The aim of promoting the global transition and the risk of a "Brussels Effect"

The Commission identified the F2F has a global food strategy; indeed, it included an entire paragraph on the promotion of a global transition to sustainable agri-food systems[58].

This focus on the global dimension is almost paradoxical considering the Strategy's deficiencies in adopting a bottom-up and multi-level approach to food system governance, capable of involving rural and urban areas, citizens, and all the actors of the food supply chain. The risk is that the European Union focuses on implementing at the global level a system already inefficient at the EU level, undermining the sustainable transition not only of its food system, but also of those outside Europe.

Among the major criticalities of the Strategy, therefore, there is the aim of making "the EU food system a global standard for sustainability"[59]. This objective fits into the so-called "Brussels Effect" phenomenon, according to which the European Union has a unilateral ability or power to regulate global markets and externalize its legislation, without actively imposing it or negotiating it[60]. The EU is one of the largest consumer markets, therefore, companies willing to enter the single market must meet EU standards, for instance, the ones on food safety or environmental protection[61].

In this regard, one of the most problematic measures in the F2F Strategy is the proposal for a sustainable food labelling framework[62], which risks imposing a sustainability standard not only on EU food products, but also on those imported and marketed in Europe.

The concept of food systems' sustainability is difficult to define, being linked to highly variable parameters, evolving over the years together with social, economic, and environmental developments. Therefore, crystallizing food

57 European Commission, "Farm to Fork Strategy for a fair, healthy and environmentally-friendly food system", cit., p. 2

58 *Id.*, para. 4, pp. 17 and ff.

59 *Id.*, p. 18.

60 Bradford, A., "The Brussels Effect", in *Northwestern University Law Review*, 107, 1, 2012, pp. 3 and ff.

61 *Ibid.*

62 Action n. 24 of the Annex to European Commission, "Farm to Fork Strategy for a fair, healthy and environmentally-friendly food system", cit.

sustainability into a standard and, potentially, new mandatory information on food labels, could have consequences at the EU level, as well as on third countries.

Naturally, the "Brussels Effect" can produce a race-to-the-top among foreign legislations, in those cases where the European Union can convey internationally its high standards, for example, in the field of food safety[63]. However, when it comes to food systems' sustainability, the result could be the opposite: a race-to-the-bottom.

One of the fundamental principles to ensure the sustainability of food systems, in line with the concept of food sovereignty, is the empowerment of local food communities, through the subversion of current global structures of power and control in the food supply chain. The F2F's efforts on tightening sustainability requirements through an imposed top-down regulation, as well as "policies that help raise standards globally"[64], go in the opposite direction.

The Strategy gives greater prominence to the global context, rather than the local one, leaving behind the role of cities and citizens (as such and not as mere consumers), as well as the recognition and enhancement of already existing private and public initiatives. These shortcomings underscore the European Union's view of food still as a commodity, due to the focus on its sustainable commercialization inside and outside Europe. Instead, food should be a common good[65], whose regime of shared governance and responsibility among the whole society must be fostered to solve the current unsustainability and food insecurity issues.

V. Action 23 of the farm to fork strategy: proposal for a sustainable food-labelling framework to empower consumers to make sustainable food choices

Among the actions of the F2F Strategy is the Proposal for a sustainable food-labelling framework to empower consumers to make sustainable food choices, which should be presented by 2024.

63 On this point, see: SINOPOLI, D., PURNHARGEN, K., "Reversed Harmonization or Horizontalization of EU Standards: Does WTO Law Facilitate or Constrain the Brussels Effect", in *Wisconsin International Law Journal*, 34, 1, 2016, pp. 92-119; HOLZINGER, K., SOMMERER, T., "'Race to the Bottom' or 'Race to Brussels'? Environmental Competition in Europe", in *Journal of Common Market Studies*, 49, 2, 2011, pp. 315-339.

64 EUROPEAN COMMISSION, "Farm to Fork Strategy for a fair, healthy and environmentally-friendly food system", cit., p. 4.

65 On the concept of food as a common good: FERRANDO, T., "Il sistema cibo come bene commune", cit.; *Id. et al., Commons and Commoning for a Just Agroecological Transition: The Importance of Decolonising and Decommodifying our Food Systems*, Resourcing an Agroecological Urbanism: Political, Transformational and Territorial Dimension, TORNAGHI, C., DEHAENE, M., (eds.), Abingdon, 2021, pp. 61-84.

The proposal falls within the field of food information to consumers: therefore, within the Regulation (EU) No 1169/2011[66], also known as FIC Regulation.

Until the introduction of the F2F Strategy, private actors operating in the internal market had already introduced voluntary food sustainability information in agri-food products, under Art. 36 of the FIC Regulation[67]. The same Article also confers to the Commission the power of adopting implementation acts concerning voluntary food information provided on a divergent basis[68], which could undermine consumers' right to information. Indeed, this is currently the case with already existing voluntary information on food sustainability.

This new European focus on communicating food sustainability to consumers is also a clear evolution of the progressive openness and recognition of those consumers' "other considerations" - referred to in Art. 3 of the FIC Regulation - that influences consumers at the time of food purchase. Indeed, among the general aims of the Regulation, Art. 3 acknowledges the protection of consumers' interests, of their right to information and self-determination, with particular regard to their health, economic, environmental, social and ethical considerations[69].

As noted above, however, the protection of these other consumers' considerations is unlikely to be achieved through food labelling alone.

Firstly, it is difficult – or rather impossible – to translate all the aspects of food systems' sustainability into a standard or certification system and, consequently, into food label information.

---

66 Regulation (EU) No 1169/2011 of the European Parliament and of the Council of 25 October 2011 on the provision of food information to consumers, amending Regulations (EC) No 1924/2006 and (EC) No 1925/2006 of the European Parliament and of the Council, and repealing Commission Directive 87/250/EEC, Council Directive 90/496/EEC, Commission Directive 1999/10/EC, Directive 2000/13/EC of the European Parliament and of the Council, Commission Directives 2002/67/EC and 2008/5/EC and Commission Regulation (EC) No 608/2004.

67 Among the objectives of the Regulation (EU) 1169/2011, there is the establishment of a common system to rule certain aspects of voluntary food information. Indeed, the FIC Regulation allows food business operators the possibility of including other information on food labels - in addition to the mandatory ones - to respond to new needs and requests for information from consumers, essentially, for marketing purposes. This intent is evident from the Recital n. 16 of the FIC Regulation, which stresses that "food information law should provide sufficient flexibility to be able to keep up to date with new information requirements of consumers and ensure a balance between the protection of the internal market and the differences in the perception of consumers in the Member States." On this point, see: Paganizza, V., "A European overview on Regulation (EU) No 1169/2011 after the entry into force", in *Rivista di diritto alimentare*, 1, 2020, p. 11.

68 Art. 3, para. 3 of the FIC Regulation.

69 Art. 3, para. 1 of the FIC Regulation.

Secondly, food labelling presents some intrinsic restraint in informing and empowering consumers: therefore, this tool is unsuitable for effectively responding to new societal challenges, such as the ecological transition of the EU food system.

Thirdly, there is the issue of the excessive F2F focus on the introduction of a global sustainability standard, with the risk of a "Brussels effect". This one-fits-all approach collides with the complexity of global food systems and the sustainability concept itself.

Nevertheless, the chaos generated by the presence of various voluntary sustainability labels on the EU market requires clarifying measures by the European Union. Indeed, the current situation undermines both consumers' right to information and the proper functioning of the internal market.

In this regard, these measures at the EU level could finally benefit from an interdisciplinary approach, overcoming that abstract category of the "average consumer", to rely on the most current findings of neuroscience in the study of consumer behaviour. Finally, the EU legislator shall face further challenges, for instance, the subversion of current top-down power dynamics to enhance bottom-up approaches, even in the development and implementation of a sustainable food-labelling framework.

VI. Potential solutions in light of a future sustainable food-labelling framework

In light of the future Proposal for a sustainable food-labelling framework harmonised at the EU level, the EU legislator should abandon a business-as-usual approach to food information and consumers.

In particular, all the legislative measures foreseen by the F2F Strategy should overcome the outdated concept of average consumers. To achieve the concrete sustainable transformation, there needs to be a "decline in the notion of the average consumer and a rise of the individual to a condition of centrality[70]", *in primis*, as a citizen with an active role within the food policy.

Although standards, certification systems and labelling have a limited function in terms of consumer empowerment, there are some positive examples that could be followed in the implementation of the F2F measures.

The first one is Participatory Guarantee Systems (PGSs), generally defined as "locally focused quality assurance systems, which certify producers based on active participation of stakeholders and are built on a foundation of trust,

70 Masini, S., "Diritto all'informazione ed evoluzione in senso 'personalista' del consumatore", *cit.*, p. 583.

social networks and knowledge exchange"[71]. The International Federation of Organics Movements (IFOAM) developed this first definition of PGSs, and it is currently supporting their development as an alternative and complementary tool to third-party certification within the organic sector, advocating for their recognition by governments and public authorities.

In such systems, consumers would be an integral part of the initial development process of the sustainable standard and certification schemes, but also of all subsequent evaluation and implementation activities, thus playing a constant and active role. The sharing of values, trust and responsibility among all the actors, determines the true empowerment of consumers, as citizens with rights and duties within the food system. The promotion of these alternative methods to certify the sustainability of food products should be preferred, as it directly echoes the concepts of food sovereignty and food consumer sovereignty.

At this point, it is clear that food labels can play only a marginal role concerning consumers' empowerment in the transition towards sustainable food systems. Nevertheless, as a residual instrument, they should at least be aimed at bridging the information gap between producers and consumers, also concerning food products' sustainability.

A great example of sustainable food-labelling is Slow Food's narrative label. Slow Food is an international non-profit organisation founded to prevent the disappearance of local food cultures and traditions, counteract the rise of fast life and try to find a way to make people regain interest in the food they eat and in the true value of food[72].

The organisation advocates for the sustainability of food systems, through many projects, such as the one of the narrative labels: a simple label that narrates the product in its entirety, without simplifications that would require the presence of a consumer already educated to understand the meaning of the information and its value. According to Slow Food, indeed, the quality of a food product is first and foremost a narration, which begins from the origins of the product, such as the territory and its history or tradition, and includes cultivation techniques, processing, preservation methods, and, of course, the organoleptic and nutritional characteristics[73].

---

71 International Federation of Organics Movements (IFOAM) International. *Standards & Certification. Participatory Guarantee Systems*. Available at the following link: https://www.ifoam.bio/our-work/how/standards-certification/participatory-guarantee-systems#:~:-text=%22Participatory%20Guarantee%20Systems%20(PGS),social%20networks%20and%20knowledge%20exchange.%22.

72 Slow Food. "About us". Available at the following link: https://www.slowfood.com/about-us/

73 Id., "The Slow Food approach to food labelling. Slow Food's position on food labelling in Europe", 2020.

There is no need for sustainability logos or scores: narrative labels tell their readers the story of the product in all its steps along the supply chain, considering the role of the end consumer at home, too. For instance, they also display through QR codes advice on storage or optimal use of the food product.

Finally, the sustainability information narrated in the Slow Food label could be certified through PGSs. Indeed, both Slow Food and IFOAM are advocating for the implementation of PGSs throughout the food chain, also in Europe.

VII. Concluding remarks

The EU food system is certainly complex; therefore, equally complex and systematic policies are needed to achieve its ecological transition and to empower consumers in its transformation. What seems necessary is to devolve to local food communities the governance over their food chains, since this bottom-up approach could entail a greater share of power and responsibility among food chain actors, implicating that each of them becomes in charge of the overall sustainability of the food system.

Considering the F2F Strategy, especially the actions related to the consumption phase and consumers, this objective could be achieved through the implementation of PGSs to certify the sustainability of food products, as well as the promotion of Slow Food narrative labels to narrate food in its entirety, including its sustainable aspects.

However, these are just two examples of the many measures that can be implemented to involve consumers as citizens in food systems in a renewed acceptance, by overcoming their passive position of mere buyers in the food chain, thus pursuing food sovereignty on the citizen (rather than consumer) side too.

VIII. Bibliography

Alberdi, G., *et al.* «A Collective Response from Food Sovereignty Scholars on the EU's Farm to Fork Strategy». 2020.

Bradford, A. «The Brussels Effect», *Northwestern University Law Review* 107, no. 1 (2012).

Candel, J. J. L., and **L. Pereira.** «Towards Integrated Food Policy: Main Challenges and Steps Ahead», *Environmental Science and Policy* 73 (2017): 89.

DeKeyser, K., Korsten, L., and Fioramonti, L., «Food Sovereignty: Shifting Debates on Democratic Food Governance», in *Food Security* (2018).

European Commission. *Communication to the European Parliament, the Council, the European Economic and Social Committee and the Committee of the Regions, A Farm to Fork Strategy for a Fair, Healthy and Environmentally-Friendly Food System*, COM/2020/381 final.

European Commission. *Communication to the European Parliament, the European Council, the Council, the European Economic and Social Committee and the Committee of the Regions, The European Green Deal*, COM/2019/640 final.

Ferrando, T. «Il sistema cibo come bene comune», in *Beni Comuni 2.0. Contro-egemonia e nuove istituzioni*, edited by A. Quarta and M. Spanò, 108. Milano, 2016.

Ferrando, T. *et al*. «Commons and Commoning for a Just Agroecological Transition: The Importance of Decolonising and Decommodifying our Food Systems», in *Resourcing an Agroecological Urbanism: Political, Transformational and Territorial Dimension*, edited by C. Tornaghi and M. Dehaene. Abingdon, 2021.

Ferrari, M., and **U. Izzo**. *Diritto alimentare comparato*. Bologna, 2012.

Ferraris, L. «Green Deal e Agricoltura, la Vera Sfida è a Livello Globale», in *Il Diritto dell'Agricoltura* 1 (2020).

Holzinger, K., and **T. Sommerer**. «"Race to the Bottom" or 'Race to Brussels'? Environmental Competition in Europe», *Journal of Common Market Studies* 49, no. 2 (2011): 315-39.

Immermann, C., Félix, G. F., and **Tittonell, P.** «Food Sovereignty and Consumer Sovereignty: Two Antagonistic Goals?» in *Agroecology and Sustainable Food Systems* 42, no. 3 (2018): 274-298.

International Forum for Food Sovereignty, *Declaration of Nyéléni*, Conference Report (2007).

Jacoby, J. «Is It Rational to Assume Consumer Rationality? Some Psychological Perspectives on Rational Choice Theory», *Roger Williams University Law Review* 6: 81-161.

Kahneman, D. *Thinking, Fast and Slow*. London: Penguin Books Limited, 2011.

Kahneman, D., and **A. Tversky**. *Choices, Values, and Frames.* Cambridge: Cambridge University Press, 2000.

La Via Campesina: European Coordination Via Campesina (ECVC), *Food Sovereignty Now!* (Bruxelles, 2018).

Masini, S. «Diritto all'Informazione ed Evoluzione in Senso 'Personalista' del Consumatore (Osservazioni a Margine del Nuovo Regolamento sull'Etichettatura di Alimenti)», in *Rivista di Diritto Agrario* 1 (2011): 579, 583.

Onida, M., «Il Green Deal Europeo», in *Unione Europea 2020: I Dodici Mesi che Hanno Segnato l'Integrazione Europea*, edited by Manzini, P., and Vellano, M. (Milano, 2020).

Renting, H., Schermer, M., and **Rossi, A.** «Building Food Democracy: Exploring Civic Food Networks and Newly Emerging Forms of Food Citizenship», in *International Journal of Sociology of Agriculture and Food* 19, no. 3 (2012): 289-307.

Paganizza, V. «A European Overview on Regulation (EU) No 1169/2011 After the Entry into Force», *Rivista di diritto alimentare* 1 (2020): 11.

Petetin, L. «The COVID-19 Crisis: An Opportunity to Integrate Food Democracy into Post-Pandemic Food Systems», in *European Journal of Risk Regulation* 11 (2020): 326-336.

Poiron, A. «Carlo Petrini and Olivier de Schutter Discuss the Future of Food in Europe», 2022. Available at https://www.slowfood.com/carlo-petrini-and-olivier-de-schutter-discuss-the-future-of-food-in-europe/.

Poncibò, C., and **R. Incardona**. «The Average Consumer, the Unfair Commercial Practices Directive, and the Cognitive Revolution», *Journal of Consumer Policy* 30, no. 1 (2007).

Rubino, V. «L'evoluzione della nozione di consumatore nel processo di integrazione europea», *Il Diritto dell'Unione Europea* 2 (2017): 349.

Savorini, G. «Il diritto all'informazione del consumatore di alimenti: un complesso sistema di regole con indice di protezione incerto», *Politica del diritto* 4 (2015): 591.

Schebesta, H., and **J. J. L. Candel**. «Game-Changing Potential of the EU's Farm to Fork Strategy», *Nature Food* 1 (2020): 586-88.

Schebesta, H., and **K. P. Purnhagen**. «An Average Consumer Concept of Bits and Pieces: Empirical Evidence on the Court of Justice of the European Union's Concept of the Average Consumer in the UCPD», *Wageningen Working Papers in Law and Governance* 02/2019 (2019).

Sparrow, J. «There Is No "One Weird Trick"», in *New Socialist*, Second Edition: Ecologies (2021). Available at https://newsocialist.org.uk/there-no-one-weird-trick/.

Sinopoli, D., and **K. Purnhagen**. «Reversed Harmonization or Horizontalization of EU Standards: Does WTO Law Facilitate or Constrain the Brussels Effect», *Wisconsin International Law Journal* 34, no. 1 (2016): 92-119.

UN. World Commission on Environment and Development, *Report: Our Common Future* (1987); UN, *Report of the UN Conference on Environment and Development. Annex I - Rio Declaration on Environment and Development* (1992); UN, *Report of the World Summit on Sustainable Development Johannesburg* (2002).

Venturi, F. «The Farm to Fork Strategy: A Comprehensive but Cautious Approach to 'Multidimensional' Food Sustainability», in *Rivista Quadrimestrale di Diritto dell'Ambiente* 1 (2021): 71-72.

Wald, N., and Hill, D. P., «Rescaling Alternative Food Systems: From Food Security to Food Sovereignty», in *Agriculture and Human Values* (2016).

CAPÍTULO 7

ARE GEOGRAPHICAL INDICATIONS SUSTAINABLE? SOME RESEARCH SUGGESTIONS[1]

Emma Sofia Lunghi

Emmasofia.lunghi@unimib.it; PhD candidate in Law, School of Law, University of Milano-Bicocca and Department of Law, University of Lleida[2]

---

1 This article is the result of research conducted as part of the Project financed by the European Union – Next Generation EU - National Resistance and Resilience Plan (PNRR) - Mission 4 Component 2 Investment 1.3 - Notice No. 341 of 15 March 2022 from the Ministry of University and Research. Project code PE00000003, MUR Directorial Decree n. 1550 of 11 October 2022 granting the loan, CUP D93C22000890001. Project title "On Foods - Research and innovation network on food and nutrition Sustainability, Safety and Security – Working On Foods"

2 emmasofia.lunghi@unimib.it ; https://orcid.org/0009-0008-6172-6290.

ABSTRACT. In the light of the recent improvements introduced with the new European Union's Regulation on geographical indications (EU) 1143/2024, and especially considering the introduction of an article on sustainability, research on geographical indications should consider the complexity of the practices that characterize this quality scheme.

This contribution aims at proposing some research directions that might be helpful to the evaluation of geographical indications as an instrument to enhance sustainability.

KEY-WORDS: Geographical Indications; Sustainability; Non-UE GI; Charismatic Foods; Family-farms.

I. Introduction

Geographical indications are a European Union's quality scheme that recognize products based on their geographical area of production. They establish intellectual property rights for those products whose qualities are linked to a specific place of production. It exists two types of geographical indications for agricultural products: Protected Designation of Origin (PDO) and Protected Geographical Indications (PGI)[3]. For PDO it is intended a name of an agricultural product which originates in a specific place or region (in exceptional cases it can be a country); whose quality are mainly due to a particular environment with its inherent natural and human factors; and which all production steps take place in the defined geographical area[4]. PGI also indicates a name to identify a product originating from a geographical area, but to be recognised as such it is not expected to prove a link to the place of production as strong as for PDO, for example for PGI it is accepted that just one step of the production takes place in the designated geographical area[5].

Over the years, geographical indications proved to be a valid instrument to value agrifood production on markets[6]. Because of the link that Geographical Indications entertain with their area of production and the economic value they represent for producers, international organisations as FAO suggested that geographical indications could be a useful instrument to promote sustainability[7]. Geographical Indications are associated with small-scale

3 Regulation 1143/2024, as already established by Regulation 1151/2012, also recognizes Traditional Specialties Guaranteed and other optional quality terms for foodstuffs that will not be addressed in this contribution.

4 See Art 46.1, Regulation 1143/2024.

5 See Art 46.2, Regulation 1143/2024.

6 European Commission and all., *Study on Economic Value of EU Quality Schemes, Geographical Indications (GIs) and Traditional Specialities Guaranteed (TSGs): Final Report*, Publications Office of the European Unione, Luxembrug, 2021.

7 FAO, *Promoting Sustainability Through the Registration of Geographical Indications: Guidelines for Public Authorities to Examine Applications*, Food & Agriculture ORG, Rome, 2023.

farming, which is considered a priority practice to fulfil UN Sustainable Development Goal "Zero Hunger"[8]. Element that was also underlined by the European Commission's "Farm to Fork Strategy"[9].

The economic success of geographical indications however, it is not equally shared between the items registered. Historically geographical indications were established to protect products outside the area of production, as consumers closer to that geographical area were generally considered to be more able to assess the quality of the product[10]. For this reason, geographical indications were first established to protect, and export preserved goods with a sufficient economic value (essentially: wines, cheeses, hams, and spirit drinks)[11]. Nowadays, when looking into the economics of geographical indications, those categories of goods are still the ones that gain the greater value by being certified[12]. Nonetheless, from the beginning of 2000's, the class of product that has most significantly grown in term of quantity of geographical indications registered is the one grouping fruits, vegetables and cereals (which now represent 30 % of GIs on foodstuffs)[13]. A class of geographical indication's products that is not the best in term of return on investment[14].

Moreover, even though geographical indications are not reserved to European countries, most of them are products originating form a few EU member states. At the present day, the distribution of geographical indications for agrifood products between the states appears quite uneven: the 83 % of products certified, are produced by ten countries[15]. Two out of the ten countries are not European Union members, namely: United Kingdom and China, and almost the half of the agrifood products registered – the 47 % of them - are originating from Italy, France and Spain[16].

8 Cheo, A. E., Kugedera, A. T., *SDG2: Zero Hunger: Food Security, Improved Nutrition and Sustainable Agriculture,* 1st ed., Emerald Publishing, United Kingdom, 2021.

9 European Commision, "A Farm to Fork Strategy for a Fair, Healthy and Environmentally Friendly Food System", Brussels, 2020.

10 Grandi, A., *Denominazione di origine inventata le bugie del marketing sui prodotti tipici italiani*, 1° ed., Mondadori, Milano, 2022.

11 *Ibid*, p. 23.

12 *Ibidem.*

13 European Commission, *E-Ambrosia*, consulted on the 16th of May 2024.

14 *Op. Cit.*, *Study on Economic Value of EU Quality Schemes, Geographical Indications (GIs) and Traditional Specialities Guaranteed (TSGs).*

15 European Commission, *E-Ambrosia*, consulted on the 16th of May 2024.; Parrott, N., Wilson, N., Murdoch, J., "Spatializing Quality: Regional Protection and the Alternative Geography of Food", in *European Urban and Regional Studies*, num. 3, July 2002, pp. 241-61.

16 European Commission, *E-Ambrosia*, consulted on the 16th of May 2024.

Considering the complexity of the elements abovementioned – namely the difference between PDO and PGI; the different class of product that can be registered as geographical indications and their relative economic added value; and the distribution of geographical indications between European Union member states and non-EU members – it is difficult to state that geographical indications are a legal instrument that intrinsically promotes sustainability, and moreover environmental sustainability[17]. However, the recent adoption of a new regulation on geographical indications[18], introduced some changes that might open to new perspectives on the subject.

What's new in Geographical Indications Regulation?

Regulation 1143/2024 is the third European Union's text adopted on geographical indications and quality schemes. It is the first time that the EU regulation on Geographical Indications provides for a common text on wine, spirit drinks and agricultural products. In the following paragraphs I will try to outline what in my opinion are the most relevant changes introduced by the new EU geographical indication's regulation in relation to the evaluation of their sustainability.

Firstly, Regulation 1151/2012 on geographical indications had the main objective – article 4 – of helping producers of geographical indications to secure a "fair return for the qualities of their products", ensure a uniformed protection of IPR's on Geographical Indications and help provide clear information to consumers on the quality of the product registered. In Regulation 1143/2024, the objective – article 4 – is more complex than in the previous text and producers are considered when acting collectively with the aim of providing the group with the "necessary powers to manage the geographical indication concerned". Those powers should allow producer groups to respond to "societal demands" intended as related both to sustainability and animal welfare, and to "operate and be competitive on the market" (Regulation UE 1143/2024, Art.4). Differently from Regulation 1151/2012, the new text also aims at guaranteeing a simplified procedure to register new geographical indications (Regulation 1143/2024, Art 4.d)).

Secondly, the regulation introduces a simplification in the amendment procedure to the product specification[19]. In its article 24, Regulation 1143/2024 introduces a new differentiation of the type of amendments

---

17 Falasco, S., Caputo, P., Garrone, P., "Can Geographical Indications promote environmental sustainability in food supply chains? Insights from a systematic literature review", in *Journal of Cleaner Production*, num. *444*, 2024, p. 14110.

18 Regulation EU 1143/2024.

19 The product specification is the document deposited in the European Union register on geographical indications and includes a detailed description of the product characteristics, the ingredients, the origin of the ingredients and other relevant information to the registration, as for example the delimitation of the geographical area of production and the name of the geographical indication.

that can be introduced in the product specification and redistribute powers between the Union and the States (both member states and third countries) on the evaluation of such. All "standard" amendments will be delt with at the national level, and only the requests implying a change in the name of the geographical indication or the category of the product, "risk voiding the link to the geographical area" or entailing "further restrictions on the marketing of the product" will be evaluated by the European Commission[20].

Thirdly, producer groups can adopt sustainable practices with the aim of applying standards "higher than those laid down by Union or national law in terms of environmental, social or economic sustainability or animal welfare"[21]. If the new practices adopted are to be mandatorily applied to all producers, producer groups are expected to include those practices in the product specification, following the amendment procedure described in article 24. Moreover, article 7 introduces a definition of what is meant for sustainability, which implies three dimensions: economic, social and environmental[22].

Finally, Regulation 1143/2024 formally recognises "associations of producer groups" as an actor that can exercise tasks as: participate in consultative bodies and exchange information with public authorities when relevant to geographical indications policies; make recommendations to "improve the development of geographical indications policies, in particular with regard to sustainability, the fight against fraud and counterfeiting, the creation of value among operators, competition rules and rural development"; and participate to promotion and dissemination of best practices on geographical indications[23].

Considering the introduction of article 7 on sustainability in Regulation (EU) 1143/2024, and the other modification abovementioned, this contribution would like to propose some research directions to evaluate the economic,

20 Regulation 1143/2024, article 24.

21 Regulation 1143/2024, article 7.

22 "[...] 'sustainable practice' means a practice which contributes to one or more social, environmental or economic objectives, such as: (a) climate change mitigation and adaptation, the sustainable use and protection of landscapes, water and soil, the transition to a circular economy, including the reduction of food waste, pollution prevention and control, and the protection and restoration of biodiversity and ecosystems; (b) the production of agricultural products in ways that reduce the use of pesticides and manage risks resulting from such use, or that reduce the danger of antimicrobial resistance in agricultural production; (c) animal welfare; (d) a fair income for producers, diversification of activities, promotion of local agricultural production, and valorization of the rural fabric and local development; (e) preservation of agricultural employment by attracting and sustaining young producers and new producers of products benefiting from a geographical indication; (f) improving working and safety conditions in agricultural and processing activities [...]" Regulation 1143/2024, article 7.

23 Regulation 1143/2024, article 34.

social and environmental sustainability of geographical indications both in the European Union and outside of it. How could the sustainability of geographical indications be analysed? In order to address this question, the first part of this contribution will focus on the relation between geographical indications, sustainability and member states; the second one will address some concerns regarding geographical indications, sustainability and third countries; and the third part will propose some transversal problems that should be considered when analysing geographical indications.

II. Member States's Food Production Systems and Geographical Indications

With the introduction of article 7, member states could prioritise one kind of sustainability over the other. It has already been observed that geographical indication's registration practices are different between member states and that new registrations are more likely to happen in regions where geographical indications already exist[24]. However, an element that has been less studied is the relationship between the sustainability of geographical indications and national food systems. How could the sustainability of geographical indications in relation to member states characteristics could be studied?

It is here proposed that when comparing Member States attitudes and practices in the governance and the regulation of geographical indications, research should focus on the evaluation of producers as small-scale farmers, the possible link with other certifications as organic farming, and the evaluation of domestic food production trends.

1. Considering Family-Farms

As mentioned, FAO considers geographical indications as a sustainable practice, because it is associated with small-scale farming, a climate-resilient agrifood practice that could also ensure the economic sustainability of producers. From a legal perspective the absence of a clear definition of "small-scale farming" it's problematic, especially considering that the latest version of the regulation considers the producer groups and not producers as main actor of the text[25]. Element that gain in complexity when considering the practices linked to

---

24 ZAPPALAGLIO, A., *et al.*, *Study on the Functioning of the EU GI System*, Max Planck Institute for Innovation and Competition, 2022; CEI, L., STEFANI, G., DEFRANCESCO, E., "How Do Local Factors Shape the Regional Adoption of Geographical Indications in Europe? Evidences from France, Italy and Spain", in *Food Policy*, num.105, December 2021, p. 102170.

25 For the European Union a holding is considered small if below 10 hectares. However, in geographical indications producers are acting collectively, meaning that for a same GI the

geographical indications: the geographical area of production can be wide, some of the processes involved in the production of geographical indications may be partially or totally industrialized and take place outside of the geographical area of reference, some of the producer groups are already medium-size associations, and the agricultural tradition of the countries where geographical indications are currently produced show a differentiated idea of what can be conceived as "big" or "small" agricultural production. The evaluation of geographical indications and their link to small scale farming is however of greater importance when willing to establish their sustainability. For those reasons, a concept that might come in hand is family farms, which are defined by FAO as farms that "are run by an individual or a family and rely primarily on family labour"[26]. The European Union's agricultural holding is mostly managed by families, however some of the countries with the higher number of geographical indications registered are either far from the European mean (as France that counts only 57 % of family-farms) or weren't considered in the evaluation (for Spain there is no data available)[27]. Do geographical indications mostly represent food production systems characterized by family-farms business?

Is there a difference in the size of producers between countries with lower presence of family-farms (as France) and the other European Union's countries?

2. Considering Organic Production

A study published by the European Commission in 2021, indicates that more than half of producer groups interviewed declared that part of their production was compliant with organic rules[28]. When considering the total share of the European Union organic area, almost three fifths of them are located (in order of importance) in France, Spain, Italy and Germany[29]. Do geographical indications and organic farming overlap or do they designate different kinds of

---

area of production can be bigger than 10 hectares. At the knowledge of this author there still isn't a study on the total hectares of production of single geographical indications. For the definition of "small-scale farmers" see: European Commission, *Direct Payment, Payements for small farmers*, 2023.

26 For further information on family-farms: FAO, "The State of Food and Agriculture. Innovation in Family Farming", FAO, Rome, 2014.

27 European Commission, Statistical Office of the European Union, *Key Figures on the European Food Chain: 2023 Edition,* Publications Office of the European Union, Luxemburg 2024.

28 Chever, T., *et al.*, *Evaluation Support Study on Geographical Indications and Traditional Specialities Guaranteed Protected in the EU: Final Report*, Publications Office of the European Union, Luxemburg, 2021, p. 8.

29 *Op. cit., Key Figures on the European Food Chain*, p. 18; However, the proportion of domestic agricultural land under organic farming is higher in Italy (sixteen percent), then in France (eight percent), see: Eurostat, *Area Under Organic Farming,* created on 22/05/2024.

production? Is there a relation between the investments undertaken by those countries in organic farming and in geographical indications that could imply a higher willingness to encourage environmentally sustainable practices?

3. Considering the Class of Product Registered as Geographical Indications in Relation to Domestic Food Production

As mentioned in the introduction, foodstuffs registered under geographical indications are classified by the regulation under fourteen categories[30]. The distribution of the geographical indications registered do not always matches the most important category of food produced by a country[31]. For example, Spain is the biggest European producer of pigmeat and sheep meat, and at the same time the largest producer of vegetables. However, meat products registered under geographical indication represent only the 11 % (Class 1.1 Fresh meat) and the 8 % (Class 1.2 Meat products) of foods registered by the country while Class 1.6 "Fruit, vegetables and cereals" counts for 32 % percent of Spanish geographical indications[32]. This element should be considered when evaluating the sustainability of geographical indications, as being one of the food categories produced by a country in need of being contextualized with its larger domestic food production system. How much does the potentially sustainable production of geographical indications weigh when compared to the overall food production of a nation?

III. Third parties to the EU and Geographical Indications

When analysing the sustainability of geographical indications for third parties, it seems important to firstly differentiate OECD members and the other richer countries by the ones still struggling with domestic food insecurity and social and economic development. For the less advanced countries, research should focus on geographical indications as an instrument to enhance economic and social sustainability. While, especially for the products originating form OECD members and other richer countries, research should consider the consumer's

30 Regulation 1143/2024, Annex III. The number of classes of product included in the count regard the fourteen class of product that are ingredient or agricultural product directly employed for human consumption, excluding beverages but including spices and salt, namely: Class 1.1 to 1.8; Class 2.2; 2.3;2.5;2.6;2.8 and 2.12.

31 *Op. cit., Key Figures on the European Food Chain*.

32 When speaking of the "total number", I'm always referring only to foodstuffs. European Commission, *E-Ambrosia*, consulted on the 16th of May 2024.

perception over non-EU geographical indication. From the consumer's point of view, it might not be clear that a non-EU geographical indication will not be expected to respect the same EU food standards than the EU ones.

1. Considering Consumer's Perception of Non-EU Geographical Indications in Relation to Others EU Food Standards

As a quality scheme, geographical indication's symbols on food packages for EU geographical indications and third parties are the same. The symbols that certify a Protected Denomination of Origin or a Protected Geographical Indication are still very little known by the population inside de European Union[33]. Moreover, research in terms of what consumer's intend for "food quality" suggest that there still isn't a common shared definition of the concept and that it can also be associated with other elements like food safety, organic production or healthier foods[34]. For this reason, we can suppose that consumers aren't either aware of the fact that Geographical Indication's regulation do not fix specific rules on the use of pesticides or other chemical residues[35]. However, the presence of a EU quality symbol on non-EU foodstuffs may confuse consumers into thinking that the product also respects the other communitarian food standards[36].

33 Strength 2 Food, *Evaluating EU Food Quality Schemes: Consumers, Producers and Sustainability Perspectives*, Factsheet No 4, April 2020.

34 Sadilek, T., "Perception of Food Quality by Consumers: Literature Review", in *European Research Studies Journal* 22, vol. 1, 2019, pp. 52-62.; In addition, the first results non yet published of my PhD thesis research through national survey on consumers knowledge and perception of food quality confirms that most of consumers do not know the meaning of the GI's symbols and that the definition of food quality often includes references to food safety rather than to quality schemes.

35 A recent report of Slow Food, for example, suggests that the chemical residues allowed for imported cereals are higher than the ones allowed at the communitarian level. Slow Food Italia, *Ambiente, Economia, Diritti: Servono Clausole Specchio per l'import Agroalimentare Dell'UE,* Slow Food Italia, May 2024, Slow Food - Ambiente, Economia, Diritti. ; Research in the latest years confirms that imported products may contain pesticides already forbidden in EU but be legally sold on internal markerts, see for exemple: Hussain Syed, J. *et al.*, "Pesticide Residues in Fruits and Vegetables from Pakistan: A Review of the Occurrence and Associated Human Health Risks", in *Environmental Science and Pollution Research International* 21, no. 23, 2014, pp. 13367-93; Turgut, C., *et al.*, "Pesticide Residues in Dried Table Grapes from the Aegean Region of Turkey", in *Environmental Monitoring and Assessment*, n. 167, 2010, pp. 143-49; European Food Safety Authority (EFSA) *et al.*, "The 2021 European Union Report on Pesticide Residues in Food", in *EFSA Journal*, no. 4, April 2023.

36 See for example the case of Montenegro that recently allowed flexibility in the matter of food safety rules to small-scale producers of geographical indications. FAO, *Promoting Sustainability Through the Registration of Geographical Indications: Guidelines for Public*

Of course, this element was already problematic under Regulation EU 1151/2012. However, on the one hand, international institution as FAO is suggesting the number of geographical indications registered by third parties should grow[37]. On the other hand, the modifications introduced in Regulation 1143/2024 about the registration procedures, suggests that in the reality of the facts it will be easier for producers to register a new geographical indication under this regulation that it were under the previous text. In the light of these two elements, it may be expected that many new geographical indications from Non-EU member states will enter the market in the next few years, therefore accentuating the interest of studying the consumer's perception of this kind of product.

2. Considering the Link Between Non-EU Geographical Indications and Economic Sustainability of Small-Scale Farmers in Less Advanced Countries

As above mentioned, geographical indications are associated with small-scale farming, which is considered a sustainable food production system[38]. In the context of less advanced countries, geographical indications are often presented as an interesting instrument to add value to local production and to penetrate international markets[39]. However, it is possible to suggest that the following aspects should be taken into account: firstly, it is still not clear whether the investment required to succeed on the market with a geographically certified good are worth it for all types of food goods[40]; secondly, the timeline on the return of investment should be taken into account when evaluating the registration of a new geographical indication; thirdly, as geographical indications raise the value of the good on the market, considering foodstuffs, countries that are facing food insecurity due to price inaccessibility and inflation should evaluate whether the certification of this kind of items might have a negative effect on food access.

IV. Some Transnational Concerns

Beyond the interest for a comparative study between national specificities and the communitarian regulation on geographical indications, some other

Authorities to Examine Applications, Rome: Food & Agriculture ORG, 2023, p. 19.

37 *Ibid.*

38 Belletti, G., Marescotti, A., *Evaluating Geographical Indications,* FAO, Rome, 2021.

39 FAO, "Strengthening Sustainable Food Systems Though Geographical Indications, an Analysis of Economic Impacts" (FAO, 2018).

40 Gichuki, C. N., *et al.*, "Do Food Certification Standards Guarantee Small-Sized Farming Enterprises Access to Better Markets? Effectiveness of Marketing Contracts in Kenya", in *International Journal of Social Economics,* no. 4, March 2020, pp. 445-59.

elements might be interesting from a transnational point of view. The first one concerns the roles to be played in the new regulation by producer groups and associations of producer groups in the governance of geographical indications and in the pursuit of sustainable practices. The second one, relates to the necessity to evaluate gastro tourism and food exports, by considering the success of the most succesfull geographical indications.

1. Producers, Producer Groups and The Associations of Producer Groups

The modifications introduced in Regulation 1143/2024, shifts the focus from producers to producer groups. Whether the old regulation already recognized groups of producers as a reality that might sometimes be a better interlocutor for public authorities than single producers, the governance over geographical indications is now primarily thought of as a responsibility of producer groups. Moreover, for the first time the regulation institutionalizes the participation of associations of producer groups, especially as valuable stakeholders for national authorities. Therefore, it seems important here to underline two main questions that should be addressed.

The first one concerns the need to evaluate if all products registered as geographical indications already rely on a producer group and whether this organization could be still understood as a small-scale producing system. Does the size of producer groups have an impact on the capacity of producers to influence the governance and the regulation of geographical indications? Can bigger producer groups, already influent on the market, still be considered small-scale producers?[41]

The second one concerns the influence that associations of producer groups may have on the governance and the regulation of geographical indications by their ability of becoming a predominant source of scientific knowledge. As shown by studies delivered on other European Union regulations, the mechanism by which it is the responsibility of the companies to deliver knowledge on a good to be regulated by the EU, may have the undesirable effect of losing public control over the information on the sub mentioned product[42]. In particular, the risk identified here is that public financing of research on geographical indications might pass through associations of

41 As underlined by scholars that investigate the power of investment of producer groups, for example, the geographical indications system appears dominated by a few groups, see: ZAPPALAGLIO, A., "EU Geographical Indications and the Protection of Producers and Their Investments", *The Cambridge Handbook of Investment-Driven Intellectual Property*, edited by BONADIO E., GOOLD P., 1st ed., Cambridge University Press, 2023, pp. 308-328.

42 BOULLIER, H., *Toxiques Légaux: Comment Les Firmes Chimiques Ont Mis La Main Sur Le Contrôle de Leurs Produits*, La Découverte, Paris, 2019.

producer groups instead of being destined to neutral research institutions like public universities. What is the actual role played by associations of producer groups in the development and distribution of scientific knowledge on geographical indications?

2. Evaluating the Impact of Gastro Tourism and Food Export: Introducing the Concept of Charismatic Foods

Geographical indications are identified as an instrument to preserve landscape and to enhance local employment thanks to tourism development[43]. However, geographical indications do not all have the same success, and tourism as the effective landscape preservation can be very variable depending on the geographical indication observed[44]. To better analyse the sustainability of geographical indications, it should therefore be introduced a differentiation between the lesser-known geographical indications and the most successful one: the charismatic foods.

The concept of charismatic foods here is employed as an adaptation of the notion of charismatic species proper to conservative biology. In the context of the conservation of the biosphere and the ecosystems, charismatic species are those mammals that attracts funding and are in the centre of institutional campaigns even if they may not be the priority species to protect or if they shadow other species as important, like less attractive invertebrates or insects[45]. Studies show that often international and national governance and regulation are shaped by the attention driven by charismatic species which constitute an obstacle to the development of more appropriate policies for the protection of the biosphere[46]. Similarly to the most well-known geographical indications (e.g. Comté, Parmigiano Reggiano, Queso Manchego, etc.), charismatic species are also known to be a well working marketing strategy (e.g. Panda, Tiger, Polar Bear, etc.)[47]. The concept of charismatic foods therefore allows us to question whether all geographical indications might be considered a driver to tourism development (gastro tourism) and if the

43 *Op. cit.,* "Strengthening Sustainable Food Systems Though Geographical Indications, an Analysis of Economic Impacts".

44 *Op. cit.,* "Can Geographical Indications promote environmental sustainability in food supply chains?."

45 See for example the World Wide Fund for Nature (WWF) definition of flagship and keystone indicators: Know your flagship, keystone, priority and indicator species ;

46 Krause, M., Robinson, K., "Charismatic Species and Beyond: How Cultural Schemas and Organizational Routines Shape Conservation"', in *Conservation and Society*, no. 3, 2017, p. 313.

47 Feldhamer, G., "Charismatic Mammalian Megafauna: Public Empathy and Marketing Strategy", in *Journal of Popular Culture*, no. 1, 2002, pp. 160-67.

outcomes in terms of environmental, economic and social sustainability of this kind of tourism should be intrinsically considered positive.

Moreover, when arguing in favour of geographical indications as an instrument able to guarantee environmental practices and economic sustainability of producers, it should be considered whether those elements may equally apply to charismatic foods as well as to lesser-known ones. Are there any hidden environmental costs to be considered when addressing the evaluation of sustainability of charismatic foods in terms export? Can geographical indications be considered equally economically sustainable for the producers of lesser-known goods?

V. Conclusion

The aim of this contribution was to propose an analytical framework to analyse the sustainability of geographical indications. If the recent introduction of an article on sustainability in Regulation 1143/2024 might represent an opportunity for geographical indication's producers to include sustainable (environmental, economic or social) practices, the heterogeneity of the products certified and the specificity of the countries involved, may play an important role for the regulation to succeed. Geographical indications may also be an opportunity for less advanced countries to add value to their domestic productions, but the impact on the local population need to be further investigated especially in terms of food access. Moreover, especially when considering non-EU geographical indications, the consumer perception on this food products should be better understood especially considering that many EU consumers may expect that all geographical indications respect the EU food standard. Certainly, the next years are going to be crucial for the evaluation of the modifications introduced with the new EU Regulation and their effective contribution to the achievement of sustainable goals.

VI. Bibliography

Belletti, G., and **A. Marescotti**. *Evaluating Geographical Indications*. Rome: FAO, 2021.

Bonadio, E., and **P. Goold**, eds. «Investments», in *The Cambridge Handbook of Investment-Driven Intellectual Property*, 1st ed., 308-28. Cambridge: Cambridge University Press, 2023.

Boullier, H. *Toxiques Légaux: Comment Les Firmes Chimiques Ont Mis La Main Sur Le Contrôle de Leurs Produits*. Paris: La Découverte, 2019.

Cei, L., **G. Stefani**, and **E. Defrancesco**. «How Do Local Factors Shape the Regional Adoption of Geographical Indications in Europe? Evidence from France, Italy, and Spain», *Food Policy* 105 (December 2021): 102170.

Cheo, A. E., and **A. T. Kugedera**. *SDG2: Zero Hunger: Food Security, Improved Nutrition and Sustainable Agriculture*. 1st ed. United Kingdom: Emerald Publishing, 2021.

Chever, T., *et al. Evaluation Support Study on Geographical Indications and Traditional Specialities Guaranteed Protected in the EU: Final Report*. Luxembourg: Publications Office of the European Union, 2021.

European Commission. «A Farm to Fork Strategy for a Fair, Healthy and Environmentally Friendly Food System». Brussels, 2020.

European Commission. *Key Figures on the European Food Chain: 2023 Edition*. Luxembourg: Publications Office of the European Union, 2024.

European Comision, *Study on Economic Value of EU Quality Schemes, Geographical Indications (GIs) and Traditional Specialities Guaranteed (TSGs): Final Report*. Luxembourg: Publications Office of the European Union, 2021.

European Food Safety Authority (EFSA), *et al*. «The 2021 European Union Report on Pesticide Residues in Food», *EFSA Journal* no. 4 (April 2023).

Falasco, S., **P. Caputo**, and **P. Garrone**. «Can Geographical Indications Promote Environmental Sustainability in Food Supply Chains? Insights from a Systematic Literature Review», *Journal of Cleaner Production*, no. 444 (2024): 14110.

FAO. *The State of Food and Agriculture: Innovation in Family Farming*. Rome: Food and Agriculture Organization, 2014.

FAO. *Promoting Sustainability Through the Registration of Geographical Indications: Guidelines for Public Authorities to Examine Applications*. Rome: Food & Agriculture Organization, 2023.

FAO. *Promoting Sustainability Through the Registration of Geographical Indications: Guidelines for Public Authorities to Examine Applications*. Rome: Food & Agriculture Organization, 2023.

Feldhamer, G. «Charismatic Mammalian Megafauna: Public Empathy and Marketing Strategy», *Journal of Popular Culture* no. 1 (2002): 160-67.

Gichuki, C. N., *et al*. «Do Food Certification Standards Guarantee Small-Sized Farming Enterprises Access to Better Markets? Effectiveness of Marketing Contracts in Kenya», *International Journal of Social Economics* no. 4 (March 2020): 445-59.

Grandi, A. *Denominazione di origine inventata le bugie del marketing sui prodotti tipici italiani*. 1st ed. Milan: Mondadori, 2022.

Hussain Syed, J., *et al*. «Pesticide Residues in Fruits and Vegetables from Pakistan: A Review of the Occurrence and Associated Human Health

Risks», *Environmental Science and Pollution Research International* 21, no. 23 (2014): 13367-93.

Krause, M., and **K. Robinson**. «Charismatic Species and Beyond: How Cultural Schemas and Organizational Routines Shape Conservation», *Conservation and Society* no. 3 (2017): 313.

Parrott, N., **N. Wilson**, and **J. Murdoch**. «Spatializing Quality: Regional Protection and the Alternative Geography of Food», *European Urban and Regional Studies*, no. 3 (July 2002): 241-61.

Sadilek, T. «Perception of Food Quality by Consumers: Literature Review», *European Research Studies Journal* 22, vol. 1 (2019): 52-62.

Strength 2 Food. *Evaluating EU Food Quality Schemes: Consumers, Producers and Sustainability Perspectives*. Factsheet No. 4, April 2020.

Slow Food Italia. *Ambiente, Economia, Diritti: Servono Clausole Specchio per l'Import Agroalimentare Dell'UE*. May 2024.

Turgut, C., *et al*. «Pesticide Residues in Dried Table Grapes from the Aegean Region of Turkey», *Environmental Monitoring and Assessment* 167 (2010): 143-49.

Zappalaglio, A., *et al*. *Study on the Functioning of the EU GI System*. Max Planck Institute for Innovation and Competition, 2022.

CAPÍTULO 8

LOS ACUERDOS DE LIBRE COMERCIO DE «NUEVA GENERACIÓN» DE LA UNIÓN EUROPEA: ¿LA VÍA DEFINITIVA PARA LIDERAR LA TRANSICIÓN MUNDIAL HACIA SISTEMAS ALIMENTARIOS MÁS SOSTENIBLES?

Paula Cisneros Cristóbal

Profesora Ayudante Doctor de Derecho en el Centro Universitario de la Defensa (Academia General Militar – Universidad de Zaragoza), Centro Universitario de la Defensa – Academia General Militar (Edificio Félix de Azara)

RESUMEN. Entendiendo que el comercio puede servir como herramienta para generar un impacto real en los compromisos europeos con la sostenibilidad y la promoción de sistemas alimentarios sostenibles en los países y regiones socios de la Unión Europea, esta publicación revisa cómo se han introducido disposiciones relacionadas con estos ámbitos en los Acuerdos de Libre Comercio de «nueva generación» celebrados por la Unión Europea en los últimos años.

Se pretende estudiar, fundamentalmente, la relación entre estos nuevos Acuerdos comerciales y el Pacto Verde Europeo, teniendo en cuenta que éste comprende, como elemento esencial, la Estrategia «De la granja a la mesa», cuyo objetivo fundamental es acelerar la transición de la UE a un sistema alimentario sostenible. La mencionada Estrategia se presentó por la Comisión Europea en 2020 como una de las iniciativas clave dentro del Pacto Verde Europeo. Con el objeto de contribuir al logro de la neutralidad climática en el año 2050, la Estrategia busca hacer evolucionar el sistema alimentario de la Unión hacia un modelo sostenible. Por otro lado, los Acuerdos comerciales de «nueva generación» de la Unión, que pretenden ir más allá de las reducciones arancelarias y el comercio de mercancías, contienen disposiciones sobre sostenibilidad y medio ambiente en sus textos, siendo los compromisos alcanzados distintos en cada uno de ellos.

En el Acuerdo firmado recientemente con Nueva Zelanda se ha incluido, además, una importante novedad: un capítulo dedicado exclusivamente a los sistemas alimentarios sostenibles. Estas reforzadas relaciones comerciales pueden ser la vía para que la Unión Europea lidere la transición mundial hacia sistemas alimentarios más sostenibles, estimulando e incentivando prácticas más sostenibles por parte de sus socios a través de la introducción de determinadas disposiciones en sus Acuerdos.

I. Comercio y desarrollo sostenible en la Unión Europea

La Unión Europea basa sus relaciones exteriores, en gran medida, en una extensa agenda normativa. Desde la creación de las Comunidades Europeas uno de los objetivos fundamentales ha sido la promoción de un comercio libre y justo. Un desarrollo armonioso del comercio mundial, la progresiva supresión de las restricciones a los intercambios internacionales y la reducción de las barreras arancelarias han sido propósitos siempre presentes en el horizonte europeo, a través de la política comercial común.

El comercio supone una poderosa herramienta para la consecución de objetivos normativos y una vía esencial para impulsar el cambio social en Estados socios de la Unión. Igualmente es un instrumento determinante para generar prosperidad económica y potenciar la competitividad de la UE en el mundo. En este sentido, los acuerdos comerciales de la Unión determinan las relaciones con terceros Estados, países no pertenecientes a la UE, con el fin de crear mejores oportunidades y superar barreras comerciales. Pero es preciso tener en cuenta que los acuerdos comerciales de la Unión ostentan un significativo carácter geoestratégico. Cualquier tratado internacional tiene trasfondo político, pero los acuerdos comerciales, aunque habitualmente mejorasen estrechasen las relaciones entre las partes, históricamente se centraban únicamente en el aspecto económico. La Unión ha observado que el comercio es una oportunidad de crecimiento económico, pero también de fomentar las relaciones basadas en normas y los valores de democracia, protección de los derechos humanos, derechos de carácter social, desarrollo sostenible o defensa del medio ambiente[1].

1 Resulta pertinente hacer referencia, como ejemplo, a dos instrumentos a través de los cuales la UE protege y promociona los derechos humanos en terceros Estados: la denominada cláusula de derechos humanos y democracia incluida en acuerdos comerciales y

En los denominados Acuerdos comerciales de «nueva generación» se va a observar, como veremos en el siguiente epígrafe, que las disposiciones trascienden lo comercial, creando compromisos en ámbitos relacionados con los principios más intrínsecos de la UE. Mientras que los Acuerdos de «primera generación» únicamente contenían cuestiones relacionadas con el comercio de productos y la reducción del proteccionismo de los Estados mediante la supresión de barreras arancelarias, estos nuevos Acuerdos (que podemos denominar también de tercera generación) incluyen en su catálogo normativo cuestiones relativas a servicios, contratación pública, derechos de propiedad intelectual, derechos laborales, instrumentos de supervisión o seguimiento, mecanismos para la resolución de controversias, estándares de calidad y seguridad o, incluso, al desarrollo sostenible (incluyendo los sistemas alimentarios sostenibles en algunos de ellos como veremos).

Este cambio de paradigma en los acuerdos comerciales tiene su origen en la crisis de la Organización Mundial del Comercio (OMC) tras el fracaso de las negociaciones en la Ronda de Doha y el bloqueo generalizado del multilateralismo en el ámbito internacional. La UE ha apostado siempre por el comercio internacional, si bien es cierto que a escala bilateral o birregional. Ante la ralentización comercial mundial, la UE elaboró la Comunicación «Una Europa global: competir en el mundo» en el 2006[2] cuyo objetivo era garantizar su propia competitividad a través de la supresión de barreras al comercio y tomando un nuevo enfoque comercial. Entre las propuestas de actuación se encontraba como prioridad la adopción de una nueva generación de Acuerdos de libre comercio, si bien manteniendo el compromiso con la propia OMC. También resulta interesante destacar que esta Comunicación, raíz de estos nuevos Acuerdos, ya establecía la búsqueda

---

al Sistema de Preferencias Generalizadas (SPG). Este último instrumento permite que la Unión proporcione un acceso preferencial no recíproco al mercado de la UE a productos originarios de países y territorios «en desarrollo» a través de la exoneración total o parcial de los derechos arancelarios. El fin de este régimen comercial autónomo es la reducción de la pobreza en determinados Estados en vías de desarrollo mediante la generación de ingresos adicionales a través de sus exportaciones, al tiempo que se garantizan los derechos laborales y los derechos humanos. El Sistema de Preferencias Generalizadas Plus (SPG+) ofrece a los países en desarrollo un incentivo especial para proseguir el desarrollo sostenible y la gobernanza. Véase Zozaya, F., «El Sistema de Preferencias Generalizadas de la Unión Europea», *Revista Civilizar De Empresa y Economía*, 2(3), 2011, págs. 161-175 y Tirado Robles, M. C., «La condicionalidad de los Derechos Humanos en la política comercial comunitaria», en Embid Irujo, A., *Comercio internacional y derechos humanos*, Aranzadi Thomson Reuters, 2007, págs. 69-94.

2 Comunicación de la Comisión al Consejo, al Parlamento Europeo, al Comité Económico y Social Europeo y al Comité de las Regiones: «Una Europa Global: Competir en el mundo. Una contribución a la Estrategia de crecimiento y empleo de la UE». Bruselas, 4.10.2006 (COM (2006) 567 final). Disponible en: https://eur-lex.europa.eu/LexUriServ/LexUriServ.do?uri=COM:2006:0567:FIN:ES:PDF

de otros objetivos exteriores relacionados con el desarrollo o las relaciones de vecindad. Desde luego resulta evidente que este nuevo rumbo en las relaciones comerciales fue un importante paso en el proyecto de la Unión, que apostaba por el fomento de un modelo de funcionamiento (e incluso de valores u objetivos) propiamente europeo a través de los tratados comerciales celebrados con otros Estados. De hecho, a raíz de esta Comunicación la Comisión comenzó negociaciones con la mayoría de las regiones mundiales, iniciándose una intensa actividad y un auge del comercio exterior[3].

Por otro lado, entre esta promoción del modelo de valores y de funcionamiento europeo, los propios tratados constitutivos de la Unión Europea incluyen un claro mandato de promover, entre otras cuestiones, el desarrollo sostenible, tanto en su dimensión interna como internacional.

El artículo 3 del Tratado de la Unión Europea establece que la UE obrará en pro del desarrollo sostenible de Europa y en sus relaciones con el resto del mundo contribuirá al desarrollo sostenible del planeta. Si bien es importante aclarar, en este sentido, que el desarrollo sostenible debe calificarse como objetivo de la Unión y no como valor, a diferencia de la democracia o los derechos humanos. Igualmente, el artículo 21.2 del Tratado de la Unión Europea y el artículo 205 del Tratado de Funcionamiento de la Unión Europea recuerdan el objetivo de asegurar la sostenibilidad ambiental, en particular, en relación con la acción exterior de la Unión. En definitiva, el desarrollo sostenible es un objetivo esencial para la UE en su acción exterior y, en este orden de cosas, la política comercial ha desarrollado técnicas para implementarlo en sus relaciones con terceros (como veremos: inclusión de capítulos sobre desarrollo sostenible en acuerdos comerciales[4], evaluaciones de impacto o mecanismos preferenciales de carácter condicional)[5].

En este sentido la UE debe ponderar en sus actuaciones los fines económicos con la necesidad de contribuir al logro de los actuales objetivos

3 En 2016, se presentó una estrategia nueva, donde se establecía la intención de la Unión de celebrar acuerdos de libre comercio con grandes potencias como Estados Unidos, Canadá, Japón, Mercosur, India y ASEAN, entre otros. Para saber más sobre esta cuestión consúltese: FERNÁNDEZ ROZAS, J. C., «Permanencia y expansión del bilateralismo: Los acuerdos comerciales de nueva generación entre la Unión Europea y terceros países», *LA LEY Unión Europea*, n. ° 68, Editorial Wolters Kluwer, 2019.

4 El 26 de febrero de 2018 la Comisión publicó los quince puntos que debía desarrollar la acción de las instituciones europeas para implementar, reforzar y hacer más efectivos los capítulos sobre comercio y desarrollo sostenible contemplados en los acuerdos comerciales con terceros Estados (COMISIÓN EUROPEA, *Feedback and way forward on improving the implementation and enforcement of Trade and Sustainable Development chapters in EU Free Trade Agreements, Non-paper of the Commission services*, 2018).

5 Véase MANERO SALVADOR, A., «La política comercial común de la Unión Europea y el desarrollo sostenible», *Revista de Derecho Comunitario Europeo*, 66, 2020, págs. 603-627.

estratégicos[6] entre los que destaca el denominado Pacto Verde Europeo[7], un paquete de iniciativas políticas cuyo objetivo es encaminar a la UE hacia una transición ecológica en la que alcance la neutralidad climática en el año 2050.

Este Pacto comprende, como elemento esencial, la Estrategia «De la granja a la mesa»[8] con el fin de acelerar la evolución de la Unión hacia un sistema alimentario sostenible que tenga un impacto medioambiental neutro o positivo; contribuya a mitigar el cambio climático y se adapte a sus impactos; revierta la pérdida de biodiversidad; garantice la seguridad alimentaria, la nutrición y la salud pública (asegurando que todos los ciudadanos tienen acceso a alimentos nutritivos, sostenibles, seguros y en suficiente cantidad) y, además, mantenga la asequibilidad de los alimentos, generando al tiempo un rendimiento económico más justo, fomentando la competitividad del sector de suministro de la Unión y promoviendo el comercio justo.

Dentro de esta estrategia las prioridades marcadas son

- La seguridad alimentaria y la inocuidad de los alimentos;
- Asegurar suficientes alimentos, asequibles y nutritivos;
- La reducción a la mitad del uso de plaguicidas y fertilizantes;
- La venta de antimicrobianos;
- El aumento de la cantidad de tierra dedicada a la agricultura ecológica;
- La promoción de un consumo y una dieta saludable más sostenibles;
- La reducción de la pérdida y el desperdicio de alimentos;

---

6 Con el comienzo de cada nuevo mandato de la Comisión Europea (cada cinco años) el presidente de esta establece las áreas prioritarias en las que se centrará el trabajo de mencionada institución europea. En 2019 la Comisión Von der Leyen propuso seis prioridades u objetivos: un Pacto Verde Europeo (alcanzar la neutralidad climática para el año 2050), una Europa adaptada a la Era Digital (hacer de la década del 2020 la Década Digital Europea), una economía al servicio de las personas (crear un entorno de inversión más atractivo y que el crecimiento cree empleos de calidad para jóvenes y pequeñas empresas), una Europa más fuere en el mundo (reforzar el papel en el mundo con un enfoque más geopolítico), promocionar el modo de vida europeo (proteger el Estado de Derecho, defender la justicia y los valores fundamentales de la UE) e impulsar la democracia europea (dar más voz a los ciudadanos y proteger la democracia de injerencias externas como la desinformación y los mensajes de incitación al odio en línea).

7 Comunicación de la Comisión al Parlamento Europeo, al Consejo Europeo, al Consejo, al Comité Económico y Social Europeo y al Comité de las Regiones: «El Pacto Verde Europeo», Bruselas, 11.12.2019 (COM/2019/640 final). Disponible en: https://eur-lex.europa.eu/legal-content/ES/TXT/?uri=CELEX%3A52019DC0640

8 Comunicación de la Comisión al Parlamento Europeo, al Consejo, al Comité Económico y Social Europeo y al Comité de las Regiones: «Estrategia "de la granja a la mesa" para un sistema alimentario justo, saludable y respetuoso con el medio ambiente», Bruselas, 20.5.2020 (COM/2020/381 final). Disponible en: https://eur-lex.europa.eu/legal-content/ES/TXT/?uri=CELEX%3A52020DC0381

- La lucha contra el fraude alimentario en la cadena de suministro;
- La mejora del bienestar animal.

Igualmente, se han establecido unos objetivos concretos para un plazo temporal relativamente corto (el año 2030) entre los que encontramos la reducción en un 50 % del uso y el riesgo de los plaguicidas químicos y el uso de más plaguicidas peligrosos; la reducción en un 50 % del uso de antimicrobianos como antibióticos para animales criados en granjas y acuicultura; que al menos el 25 % de la tierra cultivable se dedique a la agricultura ecológica (para alcanzar este objetivo la UE está poniendo en marcha el Plan de Acción sobre agricultura ecológica) y la reducción de la pérdida de nutrientes al menos en un 50 % mientras se garantiza que no haya pérdida de fertilidad en el suelo y se reduce el uso de fertilizantes al menos en un 20 %. También destaca la creación de un plan de seguridad alimentaria que garantice a la Unión la salvaguarda de suministro de alimentos en Europa con la creación de un Mecanismo Europeo de Preparación y Respuesta ante las Crisis de Seguridad Alimentaria.

Una de las iniciativas más destacables sin duda es el compromiso de la Unión con las normas de seguridad alimentarias en el ámbito del comercio internacional y su exigencia de que éstas tengan en cuenta la sostenibilidad. En este sentido, como veremos a continuación, los Acuerdos comerciales de «nueva generación» han ido introduciendo disposiciones sobre sostenibilidad y, finalmente, capítulos específicos sobre sistemas alimentarios sostenibles que van a ser un elemento fundamental para que la UE lidere la transición mundial hacia este tipo de sistemas. La promoción de la sostenibilidad alimentaria por parte de la Unión a través de normas comunes con terceros Estados estimula e incentiva que sus socios lleven a cabo prácticas sostenibles. De este modo, las no pocas iniciativas de la UE en materia medioambiental se ven reforzadas por compromisos similares por parte de terceros, a través del comercio, lo que puede generar un verdadero impacto.

II. Los acuerdos comerciales de «nueva generación» de la Unión Europea y la introducción de capítulos sobre sostenibilidad

Como vamos a estudiar a continuación, el comercio puede facilitar la creación de alianzas con países afines para impulsar, conjuntamente, normas comerciales a nivel mundial que promuevan sistemas alimentarios sostenibles. La UE exporta normas, estándares y valores comunitarios a través de la utilización del poder que supone el acceso al mercado europeo (y el tamaño de este).

No debe olvidarse que la Unión Europea es el bloque comercial del mundo, siendo el que cuenta con un mayor número de acuerdos comerciales. Esta pródiga celebración de tratados económicos con terceros ha dado como fruto un interesante panorama de relaciones comerciales para la UE en el que es preciso hacer una clara distinción (aunque sucinta, pues no es objeto de esta publicación profundizar en este asunto) entre la diversa tipología existente, con el objeto de comprender el alcance de los distintos tipos de acuerdos, resaltando las novedades introducidas por los Acuerdos de libre comercio de «nueva generación».

De acuerdo con la propia Unión, existen acuerdos de asociación económica (AAE), acuerdos de libre comercio (ALC) y acuerdos de asociación (AA). Los acuerdos de asociación económica tienen como objetivo el desarrollo de países de África, Caribe y Pacífico[9]. Por otro lado, los acuerdos de libre comercio son los que permiten la apertura de mercados con socios comerciales que poseen el mismo nivel de desarrollo y con economías emergentes. Los acuerdos de asociación, por último, son los que refuerzan acuerdos políticos más amplios. También existen los acuerdos de colaboración y cooperación (ACC); acuerdos comerciales no preferenciales integrados en acuerdos de mayor envergadura[10].

Cuando hablamos de acuerdos de libre comercio, la terminología permite distinguir, según Blanc (2020)[11], entre los acuerdos de libre comercio de «nueva generación», las zonas de libre comercio amplias y profundas (ZLCAP)[12], los acuerdos de libre comercio de «primera generación» (aquellos firmados antes de 2006)[13], los acuerdos de estabilización y asociación

---

9 Los países África, Caribe y Pacífico (ACP) son un grupo formado por 79 Estados de dichas regiones con los que la Unión Europea mantiene acuerdos comerciales basados en AAE. Dichos acuerdos vinculan a la UE con los países ACP en siete agrupaciones regionales: Región del Cariforum (Caribe), África Occidental, África Central, África Oriental y Meridional, Comunidad del África Oriental, Comunidad para el Desarrollo del África Meridional y Región del Pacífico. Todos los acuerdos con los países ACP se encuentran accesibles en el siguiente enlace: https://ec.europa.eu/info/food-farming-fisheries/trade/agricultural-international-trade/bilateral-agreements/acp_es

10 Estas definiciones pueden encontrarse en la propia información facilitada por la Unión en el ámbito comercial, disponible en: https://www.consilium.europa.eu/es/policies/trade-policy/trade-agreements/

11 Blanc Altemir, A., «La Unión Europea, Adalid del Libre Comercio ante el Neoproteccionismo de la Era Trump», en Blanc Altemir, A. (Dir.), *La Unión Europea, Promotora del Libre Comercio*, Thomson Reuters Aranzadi, 2020.

12 Las ZLCAP permiten la apertura para los bienes de ambas partes, aunque con cierta asimetría, y permiten a los socios de la Unión acercarse a los estándares europeos. Fundamentalmente hablamos de los tratados con Georgia, Macedonia y Ucrania. Véase Rabinovych, M. (2021), «The EU-Ukraine DCFTA as an instrument of promoting the rule of law Conflict, unique approaches to assistance and unexpected spillovers», en *EU Regional Trade Agreements: an instrument of promoting the rule of law to third states*, Routledge Studies in European Foreign Policy, págs. 189-215.

13 Los acuerdos de libre comercio de «primera generación», los firmados antes de 2006 fueron celebrados con Suiza, Noruega, países mediterráneos, México y Chile; y la unión aduanera con Turquía.

(AEA)[14] y los acuerdos de asociación económica (AAE) con países de África, Caribe y el Pacífico.

Centrándonos ahora en los Acuerdos de libre comercio de «nueva generación», fruto del nuevo planteamiento comercial de la Unión, uno de los primeros resultados de la estrategia «Una Europa global: competir en el mundo» (2006) fue el Acuerdo de libre comercio entre la UE y la República de Corea del Sur[15] de 2010, que inició una nueva etapa para los acuerdos comerciales europeos. Posteriormente vendría el Acuerdo con Colombia (2012), Perú (2012) y Ecuador (2016); también el Acuerdo con Centroamérica (2013); el Acuerdo con Canadá (2016); el Acuerdo con Japón (2018); el Acuerdo con Singapur (2018); el Acuerdo con Vietnam (2019); el Acuerdo con Mercosur (2019), el Acuerdo con México (2020) y, finalmente, el Acuerdo con Nueva Zelanda (2024), cuyas novedosas disposiciones sobre sistemas alimentarios sostenibles serán analizadas a continuación.

Actualmente existen, además, negociaciones en curso con Australia y no debemos dejar de mencionar el Acuerdo con Chile. La UE ya tenía un Acuerdo de asociación en 2002[16] con dicho Estado, el cual incluía el Acuerdo de libre comercio (cuya entrada en vigor data de 2003), sin embargo, el 13 de diciembre de 2023 se firmaron por parte de ambos socios el Acuerdo marco avanzado y el Acuerdo interino de comercio, que actualiza el Acuerdo de asociación vigente. El Acuerdo marco avanzado renueva y mejora las cláusulas del anterior, modernizándolo. El texto de este está sometido a una doble ratificación, ya que contiene aspectos competencia de los Estados miembros, por lo que debe ser ratificado en los parlamentos nacionales, pero también incluye otros que son competencia exclusiva de la UE. Con esta modernización se incorporan capítulos novedosos en materia comercial, entre ellos un capítulo sobre sistemas alimentarios sostenibles, el capítulo catorce, con diez artículos que guardan semejanzas con el capítulo del Acuerdo con Nueva Zelanda que analizaremos en el siguiente epígrafe. Además, con esta modernización el Acuerdo con Chile pasa a identificarse con los acuerdos de libre comercio de «nueva generación».

---

14 Con Kosovo, Bosnia-Herzegovina, Macedonia del Norte, Serbia, Montenegro y Albania. Toda la información sobre los acuerdos con los diversos países y regiones puede encontrarse en: https://ec.europa.eu/trade/policy/countries-and-regions/

15 Decisión 2011/265/UE del Consejo, de 16 de septiembre de 2010, relativa a la firma, en nombre de la Unión Europea, y a la aplicación de provisional del Acuerdo de Libre Comercio entre la Unión Europea y sus Estados miembros, por una parte, y la República de Corea, por otra (DO L 127 de 14.5.2011, págs. 1-1343).

16 Acuerdo por el que se establece una Asociación entre la Comunidad Europea y sus Estados miembros, por una parte, y la República de Chile, por otra - Acta final (DO L 352 de 30.12.2002, pp. 3-1450).

Continuando con la definición y características de estos nuevos acuerdos comerciales, como bien define MAILLO (2021)[17]:

> «Se denominan acuerdos de libre comercio de "nueva generación", toda una serie de acuerdos comerciales de carácter bilateral o birregional que tratan de impulsar las actividades económicas transfronterizas de un modo más omnicomprensivo y que la Unión Europea ha venido negociando desde la década de los 2000, empezando con el acuerdo firmado con Corea del Sur en 2010. Buscan impulsar el libre comercio entre las partes, normalmente economías desarrolladas o emergentes, pero se distinguen de los acuerdos de primera generación por su mayor ambición y alcance».

Estos Acuerdos no se centran únicamente en el comercio de mercancías, sino que comprenden también servicios y capitales. Igualmente, sus disposiciones hacen referencia a la clásica supresión de aranceles, pero también a la eliminación de barreras no arancelarias, a la contratación pública, a los servicios, a las inversiones, a la propiedad industrial, a la defensa de la competencia, a los derechos laborales, a la protección de datos, a la protección del medio ambiente, a la protección de los consumidores o al crecimiento sostenible, entre otras materias.

Además, estos Acuerdos son más complejos, siendo textos jurídicos de gran extensión que abarcan diversidad de materias y que presentan una enorme ambición, tratando de impulsar el libre comercio al tiempo que potencian valores europeos.

No todos los Acuerdos de este tipo presentan el mismo contenido o estructura exactos, sino que varían dependiendo del socio. A rasgos generales, la mayoría de ellos habitualmente eliminan todos los aranceles o los reducen a mínimos, a excepción de alguna mercancía que puede ser considerada sensible para los sujetos negociadores (como, por ejemplo, el arroz en el caso del Acuerdo UE-Japón). No obstante, el mayor protagonismo lo acapara la supresión de barreras no arancelarias (barreras técnicas, barreras normativas, estándares para poder comerciar en determinados mercados...), fundamentalmente regulatorias o administrativas. Un claro ejemplo sería el tema de la seguridad alimentaria con las normas de etiquetado. La UE se caracteriza por observar altos estándares de calidad por lo que siempre se preservan sus niveles de protección en estos acuerdos comerciales. Habitualmente la eliminación de estas trabas se lleva a cabo a través del reconocimiento mutuo de normas que establecen estándares mínimos de calidad y requisitos técnicos, sanitarios y fitosanitarios que deben cumplir los productos de ambas partes.

17 MAILLO, J., «Acuerdos comerciales UE de "Nueva Generación": origen, rasgos y valoración», *Documento de Trabajo, Serie Unión Europea y Relaciones Internacionales*, Número 11/2021, CEU Real Instituto Universitario de Estudios Europeos, Universidad San Pablo, CEU Ediciones, 2021, pág. 6.

También pueden adoptarse normas internacionales, establecer equivalencias o desarrollar estándares en común.

Un aspecto incluido en la práctica totalidad de los acuerdos es la liberalización de los servicios, siempre muy limitada por los acuerdos clásicos de la Unión. Igualmente, los Acuerdos también incluyen habitualmente disposiciones sobre la apertura del mercado de las inversiones, aunque en este campo existen más diferencias entre unos Acuerdos y otros. En cuanto a la contratación pública, la inclusión de disposiciones o capítulos que abren las licitaciones entre los Estados firmantes es una importante y destacable novedad. Los mercados de contratación pública se abren, en algunos casos, a nivel regional e, incluso, local, además de nacional. En los diversos Acuerdos ya firmados encontramos novedoso y variado contenido como, por ejemplo, capítulos sobre defensa de la competencia, el comercio electrónico y digital, disposiciones sobre la gobernanza corporativa o sobre las pequeñas y medianas empresas o la protección de datos. También es importante destacar el esfuerzo de la UE por crear Tribunales de Inversiones, para la resolución de controversias o por hacer partícipes a nuevos actores como parlamentos nacionales o sociedad civil en la celebración de estos Acuerdos, con el objeto de dotarlos de mayor transparencia y escuchar distintos puntos de vista para mejorar el contenido y la implementación de los Acuerdos.

Respecto a la sostenibilidad, la Estrategia global de 2016 de la Unión Europea *(Shared Vision, Common Action: A Stronger Europe. A Global Strategy for the European Union's Foreign And Security Policy)* establece literalmente que estos nuevos Acuerdos promocionarán el desarrollo sostenible, la protección de los derechos humanos y la gobernanza basada en normas:

> «We will use our trade agreements to underpin sustainable development, human rights protection and rulesbased governance»[18].

El primer Acuerdo en incluir un capítulo sobre desarrollo sostenible fue el Acuerdo con Corea del Sur (capítulo 13). Desde entonces la UE ha intensificado su interés por incluir compromisos medioambientales y laborales en sus Acuerdos, tratando de influir de forma positiva en la mejora de estos aspectos en terceros Estados. No obstante, el nivel de ambición de estos dependerá del socio con el que se esté celebrando el Acuerdo. Si el Estado con el que se negocia posee una economía desarrollada, un desarrollo social similar al de la UE y se comparten valores (como, por ejemplo, Japón o Canadá) el objetivo será promocionar determinados valores (protección del medio ambiente, derechos fundamentales, etc.) lanzando un mensaje común a la sociedad internacional, pues se da por supuesto que se van a cumplir los

18 European Union External Action, *Shared Vision, Common Action: A Stronger Europe. A Global Strategy for the European Union's Foreign and Security Policy*, junio de 2016 págs. 26-27. Texto completo disponible en el siguiente enlace: https://eeas.europa.eu/archives/docs/top_stories/pdf/eugs_review_web.pdf

compromisos. Sin embargo, si la contraparte es una economía emergente o tiene un menor nivel de desarrollo social y económico, la UE ofrecerá ventajas comerciales con la condición de que el comercio entre ambas partes respete el medio ambiente y unos estándares mínimos en materia de derechos laborales[19]. La Unión habla, en este sentido, de una agenda comercial basada en valores, haciendo hincapié en el compromiso adquirido respecto a los Objetivos de Desarrollo Sostenible de Naciones Unidas (Agenda 2030). La sostenibilidad se enmarca como uno de los objetivos clave en la política comercial de la Unión como se ha señalado anteriormente y, por ello, la Comisión ha adoptado el compromiso de incluir estos capítulos, en los que se aúna comercio y desarrollo sostenible, en todas las negociaciones de este tipo de Acuerdos, como parte de esta agenda comercial basada en valores[20].

El contenido de estos capítulos suele basarse en normas multilaterales como los Convenios fundamentales de la Organización Internacional del Trabajo (OIT) y los Acuerdos Multilaterales sobre Medio Ambiente de la OMC (AMUMA), promoviendo su aplicación efectiva. Uno de los principales debates sobre estos capítulos es la efectividad de los mismos, si realmente se implementan y se realiza un seguimiento de su cumplimiento. Cabe señalar, inicialmente, que ninguna de las partes puede iniciar una acción que pudiera resultar en la suspensión de las preferencias comerciales contra la otra parte del acuerdo comercial, es decir, no hay ningún poder sancionador en caso de incumplimiento de las normas medio ambientales fundamentales contenidas en los acuerdos de libre comercio.

Respecto a los mecanismos de supervisión, en los Acuerdos fundamentalmente se crean órganos colegiados para llevar a cabo un seguimiento: Comité de Comercio y Desarrollo Sostenible, así como órganos consultivos nacionales, habitualmente formados por organizaciones del Estado y un mecanismo de diálogo con la sociedad civil. El objetivo es la resolución de dudas sobre el cumplimiento de las disposiciones sobre sostenibilidad. Si

19 Ejemplo de Acuerdo con menor ambición en materia de sostenibilidad es el firmado con Perú, Colombia y Ecuador, en el que sólo se introduce la necesidad de respetar las cuatro normas básicas de la OIT y se introduce el compromiso de no rebajar estándares medioambientales o en lo relativo a derechos de los trabajadores para incentivar deslealmente el comercio o la inversión. Se establecen medidas de seguimiento y cualquier parte puede adoptar medidas en caso de violación de los compromisos por la parte contraria. La Comisión redacta informes anuales para evaluar la aplicación efectiva de estas disposiciones con no pocas controversias pues algunos vinculan los Acuerdos con un aumento de la precarización y la inexistencia de una mejora real en materia medioambiental y laboral tras la celebración de los mismos. Transnational Institute y Oficina internacional de Derechos Humanos Acción Colombia, «Repercusiones en Colombia del Acuerdo comercial con la Unión Europea tras tres años de su implementación», 2016, disponible en: https://www.tni.org/files/publication-downloads/ue-colombia_fta.pdf

20 Comisión Europea, *Non-paper of the Commission services, Trade and Sustainable Development (TSD) chapters in EU Free Trade Agreements (FTAs)*, 2017, págs. 1-2. Disponible en: https://trade.ec.europa.eu/doclib/docs/2017/july/tradoc_155686.pdf

existen dudas sobre la aplicación de los capítulos también puede conocerse la cuestión por un grupo de expertos. Estas disposiciones se encuentran fuera de los mecanismos de resolución de controversias incluidos en los Acuerdos para cuestiones comerciales, careciendo de elementos de coerción similares. Para aplicar y hacer cumplir las obligaciones a las que se han comprometido los terceros Estados la Unión trata de incentivar a la otra parte a través de proyectos comunes, interacciones con grupos de interés o, simplemente, el diálogo, pero en muchas ocasiones esto no resulta suficiente para que el seguimiento y el cumplimiento sea el óptimo y no pocas voces exigen una mejora en la implementación, por ejemplo, a través de sanciones comerciales, de actividades formativas, o de otras vías que incluyan una mayor participación de la sociedad civil, un aumento en la monitorización de la aplicación, avances y resultados de estos capítulos sobre sostenibilidad, utilización de mecanismos de solución de controversias de manera eficiente y más transparencia y comunicación entre los socios, fundamentalmente.

De hecho, las críticas se fundamentan en que el hecho de no prever la imposición de sanciones en caso de incumplimiento resta calidad jurídica en estos ámbitos del Acuerdo, como bien afirma MANERO (2020)[21], entre otros autores, entendiendo que las disposiciones carecen de normatividad y se caracterizan por ser programáticas. Igualmente, como señalan LUYTEN Y WOO KIM (2020)[22] así como MANERO (2020)[23], en la UE no se disponen de las normas ni los mecanismos precisos para suspender el acuerdo en caso de incumplimiento de los capítulos sobre desarrollo sostenible.

III. La novedosa introducción de capítulos sobre sistemas alimentarios sostenibles en los acuerdos comerciales de la UE: el caso de Nueva Zelanda

El Acuerdo de libre comercio entre la UE y Nueva Zelanda[24] fue firmado el 9 de julio de 2023 y entró en vigor el 1 de mayo de 2024, tras años de

21 MANERO SALVADOR, A., «La política comercial común de la Unión Europea y el desarrollo sostenible», *Revista de Derecho Comunitario Europeo*, 66, 2020, pág. 617.

22 LUYTEN, E. Y WOO KIM, J., «Could the EU's Chief Trade Enforcement Officer enforce sustainable development commitments under EU trade agreements against non-compliant third countries?», *EULawLive*, 2020, disponible en: https://eulawlive.com/op-ed-could-the-eus-chief-trade-enforcement-officer-enforce-sustainable-development-commitments-under-eu-trade-agreements-against-non-compliant-third-countries-by-ann-evel/

23 MANERO SALVADOR, A., «La política comercial común de la Unión Europea y el desarrollo sostenible», *Revista de Derecho Comunitario Europeo*, 66, 2020, pág. 618.

24 Acuerdo de Libre Comercio entre la Unión Europea y Nueva Zelanda (DO L, 2024/866,

negociaciones. El comercio bilateral entre Nueva Zelanda y la UE asciende a 3.700 millones de euros al año en servicios y 7.800 millones de euros al año en mercancías. Se espera que, tras la entrada en vigor del Acuerdo, el comercio entre ambos socios aumente un 30 % y los flujos de inversión un 80 %. El Acuerdo busca ser una oportunidad para las empresas, pero también para los agricultores y los consumidores, respeta el Acuerdo de París sobre cambio climático y los derechos laborales y estrecha la relación con Nueva Zelanda, socio con valores afines en el Indo-Pacífico. Este Acuerdo presenta un interés especial por ser el primero en integrar plenamente el nuevo enfoque de la UE en materia de comercio y desarrollo sostenible, incluyendo un capítulo, el siete, sobre sistemas alimentarios sostenibles.

El capítulo está compuesto por siete artículos en los que se abarcan los objetivos, el ámbito de aplicación, la definición de sistema alimentario sostenible, la cooperación para mejorar la sostenibilidad de los sistemas alimentarios, la creación de un Comité de Sistemas Alimentarios Sostenibles y una disposición sobre puntos de contacto (pues se prevé que noventa días después de la entrada en vigor la UE y Nueva Zelanda designen un punto de contacto que facilite la comunicación entre ellos sobre los asuntos de este capítulo).

Los objetivos fundamentales de este capítulo son: el refuerzo de las políticas y la definición de programas que contribuyan al desarrollo de sistemas alimentarios sostenibles, inclusivos, saludables y resilientes; la cooperación para participar en la transición conjunta hacia sistemas alimentarios sostenibles; la cooperación estrecha en materia de normas de bienestar animal; la eliminación progresiva del uso de agentes antimicrobianos como promotores del crecimiento y la reducción del uso de estos en la producción animal; la cooperación en la pérdida y desperdicio de alimentos, plaguicidas y fertilizantes; y garantizar la seguridad y resistencia de las cadenas de suministro alimentario. El capítulo, además se aplica sin perjuicio de otros capítulos vinculados con los sistemas alimentarios o la sostenibilidad (el capítulo seis sobre medidas sanitarias y fitosanitarias; el capítulo nueve sobre obstáculos técnicos al comercio y el capítulo diecinueve sobre comercio y desarrollo sostenible).

Respecto a la definición, la UE y Nueva Zelanda han dispuesto en su Acuerdo que:

> «(...) los sistemas alimentarios sostenibles son sistemas alimentarios que garantizan el acceso a alimentos seguros, nutritivos y suficientes durante todo el año, de forma que no se vean comprometidas las bases económicas, sociales, culturales y medioambientales para generar seguridad alimentaria y nutrición para las genera-

---

25.3.2024) y Decisión (UE) 2023/1323 del Consejo, de 27 de junio de 2023, relativa a la firma, en nombre de la Unión, del Acuerdo de Libre Comercio entre la Unión Europea y Nueva Zelanda (DO L 166 de 30.6.2023, pp. 48-49).

ciones futuras». **(Artículo 7.3.2 del Acuerdo de Libre Comercio entre la Unión Europea y Nueva Zelanda)**.

En el artículo 7.4 se dispone sobre la cooperación entre las partes para mejorar la sostenibilidad de los sistemas alimentarios. Es remarcable que a lo largo de todo el artículo se utilizan expresiones programáticas *(«las Partes cooperarán para abordar cuestiones de interés común relacionadas con la aplicación del presente capítulo»; «la cooperación podrá incluir el intercambio de información, conocimientos especializados y experiencias, (...)»; «las Partes cooperarán en temas tales como: (...)»)*, a modo de listado de posibilidades o buenos propósitos, pero verdaderamente no existe una vinculación jurídica.

Entre el listado de temas en los que se abre la posibilidad de cooperar sí es reseñable la novedad de estos. El hecho de que se incluyan en el Acuerdo, aunque no exista una fuerza jurídica vinculante, supone un paso adelante en la materia para la Unión. Los temas incluidos son: métodos y prácticas de producción de alimentos destinados a mejorar la sostenibilidad (agricultura ecológica, agricultura regenerativa); el uso eficiente de los recursos naturales y de los insumos agrícolas (reducción del uso y del riesgo de los plaguicidas y fertilizantes químicos); las repercusiones medioambientales y climáticas de la producción de alimentos, también en las emisiones de gases de efecto invernadero originadas por la agricultura, los sumideros de carbono y la pérdida de biodiversidad; los planes de contingencia para garantizar la seguridad y la resiliencia de las cadenas alimentarias y el comercio en tiempos de crisis internacional; la transformación, el transporte, el comercio al por mayor, el comercio al por menor y los servicios alimentarios sostenibles; las dietas saludables, sostenibles y nutritivas; la huella de carbono del consumo; la pérdida y el desperdicio de alimentos; la reducción de los efectos medioambientales adversos de las políticas y medidas relacionadas con el sistema alimentario y el conocimiento, la participación y el liderazgo de los pueblos indígenas en los sistemas alimentarios (cuestión especialmente relevante para Nueva Zelanda).

Continuando con la cuestión de la escasa fuerza jurídica de las disposiciones, el artículo 7.5 establece explícitamente que esta cooperación no afectará al derecho de las partes a regular y, de hecho, se establece que ninguna disposición del capítulo se interpretará en el sentido de obligar a una Parte a modificar sus requisitos de importación, desviarse de sus procedimientos de preparación o adopción de medidas reglamentarias, a adoptar medidas que socaven o impidan la adopción oportuna de medidas reglamentarias para lograr sus objetivos de política pública o a adoptar cualquier medida reglamentaria concreta. En conclusión, el capítulo carece de obligaciones reales para las partes y, aunque sea un avance en la materia, no tiene un peso jurídico real.

Para finalizar con el análisis del capítulo sobre sistemas alimentarios sostenibles del Acuerdo UE-Nueva Zelanda es necesario hacer referencia a la creación de un Comité de sistemas alimentarios sostenibles (artículo 7.6) que establecerá las prioridades de cooperación y planes de trabajo, promoverá la cooperación en foros multilaterales y desempeñará toda función vinculada a la aplicación del capítulo. Respecto al cumplimiento de los objetivos del capítulo y la supervisión de los resultados obtenidos tras su aplicación, el Comité establecerá un plan de trabajo anual y podrá crear grupos de trabajo compuestos por representantes expertos de cada parte.

En definitiva, el capítulo sobre sistemas alimentarios sostenibles, a pesar de ser una interesante novedad en el marco de este tipo de Acuerdos comerciales, parece algo escaso en cuanto a obligatoriedad jurídica, dejando un amplio margen a las partes para decidir sus acciones conjuntas en la materia y, en cualquier caso, basándose únicamente en la cooperación entre las partes. Por otro lado, y como se ha indicado en el anterior epígrafe, con la modernización del Acuerdo UE-Chile también se ha introducido un capítulo sobre sistemas alimentarios sostenible. Aunque no es objeto de esta publicación analizarlo pormenorizadamente, se observa que la mecánica es similar a la escogida con Nueva Zelanda: disposiciones programáticas que apuestan por la cooperación más que por las obligaciones jurídicas entre los socios en esta materia.

IV. Algunas conclusiones

Es incuestionable que la UE se sirve de los acuerdos comerciales para tratar de influenciar en terceros Estados e implementar sus objetivos y valores.

La búsqueda de cambios a largo plazo en otras regiones que coincidan con los objetivos estratégicos marcados por la Unión ha llevado a una evolución de los acuerdos de carácter comercial, incluyéndose cuestiones que trascienden ineludiblemente lo económico, como es el caso de la sostenibilidad, estudiada en esta publicación. Sin embargo, resulta cuestionable si realmente, en la práctica, está logrando sus objetivos.

Es evidente que la UE debe mejorar la implementación de los capítulos de desarrollo sostenible, los cuales presentan una falta de unidad en su contenido. La dinámica actual de la UE de insertar un capítulo de desarrollo sostenible común en todos sus acuerdos de libre comercio concluidos con terceros Estados y bloques regionales se antoja actualmente ineficaz, dada la heterogeneidad de los Estados con los que se entablan las relaciones comerciales. Es necesario idear distintas fórmulas de seguimiento de los compromisos y aportar mayor claridad a la redacción de las disposiciones.

Por otro lado, existe una enorme falta de precisión sobre el alcance del incumplimiento de las disposiciones sobre sostenibilidad e, incluso, una evidente falta de ambición en la redacción de los artículos, que adolecen de un espíritu evidentemente programático. Una suerte de mecanismo sancionador podría desincentivar los incumplimientos de los estándares medioambientales más elementales en el marco de estos acuerdos, pues actualmente se carece de un mecanismo creíble y eficaz para inducir a las partes a cumplir estas obligaciones, lo que juega en contra de la eficacia de estos capítulos y los aproxima a un compendio de buenas intenciones.

Respecto a la introducción de un capítulo sobre sistemas alimentarios sostenibles en el Acuerdo de Nueva Zelanda, sin duda se trata de un cambio importante en el paradigma de la cooperación entre las partes en materia de sostenibilidad y un paso adelante hacia sistemas alimentarios sostenibles más allá de la UE. Sin embargo, estos capítulos no deberían convertirse en una extensión del capítulo sobre sostenibilidad clásico de los anteriores acuerdos. Estos capítulos deberían aspirar a una verdadera implementación que suponga un auténtico liderazgo de la Unión para transitar hacia sistemas alimentarios sostenibles a nivel global y no un listado de ámbitos en los que poder cooperar en todas las fases de la cadena alimentaria, desde la producción hasta el consumo.

No cabe duda de que la UE debe continuar aprovechando los acuerdos comerciales para jugar un papel más relevante en la escena internacional e influir positivamente en cambios a nivel global en materia de sostenibilidad, pero, para ello, debe servirse de normas jurídicamente vinculantes cuyo incumplimiento venga acompañado de consecuencias para lograr compromisos reales en esta compleja materia.

V. Bibliografía

Blanc Altemir, A. «La Unión Europea, Adalid del Libre Comercio ante el Neoproteccionismo de la Era Trump», in *La Unión Europea, Promotora del Libre Comercio*, edited by A. Blanc Altemir. Thomson Reuters Aranzadi, 2020.

Fernández Rozas, J. C. «Permanencia y expansión del bilateralismo: Los acuerdos comerciales de nueva generación entre la Unión Europea y terceros países», *LA LEY Unión Europea*, no. 68. Editorial Wolters Kluwer, 2019.

Luyten, E., and **J. Woo Kim**. «Could the EU's Chief Trade Enforcement Officer Enforce Sustainable Development Commitments under EU Trade Agreements against Non-Compliant Third Countries?», *EULawLive*, 2020.

Maillo, J. «Acuerdos comerciales UE de "Nueva Generación": origen, rasgos y valoración», *Documento de Trabajo*, Serie Unión Europea y Relaciones Internacionales, no. 11/2021. CEU Real Instituto Universitario de Estudios Europeos, Universidad San Pablo, CEU Ediciones, 2021.

Manero Salvador, A. «La política comercial común de la Unión Europea y el desarrollo sostenible», *Revista de Derecho Comunitario Europeo* 66 (2020): 603-27.

RABINOVYCH, M. «The EU-Ukraine DCFTA as an Instrument of Promoting the Rule of Law: Conflict, Unique Approaches to Assistance, and Unexpected Spillovers», in *EU Regional Trade Agreements: An Instrument of Promoting the Rule of Law to Third States*, 189-215. Routledge Studies in European Foreign Policy, 2021.

TIRADO ROBLES, M. C. «La condicionalidad de los Derechos Humanos en la política comercial comunitaria», In *Comercio Internacional y Derechos Humanos*, edited by A. EMBID IRUJO, 69-94. Aranzadi Thomson Reuters, 2007.

ZOZAYA, F. «El Sistema de Preferencias Generalizadas de la Unión Europea», *Revista Civilizar De Empresa Y Economía* 2, no. 3 (2011): 161-75.

CAPÍTULO 9

EL FENÓMENO DEL *LAND GRABBING*: UN RETO PARA LA AGRICULTURA FAMILIAR, EL MEDIOAMBIENTE Y LA SOBERANÍA ALIMENTARIA

Andrés Miguel Cosialls Ubach[1]
Profesor Contratado Doctor de Derecho, Centro Universitario de la Defensa Academia General Militar[2]

---

1 Este trabajo se enmarca en las actividades del Grupo de Investigación «DE IURE», de la Diputación General de Aragón (S26_23R).

2 Las opiniones expresadas en este trabajo son de la exclusiva responsabilidad del autor y pueden no coincidir con las de la Institución en la que éste presta sus servicios.

I. Introducción

El fenómeno del «land grabbing» o acaparamiento de tierras ha emergido como un problema crítico a nivel global, afectando de manera profunda a la agricultura familiar, los derechos de las comunidades locales, y, el equilibrio medioambiental. Este término se refiere a la adquisición masiva de tierras agrícolas por parte de actores extranjeros o grandes corporaciones, a menudo sin el consentimiento de las comunidades locales, y, en detrimento de su bienestar socioeconómico.

Este trabajo explora las múltiples dimensiones del «land grabbing», desde sus raíces históricas hasta sus manifestaciones contemporáneas, analizando sus efectos en las prácticas agrícolas, la biodiversidad, la seguridad alimentaria y la justicia social. Además, se examinan las respuestas legales y políticas a este fenómeno, subrayando la necesidad de proteger los derechos de tenencia de la tierra, fomentar prácticas agrícolas sostenibles y promover la soberanía alimentaria como un derecho fundamental de los pueblos.

II. Definición de *land grabbing*

La existencia de grandes extensiones de tierra destinadas al cultivo es un hecho palpable desde los tiempos de la Antigua Roma. Los ciudadanos romanos adinerados poseían grandes latifundios, que estaban destinados a la producción, a gran escala, de alimentos (trigo, vino o aceite de oliva), utilizando mano de obra esclava para su cultivo. Estas explotaciones, a menudo, seguían el modelo cartaginense descrito por el agrónomo Magón[3]. Una vez recolectadas estas mercancías se distribuían tanto en el comercio local, como se exportaban a todo el Imperio Romano.

FOXHALL divide las propiedades agrícolas romanas en tres grandes grupos: las pequeñas, a partir de 2'4 hectáreas, las medianas de hasta 126'5 hectáreas, y, las grandes que superaban las 126'5 hectáreas[4]. Coexistían pequeños propietarios, con otros grandes latifundistas *(latifundia)*, cuyos terrenos procedían del *ager publicus*. Esta convivencia entre pequeños y grandes propietarios presentaba, también, una agricultura a dos velocidades, e, incluso,

---

3 DOMÍNGUEZ PETIT señala que «el tratado de Magón se convirtió en una verdadera Biblia agronómica para la economía rural latina, en un momento en el que se está pasando de un régimen de pequeñas propiedades a otro en el que predominan los *latifundia* [...] el tratado de Magón, al mismo tiempo, habría servido como acelerador de la evolución de la economía rural latina y como freno a la extensión de los *latifundia*; recordemos que Magón defiende las pequeñas propiedades y la permanencia continuada del propietario en las mismas, algo que también se encuentra en los ideales agrarios de Escipión Emiliano y de los Graco, que abogan por el antiguo ideal de una clase rural de soldados-campesinos». *Vid*. DOMÍNGUEZ PETIT, Rodolfo: «Fuentes literarias para la agricultura cartaginesa. El Tratado de Magón», *Habis*, n.º 35, 2004, pág. 192, nota 92.

4 FOXHALL, Lin: *Olive cultivation within Roman agriculture: the ancient economy revisited*, University of Liverpool, 1990, pág. 205.

los pequeños propietarios trabajaban para los grandes *magnates* en las épocas de mayor trabajo. Así, lo señala FOXHALL al afirmar que «small farmers had different economic and social priorities, less capital and thus perhaps used less sophisticated and cheaper technologies than large proprietors, it follows that they grew different crops differently. Moreover, small farmers probably provided labour for their larger neighbours at busy times of year under the guise of several different possible relationships»[5].

Sin embargo, los pequeños propietarios, a menudo, perdían sus tierras debido a la competencia con los grandes terratenientes y la falta de recursos para mantener sus fincas[6]. Muchos pequeños agricultores tuvieron que vender sus tierras y mudarse a las ciudades[7], o, se vieron forzados a trabajar como arrendatarios o jornaleros para los propietarios de los *latifundia*. La consolidación de tierras en manos de unos pocos ricos fue un fenómeno común[8], agravado por guerras y políticas de distribución de tierras, que favorecían a los veteranos militares y a los inversores adinerados.

En los tiempos más modernos, como veremos a continuación, el *land grabbing* implica la toma de control de tierras para fines comerciales o especulativos, mediante compraventas, arrendamientos a largo plazo, u, otras figuras jurídicas. Como en los tiempos de la Antigua Roma, esta adquisición masiva de tierras a menudo se realiza a expensas de las comunidades locales y los pequeños agricultores, quienes se ven desplazados y privados de sus medios de subsistencia.

III. Implicaciones socioeconómicas del *land grabbing*

1. Disrupción de prácticas agrícolas locales y desplazamiento de pequeños agricultores

La adquisición de tierras a gran escala, o, «land grabbing», ha generado significativos impactos en las prácticas agrícolas locales, y, ha traído como

5 FOXHALL, *op. cit.*, pág. 204.

6 «If his farm were not destroyed or his land not taken over by a wealthy neighbor, it may have been seized for debt and subsequently bought up by speculators and investors at auction. Even if a farmer did survive and return to find his land intact he would have required capital to repair buildings, buy equipment and livestock, and he would have needed time (a year, possibly two) to put his land back under profitable cultivation». *Vid.* FRIEDL, Andrew Joseph: *Land use in ancient Italy: Agriculture, colonization and veteran settlement, and the Roman villa*, University of Arizona, 1993, pág. 21.

7 *Cfr.* FRIEDL, *op. cit.*, pág. 22.

8 *Cfr.* FRIEDL, *op. cit.*, pág. 30.

consecuencia el desplazamiento de pequeños agricultores. De esta forma, en muchas partes de África, la transformación de sistemas agrícolas tradicionales se ha visto impulsada por el desarrollo de cultivos comerciales y cambios en los sistemas de cultivo. Como señalan COLIN y WOODHOUSE, este proceso ha llevado a una mayor monetización del acceso a la tierra, con un aumento en el valor de la tierra y una concentración de derechos sobre la misma en manos de individuos concretos. Así, afirman que «[t]his transformation is typically attributed to the combined effects of demographic growth, development of cash crops and changes in cropping systems (development of tree crop plantations, shorter fallow periods, and the disappearance of 'shifting cultivation'). As a consequence, it is anticipated that land values increase and land rights become increasingly identified with individuals[...]...»[9]. En este contexto, los pequeños agricultores se encuentran en desventaja, ya que la introducción de prácticas agrícolas comerciales, a menudo, entra en conflicto con las técnicas tradicionales de cultivo y manejo de la tierra. Además, esto puede derivar en una pérdida de biodiversidad agrícola y en la pérdida de conocimientos agrícolas ancestrales[10], como se observa en el caso de las comunidades de Côte d'Ivoire: «The commoditized character of access to land is conditioned by enduring social and political relationships. In a number of the West African cases (Amanor, Chauveau and Colin, Kouamé) the contestation of market transactions centres on the rights of individuals to 'family land' controlled by the broader corporate lineage»[11].

El desplazamiento de pequeños agricultores es una consecuencia directa del «land grabbing». Las inversiones a gran escala en tierras agrícolas, a menudo, vienen precedidas por la expropiación de tierras, que han sido cultivadas por generaciones, bajo sistemas de tenencia consuetudinaria[12]. Este desplazamiento no solo es físico, sino también socioeconómico, como se evidencia en el caso de Liberia con la empresa malasia Sime Darby. En abril de 2009, el gobierno liberiano firmó un acuerdo con dicha empresa para arrendar más de 311.817 hectáreas, en cuatro condados del noroeste de Liberia para hacer una plantación de aceite de palma. GILFOY señala que «when the bulldozers of foreign corporations arrived in the Liberian hinterland, they encountered scores of communities in the process of reconstruction following the hiatus

9 COLIN, Jean-Philippe, y, WOODHOUSE, Philip: «Introduction: Interpreting Land Markets in África», *Africa*, n.° 80, 1, 2010, pág. 3.

10 Por ejemplo, en la pérdida de prácticas tradicionales arraigadas en la zona, mediante el cultivo de variedades autóctonas adaptadas al concreto clima de la región.

11 COLIN, Jean-Philippe, y, WOODHOUSE, Philip: «Introduction...», *op. cit.*, pág. 8.

12 Principalmente, se observa que las comunidades locales pastoreaban tierras comunales y las Autoridades decidieron venderlas a inversores. Durante el Siglo XIX, en España, se vivió una situación similar al desamortizar todas las tierras comunales de los Ayuntamientos. En ellas, pastoreaban los ganados de los vecinos, y, vieron como aquella tierra ya no podrían utilizarla.

of civil war. The ensuring confrontation was the making of the quintessential land grab story: entire "communities" being dislocated by foreign business interests at the behest of a national government»[13]. Cuando llegaron las máquinas de la corporación Sime Darby, «[a]lmost immediately, individuals along the border between Bomi and Grand Cape Mount counties, where clearing for the palm oil plantation first began, organized for resistance»[14]. Este tipo de reivindicaciones también se producen por los efectos de esta agricultura intensiva. De esta forma, por ejemplo, en Camerún, «women in Ekondo Titi marched to the PAMOL head office in protest against air pollution from frequent spraying of plantations by helicopters»[15].

La pérdida de tierras ha tenido un impacto devastador en los medios de subsistencia de las comunidades locales. Los campos, que antes se utilizaban para la agricultura de subsistencia y otras actividades económicas tradicionales[16], en algunos lugares, fueron convertidos en plantaciones de palma aceitera. Siakor señala que, sin tierras para cultivar, [las comunidades] no están seguras de cómo van a sobrevivir en los próximos años[17]. La transformación del paisaje y la interrupción de las prácticas agrícolas tradicionales han incrementado la inseguridad alimentaria y económica entre los agricultores. El desplazamiento de los agricultores no solo afecta su capacidad para ganarse la vida, sino que también socava las estructuras sociales y culturales tradicionales[18]. Según Fonjong, «women are generally left out of large-scale land acquisition processes. They complained of displacement from their farms and traditional forest resources, which has negative effects

13 Gilfoy, Kieran: «Land Grabbing and NGO Advocacy in Liberia: A Deconstruction of the "Homogeneous Community"», *African* Affairs, Vol. 114, n.° 455, April 2015, pág. 192.

14 Gilfoy, Kieran: «Land Grabbing...», *op. cit.*, pág. 192.

15 *Cfr.* Fonjong, Lotsmart: «Left out but not backing down», *Development in Practice*, Vol. 27, n.° 8, November 2017, pág. 1121.

16 La pérdida de tierras también conlleva una pérdida significativa de tradiciones y conocimientos locales. Según Boone, «land politics in Kenya is first and foremost a redistributive game that creates winners and losers». *Vid.* Boone, Catherine: «Land Conflict and Distributive Politics in Kenya», *African Studies Review*, 2012, Vol. 55, n.° 1, pág. 77.

17 *Vid.* Siakor, Silas «UNCERTAIN FUTURES The impacts of Sime Darby on communities in Liberia», *Sustainable Development Institute*, Liberia, 2012 pág. 35, disponible en https://cdn.naturskyddsforeningen.se/uploads/2021/05/11102208/1209-liberia_uncertain-futures.pdf (consultado el 28 de agosto de 2024). *Cfr.* Gilfoy, Kieran: «Land Grabbing...», *op. cit.*, pág. 194.

18 En Brasil, por ejemplo, la expansión del monocultivo de caña de azúcar para la producción de etanol ha supuesto la expropiación de pequeñas explotaciones agrícolas, creando una dependencia de la «economía de la caña de azúcar» que genera empleos precarios y condiciones de trabajo degradantes. Según Mendonça, «large landowners' monopoly on land blocks other economic sectors from developing, and generates unemployment, stimulates migration, and submits workers to degrading conditions». *Vid.* Mendonça, Maria Luisa: «Monocropping for Agrofuels: The case of Brazil», *Development*, Vol. 54, n.° 1, 2011, pág. 101.

on their livelihoods and lifestyles»[19]. Esta exclusión de las mujeres del proceso de adquisición de tierras aumenta las desigualdades de género existentes e incrementa la vulnerabilidad de las comunidades afectadas.

Asimismo, un aspecto crucial del impacto del acaparamiento de tierras es la división generacional que provoca dentro de las comunidades afectadas. Los ancianos, que son los más afectados por la pérdida de tierras, han encontrado apoyo en las ONGs para hacer frente a esta situación. Sin embargo, los jóvenes, muchos de los cuales crecieron durante episodios violentos en su país, ven las plantaciones como oportunidades para empleo y desarrollo económico[20].

2. Agravamiento de la desigualdad y la falta de competencia en el sector agrícola

Las inversiones internacionales en tierras agrícolas, habitualmente, ocasionan la marginación de los pequeños agricultores y de las comunidades locales. KEULERTZ y WOERTZ afirman que «states have encouraged international agro-investments by their respective private sectors or have undertaken them directly via state-owned companies and sovereign wealth funds»[21]. Estas inversiones, motivadas por la seguridad alimentaria *de los países inversores* y el beneficio económico, pueden ignorar los derechos y necesidades de las comunidades locales, agravando así la desigualdad. A modo de ejemplo, como ya señalamos, las inversiones en plantaciones de aceite palmera produjeron el desplazamiento de los agricultores, reflejando cómo las inversiones a gran escala pueden desplazar a las comunidades locales, si se carece una planificación adecuada.

Asimismo, estas prácticas producen un aumento de la falta de competencia en el ámbito agrícola de los países en los que se sitúan estas grandes explotaciones. De esta forma, las grandes corporaciones y los estados extranjeros, que adquieren tierras a gran escala, tienen una ventaja competitiva significativa sobre los pequeños agricultores locales. Éstos no pueden competir con los recursos económicos y la tecnología avanzada de estos sujetos. De igual forma, la competencia por los recursos agrícolas entre la producción de biocombustibles y los cultivos alimentarios desplaza a los pequeños agricultores, que no pueden igualar la escala de producción ni los subsidios o ayudas financieras que reciben las grandes corporaciones.

---

19 *Vid*. FONJONG, Lotsmart: «Left out but...», *op. cit.*, pág. 1114.

20 *Cfr*. GILFOY, Kieran: «Land Grabbing...», *op. cit.*, pág. 194.

21 KEULERTZ, Martin; y, WOERTZ, Eckart: «States as Actors in International Agro-Investments», en GIRONDE, Christophe; GOLAY, Christophe; y, MESSERLI, Peter (ed.): *Large-Scale Land Acquisitions - Focus on South-East Asia*, Graduate Institute of International and Development Studies, 2016, pág. 30.

Añaden MOLONY y SMITH que «the rising demand for biofuels has sparked a debate over the threat that energy security poses to food security»[22].

Además, las políticas gubernamentales favorecen, generalmente, a las grandes inversiones extranjeras sobre los pequeños agricultores locales. KEULERTZ y WOERTZ sostienen que «governments in potential host countries [...] have sought to keep their agricultural export industries national, maximise their revenue streams, and leverage them for geopolitical purposes»[23]. Estas políticas pueden crear un entorno en el que los pequeños agricultores se ven excluidos del mercado[24] y carecen de las oportunidades necesarias para competir eficazmente.

El impacto socioeconómico del *land grabbing* y de las inversiones agrícolas internacionales es profundo. La pérdida de tierras y recursos naturales lleva a un aumento de la pobreza y la inseguridad alimentaria en las comunidades rurales. OCHEJE recuerda que «the socio-economic disruptions caused by land acquisitions include loss of livelihoods, food insecurity, and increased poverty levels among affected communities», añadiendo que los «[l]and conflicts, food shortages and other forms of social strife, which have begun to occur in many African countries, are bound to spill over to neighbouring countries, worsening social problems and endangering peaceful co-existence»[25].

IV. Preocupaciones medioambientales

1. La deforestación, degradación del suelo y el agotamiento de recursos hídricos

La deforestación es uno de los impactos más visibles y devastadores del *land grabbing*. En muchos casos, la adquisición de tierras para la agricultura intensiva implica la tala de grandes extensiones de bosques, lo que no solo reduce la biodiversidad, sino que también contribuye al cambio climático.

Por ejemplo, en África Central, la deforestación ha aumentado significativamente debido a la presión por convertir tierras forestales en agrícolas. «Until recently, forests there have *remained largely intact* because

---

22 MOLONY, Thomas; y, SMITH, James: «Briefing: Biofuels, Food Security, and Africa», *African Affairs*, July 2010, Vol. 109, n.° 436, July 2010, pág. 495.

23 KEULERTZ, Martin; y, WOERTZ, Eckart: «States as Actors in International...», *op. cit.*, pág. 32.

24 *Cfr.* MUÑIZ ESPADA, Esther: «La ordenación normativa de un sistema agroalimentario local», *Revista de derecho agrario y alimentario*, Año n.° 40, n.° 84, 2024, págs. 113-152.

25 OCHEJE, Paul: «In the Public Interest»: Forced Evictions, Land Rights and Human Development in Africa», *Journal of African Law*, 2007, Vol. 51, n.° 2, 2007, pág. 195.

of low demographic pressure and limited accessibility, but deforestation has increased in recent years as a result of the rush for farmland»[26], señalan JOHANSSON y sus compañeros. Este cambio de uso del suelo está impulsado por inversores que buscan establecer plantaciones de cultivos comerciales a gran escala. Además, LAZARUS explica que el «land grabbing is a dynamic of land-use change that can enable especially rapid environmental transformations across vast spatial scales»[27]. Estas transformaciones ambientales rápidas y a gran escala intensifican la deforestación en áreas vulnerables.

La deforestación tiene múltiples impactos negativos. En primer lugar, contribuye significativamente a la pérdida de biodiversidad, ya que los bosques albergan una gran cantidad de especies de flora y fauna. En segundo lugar, la tala de bosques libera grandes cantidades de dióxido de carbono a la atmósfera, lo que acentúa las consecuencias sobre el cambio climático.

JOHANSSON *et al.* destacan que «deforestation has increased in recent years as a result of the rush for farmland»[28], subrayando la conexión directa entre la demanda de tierras agrícolas y la pérdida de bosques. Además, la deforestación reduce la capacidad del suelo para retener agua, lo que puede llevar a la erosión del suelo y a la disminución de la calidad del agua en las cuencas hidrográficas. En África Central y América Latina, la conversión de bosques en tierras agrícolas es una práctica común que ha llevado a una rápida deforestación. En Asia, la situación es similar. El rápido crecimiento de la demanda de aceite de palma ha supuesto la tala de grandes extensiones de bosques tropicales.

Asimismo, la intensificación agrícola y el uso de técnicas agrícolas no sostenibles están provocando la degradación del suelo. La sobreexplotación del suelo, el uso excesivo de fertilizantes químicos y el monocultivo[29]

26 JOHANSSON, Emma Li; FADER, Marianela; SEAQUIST; Jonathan W.; y, NICHOLAS, Kimberly A.: «Green and blue water demand from large-scale land acquisitions in Africa», *Proceedings of the National Academy of Sciences of the United States of America*, Vol. 113, n.° 41, 11 October 2016, pág. 11475. La cursiva es nuestra.

27 LAZARUS, Eli D: «Land grabbing as a driver of environmental change», *Area*, Vol. 46, n.° 1, March 2014, pág. 74.

28 JOHANSSON, Emma Li; FADER, Marianela; SEAQUIST; Jonathan W.; y, NICHOLAS, Kimberly A.: «Green and blue water...», *op. cit.*, pág. 11475. *Cfr.* FEINTRENIE, Laurène: «Agroindustrial plantations in Central Africa, risks and opportunities», *Biodivers Conserv*, Vol. 23, n.° 6, 2014, págs. 1577-1589, especialmente, pág. 1578, donde FEINTRENIE señala «[i]n Central Africa, agro-industrial plantations and mining are key sectors in the countries' long-term strategies for economic growth and employment while forestry and environmental issues are of decreasing importance on contemporary development policy agendas».

29 El monocultivo reduce la biodiversidad del suelo, lo que disminuye su resiliencia y aumenta la susceptibilidad a enfermedades y plagas. En el África subsahariana, la implementación de cultivos a gran escala ha llevado a una significativa degradación del suelo. Según ONOJA y ACHIKE, «the FAO report noted that the majority of such leases involved payment of an annual rental ranging from less than $2/ha in Ethiopia to $5/ha in Liberia to $13.8/

son prácticas comunes en las grandes explotaciones. Ello provoca una pérdida de fertilidad del suelo y su erosión. LAZARUS sostiene «as land grabs introduce industrial practices to presently nonindustrial settings, soil depletion, petrochemical fertilisers, eutrophication and coastal dead zones will likely become commonplace in locales where such events were previously unprecedented»[30]. Estas prácticas no solo agotan los nutrientes del suelo, sino que también contaminan las masas de agua cercanas, incrementando los problemas ambientales. CORDES y BULMAN también resaltan que las «LSLBI[31] may cause environmental destruction through deforestation, the overexploitation of water resources, and soil degradation from monocropping»[32]. Este monocultivo contribuye, significativamente, a la degradación del suelo debido a la demanda constante de nutrientes específicos sin permitir períodos de recuperación. La pérdida de fertilidad del suelo y la necesidad creciente de fertilizantes químicos resultan en un círculo vicioso de dependencia química y degradación ambiental. Según GONZÁLEZ, «the Green Revolution displaced ecologically sustainable biodiverse agricultural practices, and promoted reliance on genetically uniform seeds, chemical fertilizers, and synthetic pesticides manufactured by transnational corporations»[33].

La degradación del suelo tiene múltiples impactos negativos. En primer lugar, reduce la productividad agrícola, lo que afecta directamente a los medios de vida de las comunidades locales; y, en segundo lugar, la erosión del suelo puede llevar a la sedimentación de ríos y embalses, afectando la calidad del agua y la biodiversidad acuática. YENGOH y ARMAH señalan que «national governments have responded with short term unsustainable policies designed to show international financial institutions that they are promoting foreign investments. Such policies generally tend to placate the interests of investment companies over those of local communities»[34]. Estas políticas no solo ignoran las necesidades de las comunidades locales,

---

ha in Cameroon». Los bajos costos de arrendamiento incentivaron la expansión de monocultivos, aumentando considerablemente la degradación del suelo en estas regiones. *Cfr.* ONOJA, Anthony O.; y, ACHIKE, Anthonia I.: «Large-Scale Land Acquisitions by Foreign Investors in West Africa: Learning Points», *Consilience*, n.° 14, 2015, pág. 178.

30 LAZARUS, Eli D: «Land grabbing as a driver...», *op. cit.*, pág. 79.

31 Acrónimo de *Large-Scale Land-Based Investment*.

32 CORDES, Kaitlin Y.; y, BULMAN, Anna: «Corporate Agricultural Investment and the Right to Food: Addressing disparate Protections and Promoting Rights-Consistent Outcomes», *UCLA Journal of International Law and Foreign Affairs*, Vol. 20, n.° 1, Spring 2016, pág. 105.

33 GONZÁLEZ, Carmen G.: «Climate Change, Food Security, and Agrobiodiversity: Toward a Just, Resilient, and Sustainable Food System», *Fordham Environmental Law Review*, Vol. 22, n.° 3, Fall 2011, pág. 505.

34 YENGOH, Genesis Tambang; y, ARMAH, Frederick Ato: «Land access constraints for communities affected by large-scale land acquisition in Southern Sierra Leone», *GeoJournal*, Vol. 81, n.° 1, 2016, pág. 104.

sino que también aceleran la degradación del suelo al priorizar el beneficio económico inmediato sobre la sostenibilidad a largo plazo.

El monocultivo también reduce la biodiversidad, tanto de cultivos como de especies silvestres. La uniformidad genética aumenta la vulnerabilidad a plagas y enfermedades, lo que puede llevar a pérdidas catastróficas de cultivos. GONZALEZ sostiene que «the loss of genetic diversity in agriculture is a devastating time bomb [...] leading us to a rendezvous with extinction»[35]. Esta falta de diversidad genética no solo pone en riesgo la seguridad alimentaria, sino que también elimina variedades de plantas que podrían ser esenciales para la resistencia futura a enfermedades y a cambios climáticos. Variedades de plantas, que, como dijimos, estaban adaptadas a las características climáticas de esa zona.

Finalmente, el uso intensivo del agua es otro de los problemas medioambientales que presenta el *land grabbing*. La agricultura intensiva, a gran escala, requiere grandes cantidades de agua, lo que, a menudo, resulta en la sobreexplotación de fuentes de agua locales y regionales. Según JOHANSSON *et al.*, «freshwater is becoming increasingly scarce in many regions of the world, a result of both unsustainable land management and changes in rainfall patterns as a consequence of global and regional climate change»[36].

La expansión de cultivos como la caña de azúcar y el aceite de palma ha incrementado la escasez de agua en muchas áreas. En Brasil, la producción de etanol a partir de caña de azúcar ha traído como consecuencia una disminución significativa en la disponibilidad de agua, afectando tanto a los ecosistemas como a las comunidades locales. «The demand of etanol corporations for large quantity of good quality lands, with access to water and infrastructure, results in the devastation of natural resources and local agriculture», señala MENDONÇA[37].

El uso excesivo de fertilizantes y pesticidas en la agricultura intensiva también contribuye a la contaminación de las masas de agua, como señalaba LAZARUS[38]. Ello afecta a la calidad del agua, y, también pone en riesgo la salud de las comunidades que dependen de estas fuentes de agua para su consumo diario.

---

35 GONZÁLEZ, Carmen G.: «Climate Change...», *op. cit.*, pág. 496, nota 10. *Cfr.* FOWLER, Cary; y, MOONEY, Patrick R.: *Shattering: Food, Politics, and the Loss of Genetic Diversity*, University of Arizona Press, 1990, ix.

36 JOHANSSON, Emma Li; FADER, Marianela; SEAQUIST; Jonathan W.; y, NICHOLAS, Kimberly A.: «Green and blue water...», *op. cit.*, pág. 11471.

37 MENDONÇA, Maria Luisa: «Monocropping for Agrofuels...», *op. cit.*, pág. 100.

38 LAZARUS, Eli D: «Land grabbing as a driver...», *op. cit.*, pág. 79.

2. La necesidad de articular prácticas agrícolas sostenibles y marcos legales protectores

Las prácticas agrícolas sostenibles son esenciales para mitigar los impactos negativos de la agricultura intensiva. Estas prácticas incluyen la agroecología, la rotación de cultivos, la agricultura orgánica y el manejo integrado de plagas. La agroecología promueve la diversidad biológica y la resiliencia de los sistemas agrícolas. Según WITTMAN, «advancing agroecology involves not just the promotion and maintenance of human-designed agroecosystems, but the recognition of the importance of preserving and utilizing local and indigenous seed and livestock varieties»[39]. Este enfoque holístico no solo mejora la productividad agrícola, sino que también fortalece la resistencia a plagas y enfermedades. Por otro lado, la rotación de cultivos es una buena práctica para mantener la salud del suelo y reducir la incidencia de plagas y enfermedades[40]. La rotación de cultivos ayuda a restaurar la fertilidad del suelo y previene la acumulación de patógenos y plagas, situación que a menudo ocurre cuando una especie se cultiva continuamente. Esta técnica también puede reducir la necesidad de fertilizantes químicos y pesticidas, promoviendo así una agricultura más sostenible; por ejemplo, mediante la introducción, en la rotación, de cultivos leguminosos.

Frente a la utilización de estos pesticidas y fertilizantes químicos, surge la agricultura orgánica. Sin embargo, ORNETSMÜLLER, CASTELLA y VERBURG manifiestan que los «scientists consider intensive maize monocropping to be an ecologically exploitive land use that only yields short-term benefits. Our results suggest that farmers invest these short-term benefits on the cost of ecologic sustainability into long-term goals regarding their livelihoods, including education, housing, mobility, farm mechanization, and livestock purchases»[41].

---

39 WITTMAN, Hannah: «Food Sovereignty: A New Rights Framework for Food and Nature?», *Environment and Society*, Vol. 2, 2011, pág. 96.

40 La Política Agrícola Común, desde hace unos años, ha incorporado la rotación de cultivos como parte del Pago Verde, al que deben acogerse los agricultores para poder lograr las subvenciones europeas. Sin embargo, es necesario tener en cuenta que, en determinadas regiones de secano, difícilmente podrán producirse cultivos rentables que sean muy diferentes, es decir, que no estén adaptados a ese medio; o, establecer muchas *hojillas* de rotación, al ser las explotaciones pequeñas. Además, los pequeños agricultores deberán hacer frente a nuevos desafíos para afrontar esas rotaciones (maquinaria específica para cada cultivo, diferentes almacenes para no mezclar el producto, etc.), quizás para *hojillas* de poca extensión, no siendo rentable la inversión en maquinaria e infraestructuras para abordar cada cultivo. *Cfr.* MIRIBUNG, Georg: «Agro-Food Production and Climate Change: Some Reflections on the New CAP», *European Food and Feed Law Review*, Vol. 15, n.º 2, pág. 132; COSIALLS UBACH, Andrés Miguel: «La condicionalidad de las ayudas de la PAC», en AMAT LLOMBART, Pablo y MÚÑIZ ESPADA, Esther (ed.): *La nueva PAC 2014-2020 – Un enfoque desde el Derecho Agrario*, 2015, págs. 229-248.

41 ORNETSMÜLLER, Christine; CASTELLA, Jean-Christophe; y, VERBURG, Peter H.: «A multiscale

Finalmente, el manejo integrado de plagas (MIP) combina métodos biológicos, culturales y químicos para controlar las plagas de manera sostenible[42], dentro del marco de la agroecología[43]. La adopción de prácticas agrícolas sostenibles no solo protege el medio ambiente, sino que también mejora la seguridad alimentaria a largo plazo. La agricultura sostenible puede aumentar la resiliencia de los sistemas agrícolas frente al cambio climático y otros desafíos ambientales. Además, fomenta la equidad social al empoderar a las comunidades locales y mejorar sus medios de vida. WITTMAN afirma que «sustainable agricultural intensification or "producing more food from the same area of land while reducing environmental impacts" [is crucial] for feeding the world under a food sovereignty framework»[44].

V. Justicia social y derechos humanos

1. Violación de derechos de comunidades locales e indígenas

A) Desalojos forzosos y desplazamientos involuntarios

El primer motivo de los desalojos forzosos lo encontramos bajo el *Pretexto de la Conservación*. Las últimas tierras vírgenes y no explotadas de una región deben convertirse en el último reducto de la esencia de aquel país, pues, las otras grandes zonas fértiles han caído bajo el influjo de las grandes explotaciones agrarias. Bajo esta premisa, el legislador, que, generalmente, se encuentra alejado de la idiosincrasia de las comunidades locales, motiva-

gaming approach to understand farmer's decision making in the boom of maize cultivation in Laos», *Ecology and Society*, Vol. 23, n.° 2, Jun 2018, https://doi.org/10.5751/ES-10104-230235, pág. 10.

42 *Cfr.* ABDALLAH, Abdul-Hanan; AYAMGA, Michael; and, AGEBASE AWUNI, Joseph: «Large-Scale Land Acquisition and Household Farm Investment in Northern Ghana», *Land*, n.° 12 (737), 2023, pág. 16, y, nota 66.

43 «The agroecological model is one such integrative adaptation that incorporates several important improvements to industrial monoculture. These adaptations include integrated pest management (natural pest management), agroforestry (working within forests instead of removing them), integrated nutrient management (cropping techniques to reduce chemical fertilizer use), conservation tillage (reducing the amount of soil disrupted for moisture management and erosion control), aquaculture (growing fish in or near shore), livestock integration (using livestock to enhance crops), and water harvesting (using degraded land for better water management)». *Vid.* JACQUES, Peter J.; y, JACQUES, Jessica Racine: «Monocropping Cultures into Ruin: The Loss of Food Varieties and Cultural Diversity», *Sustainability* n.° 3, 2012, págs. 2973-2974.

44 WITTMAN, Hannah: «Food Sovereignty: A New...», *op. cit.*, pág. 95.

ría esta nueva afrenta a los pequeños propietarios. De esta manera, se han creado áreas protegidas y reservas naturales, que han llevado a la expulsión de comunidades indígenas de sus tierras ancestrales[45]. Aunque la conservación del medio ambiente es crucial, estos proyectos a menudo se implementan sin considerar el impacto sobre las comunidades locales. BLOMLEY *et al.* destacan que «[w]eak governance and poor land use planning mean that commercial 'land grabs' often damage biodiversity as well as dispossessing people from customary rights and livelihoods»[46]. La falta de gobernanza y planificación adecuada puede resultar en la expropiación de tierras bajo la apariencia de conservación[47]. Ello se une a la falta de consulta y participación de las comunidades indígenas en la planificación y ejecución de estos proyectos, siendo un problema recurrente. Las decisiones se toman, frecuentemente, en niveles gubernamentales superiores sin involucrar a las comuni-

45 En otros casos, como en la Unión Europea, la identificación de zonas de cultivo como ZEPAs o LICs, u, otras figuras de protección medioambiental hacen que, en la práctica, los agricultores sean tenedores de fincas que no pueden dedicar a la producción agrícola, o, vean mermada su capacidad de decisión sobre ellas. Señalan RICART *et al.*: «En base a la aplicación de la Directiva europea 79/409/CEE sobre aves, con el fin de proteger los espacios esteparios de este territorio, y por tanto, evitar su transformación en zona de regadío. Estos espacios deberían ser protegidos mediante la declaración de varias ZEPA». *Vid.* RICART, Sandra *et al.*: «¿Hacia una gestión territorial del regadío?: El canal Segarra-Garrigues (Lérida, Cataluña)», pág. 7, nota 8, disponible en https://www.researchgate.net/profile/Sandra-Ricart-Casadevall/publication/202986722_Hacia_una_gestion_territorial_del_regadio_el_Canal_Segarra-Garrigues_Lerida_Cataluna/links/540c35be0cf2f2b29a353919/Hacia-una-gestion-territorial-del-regadio-el-Canal-Segarra-Garrigues-Lerida-Cataluna.pdf (consultado el 28 de agosto de 2024).

46 BLOMLEY, Tom; ROE, Dilys; NELSON; Fred; y, FLINTAN, Fiona: «"Land grabbing": is conservation part of the problem or the solution?» *Briefing - International Institute for Environment and Development*, September 2013, pág. 1.

47 El Parlamento Europeo, en su nota de prensa de 27 de febrero de 2024, afirma que «[l]a Ley de Restauración de la Naturaleza de la UE, consensuada con los Estados miembros, busca regenerar los ecosistemas degradados de sus territorios, contribuir a alcanzar los objetivos climáticos y de biodiversidad de la UE y mejorar la seguridad alimentaria. A fin de alcanzar estos objetivos generales, los Estados miembros deben restaurar al menos el 30 % de los hábitats contemplados en la nueva ley». Disponible en https://www.europarl.europa.eu/news/es/press-room/20240223IPR18078/nueva-ley-para-restaurar-el-20-del-suelo-y-el-mar-de-la-ue (consultado el 28 de agosto de 2024). El artículo 4.1 del RUE 2024/1991 dispone que los Estados miembros establecerán las medidas de restauración necesarias para mejorar, hasta que se encuentren en buena condición, las zonas de los tipos de hábitats enumerados en el anexo I que no se encuentren en buena condición. Los Estados miembros, según proceda, hasta 2030 darán prioridad a las medidas de restauración en las zonas situadas en los espacios Natura 2000. El artículo 3.4 del RUE 2024/1991 define buena condición como un estado en el que las características fundamentales del tipo de hábitat, en particular su estructura, funciones y las especies típicas o la composición de las especies típicas, reflejen el alto nivel de integridad, estabilidad y resiliencia ecológicas necesario para garantizar su mantenimiento a largo plazo. *Vid.* Reglamento (UE) 2024/1991 del Parlamento Europeo y del Consejo, de 24 de junio de 2024, relativo a la restauración de la naturaleza y por el que se modifica el Reglamento (UE) 2022/869, *Diario Oficial de la Unión Europea*, n.° 1991, de 29 de julio de 2024.

dades afectadas. PARULKAR pone el ejemplo de Etiopía, apuntando que «[a]ll land-lease projects in the country have been carried out without any input from the Ethiopian people»[48]. La exclusión de las comunidades locales en los procesos de toma de decisiones aumenta su vulnerabilidad, al no poder manifestar sus inquietudes ni defender sus derechos ancestrales.

Por otro lado, la expansión de la agricultura industrial también ha provocado la expropiación de tierras indígenas para establecer plantaciones a gran escala. DE SHUTTER sostiene que la «answer to the threat of 'land grabs', it would seem then to follow, is to strengthen property rights, or to transform informal use rights into formalised property rights. Titling schemes could be implemented in order to protect land users from the risks of unjustified eviction or eviction without fair compensation. Titling their property would allow land users to decide under which conditions they want to sell, and to whom, and would ensure that if their land is taken by the government for reasons of public interest, they will have access to courts in order to challenge the conditions under which this expropriation has taken place»[49].

Estas iniciativas, a menudo, prometen beneficios económicos, pero en realidad desplazan a las comunidades y destruyen sus medios de vida tradicionales. De esta manera, TRAMEL afirma que «[c]ontemporary resource grabbing has raised that point where injustices related to climate and capital accumulation are breathing fresh life into struggles for sovereignty»[50].

Los desplazamientos forzosos, bien para la creación de reservas naturales, bien para la creación de grandes explotaciones agrícolas, tienen consecuencias devastadoras para las comunidades indígenas, no solo en términos económicos, sino también sociales[51] y culturales. La pérdida de tierras significa

48 PARULKAR, Ashwin: «African Land, Up For Grabs», *World Policy Journal*, Vol. 28, n.° 1, Spring 2011, pág. 105.

49 De SCHUTTER, Olivier: «The Role of Property Rights in the Debate on Large-Scale Land Acquisitions» en GIRONDE, Christophe; GOLAY, Christophe; y, MESSERLI, Peter (eds.): *Large-Scale Land Acquisitions - Focus on South-East Asia*, Graduate Institute of International and Development Studies, 2016, pág. 54.

50 TRAMEL, Salena: «Convergence as political strategy», *Third World Quarterly*, SPECIAL ISSUE: Converging Social Justice Issues and Movements, Vol. 39, n.° 7, July 2018, pág. 1293.

51 El desplazamiento forzoso de los agricultores y sus familias implica la pérdida del tejido socioeconómico asociado a su actividad. Un menor número de productores implicará un menor número de prestadores de servicios para esa concreta comunidad, desde aquellos directamente vinculados con la actividad agrícola, o, hasta los que prestan los servicios básicos a esas familias o comunidades. De esta forma, se produce una desaparición o una reducción de la disponibilidad de comercios minoristas y de proximidad (tiendas de comestibles, panaderías, carnicerías, entre otros), de los servicios educativos (escuelas, guarderías, bibliotecas y otros servicios educativos), de los servicios de salud (consultorios médicos o farmacias), de los servicios de transporte (rutas de autobuses, taxis, servicios de transporte público y otros medios de movilidad), de los servicios bancarios y financie-

la pérdida de identidad y de formas de vida sostenibles que han sido practicadas durante generaciones.

B) Falta de acceso a recursos esenciales como tierra, agua y bosques

El acceso a recursos esenciales como la tierra, el agua[52] y los bosques es fundamental para la subsistencia y la cultura de las comunidades locales, especialmente, las comunidades indígenas. Sin embargo, estos recursos vitales están, cada vez más, bajo presión debido a factores como el desarrollo agrícola, la explotación de recursos naturales y los proyectos de conservación que, a menudo, excluyen a las comunidades locales. GILBERT afirma que «[t]he large-scale land deals usually translates into the curtailing of customary or community access rights to lands, forest, or natural resources, resulting in the loss of access to common land and waterways, such as hunting, gathering, forest products, fishing, and grazing»[53].

La tierra es un recurso esencial para la subsistencia de las comunidades rurales e indígenas. Sin acceso a la tierra, estas comunidades no pueden cultivar alimentos ni mantener sus prácticas culturales tradicionales. PARULKAR señala que «[i]nvestor interest, however, has been directed primarily at countries with weak recognition of land rights. The deals are typically worked out in capital cities, far from the communities they affect»[54]. Asimismo, la pérdida de acceso a la tierra tiene un impacto directo en la seguridad alimentaria de las comunidades.

---

ros (sucursales de bancos y cajeros automáticos), de los servicios culturales y recreativos (teatros, cines, clubes deportivos, gimnasios y otros espacios de entretenimiento), de los servicios de mantenimiento y reparación (talleres de reparación de automóviles, fontaneros, electricistas, carpinteros, y otros servicios de mantenimiento), de los servicios de restauración y hostelería (restaurantes, bares, cafeterías y alojamientos), de los servicios de emergencia y seguridad (comisarías de policía/cuarteles de la Guardia Civil, bomberos y otros servicios de emergencia), y, los servicios de comunicación y correo (oficinas de correos, servicios de entrega, Internet, líneas telefónicas en buenas condiciones, repetidores de telefonía móvil). Todo, a su vez, contribuye con la irremediable despoblación de esas zonas, por la carencia de servicios y de productores, como ya dejamos dicho, recientemente, en otro lugar. *Vid.* COSIALLS UBACH, Andrés Miguel: «Objeto y Ámbito de la Política de Desarrollo Rural: una visión a largo plazo», en MUÑIZ ESPADA, Esther (dir.): *Las necesarias reformas legislativas de la nueva política agraria. Especial referencia a Castilla y León*, Ed. Aranzadi, 2024, págs. 383-419.

52 *Cfr.* BALLARÍN MARCIAL, Alberto: «Urgencia de los regadíos africanos, reserva alimentaria de la humanidad», *Revista de derecho agrario y alimentario*, Año 26, n.° 56, 2010, págs. 7-14.

53 GILBERT, Jérémie: «Land grabbing, investors, and indigenous peoples», *Community Development Journal*, July 2016, Vol. 51, n.° 3, July 2016, pág. 355.

54 PARULKAR, Ashwin: «African Land...», *op. cit.*, pág. 105.

El acceso al agua es otro aspecto crítico. La privatización y explotación de recursos hídricos tienen como consecuencia, habitualmente, en una restricción del acceso a este recurso vital, afectando a las vidas diarias de los agricultores y a sus actividades agrarias. ONOJA y ACHIKE recuerdan que «water is the hidden agenda behind many land acquisition deals. Thus, investors may be seeking to gain control of water resources in states perceived to have a surplus of water instead of a surplus of land»[55]. Además, la falta de acceso a agua limpia también tiene graves consecuencias para la salud y el bienestar de las comunidades locales.

Finalmente, las comunidades locales utilizan los bosques como medio de subsistencia, tanto para conseguir leña para calentar sus casas o cocinar su comida, como lugar donde realizar la actividad de la caza y el forrajeo. Asimismo, la pérdida de acceso a los bosques tiene un impacto significativo en la cultura de las comunidades indígenas. A menudo, los bosques son lugares sagrados y fuentes de identidad cultural.

2. Las Directrices voluntarias de la FAO sobre la gobernanza responsable de la tenencia

Las Directrices Voluntarias de la FAO sobre la Gobernanza Responsable de la Tenencia de la Tierra, los Bosques y la Pesca representan un marco internacional clave para la protección de los derechos de tenencia de las comunidades locales e indígenas. Adoptadas en 2012, estas directrices fueron diseñadas para mejorar la gobernanza de la tenencia de la tierra y los recursos naturales, promoviendo la seguridad alimentaria y el desarrollo sostenible.

Estas directrices reconocen la importancia de garantizar que los derechos consuetudinarios y de uso de la tierra de estas comunidades sean respetados y protegidos. De acuerdo con GILBERT, «[u]nder international law there now a strong jurisprudence, notably emerging from the Inter-American Court of Human Rights, highlighting that possession should constitute title to land property. This jurisprudence also puts forward the importance of recognizing indigenous peoples' own customary systems of tenure to recognize their rights»[56]. No obstante, la inclusión de los derechos consuetudinarios fue una cuestión debatida y problemática. Como señala OEHM, «the term *legitimate land rights* inherently causes problems. It is questionable how these legitimate land rights can be identified and defined when confronted with a lack of official land titles»[57].

---

55 ACHIKE, Anthonia I.: «Large-Scale Land Acquisitions...», *op. cit*, pág. 178.

56 GILBERT, Jérémie: «Litigating Indigenous Peoples' Rights in Africa: Potentials, Challenges and Limitations», *The International and Comparative Law Quarterly*, Vol. 66, n.° 3, July 2017, pág. 666.

57 OEHM, Franziska Maria: «Land Grabbing in Cambodia as a Crime Against Humanity –

Otro principio fundamental de las Directrices Voluntarias es la promoción de la participación activa y la consulta con las comunidades locales en todas las etapas de la toma de decisiones relacionadas con la tenencia de la tierra. Esto incluye el principio de consentimiento libre, previo e informado (en inglés, FPIC), que asegura que las comunidades tengan la oportunidad de dar o negar su consentimiento a proyectos que afecten sus tierras y recursos. «Most recently, Free, Prior and Informed Consent (FPIC) has been promoted, based on the norm that a 'community' has the right to give or withhold its consent to proposed investment projects that may affect the lands its members 'own', occupy or use for their livelihood. FPIC has become a key principle in international law and jurisprudence related to indigenous peoples, emphasising the state's responsibility to secure consent before the implementation of Project»[58], afirman BUUR, NYSTRAND, y, HUNDSBÆK. Sin embargo, como recuerda FEINTRENIE, la firma de ese Consentimiento Libre, Previo e Informado (FPIC) y la inclusión de los compromisos de la empresa inversora en las especificaciones firmadas, por todas las partes, no están previstas en todas las legislaciones nacionales. Estos acuerdos y documentos están entre los requisitos de los procedimientos de certificación, pero aún no son obligatorios. FEINTRENIE apunta que «[n]on-certified companies may choose to respect FPIC procedures even though they are not required to do so by law»[59]. Respecto de los procedimientos de evaluación ambiental, sí que existe una mayor preocupación por parte de las autoridades gubernamentales, y, así, señala que «[n]ational procedures have been developed by governments to limit risks of land grabbing and negative impacts on the environment and on the populations affected by large-scale land adquisitions. These usually involve environmental and social impact assessments (ESIA) conducted either by independent consultants or by public officers (or both), followed by operational plans for impact management»[60]. De igual manera, BUUR, NYSTRAND, y, HUNDSBÆK se pronuncian al afirmar que «[s]everal countries now require an environmental impact assessment (EIA) or an environmental and social assessment (ESIA) to be carried out before a land deal can be formally approved»[61].

Approaches in International Criminal Law», *Verfassung und Recht in Übersee / Law and Politics in Africa, Asia and Latin America*, 2015, Vol. 48, n.° 4, 2015, pág. 474.

58 BUUR, Lars; NYSTRAND, Malin J.; y, HUNDSBÆK, Rasmus Pedersen: «The Political Economy of Land and Natural Resource Investments in Africa: An Analytical Framework», *Danish Institute for International Studies Working Papers*, n.° 2, 2017, pág. 11.

59 FEINTRENIE, Laurène: «Agroindustrial plantations...», *op. cit.*, pág. 1585.

60 FEINTRENIE, Laurène: «Agroindustrial plantations...», *op. cit.*, pág. 1585.

61 BUUR, Lars; NYSTRAND, Malin J.; y, HUNDSBÆK, Rasmus Pedersen: «The Political Economy of Land and Natural...», *op. cit.*, pág. 28.

Finalmente, las *Directrices* también contenían «recommendations for sustainable investment and development»[62]. Al garantizar que las comunidades locales tengan acceso y control sobre sus tierras, se puede mejorar la producción agrícola y promover prácticas sostenibles que beneficien tanto a las personas como al medio ambiente.

3. Soberanía alimentaria

La soberanía alimentaria ha surgido como un concepto central en el debate sobre la justicia alimentaria y los derechos humanos. Propuesto por *La Vía Campesina* en 1996[63], se define como el derecho de los pueblos a alimentos saludables y culturalmente apropiados, producidos mediante métodos sostenibles, y su derecho a definir sus propios sistemas alimentarios y agrícolas[64]. Este concepto está estrechamente relacionado con el derecho a la alimentación, reconocido en varios instrumentos internacionales. «The concept of food sovereignty is based on principles of democracy, social justice, and inclusivity. In its purest interpretation, it is a proposal for radical social transformation that aspires to democratize food systems and shape state constitutions», sostiene MANN[65].

El Comité de Derechos Económicos, Sociales y Culturales, en su Observación General n.º 12[66], define el derecho a una alimentación[67] adecuada y

62 OEHM, Franziska Maria: «Land Grabbing in Cambodia...», *op. cit.*, pág. 474.

63 «In 1996, an international coalition of peasant, farmer, rural women's, and indigenous peoples movements met in Tlaxcala, Mexico to discuss their common concerns around the effects of an increasingly globalized and concentrated agri-food system on their livelihoods, communities, and ecologies. This coalition was consolidated in 1993 as La Via Campesina, or 'peasant way' and now is one of the largest and most vibrant social movements in the world, encompassing more than 148 organizations in sixty-nine countries. At the Tlaxcala meeting, members of La Via Campesina proposed an alternative paradigm called 'food sovereignty' as a concept and framework that both challenges the foundations of the current agri-food order and proposes a set of concrete alternatives for both theory and practice». *Vid.* WITTMAN, Hannah: «Food Sovereignty: A New...», *op. cit.*, pág. 88

64 «The Nyèlèni Declaration, devised at the Forum for Food Sovereignty in Mali in 2007, provides the most recent and comprehensive definition of food sovereignty», afirma MANN. *Vid.* MANN, Alana: «Food Sovereignty: Alternatives to Failed Food and Hunger Policies», *Contemporanea,* Food Security in the Contemporary World, Vol. 18, n.º 3, luglio-settembre 2015, pág. 446, nota 7.

65 MANN, Alana: «Food Sovereignty...», *op. cit.*, pág. 447.

66 UN ECONOMIC AND SOCIAL COUNCIL: *Observación general n.º 12: El derecho a una alimentación adecuada (artículo 11 del Pacto Internacional de Derechos Económicos, Sociales y Culturales)*, E/C.12/1999/5, 12 de mayo de 1999, disponible en https://www.refworld.org/es/leg/coment/cescr/1999/es/87491 (consultado el 28 de agosto de 2024).

67 MANN recoge las palabras de La Vía Campesina que señalan «food is a basic human right. This right can only be realized in a system where food sovereignty is guaranteed». MANN,

establece que los Estados deben adoptar medidas para mejorar los métodos de producción, conservación y distribución de alimentos mediante el pleno uso de los conocimientos técnicos y científicos. Los Estados tienen las obligaciones de «respetar, proteger y realizar» el derecho a la alimentación adecuada. *Respetar* implica no interferir con el acceso existente a alimentos adecuados; *proteger* implica asegurar que terceros no priven a las personas de dicho acceso; y *realizar* implica facilitar y, cuando sea necesario, proporcionar directamente acceso a alimentos adecuados. Asimismo, también se refiere a la «sostenibilidad» entendida como la disponibilidad y accesibilidad de alimentos a largo plazo, considerando las generaciones presentes y futuras. Finalmente, debe destacarse que los Estados deben cooperar internacionalmente para asegurar el derecho a la alimentación en otros países y abstenerse de medidas que pongan en peligro dicho acceso. Esto incluye no utilizar alimentos como herramienta de presión política o económica.

Sin embargo, uno de los mayores desafíos para la soberanía alimentaria es la apropiación de recursos naturales por parte de actores poderosos, lo que restringe el acceso de las comunidades locales a la tierra, el agua y otros recursos esenciales para la producción de alimentos. Recordemos que, incluidos entre estos actores, podíamos encontrar Estados que se dedicaban a acaparar tierras para garantizarse el alimento de sus nacionales. TRAMEL señala que «the ability of working people to gain and maintain not only access to, but also control over land, water, forests and oceans has been complicated by the twin contemporary challenges of resource grabbing and climate change mitigation»[68].

VI. El carácter transnacional del *land grabbing*

1. Acceso y uso de tierras en África

El acceso y uso de tierras en África ha sido un tema de creciente interés y controversia, en los últimos años; especialmente, debido a la implicación de actores internacionales en la adquisición de grandes extensiones de tierra.

Según el International Food Policy Research Institute (IFPRI), entre 15 y 20 millones de hectáreas, en países en desarrollo, cambiaron de manos entre 2006 y 2009[69]. Este fenómeno ha sido impulsado por la percepción de que África posee vastas extensiones de tierras «ociosas» que podrían ser

---

Alana: «Food Sovereignty...», *op. cit.*, pág. 455.

68 TRAMEL, Salena: «Convergence as political strategy...», *op. cit.*, pág. 1290.

69 *Cfr.* BUSH, Ray; BUJRA, Janet; and, LITTLEJOHN, Gary: «The accumulation of dispossession», *Review of African Political Economy*, June 2011, Vol. 38, n.° 128, June 2011, pág. 187.

utilizadas más eficientemente con la inyección de capital extranjero. En este contexto, se argumenta que «the struggle for access to African land is now central to debate about how the continent might make the most from its resource base, and adds yet another dimension to the current 'scramble' on the continent for its metals, minerals and marine resources»[70], sostienen BUSH, BUJRA y LITTLEJOHN.

Uno de los motores clave detrás de estas transferencias de tierra es la producción de biocombustibles. La necesidad de fuentes alternativas de energía ha llevado a una creciente inversión extranjera en tierras africanas para cultivar cultivos destinados a la producción de biocombustibles. Así lo recuerdan BUSH, BUJRA Y LITTLEJOHN al apuntar que «boosting biofuel production is one of the drivers for foreign capital to promote land transfers in Africa»[71].

La incertidumbre en torno al futuro de los suministros de alimentos y combustibles ha motivado a los inversores a buscar tierras agrícolas en África. TANDON observa que «a growing number of investors and fund companies are acquiring large parcels of productive land in Africa, Latin America, Central and South East Asia, for commercial production or long-term investment - effectively taking land away from local farmers and in many cases, perpetuating environmentally damaging farming methods»[72].

Además, los gobiernos, con un creciente interés en la inversión en producción de alimentos en el extranjero, están utilizando la Inversión Extranjera Directa (IED), los Fondos Soberanos de Inversión (FSI) y otros acuerdos contractuales para financiar estas inversiones. TANDON manifiesta que «the new investors include those who have not traditionally invested overseas, or they may be cross-industry transnational companies, such as Daewoo Logistics (originating in the Republic of Korea) and ExxonMobil (USA) or private equity funds (such as Palmer Capital/Bidwells from Germany/UK, and Gulamareh Fund, Malaysia)»[73].

El fenómeno del acaparamiento de tierras no está exento de controversias. Un ejemplo reciente y polémico es el de unos agricultores sudafricanos que habían accedido a 172.000 hectáreas de los 10 millones de hectáreas que el gobierno de la República del Congo ha identificado como *vacantes* y disponibles para uso extranjero[74]. Estas adquisiciones de tierras suelen llevar a conflictos con las comunidades locales, que han dependido de estas tierras para su subsistencia durante generaciones.

---

70 BUSH, Ray; BUJRA, Janet; and, LITTLEJOHN, Gary: «The accumulation...», *op. cit.*, pág. 188.

71 BUSH, Ray; BUJRA, Janet; and, LITTLEJOHN, Gary: «The accumulation...», *op. cit.*, pág. 188.

72 TANDON, Nidhi: «New agribusiness investments mean wholesale sell-out for women farmers», *Gender and Development*, Vol. 18, n.° 3, November 2010, pág. 503.

73 TANDON, Nidhi: «New agribusiness investments...», *op. cit.*, pág. 506.

74 *Cfr*. BUSH, Ray; BUJRA, Janet; and, LITTLEJOHN, Gary: «The accumulation...», *op. cit.*, pág. 187.

KEULERTZ y WOERTZ también destacan que los «food importers in the Middle East and Asia have reacted by announcing agro-investments in developing countries, which have been identified as a 'new frontier' of agriculture as they have supposedly unused or underutilised land that could produce more food if yield gaps were closed by introducing modern management and production technologies»[75].

2. Impacto en comunidades indígenas y locales

El desarrollo económico y las políticas de recalificación de tierras han tenido un impacto significativo en las comunidades indígenas y locales. La recalificación de tierras es un fenómeno que, a menudo, desestima las reivindicaciones indígenas sobre sus territorios. STETSON afirma que «the recategorization of land undermines indigenous epistemological claims to the land, defining "fallow" and "deforested" land as "apt for agriculture use"»[76]. Este proceso no solo desacredita el conocimiento tradicional sobre el manejo de la tierra, sino que también facilita la apropiación de tierras por parte de intereses externos, muchas veces sin consulta o consentimiento de las comunidades afectadas.

De esta forma, verbigracia, Perú, las instituciones gubernamentales como MINEM[77] y Perúpetro juegan un papel crucial en el desarrollo de hidrocarburos en territorios indígenas. Según STETSON, estas entidades son responsables de «informing indigenous peoples of hydrocarbon development but also for establishing relations between the state, indigenous communities, and private companies»[78]. Sin embargo, esta responsabilidad, a menudo, se cumple de manera inadecuada, lo que resulta en conflictos y oposición por parte de las comunidades indígenas. Por ejemplo, más de 100 comunidades Secoya y Kichwa en el norte de Perú denunciaron la entrada de la empresa Petrobras en sus territorios, y, miles de personas *matseses* en el noreste de la Amazonía se opusieron a la entrada de la empresa petrolera colombiana Pacific Stratus[79].

El desarrollo económico en tierras agrícolas también tiene un impacto negativo en los pequeños agricultores, especialmente, en las mujeres. TANDON advierte que «this development threatens to have serious negative

75 KEULERTZ Martin y WOERTZ Eckart: «States as Actors in International Agro-Investments», en GIRONDE Christophe; GOLAY, Christophe; y, MESSERLI, Peter (eds.): *Large-Scale Land Acquisitions*, Brill | Nijhoff, 2016, pág. 31.

76 STETSON, George: «Oil Politics and Indigenous Resistance in the Peruvian Amazon: The Rhetoric of Modernity Against the Reality of Coloniality», *The Journal of Environment & Development*, Vol. 21, n.º 1, March 2012, pág. 84.

77 Ministerio de Energía y Minas del Gobierno de la República del Perú.

78 STETSON, George: «Oil Politics and Indigenous Resistance...», *op. cit.*, pág. 84.

79 STETSON, George: «Oil Politics and Indigenous Resistance...», *op. cit.*, pág. 79.

impact on small farmers, and, in particular, on women farmers who have no say in the political and trade decisions around their lands»[80]. La falta de participación de las mujeres, en las decisiones políticas y comerciales, incrementa las desigualdades y margina, aún más, a este grupo.

Además, TANDON destaca que «powerful coalitions of agro-industrial corporations, investment finance, and bio-technology research, are poised to spring new systems of large-scale controlled farming in countries that have little power to negotiate their own interests»[81]. Este fenómeno, a menudo, ocasiona el desplazamiento de los pequeños agricultores y la consolidación de tierras bajo grandes agronegocios transnacionales.

VII. El papel de la Unión Europea en el control del *land grabbing*

1. Definición europea y alcance del *land grabbing*

El término «land grabbing» no tiene una definición legal precisa en la normativa europea, pero, generalmente, se refiere a la adquisición a gran escala de tierras agrícolas sin la consulta o el consentimiento de las comunidades locales. Este término se utiliza en diferentes documentos de la Unión Europea.

De esta manera, el Tribunal de Cuentas Europeo afirma que «there is no precise legal definition of 'land grabbing', nor authoritative view on how to interpret the term, although there is consensus that 'land grabbing' per se is not necessarily illegal either under EU or national law»[82]. En el contexto de la UE, el *land grabbing* se asocia con la concentración de tierras agrícolas y las subvenciones de la PAC en manos de grandes empresas e inversores, especialmente en los Estados miembros de Europa del Este[83].

---

80 TANDON, Nidhi: «New agribusiness investments...» *op. cit.*, pág. 503.

81 TANDON, Nidhi: «New agribusiness investments...» *op. cit.*, pág. 505.

82 EUROPEAN COURT OF AUDITORS: *The Commission's response to fraud in the Common Agricultural Policy - Time to dig deeper*, n.° 14, 2022, pág. 23.

83 *Cfr.* EUROPEAN COURT OF AUDITORS: *The Commission's response to fraud..., op. cit.*, pág. 23. Como hemos visto, el *land grabbing* es un fenómeno global que afecta diversas regiones mundiales. «According to World Bank estimates, in the 2008-2009 period 45 million hectares throughout the world were targeted by land grabbing. Land grabbing was most frequent in Africa (56,2 million hectares), followed by Asia (17,7 million hectares) and Latin America (7 million hectares)», tal como señala el CESE. *Vid.* EESC: *Opinion of the European Economic and Social Committee on 'Land grabbing – a warning for Europe and a threat to family farming'*, 2015/C 242/03, *Diario Oficial de la Unión Europea*, 23 de julio de 2015, Ap. 2.8.

Los grandes retos a los que debe enfrentarse Europa, relacionados con el *land grabbing*, son la concentración de tierras[84], la expulsión de los pequeños agricultores[85], las políticas de inversión[86], la *artificialisation*[87] del uso del suelo[88], y, la falta de acceso a la tierra para nuevos agricultores.

---

84 Borras, Franco, y, Van der Ploeg señalan que «Europe is currently experiencing tremendous and rapid land concentration. This process is adversely affecting the lives and livelihoods of millions of small-scale farmers and agricultural workers. In many European countries, the degree of land-based inequality is similar to some countries with notoriously inequitable distribution of land ownership and land-based wealth such as Brazil, Colombia, and the Philippines». *Vid*. Borras, Saturnino (Jr.); Franco, Jennifer; y, Van der Ploeg, Jan Douwe: «Land concentration, land grabbing and people's struggles in Europe: Introduction to the collection of studies», en VV. AA.: *Land concentration, land grabbing and people's struggles in Europe*, Ed. Transnational Institute (TNI) for European Coordination Via Campesina and Hands off the Land network, July 2013, pág. 7.

85 Borras, Franco, y, Van der Ploeg apuntan que «[i]n Europe today, tens of thousands of small farmers are being thrown out of farming every year, while large farms and agribusiness are expanding their scope widely and rapidly». *Vid*. Borras, Saturnino (Jr.); Franco, Jennifer; y, Van der Ploeg, Jan Douwe: «Land concentration, land grabbing and people's...», *op. cit.*, pág. 7.

86 Guffens Kroff y Seufert afirman que «Current investment policies in Europe – in particular the subsidy scheme of CAP – are fostering a land concentration process and an industrial model of agriculture, big infrastructure and renewable energy in a way that marginalises family farmers and is destroying sustainable peasant agriculture». *Vid*. Guffens, Claire; Kroff, Florence; y, Seufert, Philip: «CFS Tenure Guidelines», en VV. AA.: *Land concentration, land grabbing and people's struggles in Europe*, Ed. Transnational Institute (TNI) for European Coordination Via Campesina and Hands off the Land network, July 2013, pág. 229.

87 Este concepto se encuentra, principalmente, en la literatura científica francesa. De esta manera, René Dumont definió la agricultura como la *artificialización* del medio natural. Parodi señala que se trata, «évidemment», de una definición normativa, ya que incluso en los países avanzados y exceptuando, tal vez, «d'un petit nombre de cultures très scientifiques, l'artificialisation n'est pas si poussée qu'elle permette de dominer complètement les facteurs naturels (sol, climat, etc.)». *Vid*. Parodi, Maurice: «Agriculteurs menacés et agriculteurs menaçants: L'incertitude économique des agriculteurs français», *Études rurales*, n.° 12, Jan. - Mar., 1964, pág. 11. *Cfr*. Besson, Igor: «Quelques repères dans les enseignements et l'œuvre écrite de René Dumont», en Dufumier, Marc: *Un agronome dans son siècle – Actualité de René Dumont*, Ed. Karthala, 2002, pág. 19.

88 Sobre este concepto, Borras, Franco, y, Van der Ploeg sostienen que la «"Artificialisation" of land is a key underlying process leading to land concentration, land grabbing and green grabbing. Changing lifestyles towards more urban ways, and capital accumulation imperatives (the need to continuously reinvent itself to generate profit) are leading to encroachment into agricultural land, eroding the latter through scattered but steady and widespread land use changes». *Vid.* Borras, Saturnino (Jr.); Franco, Jennifer; y, Van der Ploeg, Jan Douwe: «Land concentration, land grabbing and people's...», *op. cit.*, pág. 9. Ody señala que esta *artificalisation* del campo supone destinar las tierras fértiles a proyectos no agrícolas. *Vid*. Ody, Morgan: «Land Grabbing, 'Artificialisation' and Concentration in France: Causes, Consequences and Challenges», en VV. AA.: *Land concentration, land grabbing and people's struggles in Europe*, Ed. Transnational Institute (TNI) for European Coordination Via Campesina and Hands off the Land network, July 2013, pág. 32. Por otro lado, Baysse-Lainé señala que «[l]es marchés fonciers agricoles diffèrent largement

2. Impacto del *land grabbing* en la agricultura familiar y las comunidades rurales

La agricultura familiar[89] es fundamental para la sostenibilidad rural y la seguridad alimentaria. Sin embargo, el acaparamiento de tierras desplaza a las granjas familiares, provocando pérdida de empleos rurales y la desintegración de comunidades. El Comité Económico y Social Europeo (CESE) destaca que «land grabbing and land concentration result in those farms that had been using the land being squeezed out, and consequently to loss of jobs and communities in rural areas»[90].

Las comunidades rurales dependen de la tierra para su sustento y cohesión social. La desaparición de granjas familiares lleva a la desintegración de estas comunidades[91], ya que las tierras adquiridas, por grandes empresas, se utilizan para monocultivos industriales que no fomentan la vida comunitaria. Esto contribuye al éxodo rural y a la disminución de la actividad económica en áreas rurales, suponiendo las consecuencias que antes avanzábamos[92]. Según el CESE, «family farms do not complain that there are no jobs available, but create jobs themselves and are open to innovation»[93].

La UE ha implementado diversas políticas para regular el mercado de tierras, estableciéndose, por ejemplo, límites máximos en la percepción de ayudas de la PAC[94]. De igual forma, el CESE «calls on the Member States

---

en termes de concurrence entre agriculteurs et de régulation de l'accès (Levesque *et al.*, 2011), principalement en fonction des dynamiques d'évolution du foncier (artificialisation, déprise, défrichage), des modes de faire-valoir (propriété exploitante ou mise à disposition), des types d'exploitations (individuelles, groupées, sociétaires), des rapports de force entre tendances syndicales (qui défendent des visions distinctes de l'accès au foncier en SAFER et CDOA), ainsi que des héritages fonciers». *Vid.* BAYSSE-LAINÉ, Adrien: «Une géographie relationnelle de l'accès au foncier agricole en France», *L'Espace géographique*, Vol. 49, n.° 3, Juillet-Août-Septembre 2020, pág. 201.

89 COSIALLS UBACH, Andrés Miguel: «La explotación familiar agraria española del siglo XXI», en BOURGES, Leticia A.; y, MUÑIZ ESPADA, Esther (dir.): *Agricultura Familiar – Reflexiones desde cinco continentes*, Ed. Ministerio de Agricultura, Alimentación y Medio Ambiente, 2014, págs. 73-81.

90 EESC: *Opinion of the European Economic and Social Committee on 'Land grabbing..., op. cit.*, Ap. 4.3.

91 COSIALLS UBACH, Andrés Miguel: «La agricultura familiar y el «land grabbing» ante la función social de la propiedad agraria y la nueva reforma de la PAC», *Revista de Derecho Agrario y Alimentario*, Año XXXI, n.° 67, julio-diciembre 2015, págs. 83-94.

92 Véase aquí la referencia en la reducción de los servicios locales de toda clase (tiendas de comestibles, entidades bancarias, servicios de reparación y mantenimiento, etc.).

93 EESC: *Opinion of the European Economic and Social Committee on 'Land grabbing..., op. cit.*, Ap. 5.4.2.

94 El Expositivo 66 del RUE 2021/2015 manifiesta: «Al objeto de garantizar condiciones equitativas entre los agricultores, debe fijarse un importe máximo para los pagos directos de

to organise land use in such a way that full advantage is taken of the possibilities afforded by taxes, aid and CAP funding»[95]. Además, recomienda la introducción de un límite máximo en la adquisición de tierras agrícolas, y, derechos de compra preferentes para pequeños agricultores[96].

La PAC debe ser reformada para favorecer a las pequeñas y medianas explotaciones agrícolas. «One reason for land concentration in Europe is the single area payment under the first pillar of the CAP, which gives greater financial leverage to large-scale farmers and thus creates advantages and releases capital for further land acquisition», sostiene el CESE[97]. La Política Agrícola Común debe promover la agricultura familiar y las prácticas sostenibles, esenciales para la viabilidad a largo plazo de las explotaciones agrícolas familiares, en la línea de lo que apunta también esta institución europea.

VIII. Conclusión

El «land grabbing» o acaparamiento de tierras es una práctica de gran impacto global que afecta gravemente a la agricultura familiar, el medio ambiente y la soberanía alimentaria de muchas naciones. Este proceso, caracterizado por la adquisición masiva de tierras por parte de actores extranjeros o grandes corporaciones, suele llevarse a cabo sin la consulta o el consentimiento de las comunidades locales, lo que resulta en desplazamientos forzosos, pérdida de medios de subsistencia, y, un aumento de las desigualdades socioeconómicas.

El fenómeno del acaparamiento de tierras no es nuevo; tiene raíces históricas profundas que se remontan a la concentración de la tierra en manos de unas pocas élites en diversas culturas a lo largo de la historia. Hoy, sin

---

ayuda a la renta asociada, se permite a los Estados miembros conceder subvenciones con el fin de mejorar de la competitividad, la sostenibilidad y la calidad de determinados sectores y producciones que son particularmente importantes por razones sociales, económicas o medioambientales, y que experimentan ciertas dificultades». *Vid.* Reglamento (UE) 2021/2115 del Parlamento Europeo y del Consejo de 2 de diciembre de 2021 por el que se establecen normas en relación con la ayuda a los planes estratégicos que deben elaborar los Estados miembros en el marco de la política agrícola común (planes estratégicos de la PAC), financiada con cargo al Fondo Europeo Agrícola de Garantía (FEAGA) y al Fondo Europeo Agrícola de Desarrollo Rural (Feader), y por el que se derogan los Reglamentos (UE) n.° 1305/2013 y (UE) n.° 1307/2013, *Diario Oficial de la Unión Europea*, L 435, 6 de diciembre de 2021.

95 EESC: *Opinion of the European Economic and Social Committee on 'Land grabbing..., op. cit.*, Ap. 1.10.

96 EESC: *Opinion of the European Economic and Social Committee on 'Land grabbing..., op. cit.*, Ap. 6.15.

97 EESC: *Opinion of the European Economic and Social Committee on 'Land grabbing..., op. cit.*, Ap. 3.8.

embargo, este fenómeno ha adquirido nuevas dimensiones y se ha acelerado debido a factores como la globalización, el aumento de la demanda de recursos naturales, la producción de biocombustibles, y, la inversión extranjera en tierras agrícolas para salvaguardar el acceso a los alimentos de sus naciones. Las políticas gubernamentales, en muchos países, facilitan este proceso mediante incentivos económicos y la implementación de marcos regulatorios, que no siempre consideran los derechos de las comunidades locales e indígenas.

El impacto del acaparamiento de tierras se manifiesta en diversas dimensiones. En términos socioeconómicos, este fenómeno ha conllevado el desplazamiento de un ingente número de pequeños agricultores y ha transformado los sistemas agrícolas locales, promoviendo una monetización del acceso a la tierra y concentrando los derechos de propiedad en manos de unos pocos. Esta situación ha debilitado las economías locales, ha incrementado la pobreza y ha acrecentado la inseguridad alimentaria, afectando especialmente a las regiones más vulnerables. Las comunidades se enfrentan a la pérdida de biodiversidad agrícola y a la desaparición de conocimientos tradicionales, mientras que las mujeres, los jóvenes y otros grupos marginalizados están, particularmente, afectados por la falta de acceso y control sobre la tierra.

En el plano medioambiental, el «land grabbing» tiene efectos igualmente devastadores. La deforestación masiva, la degradación del suelo y la sobreexplotación de los recursos hídricos son consecuencias directas de estas explotaciones agrícolas a gran escala. La conversión de ecosistemas diversos en monocultivos industriales ha llevado a una reducción significativa de la biodiversidad, contribuyendo al cambio climático y alterando los ciclos hidrológicos y del carbono. El uso intensivo de fertilizantes y pesticidas, junto con prácticas agrícolas no sostenibles, ha provocado una rápida degradación del medio ambiente y una creciente dependencia de productos químicos.

Para mitigar estos efectos, es esencial avanzar hacia modelos agrícolas más sostenibles y promover marcos legales que protejan de manera efectiva los derechos de las comunidades locales e indígenas. La adopción de prácticas como la agroecología, la rotación de cultivos, la agricultura orgánica y el manejo integrado de plagas podrían contribuir a reducir el impacto negativo de la agricultura intensiva, fomentar la biodiversidad y mejorar la resiliencia de los sistemas agrícolas ante los desafíos del cambio climático.

Abordar el problema del «land grabbing» requiere, además, un compromiso con la justicia social y los derechos humanos. Es fundamental asegurar que las comunidades afectadas tengan participación activa en las decisiones que involucran sus tierras y recursos, y, que se implementen mecanismos efectivos de consulta y consentimiento. El principio de soberanía alimentaria, que defiende el derecho de los pueblos a definir sus propios sistemas alimentarios, es crucial para promover un futuro más equitativo, inclusivo y sostenible, donde la tierra y los recursos naturales se gestionen de manera justa y responsable para el beneficio de todas las generaciones presentes y futuras.

IX. Bibliografía

Boone, C. (2012) «Land Conflict and Distributive Politics in Kenya», *African Studies Review* 55, no. 1: 77.

Buur, L., Marja J. Nystrand, and **Pedersen Hundsbæk, R.** (2017) *The Political Economy of Land and Natural Resource Investments in Africa: An Analytical Framework*. Danish Institute for International Studies Working Papers, no. 2.

Colin, J. P., Woodhouse, P. (2010) «Introduction: Interpreting Land Markets in Africa», *Africa* 80, no. 1: 3-8.

De Schutter, O. (2016) «The Role of Property Rights in the Debate on Large-Scale Land Acquisitions», in *Large-Scale Land Acquisitions - Focus on South-East Asia*, edited by Christophe Gironde, Christophe Golay, and Peter Messerli, 54. Geneva: Graduate Institute of International and Development Studies.

Domínguez Petit, R. (2004) «Fuentes literarias para la agricultura cartaginesa. El Tratado de Magón», *Habis*, n.° 35: 192.

European Court of Auditors. (2022) *The Commission's Response to Fraud in the Common Agricultural Policy - Time to Dig Deeper*. Report no. 14.

Feintrenie, L. (2014) «Agroindustrial Plantations in Central Africa, Risks and Opportunities», *Biodiversity and Conservation* 23, no. 6: 1577-1589.

Fonjong, L. (2017) «Left Out but Not Backing Down», *Development in Practice* 27, n.° 8: 1121.

Foxhall, L. (1990) *Olive Cultivation within Roman Agriculture: The Ancient Economy Revisited*. Liverpool: University of Liverpool.

Friedl, A. J. (1993) *Land Use in Ancient Italy: Agriculture, Colonization and Veteran Settlement, and the Roman Villa*. Tucson: University of Arizona.

Gilbert, J. (2016) «Land Grabbing, Investors, and Indigenous Peoples», *Community Development Journal* 51, no. 3: 355.

Gilfoy, K. (2015) «Land Grabbing and NGO Advocacy in Liberia: A Deconstruction of the "Homogeneous Community"», *African Affairs* 114, no. 455: 192.

González, C. G. (2011) «Climate Change, Food Security, and Agrobiodiversity: Toward a Just, Resilient, and Sustainable Food System», *Fordham Environmental Law Review* 22, no. 3: 505.

Johansson, E. L., Marianela Fader, Johan W. Seaquist, and **Kimberly A. Nicholas**. (2016) «Green and Blue Water Demand from Large-Scale Land Acquisitions in Africa», *Proceedings of the National Academy of Sciences of the United States of America* 113, no. 41: 11475.

Keulertz, M., Woertz, E. (2016) «States as Actors in International Agro-Investments», In *Large-Scale Land Acquisitions - Focus on South-East Asia*, edited by Christophe Gironde, Christophe Golay, and Peter Messerli, 30. Geneva: Graduate Institute of International and Development Studies.

Lazarus, E. D. (2014) «Land Grabbing as a Driver of Environmental Change», *Area* 46, no. 1: 74.

Mann, A. (2015) «Food Sovereignty: Alternatives to Failed Food and Hunger Policies», *Contemporanea: Food Security in the Contemporary World* 18, no. 3: 446.

Mendonça, M. L. (2011) «Monocropping for Agrofuels: The Case of Brazil», *Development* 54, no. 1: 101.

Molony, T., Smith, J. (2010) «Briefing: Biofuels, Food Security, and Africa», *African Affairs* 109, no. 436: 495.

Muñiz Espada, E. (2024) «La ordenación normativa de un sistema agroalimentario local», *Revista de derecho agrario y alimentario* 40, no. 84: 113-152.

Ocheje, P. (2007) «"In the Public Interest": Forced Evictions, Land Rights and Human Development in Africa», *Journal of African Law* 51, no. 2: 195.

Oehm, F. M. (2015) «Land Grabbing in Cambodia as a Crime Against Humanity – Approaches in International Criminal Law», *Verfassung und Recht in Übersee / Law and Politics in Africa, Asia and Latin America* 48, no. 4: 474.

Parulkar, A. (2011) «African Land, Up for Grabs», *World Policy Journal* 28, no. 1: 105.

Siakor, S. K. (2012) *Uncertain Futures: The Impacts of Sime Darby on Communities in Liberia*. Sustainable Development Institute, Liberia. Accessed August 28, 2024.

Tramel, S. (2018) «Convergence as Political Strategy», *Third World Quarterly* 39, no. 7: 1293.

CAPÍTULO 10

EL COMERCIO AGROALIMENTARIO DE PROXIMIDAD COMO ELEMENTO DINAMIZADOR DE LAS COMUNIDADES RURALES CASTELLANO Y LEONESAS: RETOS JURÍDICOS PARA PALIAR EL RETO DEMOGRÁFICO Y TERRITORIAL

José Luis Domínguez Álvarez
Profesor Ayudante Doctor, Universidad de Salamanca

Pilar Talavera Cordero
Personal Investigador en Formación, Universidad de Salamanca

I. El reto demográfico, un reto normativo

La despoblación no es un fenómeno neutro, inherente y propio únicamente de los fenómenos económicos que afectan al medio rural, sino más bien una consecuencia de la mala praxis del poder público y de la inacción institucional[1/2]. La problemática del reto demográfico y territorial es una historia de olvido y abandono, es el relato de la inobservancia sistemática de la España rural. Paralelamente, este fenómeno se refleja en la configuración de nuestro corpus normativo y de políticas públicas creadas desde y para las ciudades, lo que provoca profundas desigualdades entre los territorios y situaciones jurídicas ilógicas. Este fenómeno jurídico se inserta en una crisis más amplia sufrida por nuestro Derecho y que está derivado tanto por un uso no riguroso de las técnicas normativas formales, como por la desconexión de las normas con la realidad fáctica que regulan[3]. Así sucede con las normas aplicables al medio rural, que desoyen la situación vivida en nuestras áreas rurales y las demandas de quiénes habitan dichos territorios, provocando situaciones injustas[4].

Por esta razón, el examen de las normas jurídicas reguladoras de actividades que repercuten en el ámbito rural es de importancia capital, el problema territorial no es otra cosa que «un problema de personas; un problema de territorios; un problema, en primer lugar, jurídico, pues a ese campo pertenece la regulación de las relaciones no solo entre personas, sino también entre poderes públicos y ciudadanos, y entre personas y medio»[5]. Todo ello para avanzar hacia un sistema de ordenación territorial que se construya sobre la base de la racionalización normativa y la simplificación administrativa en favor de los territorios rurales[6] y, sobre todo, unas normas que respondan a la realidad fáctica.

---

1 A esto se suman los procesos migratorios que provocaron el desplazamiento masivo de población del campo a la ciudad a mitad del siglo pasado, provocado por factores económicos de búsqueda de mejores oportunidades económicas y laborales en las zonas urbanas. *Vid.* CAMARERO RIOJA, L., *Del éxodo rural y del éxodo urbano: ocaso y renacimiento de los asentamientos rurales en España*, Serie de Estudios del Ministerio de Agricultura, Pesca y Alimentación, Madrid, 1993, p. 78-88.

2 *Vid.* DOMÍNGUEZ ÁLVAREZ, J. L., «La importancia del municipalismo para la consecución del nuevo resurgir de la ruralidad: la disyuntiva entre devolver el alma a los pueblos o abandonar el territorio», en *Revista Jurídica de Castilla y León*, núm. 53, 2021, p. 79.

3 *Vid.* RODRÍGUEZ ARANA, J., «Principio de seguridad jurídica y técnica normativa», *Revista de Derecho Administrativo*, núm. 3, 2007, pp. 251-268.

4 Otro ejemplo de esta situación es la aplicación de la PAC en el sector agrario, caracterizada por una burocracia cada vez más creciente, pese a las ya continuas manifestaciones del sector denunciando este hecho, *vid.* TALAVERA CORDERO, P., «La nueva política agraria común: avanzando hacia una Unión Europea más verde», en *Actualidad Jurídica Ambiental*, núm. 139, 2023, pp. 1-38.

5 *Vid.* FERNANDO PABLO, M. M., «Devolver el alma a los pueblos: el encuentro "Rural Renaissance"», en *AIS: Ars Iuris Salmanticensis*, vol. 7, núm. 2, p. 12.

6 Esta premisa ya fue proclamada en la Declaración de Cork 2.0. «Una vida mejor en el medio rural», que incluía dentro de sus orientaciones políticas la aplicación de un mecanismo rural de garantía que asegure que el desarrollo rural se incluye en todas las estrategias y políticas de la Unión. *Vid.* SANZ LARRUGA, F. J., «Instrumentos de evaluación y participación para la cohesión territorial y ante el reto demográfico», en *Revista Española de la Función Consultiva*, núm. 33, 2023, pp. 71-72.

Afortunadamente, este abandono sistemático se está revirtiendo parcialmente, ya que recientemente, el reto demográfico se ha convertido en una prioridad en la política española y ha pasado a formar parte relevante en las agendas públicas de la Unión Europea, el Estado español y las comunidades autónomas (aunque de forma muy desigual)[7]. Entre las iniciativas emprendidas destacamos: en la Unión Europea el Pacto Rural Europeo, a nivel estatal: las Directrices Generales de la Estrategia Nacional frente al Reto Demográfico y el Plan de Recuperación: 130 medidas ante el reto demográfico; las comunidades autónomas han aprobado leyes y planes de desarrollo rural, como la Ley 5/2021, de 2 de febrero, de Impulso Demográfico de Galicia o la Estrategia ante el reto demográfico y territorial. Sin embargo, existen comunidades autónomas, como la de Castilla y León que, pese a ser una de las que más sufre el proceso de vaciamiento demográfico, aún no ha aprobado una ley y/o una estrategia para afrontar el Reto Demográfico. Pero, la aprobación de normas o estrategias no resuelve automáticamente el problema, debemos transformar nuestro modelo de intervención administrativa para frenar la sangría demográfica y afrontar el reto territorial.

II. La importancia del comercio de proximidad en la dinamización de los territorios rurales y las economías locales

El sector agroalimentario es fundamental tanto para las áreas rurales, como para la economía española en general, representando un 2,67 % del Producto Interior Bruto y un saldo en la balanza comercial que es el segundo de España, con más de 10.000 millones de euros. Somos también el segundo perceptor de ayudas de la PAC y el el tercer país agrario de la UE[8]. El sector primario desempeña un papel fundamental en el medio rural[9], en muchos casos imprescindible para su supervivencia económica, siendo también uno de los sectores esenciales que se erige como respuesta al reto demográfico[10] y territorial al que se enfrentan nuestras áreas rurales.

---

7 *Ibidem*, p. 69.

8 *Vid.* Lamo De Espinosa, J., «La nueva agricultura bajo la incertidumbre pandémica», en *Economistas*, núm. 171, 2021, p. 27.

9 Como pone de relieve el Plan de Recuperación, Transformación y Resiliencia «España puede» para la ejecución del Instrumento Europeo de Recuperación, «el sector agroalimentario (...) es clave para afrontar el reto demográfico y el equilibrio territorial entre las áreas rurales y las urbanas, y contribuye además a equilibrar la balanza comercial de España, con unas exportaciones que superan los 53.700 millones de euros y un saldo positivo de 14.600 millones». *Vid.* Presidencia del Gobierno, *Plan de Recuperación, Transformación y Resiliencia «España puede»,* Madrid, 2020, p. 146.

10 *Vid.* Fernando Pablo, M. M., «¡Faltan cabezas!: una nota sobre derecho público y ruralidad», en Fernando Pablo, M. M. y Domínguez Álvarez, J. L. (Dirs.), *Rural Renaissance: Derecho y Medio Rural*, Thomson Reuters-Aranzadi, Cizur Menor, 2020, p. 21.

Sin embargo, detrás de estas cifras positivas se esconde un sector marcado por continuas manifestaciones. La más reciente ha tenido lugar durante los primeros meses de este año, que han paralizado las principales carreteras de las ciudades de todo el territorio nacional. Muchas son las legítimas reivindicaciones de un sector maltratado por muy diversas instancias, entre ellas, cobra especial importancia los precios que reciben por sus productos que, en algunos subsectores, apenas cubren los costes de producción[11]. Esto se debe a que, pese a que los precios al consumidor no paran de crecer, el valor recibido por los productores es mínimo[12].

En contraposición, los márgenes comerciales que reciben mayoristas y otros operadores no paran de crecer[13/14]. Esto implica no solo unos menores beneficios para los agricultores y los ganaderos[15], sino también, por ende, una menor repercusión económica del sector agrario en los territorios rurales. Ante esta tesitura es importante estudiar otras formas de comercialización que aumenten el valor percibido por los productores y que aportan un valor añadido a los territorios rurales, como pueden ser los canales cortos de comercialización o comercio de proximidad.

Esta forma de comercialización se define como aquella en la que intervienen uno o ningún intermediario entre el productor de los alimentos y el consumidor final. Esta definición es confusa, ya que en ocasiones la gran distribución cumple con este número de distribuidores. Por tanto, hay que añadir que se trata de una forma de comercialización en la que productor y consumidor tienen un mayor grado de poder decisión y guardan una relación más estrecha entre ellos. Se trata de una producción y un consumo con un vínculo territorial[16].

---

11 *Vid.* MOYANO ESTRADA, E., «La agricultura española, entre el reconocimiento, el malestar y la oportunidad», en *Economistas*, núm. 171, 2021, p. 55.

12 *Vid.* GRAZIANO, J., GÓMEZ, S. Y CASTAÑEDA, R., «Boom agrícola y persistencia de la pobreza en América Latina», en *Revista Española de Estudios Agrosociales y Pesqueros*, núm. 218, pp. 17-44.

13 *Vid.* TRIGUERO CANO, A., «La industria agroalimentaria: la apuesta por la calidad, la innovación y la sostenibilidad», en *Economistas*, núm. 181, p. 226.

14 De igual forma, la gran distribución crece en cuota de mercado, representando actualmente el 80 % de la comercialización de alimentos de los países industrializados. *Cfr.* MONTAGUT, X. y VIVAS, E. (Coords.), *Supermercados, no gracias. Grandes cadenas de distribución, impactos y alternativas*, Ed. Icaria, Barcelona, 2007.

15 A este problema se suman los crecientes costes de producción que generan la denominada «doble presión inversa». *Vid.* LAMO ESPINOSA, J., «La crisis económica global y la crisis agraria española», en *Mediterráneo Económico*, núm. 16, 2009, p. 48.

16 *Vid.* LÓPEZ GARCÍA, D., «Canales cortos de comercialización como elemento dinamizador de las agriculturas ecológicas urbana y perirubana», en *I Congreso Estatal de Agricultura Ecológica Urbana y Periurbana*, Elche, 2011, p. 4.

La vinculación entre la importancia del comercio de proximidad con la renta recibida por los agricultores ya fue reconocida por el Parlamento de la Unión Europea en 2010, que aprobó una propuesta de resolución sobre unos ingresos justos para los agricultores: mejorar el funcionamiento de la cadena de suministro de alimentos en Europa[17].

Pero también en instrumentos más recientes como el Plan Estratégico de la Política Agrícola Común de España, que incluye en la intervención[18] de mejora del nivel de renta de los jóvenes agricultores el subprograma de fomento de las cadenas de distribución cortas[19]. También este mandato se ha reflejado en una de las políticas ambientales derivadas del Pacto Verde Europeo: la Estrategia «de la granja a la mesa» para un sistema alimentario justo, saludable y respetuoso con el medio ambiente[20], que se trata de un documento programático con el que se pretende transformar la cadena alimentaria hacia modelos más sostenibles, para lo cual establece objetivos

---

17 *Vid.* Comisión de Agricultura y Desarrollo Rural, *Informe sobre unos ingresos justos para los agricultores: mejorar el funcionamiento de la cadena de suministro de alimentos en Europa*, 2010. Disponible en: https://acortar.link/XE0bXW (última consulta de fecha 19 de febrero de 2024).

18 Las intervenciones según el art. 3.3 del Reglamento (UE) 2021/2115 del Parlamento Europeo y del Consejo de 2 de diciembre de 2021 por el que se establecen normas en relación con la ayuda a los planes estratégicos que deben elaborar los Estados miembros en el marco de la política agrícola común (planes estratégicos de la PAC), financiada con cargo al Fondo Europeo Agrícola de Garantía (FEAGA) y al Fondo Europeo Agrícola de Desarrollo Rural (FEADER), y por el que se derogan los Reglamentos (UE) n.º 1305/2013 y (UE) n.º 1307/2013 son instrumentos de ayuda acompañados de una serie de condiciones de subvencionabilidad especificadas por un Estado miembro en su plan estratégico de la PAC, conforme a un tipo de intervención contemplado en el presente Reglamento.

19 Dentro de las intervenciones del PEPAC las cadenas de distribución cortas se unen a la mejora del nivel de renta de los jóvenes agricultores, a una mejora de posición de los agricultores en la cadena alimentaria y a la vertebración territorial. El propio PEPAC indica lo siguiente: «[e]n 2014-2020 hasta 17.989 explotaciones recibieron ayudas FEADER para participar en regímenes de calidad, mercados cortos, circuitos de distribución y agrupaciones y organizaciones de productores. Las medidas M3, M9 y M16 para cadenas cortas del periodo anterior ayudaron a alcanzar este objetivo previo al periodo de transición para lograr mejorar la posición del agricultor en la cadena de valor, siendo Cataluña, Galicia, País Vasco y Castilla-La Mancha algunas de las autoridades de gestión regionales que decidieron potenciar el asociacionismo y la mejora de la capacidad de negociación del agricultor empleando estas medidas y figuras de calidad. En el periodo 2023-2027 serán las intervenciones 7131, 7132, 7191 y 7163 las que busquen seguir cubriendo las necesidades relacionadas con este indicador, que contará con la sinergia de las medidas sectoriales que se pongan en marcha. La mayoría de las regiones siguen apoyando la programación de estas medidas, excepto, de las citadas anteriormente, Cataluña que realizará actuaciones fuera del Plan estratégico. Sin embargo, otras CC. AA. como Andalucía o Extremadura han decidido potenciar estas intervenciones de manera significativa para apoyar a sus regímenes de calidad y cadenas cortas con fondos FEADER».

20 *Cfr.* Comisión Europea, *Estrategia «de la granja a la mesa» para un sistema alimentario justo, saludable y respetuoso con el medio ambiente,* Bruselas, 2020 [COM (2020) 381 final].

y líneas de acción en todos los eslabones de la cadena, a saber: producción, transformación, distribución, comercialización y consumo. En lo que aquí nos interesa, que es la parte referente a la distribución, la estrategia reconoce que la propia ciudadanía exige un acortamiento de las cadenas de suministro[21]. Sin embargo, la Estrategia solo incluye la obligación de reducir la dependencia del transporte de larga distancia[22], sin materializarse en ninguna medida tangible.

El comercio de proximidad no solo favorece las rentas de los productores primarios del medio rural, sino también actividades posteriores a ellas (transformación, distribución y venta al por menor), que en esta forma de comercialización sí pertenecen al medio rural y, por tanto, aportan un valor añadido a dichos territorios. Esto genera un efecto multiplicador que tiene como resultado oportunidades de trabajo, como por ejemplo en el turismo rural. Igualmente, los propios consumidores están demandando productos cada vez más sostenibles, sobre todo tras la crisis del COVID, después de la cual muchos consumidores cambiaron sus preferencias eligiendo alimentos más sostenibles tanto en su forma de producción (ecológicos), como en su forma de distribución (de proximidad)[23].

Asimismo, esta modalidad de venta es más positiva en términos ambientales, ya que se ha constatado que uno de los factores más contaminantes de la cadena alimentaria son los kilómetros recorridos por los alimentos, que se cifraba en 2010 en 3,5 toneladas de CO_2 per cápita[24]. Por ello, la eliminación o reducción de la distancia en la fase de distribución nos permite construir sistemas alimentarios más sostenibles basados en la proximidad[25], reduciendo la huella de carbono de este sector económico.

Pese a que actualmente se trata de una forma de venta marginal[26 / 27] respecto a la mayoritaria, basada en grandes cadenas de distribución nacionales

---

21 *Ibidem,* p. 3.

22 *Ibidem,* p. 14.

23 *Vid.* Mesa Manzano, R. y Esparcia Pérez, J., «Cambios en la demanda y estrategias de adaptación en producciones agrarias sostenibles durante el confinamiento por la pandemia COVID-19», en *Anales de Geografía de la Universidad Complutense*, vol. 43, núm. 1, 2023, p. 115.

24 *Vid.* Aguilera, E., Piñero, P., Infante Amante, J., González De Molina, M., Lassaletta, L. Y Sanz Cobeña, A., *Emisiones de gases de efecto invernadero en el sistema agroalimentario y huella de carbono de la alimentación en España*, Real Academia de Ingeniería, Madrid, 2020, p. 81.

25 *Vid.* Muñoz Gómez, M. J., «La relocalización alimentaria: vector en la transición ecológica del derecho agroalimentario», en *Revista General de Derecho Administrativo*, núm. 62, 2023, pp. 1-45.

26 *Vid.* Langreo, A. y Germán, L., «Transformaciones en el sistema alimentario y cambios de dieta en España durante el siglo XX», en *Historia agraria: Revista de agricultura e historia rural*, 74, 2018, pp. 167-200.

27 Sin embargo, esta marginalidad es muy heterogénea en los diferentes estados miembros

e internacionales[28], sus mayores beneficios sociales, territoriales y ambientales la convierten en una actividad digna de incentivo por parte de los poderes públicos, en el cual su regulación jurídica tiene muchísimo impacto. Por cuanto la simplificación y discriminación normativa positiva constituye una herramienta fundamental para la promoción de actividades relacionadas con el sector agroalimentario en el medio rural[29].

III. Ajustes normativos para impulsar el comercio de proximidad en las áreas rurales con desafíos demográficos

El punto de partida del análisis jurídico es el estudio de la normativa aprobada por parte de la Unión Europea, el denominado «paquete higiénico» aplicable en materia agroalimentaria. Entre los que podemos destacar: el Reglamento (CE) n.º 852/2004 del Parlamento Europeo y del Consejo, de 29 de abril de 2004, relativo a la higiene de los productos alimenticios; el Reglamento (CE) n.º 853/2004 del Parlamento Europeo y del Consejo, de 29 de abril de 2004, por el que se establecen normas específicas de higiene de los alimentos de origen animal y el Reglamento (UE) 2017/625, del Parlamento Europeo y del Consejo, de 15 de marzo de 2017, relativo a los controles y otras actividades oficiales realizados para garantizar la aplicación de la legislación sobre alimentos y piensos, y de las normas sobre salud y bienestar de los animales, sanidad vegetal y productos fitosanitarios.

Esta normativa se traslada al ámbito nacional a través del Real Decreto 1086/2020, de 9 de diciembre, por el que se regulan y flexibilizan determinadas condiciones de aplicación de las disposiciones de la Unión Europea en materia de higiene de la producción y comercialización de los productos alimenticios y se regulan actividades excluidas de su ámbito de aplicación.

Este paquete higiénico ofrece tres posibilidades: conceder excepciones o exenciones a determinados requisitos establecidos en los anexos de los Reglamentos en materia de higiene, conceder adaptaciones de determinados requisitos establecidos en los anexos de los Reglamentos en materia de higiene, o bien de excluir algunas actividades del ámbito de aplicación

---

de la UE. Por ejemplo, mientras que en Grecia representa un 25 % de las explotaciones, mientras que en España representaba solo un 0,1 %. *Vid.* EUROSTAT, *Estadísticas sobre estructura de las explotaciones agrícolas*, 2023. Disponible en: https://acortar.link/HfMLvT (última consulta de fecha 19 de febrero de 2024).

28 *Vid.* Palma Fernández, J. L., *Derecho agroalimentario*, Agencia Estatal Boletín Oficial del Estado, Madrid, 2021, p. 369.

29 *Vid.* Fernando Pablo, M. M. y Domínguez Álvarez, J. L., «Discriminación positiva como recurso contra la despoblación del medio rural: los canales cortos de comercialización agroalimentaria», en *Revista Aragonesa de Administración Pública*, núm. 57, 2021, pp. 149-190.

de los Reglamentos en materia de higiene. Esta investigación se centrará en la última de las posibilidades, en la referida a la exclusión de la normativa higiénica de los suministros directos de pequeñas cantidades por parte del productor final[30].

Estos suministros directos pueden consistir en una venta directa del productor al consumidor final o a establecimientos de comercio al por menor, recibiendo también el nombre de canales cortos de comercialización[31]. La concreción de las condiciones y requisitos que se han de cumplir en cada caso es labor del legislador autonómico. Esto deriva del precepto constitucional que establece como competencia autonómica la agricultura y la ganadería (art. 148.1.7.ª) y las ferias interiores (art. 148.1.12.ª). La normativa autonómica en esta materia es heterogénea y difusa[32], por ello nuestro análisis se centrará en la normativa aplicable a la Comunidad Autónoma de Castilla y León y las posibles reformas legislativas aplicables. Cabe mencionar, que la legislación que será examinada se refiere a las flexibilizaciones del paquete de higiene aplicables a lo que se denomina como «suministros directos». Esto implica que cuando se superen estas cantidades podrá seguirse comercializando en canales cortos de comercialización, pero se aplicarán las normas generales sanitarias. Lo que sucede con estas normas generales es que están pensadas para explotaciones agrícolas de un mayor tamaño, por lo que estas medidas de flexibilidad son las más convenientes para cumplir la finalidad de la que partimos en esta contribución.

IV. La realidad castellano y leonesa: propuestas de futuro

El paquete higiénico europeo se traslada a la comunidad de Castilla y León a través de la Orden SAN/1175/2014, de 30 de diciembre, por la que se auto-

---

30 *Vid.* Comisión Europea, *Documento de trabajo de los servicios de la comisión relativo a la comprensión de determinadas disposiciones de flexibilidad previstas en los Reglamentos en materia de higiene*, 2023, p. 1.

31 Otros autores, *vid.* Muñoz Gómez, M. J., «La relocalización alimentaria: vector en la transición ecológica del derecho agroalimentario», en *Revista General de Derecho Administrativo*, 62, 2023, pp. 1-45; hablan de relocalización alimentaria haciendo referencia a la construcción de sistemas alimentarios locales vinculados al territorio, acortando las distanticas geográficas que separan al productor del consumidor. Este concepto es importado de la legislación francesa que ya ha dejado atrás el concepto de canales cortos de comercialización. Sin embargo, la legislación española reciente sigue usando este último concepto *vid.* la Ley Foral 5/2023, de 9 de marzo, de canales cortos de comercialización agroalimentaria aprobada en marzo de este mismo año.

32 Un estudio comparativo de todas las legislaciones autonómicas aplicables puede encontrarse en Domínguez Álvarez, J. L. y Talavera Cordero, P., *Marco normativo para la dinamización demográfica y territorial: transformaciones jurídicas para impulsar el comercio de proximidad*, Colex, A Coruña, 2024.

riza y regula la comercialización de determinados productos alimenticios directamente por el productor a establecimientos de venta al por menor[33]. Primeramente, conviene hacer énfasis en tres aspectos generales de la norma: su fecha de aprobación, su forma jurídica y su extensión. Se trata de una orden aprobada en 2014, lo que la convierte en una de las más antiguas que regulan esta materia, junto con Cataluña y Galicia. Reviste la forma de orden, a diferencia de otras CC. AA. que han aprobado leyes o decretos al respecto. En cuanto a su extensión estamos ante apenas tres artículos, que dificultan la consecución de los fines propios de una norma. En contraposición con la realidad de otras CC. AA., que han aprobado recientes normas con rango de ley en el que se hace una apuesta decidida por la clarificación de las normas higiénicas aplicables al comercio de proximidad[34].

Esta norma admite dos modalidades de venta en su art. 1: la venta directa del productor y la venta a establecimientos al por menor que suministran al consumidor final. Dentro de la venta al por menor se incluyen no solo consumidores particulares, sino también establecimientos de restauración colectiva, restaurantes y otros servicios similares. Se excluye expresamente que se suministre a otros establecimientos al por menor y de forma implícita la modalidad de venta electrónica. Este último extremo consideramos que debería ser incluido como así lo hacen otras CC. AA.[35], ya que las nuevas tecnologías abren un campo de posibilidades para el medio rural, también en el campo concreto de la comercialización de productos en canales cortos de comercialización. Pero para que este recurso se convierta en una oportunidad viable sería conveniente que se permitieran estas flexibilizaciones, también al comercio por vías electrónicas.

La tipología y cantidades por producto permitidas se incluyen en el art. 3 de la norma. Respecto a lo primero, podrán comercializarse «los productos

33 La Ley 10/2010, de 27 de septiembre, de salud pública y seguridad alimentaria de Castilla y León, incluye como una de las actuaciones dentro de la prestación de la salud pública del Sistema Público de Salud de Castilla y León, la promoción de la seguridad alimentaria y entre los objetivos de esta actuación el velar por el cumplimiento de la legislación sobre seguridad alimentaria. En su art. 21, se señala que corresponde a la consejería de sanidad la organización y gestión de los recursos necesarios para la consecución de los objetivos que comprende la prestación de salud pública.

34 La última ley aprobada en esta materia es la Ley Foral 5/2023, de 9 de marzo, de canales cortos de comercialización agroalimentaria de la Comunidad Autónoma de Navarra.

35 Algunas CC. AA. que lo admiten son: Aragón en el art. 4 de la Ley 7/2017, de 28 de junio, de Venta Local de Productos Agroalimentarios en Aragón; Asturias en el art. 37 de la Ley del Principado de Asturias 2/2019, de 1 de marzo, de calidad alimentaria, calidad diferenciada y venta directa de productos alimentarios; Castilla La Mancha en el art. 5 b iii) del Decreto 71/2020, de 9 de noviembre, por el que se regula en Castilla-La Mancha la venta directa de productos ligados a la explotación agraria; Extremadura en su art. 4 apartado b) del Decreto 17/2021, de 24 de marzo, por el que se regula el suministro directo por titulares de explotaciones agrarias de pequeñas cantidades de productos primarios, entre otras.

primarios agrícolas y forestales de origen vegetal, los huevos y la miel y otros alimentos procedentes de la apicultura». Respecto a los productos micológicos hay que acudir al Real Decreto 30/2009, de 16 de enero, por el que se establecen las condiciones sanitarias para la comercialización de setas para uso alimentario, en el que se autoriza, por un lado, la comercialización de setas sin tratamiento de especies silvestres[36] y cultivadas[37] que pueden ser objeto de comercialización en fresco y, por otro, existen setas que solo pueden comercializarse si se someten a un tratamiento[38].

En cuanto a las cantidades «se considerarán como pequeñas cantidades 20 Kg semanales de cada producto y proveedor en el caso de los productos vegetales, las setas y la miel y 5 kilogramos semanales por proveedor para otros alimentos procedentes de la apicultura. En el caso de los huevos, se entenderá como pequeña cantidad el suministro de 20 docenas semanales por proveedor». Castilla y León está siendo muy restrictiva tanto en la tipología de productos permitidos, como en las cantidades. Así, por ejemplo, en Aragón se permite la venta de productos vegetales, cárnicos y de procedencia animal, sin embargo, en Castilla y León solo se limitan a productos vegetales, setas, miel y huevos. Asimismo, tampoco hace ninguna referencia a productos transformados como mermeladas, licores, vinos, vinagres, etc., como sí lo hace Aragón. Lo mismo sucede con las cantidades, por ejemplo, en Aragón se permiten 70.000 kilogramos de hortalizas al año, sin embargo,

---

36 *Agaricus campestris, agaricus sylvaticus, agrocybe aegerita (cylindracea), amanita caesarea, con la volva abierta, amanita ponderosa, boletus aereus, boletus edulis, boletus pinophilus (pinicola), boletus reticulatus, calocybe gambosa, cantharellus cibarius, cantharellus cinereus, cantharellus lutescens, cantharellus tubaeformis, cantharellus subpruinosus, clitocybe geotropa, craterellus cornucopioides. fistulina hepática, higrocybe pratensis, hydnum albidum, hydnum repandum, hydnum rufescens. hygrophorus agathosmus, hygrophorus gliocyclus. hygrophorus latitabundus (limacinus), hygrophorus marzuolus, hygrophorus penarius, hygrophorus russula, lactarius deliciosus, lactarius quieticolor, lactarius salmonicolor, lactarius sanguifluus, lactarius semisanguifluus, lepista panaeolus (luscina), lepista nuda, lepista personata, macrolepiota procera, marasmius oreades, pleurotus eryngii, pleurotus ostreatus, rhizopogon luteolus (obtextus), rhizopogon roseolus, russula cyanoxantha, russula virescens, suillus luteus, terfezia arenaria, terfezia claveryi, terfezia leptoderma, tricholoma portentosu, tricholoma terreum, tuber aestivum, tuber borchii, tuber brumale, tuber indicum, tuber magnatum, tuber melanosporum (nigrum), ustilago maydis y xerocomus badius* (Boletus badius).

37 *Agaricus arvensis, agaricus bisporus, agaricus bitorquis, agaricus blazei, agaricus brunnescens, agrocybe aegerita (cylindracea), auricularia auricula-judae, auricularia polytricha, coprinus comatus, flammulina velutipes, grifola frondosa, hericium erinaceus, lentinula edodes, lepista nuda, lepista personata, hypsizygus marmoreus, hypsizygus tessulatus, pholiota nameko, pleurotus cystidiosus, pleurotus cornucopiae (citrinopileatus), pleurotus djamor, pleurotus eryngii, pleurotus fabellatus, pleurotus nebrodensi, pleurotus ostreatus, pleurotus pulmonarius, pleurotus sajor-caju, pleurotus tuber-regium, sparassis crispa, stropharia rugosoannulata, tremella fuciformis, tremella mesentérica, tricholoma caligatum (matsutake) y volvariella volvacea*.

38 Helvella sp. y morcella sp.

en Castilla y León limita todos los productos vegetales a 20 kilogramos semanales, que serían unos 1040 kilogramos al año.

La legislación comunitaria y nacional establece una limitación cuantitativa que se refiere a «pequeñas *cantidades*». Sin embargo, las comunidades autónomas han interpretado este requisito de diversas maneras, tanto en las cantidades propiamente dichas siendo más o menos amplias, como la forma de cómputo de estas cantidades (anual o semanal). En esto último, la mayoría de las CC. AA. han optado por un cómputo anual, mientras que Castilla y León lo ha hecho por uno semanal. Consideramos que utilizar el cómputo anual es más razonable, ya que facilita a los productores cumplir con los estándares establecidos en la normativa y adaptar las ventas a los periodos de mayor demanda. Esto es especialmente relevante en el comercio de proximidad en áreas rurales, donde las actividades económicas suelen tener un fuerte componente estacional, como en el caso del turismo sostenible.

En lo referido a los requisitos administrativos, la norma establece que los productores primarios deberán «estar *inscritos en el registro de la producción primaria que las autoridades competentes hayan establecido*», que en el caso de Castilla y León será el Registro de Explotaciones Agrarias de Castilla y León (REACYL). Asimismo, para garantizar la seguridad alimentaria se establece una obligación para los establecimientos de venta al por menor: registrar documentalmente todos los productores primarios de los que se provea indicado como mínimo su número de identificación fiscal junto con las partidas de productos suministradas. Esta documentación deberá estar en poder de los establecimientos y podrá ser requerida por la autoridad competente.

Un aspecto positivo, a nuestro parecer, de este requisito es que no obliga a los productores primarios a inscribirse en otros registros para poder acogerse a esta comercialización, con la burocracia que esto puede llevar aparejada. En este sentido, otras CC. AA. han creado registros específicos para esta forma de comercialización. Sin embargo, al ser en la mayoría de los casos una actividad complementaria para los productores, consideramos positivo la necesidad única de inscripción en el registro general de los productores primarios.

Sin embargo, un aspecto negativo de Castilla y León es que no han aprobado sus propias guías de buenas prácticas de higiene, como si lo han hecho otras CC. AA. Estas guías facilitan la comprensión de los criterios de flexibilidad, dotando a los productores de mayor seguridad jurídica y a los consumidores de mayor confianza en este tipo de productos. Un ejemplo de este extremo es la normativa de la Comunidad Foral de Navarra[39], en la que se incluye la obligación de aprobar guías de buenas prácticas con múltiples propósitos: para asegurar el cumplimiento de la normativa sanitaria, clarificar las flexibilizaciones permitidas y para ayudar al fomento de este tipo de comer-

39 Ley Foral 5/2023, de 9 de marzo, de canales cortos de comercialización agroalimentaria.

cialización, incluso incluye un anexo en el que se establecen los contenidos mínimos de esta guía.

Además de las modificaciones en las disposiciones que hemos indicado, consideramos que tendrían que ser incluidos otros aspectos abordados en las legislaciones de otras CC. AA. En primer lugar, sería conveniente incluir en el propio articulado medidas de fomento, toda vez que, pese a que existe una creciente concienciación ciudadana de la importancia del consumo de productos locales, aún existe cierta desconfianza acerca de la seguridad de estos alimentos. En este sentido algunos mandatos que pueden incluirse en la norma reguladora son: campañas de sensibilización, etiquetado de productos y locales, subvenciones públicas de incentivo a los productores, etc.

Respecto a la posibilidad de crear una etiqueta específica para los productos vendidos bajo esta forma de comercialización es una medida implementada en otras CC. AA. como Cataluña. Este etiquetado ayuda al consumidor a diferenciar estos productos y ponerlos en valor frente a otros, se trata de una estrategia que no solo promociona los productos, sino que también ofrece información al consumidor[40]. Sin este etiquetado es muy difícil para los consumidores diferenciar y, por tanto, valorar estos productos de proximidad.

La propia Comisión[41] se ha pronunciado sobre este extremo indicando que estas etiquetas son útiles para dejar constancia de las características del producto certificado, lo que los protege frente a estrategias de imitación. Las etiquetas son un instrumento eficaz para evitar que otros productos usen información engañosa o fraude. Además, establece la necesidad de que, para garantizar su eficacia, la etiqueta debe ser voluntaria y no llevar aparejada costes al productor e ir acompañada de medidas de fomento y difusión[42]. La promoción de estos productos a través del etiquetado es muy relevante pues supone una recompensa en un mercado cada vez más sensibilizado con las cuestiones ambientales que otorga una mayor información al consumidor, lo cual es fundamental, pues actualmente muchos productos utilizan términos como «producto ecológico», «reciclable», «producto bio» o «producto local» para maximizar sus ventas[43]. El etiquetado de productos, en este caso, debe recaer en la autoridad competente en la materia, en este caso, la Comunidad

40 *Cfr.* Calomarde, J. V., *Marketing ecológico*, Esic, Madrid, 2000.

41 *Cfr.* Comisión Europea, *Informe de la Comisión al Parlamento Europeo y al Consejo sobre la conveniencia de establecer un sistema de etiquetado para la agricultura local y las ventas directas,* 2013.

42 Un caso similar a nivel europeo sería la Etiqueta Ecológica de la Unión Europea, que se otorga si se cumplen una serie de requisitos ambientales. El objetivo de esta etiqueta es promover productos y servicios con un impacto ambiental reducido para así ofrecer a los consumidores información exacta y no engañosa. *Vid.* Fernández de Gatta Sánchez, D., *Sistema jurídico-administrativo de protección del medio ambiente*, Ratio Legis, Salamanca, 2020, p. 286.

43 *Vid.* Lozano Cutanda, B., «El futuro de la "flor europea": la nueva etiqueta ecológica de la UE», en *Revista Catalana de Dret Ambiental*, vol. 1, núm. 1, 2016, p. 4.

Autónoma de Castilla y León, tras un análisis del cumplimiento de los requisitos que se establecieran legalmente.

Se propone, igualmente, la realización de campañas audiovisuales de sensibilización para fomentar productos de proximidad, resaltando la importancia de estos para el medioambiente, para la renta de los agricultores y para las áreas rurales. Asimismo, debe recalcarse que estos productos son seguros alimentariamente, pues aún persiste cierta desconfianza en esta forma de venta.

Otras reformas que pueden realizarse, no ligadas a la normativa objeto de análisis de forma estricta, pero que serían positivas para el fomento de la venta de productos locales serían, por ejemplo: el uso de criterios sociales y ambientales, entre los que puede incluirse la provisión de productos alimentarios de proximidad, en los pliegos administrativos de la contratación pública.

V. Conclusiones

Existe un consenso generalizado en la necesidad de afrontar el Reto Demográfico, para lo cual los poderes públicos han emprendido una serie de acciones, incluso las propias instancias europeas han planteado herramientas como el «rural *proofing*» o mecanismo rural de garantía para analizar el impacto de las normas y las políticas públicas en el territorio. Sin embargo, esto no ha tenido excesivo impacto en las áreas rurales, que siguen perdiendo población y lo que es peor, sufren de forma continua el desmantelamiento de la red de servicios públicos esenciales.

Como si de un paralelismo se tratará, las instancias europeas han señalado la urgencia de evolucionar hacia sistemas agroalimentarios más sostenibles, lo cual pasa necesariamente por acortar las cadenas de suministro. Para impulsar este tipo de comercialización flexibilizando las medidas higiénico-sanitarias se han aprobado diversas normas tanto en la legislación comunitaria como en la nacional, las cuales incluyen flexibilizaciones, adaptaciones y exclusiones que, sin embargo, deben ser trasladadas a la legislación autonómica para su aplicación.

Las legislaciones autonómicas, en esta materia, son muy heterogéneas y difusas, muestra de ello son las grandes diferencias en todos los extremos que regula la ley: tipología y cantidades de producto permitidas, requisitos administrativos, modalidades de venta, la existencia de medidas de fomento. Así en algunas de ellas se apuesta decididamente por estas flexibilizaciones ampliamente, mientras que, en otras, como es el caso de Castilla y León se hace una normativización muy restrictiva. En este sentido, la norma castellanoleonesa limita significativamente la tipología y la cantidad de productos y las modalidades de venta permitidos. Esto genera que la comercialización con esta flexibilización de requisitos higiénicos de forma legal sea algo casi anecdótico.

Esta realidad pone de manifiesto la necesidad de aprobar una nueva norma, esta vez, con rango de Ley, que incluya las flexibilizaciones, adaptaciones y excepciones permitidas en la legislación nacional y comunitaria. En este sentido consideramos oportuno que se realicen las siguientes modificaciones: una delimitación clara y precisa de la regulación de los canales cortos de comercialización; ampliar tanto la tipología como la cantidad de productos; cambiar el cómputo a uno anual; admitir más modalidades de venta, en especial, a través del comercio electrónico; establecer la obligación de confeccionar una guía de buenas prácticas higiénicas; creación de una etiqueta para la diferenciación de estos productos e incluir un mandato a los poderes públicos para difundir y fomentar la importancia del comercio de proximidad. Estas modificaciones son tangibles, no solo por estar dentro del marco europeo permitido, sino porque se trata de modificaciones legislativas que ya se incluyen en las normas de otras CC. AA.

Sin embargo, la normativa por sí sola no es suficiente y debe ir acompañada de un elenco de políticas públicas de fomento de esta forma de comercialización con el consiguiente soporte presupuestario. Además de una política decidida por parte de la Castilla y León de aportar tanto por el comercio de proximidad como por los territorios rurales, algo que hasta ahora no ha sucedido.

VI. Bibliografía

Aguilera, E., Piñero, P., Infante Amante, J., González de Molina, M., Lassaletta, L., and **Sanz Cobeña, A.** *Emisiones de gases de efecto invernadero en el sistema agroalimentario y huella de carbono de la alimentación en España*. Madrid: Real Academia de Ingeniería, 2020.

Calomarde, J. V. *Marketing ecológico*. Madrid: Esic, 2000.

Camarero Rioja, L. «Del éxodo rural y del éxodo urbano: ocaso y renacimiento de los asentamientos rurales en España», in *Serie de Estudios del Ministerio de Agricultura, Pesca y Alimentación*, Madrid, 1993.

Comisión de Agricultura y Desarrollo Rural. *Informe sobre unos ingresos justos para los agricultores: mejorar el funcionamiento de la cadena de suministro de alimentos en Europa*, 2010.

Comisión Europea. *Informe de la Comisión al Parlamento Europeo y al Consejo sobre la conveniencia de establecer un sistema de etiquetado para la agricultura local y las ventas directas*, 2013.

Comisión Europea. *Documento de trabajo de los servicios de la comisión relativo a la comprensión de determinadas disposiciones de flexibilidad previstas en los Reglamentos en materia de higiene*, 2023.

Domínguez Álvarez, J. L. «La importancia del municipalismo para la consecución del nuevo resurgir de la ruralidad: la disyuntiva entre devolver el alma a los pueblos o abandonar el territorio», *Revista Jurídica de Castilla y León*, no. 53 (2021): 73-120.

Domínguez Álvarez, J. L., and **Talavera Cordero, P.** *Marco normativo para la dinamización demográfica y territorial: transformaciones jurídicas para impulsar el comercio de proximidad*. A Coruña: Colex, 2024.

Fernández de Gatta Sánchez, D. *Sistema jurídico-administrativo de protección del medio ambiente*. Salamanca: Ratio Legis, 2020.

Fernando Pablo, M. M. «¡Faltan cabezas!: una nota sobre derecho público y ruralidad», in *Rural Renaissance: Derecho y Medio Rural*, edited by Fernando Pablo, M. M. and Domínguez Álvarez, J. L., 19-27. Cizur Menor: Thomson Reuters-Aranzadi, 2020.

Fernando Pablo, M. M., and **Domínguez Álvarez, J. L.** «Discriminación positiva como recurso contra la despoblación del medio rural: los canales cortos de comercialización agroalimentaria», *Revista Aragonesa de Administración Pública*, no. 57 (2021): 149-190.

Graziano, J., **Gómez, S.**, and **Castañeda, R.** «Boom agrícola y persistencia de la pobreza en América Latina», *Revista Española de Estudios Agrosociales y Pesqueros*, no. 218 (2021): 17-44.

Lamo de Espinosa, J. «La crisis económica global y la crisis agraria española», *Mediterráneo Económico*, no. 16 (2009): 47-83.

Lamo de Espinosa, J. «La nueva agricultura bajo la incertidumbre pandémica», *Economistas*, no. 171 (2021): 25-36.

Langreo, A., and **Germán, L.** «Transformaciones en el sistema alimentario y cambios de dieta en España durante el siglo XX», *Historia agraria: Revista de agricultura e historia rural* 74 (2018): 167-200.

López García, D. «Canales cortos de comercialización como elemento dinamizador de las agriculturas ecológicas urbana y periurbana», In *I Congreso Estatal de Agricultura Ecológica Urbana y Periurbana*, Elche, 2011: 1-15.

Mesa Manzano, R., and **Esparcia Pérez, J.** «Cambios en la demanda y estrategias de adaptación en producciones agrarias sostenibles durante el confinamiento por la pandemia COVID-19», *Anales de Geografía de la Universidad Complutense* 43, no. 1 (2023): 109-132.

Montagut, X., and **Vivas, E.**, coords. *Supermercados, no gracias. Grandes cadenas de distribución, impactos y alternativas*. Barcelona: Ed. Icaria, 2007.

Moyano Estrada, E. «La agricultura española, entre el reconocimiento, el malestar y la oportunidad», *Economistas*, no. 171 (2021): 55-63

Muñoz Gómez, M. J. «La relocalización alimentaria: vector en la transición ecológica del derecho agroalimentario», *Revista General de Derecho Administrativo* 62 (2023): 1-45.

Palma Fernández, J. L. *Derecho agroalimentario*. Madrid: Agencia Estatal Boletín Oficial del Estado, 2021.

Presidencia del Gobierno. *Plan de Recuperación, Transformación y Resiliencia 'España puede'*. Madrid, 2020.

Rodríguez Arana, J. «Principio de seguridad jurídica y técnica normativa», *Revista de Derecho Administrativo*, no. 3 (2007): 251-268.

Sanz Larruga, F. J. «Instrumentos de evaluación y participación para la cohesión territorial y ante el reto demográfico», *Revista Española de la Función Consultiva*, no. 33 (2023): 69-91.

Talavera Cordero, P. «La nueva política agraria común: avanzando hacia una Unión Europea más verde», *Actualidad Jurídica Ambiental*, no. 139 (2023): 1-38.

Triguero Cano, A. «La industria agroalimentaria: la apuesta por la calidad, la innovación y la sostenibilidad», *Economistas*, no. 181 (2023): 220-233.

CAPÍTULO 11

RIGHT TO FOOD AND ENVIRONMENTAL PROTECTION IN ITALY: CONSTITUTIONAL CONNECTION[1]

Maria Galbusera
PhD candidate in Legal Sciences at the University of Milano-Bicocca
Department of Law

Summary. I. INTRODUCTION. II. LINK BETWEEN FOOD AND THE ENVIRONMENT. III. RIGHT TO FOOD APPROACH IN THE ITALIAN CONSTITUTION. IV. ENVIRONMENTAL PROTECION IN ITALY. V. ENSURING HEALTHY NUTRITION: A NEW REFORM? VI. BIBLIOGRAPHY.

ABSTRACT. This paper attempts to briefly draw some constitutional parallels between environmental protection and the right to food. In Italy, constitutional laws 1/2022 and 2/2022 integrate the protection of the environment, biodiversity, and ecosystems, which are also in the interest of future generations, into the fundamental principles. The need for such an amendment is questionable, as environmental protection has been recognised as a constitutional value for many years through established legal precedents. Recently, food and the right to food access have been playing a leading role in the political-constitutional debate. This paper aims to question the appropriateness of including this right in the Italian Constitution. The path taken for the protection of the environment could lead to some benefits for the right to food, or it could just be another constitutional revision

1 This article is the result of research conducted as part of the Project financed by the European Union – Next Generation EU - National Resistance and Resilience Plan (PNRR) - Mission 4 Component 2 Investment 1.3 - Notice No. 341 of 15 March 2022 from the Ministry of University and Research. Project code PE00000003, MUR Directorial Decree n. 1550 of 11 October 2022 granting the loan, CUP D93C22000890001. Project title "On Foods - Research and innovation network on food and nutrition Sustainability, Safety and Security – Working On Foods."

without any concrete effects. In fact, the contents of the right to food, like that of the environment, can be traced back to constitutional principles already affirmed in the Italian Constitution.

KEY-WORDS. Right to food; Environmental protection; Italian constitution; Constitutional reform; New rights.

I. Introduction

This paper attempts to briefly draw some constitutional parallels between environmental protection and the right to food. Environmental protection and the right to food are difficult principles to guarantee because they involve global, economic, and power mechanisms that are sometimes beyond the control of individual nations. These two principles have followed a similar path in terms of regulatory recognition. Initially, regulatory intervention was driven by health concerns, but over time, the scope of protection has broadened. Today, after years of intensive international and national legislation, these principles are being incorporated into some constitutions.

Constitutions could be the basis for creating a legal system that works in the present but also considers long-term environmental impacts. Unlike legislative instruments, which are susceptible to prevailing political sentiments, the rigid nature of a constitution ensures stability and continuity over the long term. For these reasons and because of the lack of effective enforcement of international law, some countries have included recognition of the right to food or the right to environmental protection in their national constitutions.

The incorporation of these principles into constitutions can serve to create a new legal system based on an innovative relationship between people, nature, food, and the future. Often, however, the explicit recognition of these principles in constitutions has not had the desired effect. At the political and promotional level, the recognition of these principles seems to have at least created social awareness, but at the technical and legal level, they have failed to guarantee what they claim to guarantee.

Even in Italy, food and environmental protection have been playing a leading role in the constitutional political debate. In 2022, this led to the recognition of the principles of environmental protection and the interests of future generations in the Italian Constitution. The study of what the 2022 reform has achieved can be a useful indicator to verify the appropriateness of introducing the right to food in the Italian Constitution, as a draft constitutional reform has recently been presented that envisages the introduction of a second clause to Article 32 (right to health). The reform aims to recognise the guarantee of a healthy diet, pursuing the principle of food sovereignty and the protection of food products that symbolise national identity *(Proposta di legge costituzionale C. 1881 XIX legislatura)*.

II. Link between food and the environment

The right to food and the protection of the environment are two closely related and complementary, but also contradictory, principles. After all, the environment, agriculture, and food have been linked by natural and biological relationships before they were linked legally.

The relationship between food production, access to food, and environmental protection is multi-faceted. Between the different actors in this relationship, there are both continuity profiles and conflicts. The actual food production system has a major environmental impact. This is due to land use, biodiversity damage, greenhouse gas emissions, and massive water consumption. Environmental degradation, which is also caused by producing food, is detrimental to food security and equitable access to food. Climate change affects agricultural productivity and the nutritional quality of the food produced. This increases the risk of food insecurity.

Despite the above contradictions, the right to food has become a fundamental priority of supranational climate action. The right to food is one of the most important prerequisites for sustainability, because development without feeding the planet is unsustainable.

The right to food, however, has not always been a concept linked to environmental protection. It was built on the stratification of several interventions at the international level[2]. This right was born in the context of the so-called 'top-down' fight against world hunger; it was understood as freedom from hunger, as the right to have access to enough food to survive[3].

The concept then developed over time, and this right now encompasses several dimensions summarised in the definition by the 2001 report, Special Rapporteur of the Commission on Human Rights by J. Zigler, according to which the right to food is:

> "the right to have regular, permanent and free access, either directly or by means of financial purchases, to quantitatively and qualitatively adequate and sufficient food corresponding to the cultural traditions of the people to which the consumer belongs, and which ensures a physical and mental, individual and collective, fulfilling and dignified life free of fear."[4]

---

2 For an in-depth look at the recognition of the right to food in the context of international law: Mechlem, K., "Food Security and the Right to Food in the Discourse of the United Nations", in *European law journal*, num. 10.5, 2004, pp. 631-648.; Alston, P., "International law and the right to food", in *Food: Multidisciplinary Perspectives* ,eds. Harriss-White, Hoffenberg, Oxford, Blackwell, 1994, pp. 205-216; Ricci, C., *Il diritto al cibo sicuro nel diritto internazionale. Spunti di riflessione,* Aracne, Roma, 2012.

3 Rodotà, S., *Il diritto al cibo,* Milano, RCS MediaGroup, 2014; Rodotà, S., *Il terribile diritto, studi sulla proprietà privata e i beni comuni,* Bologna, Il Mulino, 2013 p. 486.

4 Ziegler, J., (2001), "The right to food Report by the Special Rapporteur on the right to food", Doc.U.N. E/CN.4/2001/53

This definition moves us from the realm of mere subsistence to that of adequacy and quality and also individual choices and freedoms in relation to food. Quality food also means sustainable food and respect for the environment. This definition expanded through the introduction of the concept of the right to access quality food and the inextricable linking of the sustainability of food production and consumption with the right to food. This link was subsequently endorsed by the 2030 Agenda, which played a unifying role in setting zero hunger as a goal to be achieved in synergy with other goals for sustainable development.

Today, guaranteeing the right to food requires consolidating access to healthy and sustainable food for all. The effective realization of the right to food requires not only a production system that ensures access to sufficient and quality food for all, but also one that is capable of reducing the environmental impact of food[5].

III. Right to food approach in the italian constitution

The right to food is a concept far removed from the traditional Italian legal lexicon, but there has been no shortage of proposals for its explicit recognition in the Constitution[6]. However, an explicit recognition of the right to food in the Italian Constitution does not seem necessary. All the guarantees of the right to food in international law are already guaranteed in the Italian Constitution. Several dimensions of the right to food are safeguarded in some or other way by other constitutional principles and rights. Indeed, in a Constitution that makes equality, dignity, and the spirit of solidarity its fundamental pillars, it cannot be said that the right to food is not recognised simply because it is not explicitly mentioned[7].

The first landmark in the recognition of the right to food in the Italian Constitution is found in the guarantees related to the right to work. Work is the main means identified by the Constitution to satisfy the basic needs of individuals, such as food. The right to work is identified as a preventive and general remedy to the issue of poverty[8]; in fact, a series of protections have

5 LUPO, A., "Il diritto al cibo nella crisi climatica tra sicurezza e 'sostenibilità' alimentare", in *Bio Law Journal*, 2, 2023.

6 For example: C. 3133 XVII legislatura; C. 1881 XIX legislatura.

7 VENANZONI, A., "La Costituzione e il diritto al cibo. Ritorno all'anno Domini 1215", *la Costituzione.info,* 18 maggio 2020.

8 VIVALDI, E., GUALDANI, A., "Il minimo vitale tra tentativi di attuazione e prospettive future", in *Diritto e società*, I, 2014 p. 242.

been built around work to guarantee the worker a dignified life (Art. 35-40 Cost.).

Of course, there are also guarantees for non-workers. The right to social assistance (Art. 38 Cost.) thus becomes the reference right to guarantee access to food for those who cannot secure it by their own economic means. The Italian Constitutional Court has in fact recognised among the social rights:

> "il diritto a conseguire le prestazioni imprescindibili per alleviare situazioni di estremo bisogno in particolare alimentare... la finalità di garantire il nucleo irriducibile di questo diritto fondamentale legittima un intervento dello Stato che comprende anche la previsione della appropriata e pronta erogazione di una determinata provvidenza in favore dei singoli." **(Corte Cost. sent 10/2010)**.

The right to food does not only mean freedom from hunger. The above guarantees are complemented by those related to food self-determination[9]. The right to food is also a right to free choice of food and therefore rejects paternalistic or authoritarian state interference in the sphere of individual self-determination. The Italian legal system provides special protection for diets linked to religious or ethical-moral concepts. The protection of the freedom of religion and conscience implies a duty on the part of the State to respect and protect related dietary practices[10]. The freedom to choose one's own food also corresponds to a cultural right to food, a right that fits perfectly into the Republic's task of promoting the culture and protecting the countryside, the historical and artistic heritage, and the environment of the country (Art. 9 Cost.). The right to food also means the freedom to eat according to one's own convictions and cultural preferences.

It can therefore be said that some of the content of the right to food is already recognised in the Italian system of constitutional guarantees[11]. By reading the Constitution through the so-called 'right to food approach'[12], it is

9 D'Orazio, R., "La libertà di coscienza e il principio di eguaglianza alla prova delle 'dottrine alimentari'" in *Cibo e diritto. Una prospettiva comparata. Volume 1,* eds. Scaffardi, L., Zencovich V.Z., Roma tre-press, Roma, 2020.; Troisi, M., "Alcune note sul fondamento costituzionale del diritto al cibo: i doveri della repubblica e la diversità alimentare", *Agricoltura-istituzioni-mercati*, 1, 2016.

10 Fuccillo, A., *Il cibo degli dei. Diritto, religioni, mercati alimentari,* Torino, Giappichelli, 2015; D'Orazio, R., "La libertà di coscienza e il principio di eguaglianza alla prova delle 'dottrine alimentari'" in *Cibo e diritto. Una prospettiva comparata. Volume 1,* eds. Scaffardi, L., Zencovich V. Z., Roma tre-press, Roma, 2020, pp. 7-8.

11 For a complete reconstruction of all the dimensions of the right to food protected in the Italian Constitution, see: Bottiglieri, M., "La protezione del diritto al cibo adeguato nella Costituzione italiana", in *Forum di Quaderni costituzionali*, 2 marzo 2016.

12 Bottiglieri, M., Pizzolato, F., "Diritto al cibo : politiche, non riforme costituzionali", in *Quaderni per il dialogo e la pace,* 1, 2015, pp. 41-45

possible to reconstruct the dense network of constitutional guarantees that also refer to food.

IV. Environmental protection in Italy

In Italy, Constitutional Law 1/2022 amended one of the first twelve articles of the Constitution. The reform recognises the protection of the environment, of biodiversity, of ecosystems, and of animals, which is also in the interest of future generations, as a fundamental principle. The need for such an amendment is questionable, as environmental protection has long been recognised as a constitutional value through legal precedents. In the 1980s, the Constitutional Court recognised the right to a healthy environment not only as deriving from the right to health but also as deriving from the right to protect the natural landscape, through a broad and careful interpretation of Article 9 of the Constitution (Corte Cost. Sent. 210\1987; 127/1990)[13]. In 2001, for the first time, the term 'environmental protection' was explicitly included in the Constitution; in particular, the reform of Title V of the Constitution regulated the division of powers between the State and the regions, declaring environmental protection to be an exclusive State competence.

Consequently, it seems legitimate to ask why the Constitution was amended to introduce a principle that was already protected by the Constitution. The introduction of environmental protection into the Constitution may have been the result of concerns about the inadequacy of the current environmental policy. Therefore, however redundant or unnecessary the reform may be, it has the merit of highlighting an issue worth considering. The inclusion of fundamental principles or rights in constitutional texts is likely to provide a greater guarantee of their implementation than any other deduction or application in legislative and jurisprudential terms. However, this introduction of environmental protection may be a political manoeuvre intended to demonstrate support for this particular value without the need for concrete action to protect it. There seems to be a trend in recent years to insert new provisions into constitutional charters, provisions that add nothing to the range of constitutional protections other than a symbolic, explicit recognition of what was already inferred from the previous text. Perhaps, instead of only constitutionalising existing rights, lawmakers need to concentrate on ensuring their efficacy. Overloading constitutions with rights that are already recognised, even if not explicitly, without providing a greater guarantee of their protection runs the risk of turning constitutions into long, complex, and

13 For a thorough analysis of the recognition of environmental protection as a constitutional value: S. Grassi, "Ambiente e Costituzione", in *Rivista quadrimestrale di diritto dell'ambiente,* 3, 2017.

unrealistic lists of unenforceable rights. Quantitative logics on rights are not always successful in terms of greater and fairer protection[14].

It is difficult to see the constitutional significance or usefulness of amending Article 9 of the Charter to confirm information that is already derived from the Italian Constitution through interpretation. The Constitution has been amended, but no concrete change has resulted[15]. This lack of originality is especially noteworthy because it is the first reform in Italian republican history to modify one of its first 12 articles. Prior to this reform, amending the fundamental principles of the Constitution was considered a constitutional taboo[16].

The 2022 constitutional reform seems to have been born out of a 'why not?'. Indeed, no political force can explicitly say that it opposes protecting the environment and therefore recognising it in the Constitution. Today, the Italian state continues to act as if the reform had not been implemented. The 'green' label has also been given to the Constitution, but at the cost of changes to the fundamental principles of the Constitution.

V. Ensuring healthy nutrition: a new reform?

Recently, food and some aspects of the right to food have been at the centre of political and constitutional debates in Italy. The right to 'our' food, to healthy food because it is Italian, has become a point of political propaganda for some parties. This vision entered the institutions with the creation of the Ministry of Food Sovereignty. From another perspective, with the introduction and subsequent abolition of the *'Reddito di cittadinanza'*, the State's responsibility to provide adequate food has become the centre of political debate.

Given the new centrality of food in the public debate, it seems interesting to consider the future of the right to food in Italy and whether this right may be better protected with explicit recognition. A constitutional reform has been proposed to introduce a guarantee of healthy food (Proposta di legge costituzionale C. 1881 XIX legislatura). Besides the problematic issues related to the connection between health and products that symbolise national

14 CARTABIA, M., "In tema di 'nuovi' diritti" , in *Scritti in onore di Franco Modugno,* eds. RUOTOLO, M, Editoriale scientifica, Napoli 1, 2011 p. 642.

15 G. AZZARITI, "Appunto per l'audizione presso la Commissione Affari costituzionali del Senato della Repubblica del 16 gennaio 2020 – Modifica articolo 9 della Costituzione", in *Osservatorio AIC*, 1 , 2020, p. 69.

16 In the historic ruling of 1146\1988, the Constitutional Court affirmed the limited scope of the power to amend the Constitution. For a thorough analysis: GAMBINO, S., D'IGNAZIO G., *La revisione costituzionale e i suoi limiti: fra teoria costituzionale, diritto interno, esperienze straniere*, Giuffrè, Milano, 2007.

identity, one must question the necessity of this reform. The introduction of the guarantee of a healthy diet seems to be an unnecessary and harmful repetition of what is already protected by the constitutional system. In this case, it seems that they want to change the Constitution for the sake of propaganda. In fact, food in Italy has become the object of nationalist and protectionist criticism[17]. Italian cuisine has been erected as an immutable bastion of knowledge and goodness, to be removed and protected from outside influence. The Constitution would change because of the political-propagandistic desire to enshrine the value of the much-loved national food, the protection of 'the best cuisine in the world', in the Constitutional Charter. Guaranteeing the right to food thus seems to take a back seat to propagandistic desires.

However, it seems possible to propose another way forward, one that is different from that pursued for environmental protection and from that of the proposed constitutional reform. Precisely because of the links between food and the environment, the right to food can be used to test if the constitutionalisation path taken for environmental protection can be avoided or at least supported using new constitutional strategies – strategies aimed at the protection and guarantee of rights rather than their formal recognition.

In fact, it may be possible to avoid the path taken to protect the environment. This can be achieved by raising the constitutional value of food in a different way, without another constitutional revision that has no concrete effects. It is appropriate to consider whether there is another constitutional way to guarantee the effectiveness of the right to food, not by reforming the Italian Constitution itself but by making it more effective. Instead of committing forces to the recognition of the right to food, a reading of the Constitution in the light of what may be defined as the 'right to food approach' could be proposed.

Reading the Italian Constitution in terms of the content of the right to food can be useful in showing legislators that there is a constitutional imperative. Specifically, among the obstacles that effectively limit the freedom and equality of citizens is the impossibility of ensuring access to food in dignified conditions. By proposing a 'right to food reading' of the Charter, the aim here is to highlight how constitutional law requires policies that are linked to a vision of food in relation to the rights already present in the Charter. Highlighting the constitutional preference for certain food policies could encourage legislators and public administrations to act on the basis of a right to food interpretation of the Charter. This operation would make it possible to overcome the impasse of the mass media and propaganda debate and to value food as a right in its various components and facets without resorting

17 The sociologist DeSoucey has called this trend, which is not only Italian but also European, gastronationalism. DeSoucey, M., "Gastronationalism: Food Traditions and Authenticity Politics in the European Union", in *American Sociological Association,* 75, 3, 2010, pp. 432-455.

to symbolic proposals for constitutional reform. The aim of this interpretation would be to create a constitutional culture of the 'right to food' without running the risk of overloading the Constitution with new forecasts and revisions.

Promoting an interpretation of existing constitutional principles in the light of the right to food could be an opportunity to demonstrate that it is not always necessary to constitutionalise the rights that names have been given to. In conclusion, the 'right to food approach' could be an institutional laboratory to demonstrate how it is possible, through already existing principles, to develop a system of public policies that ensures a sustainable food system.

VI. Bibliography

Alston, P. «International Law and the Right to Food», In *Food: Multidisciplinary Perspectives*, edited by Harriss-White and Hoffenberg, 205-216. Oxford: Blackwell, 1994.

Azzariti, G. «Appunto per l'audizione presso la Commissione Affari costituzionali del Senato della Repubblica del 16 gennaio 2020 – Modifica articolo 9 della Costituzione», *Osservatorio AIC* 1 (2020): 69.

Bottiglieri, M. «La protezione del diritto al cibo adeguato nella Costituzione italiana», *Forum di Quaderni costituzionali*, March 2, 2016.

Bottiglieri, M., and **F. Pizzolato**. «Diritto al cibo: politiche, non riforme costituzionali», *Quaderni per il dialogo e la pace*1 (2015): 41-45.

Cartabia, M. «In tema di "nuovi" diritti», In *Scritti in onore di Franco Modugno*, edited by M. Ruotolo, 1:642. Napoli: Editoriale Scientifica, 2011.

D'Orazio, R. «La libertà di coscienza e il principio di eguaglianza alla prova delle "dottrine alimentari"», in *Cibo e diritto: Una prospettiva comparata*, Vol. 1, edited by L. Scaffardi and V.Z. Zencovich, 7-8. Roma: Roma Tre-Press, 2020.

DeSoucey, M. «Gastronationalism: Food Traditions and Authenticity Politics in the European Union», *American Sociological Association* 75, no. 3 (2010): 432-455.

Fuccillo, A. *Il cibo degli dei: Diritto, religioni, mercati alimentari.* Torino: Giappichelli, 2015.

Gambino, S., and **G. D'Ignazio**. *La revisione costituzionale e i suoi limiti: fra teoria costituzionale, diritto interno, esperienze straniere*. Milano: Giuffrè, 2007.

Grassi, S. «Ambiente e Costituzione», *Rivista quadrimestrale di diritto dell'ambiente* 3 (2017).

Lupo, A. «Il diritto al cibo nella crisi climatica tra sicurezza e 'sostenibilità' alimentare», *Bio Law Journal* 2 (2023).

Mechlem, K. «Food Security and the Right to Food in the Discourse of the United Nations», *European Law Journal* 10, no. 5 (2004): 631-648.

Ricci, C. *Il diritto al cibo sicuro nel diritto internazionale: Spunti di riflessione*. Roma: Aracne, 2012.

Rodotà, S. *Il diritto al cibo*. Milano: RCS MediaGroup, 2014.

Rodotà, S. *Il terribile diritto: Studi sulla proprietà privata e i beni comuni*. Bologna: Il Mulino, 2013.

Troisi, M. «Alcune note sul fondamento costituzionale del diritto al cibo: I doveri della repubblica e la diversità alimentare», *Agricoltura-istituzioni-mercati* 1 (2016).

Venanzoni, A. «La Costituzione e il diritto al cibo. Ritorno all'anno Domini 1215», *la Costituzione.info*, May 18, 2020.

Vivaldi, E., and **A. Gualdani**. «Il minimo vitale tra tentativi di attuazione e prospettive future», *Diritto e Società* I (2014): 242.

Ziegler, J. «The Right to Food», *Report by the Special Rapporteur on the Right to Food*, Doc. U.N. E/CN.4/2001/53 (2001).

CAPÍTULO 12

RÉGIMEN CONTRACTUAL DE LA LEY DE CADENA ALIMENTARIA EN UNA ENTIDAD ASOCIATIVA CON FORMA DE SOCIEDAD LIMITADA: EL PAPEL DE LAS PRESTACIONES ACCESORIAS

Anna García Companys
Profesora lectora Universitat de Lleida

RESUMEN: La vigente Ley de Cadena Alimentaria regula un estricto régimen contractual aplicable a las relaciones comerciales entre los operadores que actúan a lo largo de la cadena. En principio, no están sujetas las aportaciones de producto de socios a su entidad asociativa, por considerarse relaciones societarias o internas. En estos supuestos, siempre que la aportación de producto conste como obligación estatutaria, la Ley ofrece la opción de articular un régimen especial de aprobación y de comunicación previa de las condiciones de valoración del producto entregado por los socios y del calendario de liquidación. Ante este paradigma, mientras que los estatutos de toda cooperativa recogen como obligación esencial de los socios la aportación de producto, otras entidades asociativas como son las sociedades limitadas cuya mayor parte del capital social pertenece a cooperativas, SATs u organizaciones de productores, si desean acogerse al régimen especial, deberán incorporar estatuariamente la obligación de entrega mediante la figura de la prestación accesoria. En este trabajo abordamos los antecedentes legislativos, el régimen contractual general y especial de las entidades asociativas, incidiendo en la configuración de prestaciones accesorias en las sociedades limitadas.

I. Antecedentes y evolución de la normativa de cadena alimentaria[1]

La Ley 12/2013, de 2 de agosto, de medidas para mejorar el funcionamiento de la cadena alimentaria (LCA13) fue la primera norma en nuestro país y pionera a nivel europeo con el objetivo de mejorar el funcionamiento y la vertebración de la cadena alimentaria, aumentar la eficacia y competitividad del sector agroalimentario español y reducir el desequilibrio en las relaciones comerciales entre los diferentes operadores de la cadena. La LCA13 incorporó un régimen de contratación alimentaria y unas disposiciones sobre prácticas comerciales abusivas. Se aplicaba a las relaciones comerciales entre los operadores de la cadena desde la producción a la distribución de alimentos y se indicada expresamente que no tenían la consideración de relaciones comerciales (por tanto, quedaban excluidas de su ámbito de aplicación) las entregas de producto a cooperativas agrarias y otras entidades asociativas por parte de sus socios, siempre que en virtud de sus estatutos vinieran obligados a su realización[2]. Asimismo, el régimen de contratación de la LCA13 se circunscribía a transacciones comerciales cuyo precio fuera superior a 2.500 euros y cuando los operadores estuvieran en situación de desequilibrio o dependencia, presuponiéndose que las cooperativas, como agrupación de productores primarios, se encontraban en tal situación.

Años más tarde se aprobó el Real Decreto-ley 5/2020, de 25 de febrero, por el que se adoptaron determinadas medidas urgentes en materia de agricultura y alimentación (RD 5/2020). Se introdujo así un primer bloque de reformas a la original LCA13, siendo la novedad principal la obligación de que cada operador abonara al inmediatamente anterior un precio igual o superior al coste de producción en que hubiera incurrido dicho operador. Con esta reforma, se mantenía el régimen contractual obligatorio en caso de

1 Para un pormenorizado análisis de los antecedentes y la evolución normativa, recomendamos consultar el artículo de Anna García Companys, «Impacto de la Ley de Cadena Alimentaria en las cooperativas agrarias españolas», en *CIRIEC-España, Revista Jurídica de Economía social y Cooperativa*, núm. 44, 2023, págs. 183-217.

2 En otras palabras, las relaciones entre una cooperativa agraria o entidad asociativa y sus socios quedaban expresamente excluidas de la aplicación de la LCA13 en la medida que no se consideraban relaciones comerciales, sino internas o societarias. Esto implicaba la no aplicación generalizada de la LCA13 porque en todas las leyes cooperativas españolas se prevé como cláusula estatutaria las obligaciones de sus socios, siendo la aportación del producto su obligación principal y esencial que da sentido a la propia cooperativa. Sobre ello, consúltese a Carlos Vargas Vasserot, «Defensa de la no aplicación de la Ley de la Cadena Alimentaria a las entregas de productos a cooperativas agrarias y a otras entidades asociativas», en *Ley de la cadena alimentaria, cooperativas y otras entidades asociativas agrarias*, obra colectiva, coordinadores, Juan Francisco Juliá Igual, Elena Meliá Martí, Felipe Palau Ramírez y Carlos Vargas Vasserot, Tirant lo Blanch, Valencia, 2022, págs. 59-98, p. 61.

situación desequilibrio y la dispensa en las relaciones no comerciales entre el socio y su cooperativa o entidad asociativa[3].

Un año después, la Ley 16/2021, de 14 de diciembre, por la que se modifica la Ley 12/2023, de 2 de agosto, de medidas para mejorar el funcionamiento de la cadena alimentaria (LCA21)[4] supuso un cambio sustancial para las cooperativas y demás entidades asociativas. En primer lugar, el ámbito de aplicación del régimen legal sobre contratación alimentaria pasaba a abarcar a todas las relaciones de la cadena, aunque no existiera relación de dependencia o desequilibrio como venía exigiéndose. Asimismo, se incorporó el nuevo artículo 11 bis LCA por el que se creaba el Registro de Contratos Alimentarios —desarrollado por Real Decreto 1028/2022, de 20 de diciembre, en adelante RD 1028/2022— en el que se inscribirían los contratos alimentarios con los productores primarios y sus agrupaciones. En segundo lugar, la excepción inicialmente prevista en la LCA13 por la que las relaciones socio-cooperativa o socio-entidad asociativa quedaban expresamente excluidas varió en la LCA21, derivando en una nueva redacción del artículo 2.2 y 8.1.2.° del texto consolidado de la ley (en adelante, LCA). En virtud de los citados artículos, las aportaciones de productos de los socios a su entidad asociativa deberían formalizarse, ya fuera por un contrato alimentario o por un acuerdo societario, siendo la voluntad del legislador que el socio de la entidad tenga conocimiento de cómo se van a valorar sus productos y cuándo se les va a pagar[5].

Como última novedad de este *iter* legislativo, el pasado 21 de mayo de 2024, el Pleno del Congreso aprobó iniciar la tramitación de la reforma de la LCA. De acuerdo con su exposición de motivos, el texto reconoce la necesidad del sector de mejorar el valor de la cadena alimentaria para garantizar precios justos en los productos y poder vivir dignamente de la agricultura. Por ello, la proposición reclama una modificación de la LCA y una aplicación

---

3 Para profundizar sobre la diferencia entre relación comercial y no comercial en las sociedades cooperativas recomendamos la lectura de la completa obra de Juan Francisco Juliá Igual, Elena Meliá Martí, Felipe Palau Ramírez y Carlos Vargas Vasserot, *Ley de la cadena alimentaria, cooperativas y otras entidades asociativas agrarias*, Tirant lo Blanch, Valencia, 2022, ISBN: 9788411470209; así como el trabajo del profesor Carlos Vargas Vasserot, «Defensa y condiciones para la no aplicación de la ley de la cadena alimentaria a las entregas de productos de socios a las cooperativas (de primer y segundo grado), a otras entidades asociativas y a las realizadas en virtud de acuerdos intercooperativos», en *Revesco: Revista de estudios cooperativos*, 2023, págs. 1-24.

4 Esta ley transpone la Directiva Europea 2019/633 relativa a las prácticas comerciales desleales en las relaciones entre empresas en la cadena de suministro agrícola y alimentario (Directiva (UE) 2019/633), además de incorporar más elementos.

5 Se trata de una reforma que no ha pasado desapercibida y a la que voces autorizadas han denunciado sus incongruencias, resaltándose los rasgos distintivos de las cooperativas agroalimentarias para defender la exclusión total de la LCA en las relaciones cooperativizadas. Para un análisis exhaustivo de la afectación concreta a las cooperativas, véase Juan Francisco Juliá Igual y otros, *Ley de la cadena alimentaria, cooperativas y otras entidades asociativas agrarias*, (...) *op. cit*.

firme de la norma, de manera que se obligue a pagar unos precios en origen que al menos cubran realmente los costes de producción. Entre otros aspectos, la iniciativa propone modificar la LCA con el objetivo de dotar a las cooperativas u otras entidades asociativas de mayor poder negociador, incluir los costes reales de producción, simplificar administrativamente el registro de contratos alimentarios e incorporar la prohibición de la reventa a pérdidas. Asimismo, incluye disposiciones adicionales para limitar las prácticas abusivas por posición dominante y mecanismos de cálculo de costes de producción que sirvan de referencia para su incorporación en los contratos alimentarios.

II. Régimen contractual de la vigente ley de cadena alimentaria

La vigente LCA contiene un régimen contractual muy estricto para las relaciones comerciales que se produzcan entre los operadores que intervienen en la cadena alimentaria desde la producción a la distribución de productos agrícolas o alimentarios (art. 2.1 LCA)[6]. En términos generales, se obliga a los operadores[7] a formalizar contratos alimentarios por escrito, con el contenido mínimo legal, antes de la entrega del producto. En concreto, el Capítulo I del Título II de la LCA consta de seis artículos relativos al régimen de contratación, en particular sobre la formalización de los contratos alimentarios (artículo 8 LCA), condiciones contractuales (artículo 9 LCA), negociación comercial (artículo 9 bis LCA), subastas electrónicas (artículo 10 LCA), conservación de documentos (artículo 11 LCA) y registro de contratos alimentarios (artículo 11 bis LCA).

---

6 En virtud de este artículo 2.1 LCA, el ámbito espacial de la LCA abarca la ley a *«las relaciones comerciales que se produzcan entre los operadores establecidos en España que intervienen en la cadena alimentaria desde la producción a la distribución de productos agrícolas o alimentarios. También será de aplicación esta ley a las relaciones comerciales entre cualquiera de los operadores que intervienen en la cadena alimentaria cuando uno esté establecido en España y el otro en un Estado miembro, cuando no resulte de aplicación la legislación de otro Estado miembro. Cuando uno de los operadores esté establecido en España y el otro no, deberá indicarse expresamente en el contrato a qué legislación se sujeta la relación comercial»*. Con independencia de la legislación que resulte aplicable, cuando una de las partes esté establecida en España, y la otra en un Estado no miembro de la Unión, resultarán siempre de aplicación las prohibiciones contenidas en esta ley y el correspondiente régimen sancionador establecido para éstas en el título V.

7 Tanto comprador como vendedor están obligados a formalizar el contrato alimentario de acuerdo con las, aunque de acuerdo con el art. 23.4 LCA, «se presume, salvo prueba en contrario, que el comprador es autor de las infracciones tipificadas en las letras a) del apartado 1 y b) y c) del apartado 2 de este artículo» Estos tipifican como infracción no incluir los extremos que como mínimo deben contener los contratos alimentarios, no formalizar por escrito los contratos alimentarios y no incorporar en el contrato alimentario el precio.

El contrato alimentario[8] se define legalmente como «*aquel en el que una de las partes se obliga frente a la otra a la venta de productos agrícolas o alimentarios, y esta se obliga por un precio cierto, bien se trate de una compraventa o de un suministro de forma continuada. Se exceptúan aquellos que tengan lugar con consumidores finales*» (art. 5.f) LCA). Los contratos de integración también se consideran contratos alimentarios ex art. 5.g) LCA. De conformidad con el artículo 8.1 LCA primer párrafo, los contratos alimentarios deberán formalizarse por escrito antes del inicio de las prestaciones que originen los mismos, firmándose por cada una de las partes. Su redacción se basará en los principios de transparencia, claridad, concreción y sencillez. Éstos deberán incluir las condiciones contractuales del artículo 9 LCA (identificación de las partes, objeto del contrato, precio, condiciones de pago, de entrega y puesta a disposición, derechos y obligaciones, información a suministrarse, duración del contrato, extinción del contrato, conciliación y resolución de conflictos y, por último, excepciones por fuerza mayor).

III. Régimen especial para las entidades asociativas agroalimentarias

1. Definición de entidad asociativa agroalimentaria

El concepto de «entidad asociativa agroalimentaria» aparece tanto en la LCA como en la Ley 13/2013, de 2 de agosto, de fomento de la integración de cooperativas y de otras entidades asociativas de carácter agroalimentario (Ley de integración cooperativa). Las entidades asociativas agroalimentarias son formas de agrupación de productores primarios creadas con la voluntad de representar y defender sus intereses y que ostentan, en algunas materias, un régimen especial distinto al resto de los operadores que actúan en la cadena alimentaria. En particular, la definición legal de entidad asociativa se recoge en la letra ñ) del artículo 5 de la LCA y en el artículo 1.3 de la Ley de integración cooperativa. Ambas normas coinciden en la mayoría[9] de entes

8 Para un análisis exhaustivo del contrato alimentario, su configuración legal y doctrinal recomendamos la lectura de Pablo Amat Llombart, *Relaciones comerciales entre operadores de la cadena alimentaria. Contratos alimentarios y prácticas desleales*, Reus, Madrid, 2022, págs. 153-246, p. 158. El autor propone como definición doctrinal del contrato alimentario un acuerdo privado escrito entre operadores de la cadena alimentaria, que consiste en la transmisión de una parte contratante a otra de la propiedad de productos agrícolas o alimentarias, ya sea en unidad de acto, en una sucesión de actos o incluso interviniendo elementos propios de la integración vertical.

9 Como diferencia destacable, a efectos de la Ley 12/2013 de cadena alimentaria, se consideran entidades asociativas a las organizaciones de productores con personalidad jurídica propia, reconocidas de acuerdo con la normativa comunitaria en el ámbito de la Política

que tienen la consideración de entidad asociativa, surgiendo efectos en las respectivas leyes.

En la materia que nos ocupa, el artículo 5.ñ) LCA define a las entidades asociativas del siguiente modo: «*A los efectos de esta ley, son entidades asociativas las sociedades cooperativas de primero, segundo y ulterior grado, las sociedades agrarias de transformación, las organizaciones de productores con personalidad jurídica propia, reconocidas de acuerdo con la normativa comunitaria en el ámbito de la Política Agraria, y las entidades civiles o mercantiles, siempre que más del 50 por ciento de su capital social pertenezca a sociedades cooperativas, a organizaciones de productores o a sociedades agrarias de transformación. Las entregas de productos realizadas en el marco de acuerdos intercooperativos tendrán la consideración de entregas de socios*».

Podemos por tanto afirmar que el paradigma o prototipo de entidad asociativa agroalimentaria es la sociedad cooperativa, tanto la de primer grado de clase agraria, formada por productores primarios que aportan conjuntamente su producto a la cooperativa de la que forman parte y lo comercializan desde esta sociedad; como la de segundo grado que agrupa al menos a dos cooperativas agrarias de primer grado y que también comercializa conjuntamente la producción aportada por los socios de base. Sin embargo, se considera también entidad asociativa a la sociedad mercantil en la que más del cincuenta por ciento de su capital social pertenezca a cooperativas, a organizaciones de productores o a sociedades agrarias de transformación. Es decir, aquellas sociedades mercantiles con esta especial estructura de capital en las que al menos la mayoría de las acciones o participaciones está en manos de las tradicionales entidades asociativas (cooperativas, organizaciones de productores o sociedades agrarias de transformación) serán también consideradas entidades asociativas agroalimentarias.

2. Régimen contractual en una entidad asociativa agroalimentaria

El régimen jurídico aplicable a la relación entre un socio y su cooperativa o entidad asociativa se recoge en dos artículos de la LCA: el artículo 2.2 sobre el ámbito de aplicación y el artículo 8.1.2.° sobre la formalización de su relación.

El artículo 2.2 LCA excluye del ámbito de aplicación de la LCA «*las entregas de producto que se realicen a cooperativas y otras entidades asociativas, por parte de los socios de las mismas, siempre que, en virtud de sus estatutos, vengan obligados a su realización*». Todo ello, señala, «*sin perjuicio de lo dispuesto en el artículo 8.1*». Es decir, por regla general, las entregas o

Agraria, las cuales no tienen tal consideración en la norma sobre integración cooperativa. De forma inversa, los grupos cooperativos son una entidad asociativa en base a la Ley 13/2013 de integración cooperativa y no en la Ley 12/2013 de cadena alimentaria.

aportaciones de productos agroalimentarios de los socios a su cooperativa o entidad asociativa, a las que vienen obligados estatutariamente, estarían fuera del ámbito de aplicación de la LCA. Lo dispuesto en el artículo 8.1 es la excepción a esta regla y obliga a regular la aportación de producto ya sea mediante un contrato alimentario individualizado con cada socio o bien por un acuerdo societario sobre el procedimiento de valoración de los productos y el calendario de pagos, que sea notificado fehacientemente a cada socio aportador de producto. En particular, el ya citado artículo 8.1.2.º LCA estipula que «*en el caso de que un socio entregue la producción a una cooperativa, o a otra entidad asociativa, será necesaria la formalización por escrito de un contrato alimentario individualizado, con los mismos elementos mínimos recogidos en el artículo 9, salvo que los estatutos o acuerdos de la cooperativa o de la entidad asociativa establezcan, antes de que se realice la entrega, el procedimiento de determinación del valor del producto entregado por sus socios y el calendario de liquidación y éstos sean conocidos por los socios. A tal efecto, deberá existir una comunicación fehaciente a los interesados, que será incluida en el acuerdo y será aprobado por el órgano de gobierno correspondiente*»[10].

A) Obligación estatutaria

El trato diferencial dispensado a las cooperativas y otras entidades asociativas se legitima en base a que las aportaciones de productos son obligaciones inherentes a la condición de socio, previstas estatutariamente y que no se consideran una operación comercial sino de carácter societario e interno. El socio es parte de la entidad y esta última el vehículo escogido para agrupar y comercializar conjuntamente el producto alimentario[11]. Es por ello que el régimen especial para las entidades asociativas se activa solamente en el supuesto que la obligación de entrega esté contemplada en estatutos. Aunque la LCA refiere a «*siempre que vengan obligados a su entrega*»—por

---

10 Esta redacción de la LCA toma como base el artículo 3.1.f) de la Directiva (UE) 2019/633, el cual contempla que «*cuando el contrato de suministro se refiera a productos que deban ser entregados por un miembro de una organización de productores, incluida una cooperativa, a la organización de productores de la que es miembro el proveedor, cuando los estatutos de dicha organización de productores o las normas y decisiones estipuladas en ellos o derivados de los mismos incluyan disposiciones que tengan un efecto similar a los términos del contrato de suministro*».

11 Como señala AMAT, la razón de esta exclusión radica en la especial relación de pertenencia de los socios agricultores cooperativistas a la entidad cooperativa en la que se integran, relación de asociación que, por su naturaleza, les obliga a comercializar toda o parte de su producción a través de la propia cooperativa para lograr así ejercer mayor presión en las negociaciones con terceros sobre sus condiciones contractuales en la venta de las producciones agrarias. Pablo AMAT LLOMBART, «Mejoras en el funcionamiento de la cadena agroalimentaria en la Unión Europea y en España a partir del régimen jurídico de negociación y contratación: el contrato alimentario y el contrato tipo agroalimentario» en *Revista de Derecho Agrario y Alimentario. Segunda época*, n.º 31, 2015, págs. 7-50, p. 34.

lo que la dirección y sentido de la aportación es desde el productor a la cooperativa— también se incluye en sentido inverso de entregas de productos alimentarios de la cooperativa a sus socios[12].

En los estatutos de toda sociedad cooperativa[13] —arquetipo, como se ha dicho, de entidad asociativa agroalimentaria— es imprescindible la cláusula estatutaria que recoja como obligación de los socios la aportación total o parcial de producción a la entidad, por cuanto se trata de la actividad cooperativizada principal de los socios[14]. En particular, la cooperativa de clase agraria o agroalimentaria da respuesta a necesidades comunes de sus miembros titulares de explotaciones agrícolas, ganaderas, forestales o mixtas que, mediante la agrupación de sus productos (a lo que vienen obligados los socios), los transforman y los comercializan en común. En otras palabras, el productor primario vende *por medio de* la cooperativa y no *a* su cooperativa[15].

---

12 La Nota interpretativa sobre la consideración del abastecimiento de medios de producción por parte de socios de cooperativas y otras entidades asociativas dentro de la Ley 12/2013, de 2 de agosto, de medidas para mejorar el funcionamiento de la cadena alimentaria, del secretario general de Agricultura y Alimentación de fecha 28 de junio de 2023 apunta a esta interpretación.

13 La LCA no refiere a la cooperativa agraria o agroalimentaria, sino simplemente al término *«cooperativa de primero, segundo y ulterior grado»*. Entendemos que el legislador está pensando principalmente tanto en la cooperativa de primer grado agraria o agroalimentaria, como en la cooperativa de segundo grado que agrupa cooperativas agrarias de primer grado. La cooperativa agraria se definiría como aquella que tiene por objeto *«la producción, transformación y comercialización de los productos obtenidos en las explotaciones o en las tierras de los socios y, accesoriamente, la prestación de servicios y suministros y, en general, cualquier operación y servicio con el objetivo de lograr la mejora económica, social o técnica de los socios o de la propia cooperativa»* (artículo 110.1 Ley 12/2015, de Cooperativas de Cataluña). La Ley 27/1999, de 16 de julio, de cooperativas estatal prevé en su artículo 93 que: *«Son cooperativas agroalimentarias las que asocien a titulares de explotaciones agrícolas, ganaderas o forestales, incluyendo a las personas titulares de estas explotaciones en régimen de titularidad compartida, que tengan como objeto la realización de todo tipo de actividades y operaciones encaminadas al mejor aprovechamiento de las explotaciones de sus socios, de sus elementos o componentes de la cooperativa y a la mejora de la población agraria y del desarrollo del mundo rural, así como atender a cualquier otro fin o servicio que sea propio de la actividad agraria, ganadera, forestal o estén directamente relacionados con ellas y con su implantación o actuación en el medio rural»*.

14 Tal como regula el artículo 15.2.b) Ley 27/1999, de 16 de julio, de cooperativas estatal se habla de *«cuantía mínima obligatoria»* y, de hecho, todas las normas autonómicas (salvo la de Madrid que en el artículo 21.1.b) Ley 2/2023, de 24 de febrero, de cooperativas de la Comunidad de Madrid remite a los estatutos o al reglamento de régimen interno: *«b) Participar en las actividades que constituyen el objeto de la cooperativa. A estos efectos, los estatutos o, por remisión expresa de éstos, el reglamento de régimen interno, señalarán los módulos o normas mínimas de participación, pudiendo el órgano de administración, cuando exista causa justificada, liberar de esta obligación al socio en la medida que proceda»*) estipulan que los estatutos sociales deben fijar el *quantum mínimum* de la actividad exigida a cada socio o bien la indicación de los elementos que deben emplearse para su determinación.

15 Véase el trabajo de Carlos Vargas Vasserot, *La actividad cooperativizada y las relaciones de la cooperativa con sus socios y con terceros*, Aranzadi, Pamplona, 2006.

Por otro lado, en una sociedad capitalista que sea entidad asociativa agroalimentaria deberá incluirse expresamente en estatutos una obligación que no les es legalmente exigible. En este trabajo concretamos el supuesto en el caso de sociedades de responsabilidad limitada, aunque el régimen legal previsto es para las sociedades de capital en general, las SL son la figura más habitual en la práctica para estructurar proyectos de carácter personal o más cerrado. Como es de sobras conocido, las sociedades de capital se rigen por el Real Decreto Legislativo 1/2010, de 2 de julio, por el que se aprueba el texto refundido de la Ley de Sociedades de Capital (en adelante, Ley de Sociedades de Capital o LSC), y la principal obligación de sus socios es realizar las aportaciones dinerarias o no dinerarias al capital de la sociedad, en función de las participaciones o acciones de las que será titular. Sin embargo, si para el interés social y/o para el desarrollo de su objeto social, es necesario que sus socios se comprometan a otras obligaciones y que, además, quiera vincularse su cumplimiento a la propia condición de socio, la forma de articularlo será mediante la incorporación estatutaria de prestaciones accesorias. Se trata de una valiosa herramienta prevista en la LSC que permite exigir a los socios que cumplan con otras obligaciones más allá de las aportaciones al capital social, siempre que estatutariamente se hayan determinado cumpliéndose con los requisitos legales para ello.

Las prestaciones accesorias son obligaciones (de dar, hacer o no hacer) a cargo de todos o algunos de los socios, distintas a la aportación de capital y que no lo integran, que deben preverse en los estatutos detallando su contenido concreto y determinado, su carácter gratuito o retribuido y en este último caso, la compensación a recibir por los socios, la cual no podrá exceder el valor que corresponda a la prestación[16].

El hecho que consten en estatutos refuerza su carácter de pacto entre socios, ya que afecta también a la propia sociedad y será oponible frente a terceros[17]. La

16 Según el artículo 187 RRM, los estatutos detallarán su régimen, con expresión de su contenido concreto y determinado, que podrá ser económico o en general cualquier obligación de dar, hacer y no hacer, así como el carácter gratuito o retribuido de las mismas o, en su caso, las garantías previstas en su cumplimiento. En el supuesto de que sean retribuidas, los estatutos habrán de determinar la compensación a recibir por los socios que las realicen, sin que pueda exceder en ningún caso del valor que corresponda a la prestación. Asimismo, los estatutos podrán vincular la obligación de realizar prestaciones accesorias a la titularidad de una o varias participaciones sociales concretamente determinadas.

17 En este sentido, véase a José María Peyra Torrella, «Las prestaciones accesorias como instrumento para reforzar los pactos entre socios» en *Legal Today*, post de 11 de abril de 2016, que indica que al quedar incorporadas a los estatutos las obligaciones mediante las cuales los socios quedan comprometidos a realizar una determinada prestación para la sociedad, la vinculación de los acuerdos alcanzados trasciende a la sociedad, de forma que, además de ser válidos para los socios que los suscriben, pasan a tener eficacia frente a la sociedad. Post disponible en: https://www.legaltoday.com/practica-juridica/derecho-mercantil/societario/las-prestaciones-accesorias-como-instrumento-para-reforzar-los-pactos-entre-socios-2016-04-11/

LSC reconoce implícitamente una amplia libertad para su determinación, por lo que cada sociedad puede regularlo de la forma que mejor le convenga en función de sus circunstancias. En virtud de estos acuerdos sociales, ya sea desde la constitución o por modificación posterior, algunos o todos los socios se comprometen a realizar una determinada obligación cuyo objeto deberá ser de carácter patrimonial o reportar a la sociedad alguna ventaja económica. Como hemos dicho, no se consideran parte del capital social pero sí del patrimonio social[18], por lo que su incumplimiento puede llegar a ser causa de alteración del contrato social. En otras palabras, las modificaciones, variaciones o incumplimientos respecto a la obligación descrita como prestación accesoria pueden comportar la extinción del vínculo societario, ya sea por el nacimiento de un derecho de separación a favor del socio como por un derecho de exclusión contra el mismo. De hecho, el artículo 346 LSC, en su letra d) prevé como causa legal de separación la «*Creación modificación o extinción anticipada de la obligación de realizar prestaciones accesorias, salvo disposición contraria de los estatutos*» y el artículo 350 LSC contempla como causa legal de exclusión de los socios el incumplimiento voluntario de la obligación de realizar prestaciones accesorias.

El régimen jurídico de las prestaciones accesorias se regula de los artículos 86 al 89 LSC, los cuales sistemáticamente se ubican en el Título III de la LSC relativo a «*Las aportaciones sociales*». Asimismo, en función de en qué consista la prestación, se regirán también por las normas de aplicación correspondientes. Por ejemplo, si la prestación implica realizar servicios laborales o de trabajo[19] se aplicará la normativa laboral; o si, como sucede en el sujeto de nuestro estudio, la prestación consiste en el suministro, venta continua o aprovisionamiento de productos, se deberán aplicar las normas relativas a contratación mercantil, sea de compraventa o suministro.

La incorporación de prestaciones accesorias es una forma de personalizar la sociedad[20], involucrando de forma más o menos intensa a los socios en la

18 Así lo indica el profesor Jesús ALFARO ÁGUILA-REAL, «Lecciones, las prestaciones accesorias», en *Blog El Almacén de Derecho*, 7 de octubre de 2015. Disponible en: https://almacendederecho.org/lecciones-las-prestaciones-accesorias

19 Esta figura abre la vía, en las sociedades capitalistas, a las aportaciones de industria, propias de las sociedades personalistas, y que quedan expresamente excluidas en el artículo 58 LSC como aportaciones de capital. Véase el trabajo de Adriana GONZÁLEZ GARCÍA, José María SEGOVIA DE LA COLINA, «La alteración de las partes en el contrato de sociedad. Modificación sobrevenida de las condiciones exigidas a los socios. Derecho de exclusión, no previsto en los estatutos sociales, por incumplimiento de una prestación accesoria legal o contractual», en *Sobre el Contrato de Sociedad*, obra colectiva, coordinadora Patricia MÁRQUEZ LOBILLO, Tirant lo Blanch, Valencia, 2024, págs. 577-598.

20 El socio no solo dispone de los contratos de intercambio típicos para articular dichas relaciones, sino que puede conectar tales relaciones al contrato social haciendo que sean interdependientes. Además, este tipo de pacto resulta de gran utilidad para personalizar una sociedad de capital porque al aumentar el contenido obligatorio de la posición de socio, implica de forma intensa a los socios en la actividad social y los sitúa en una

actividad social. Ello resulta de especial interés en las entidades asociativas de tipo cerrado ya que permiten aumentar el contenido de la posición del socio, incrementando las obligaciones a asumir en su condición de tal con la entrega de todo o parte de su producción a la entidad. Ello comporta indudables beneficios como la fidelización de los socios, el compromiso con el proyecto común, una mayor implicación en la marcha de la sociedad, obtener una producción agroalimentaria mínima asegurada, etc. En suma, se consigue que los socios no actúen como meros inversores, sino que su participación en las actividades sociales les compromete con mayor intensidad en la consecución de los objetivos de la sociedad.

El artículo 86.1 LSC recoge que «*En los estatutos de las sociedades de capital podrán establecerse prestaciones accesorias distintas de las aportaciones, expresando su contenido concreto y determinado y si se han de realizar gratuitamente o mediante retribución, así como las eventuales cláusulas penales inherentes a su incumplimiento*». En consecuencia, los estatutos adquieren un papel esencial en la materia que nos ocupa ya que deben determinar el régimen jurídico de las prestaciones accesorias. Así, su creación, modificación[21] y extinción será competencia de la junta general, acordándose con los requisitos previstos para la modificación de estatutos —mayoría legal reforzada de más de la mitad de los votos correspondientes a las participaciones en que se divida el capital social— y requiriéndose, además, el consentimiento individual de los socios obligados.

Resulta esencial que los estatutos sociales definan y delimiten adecuadamente la prestación accesoria. En las entidades asociativas agroalimentarias, la entrega del producto alimentario por parte de los socios, siempre que sea

posición más comprometida que la de un mero inversor. Sobre ello, véase Jesús Alfaro Águila-Real, «Lecciones, las prestaciones accesorias», (...) *op. cit.* En la misma línea, el profesor Alberto Emparanza Sobejano indica este tipo específico de obligaciones asumidas por los socios constituyen una forma de conseguir que las condiciones personales de los socios contribuyan a la consecución de los fines de la sociedad. En una sociedad cerrada, los elementos personales de cada socio juegan un papel muy relevante a la hora de configurar la relación entre la sociedad y sus integrantes. En este sentido, las prestaciones accesorias pueden cumplir una importante función, ya que pueden posibilitar que cada socio «aporte» a la sociedad labores y actuaciones directamente relacionadas con su condición personal, que contribuyan a alcanzar los objetivos de la sociedad. Sobre este particular, Alberto Emparanza Sobejano, «Artículo 86. Carácter estatutario», en *Comentario de la Ley de Sociedades de Capital. Tomo I. Disposiciones generales. La constitución de las Sociedades de Capital. Las aportaciones sociales*, obra dirigida por José Antonio García Cruces González e Ignacio Sancho Gargallo, Tirant lo Blanch, Valencia, 2021, págs. 1219-1230.

21 Recomendamos la lectura atenta de Alberto Emparanza Sobejano, «Artículo 89. Modificación de la obligación de realizar prestaciones accesorias», en *Comentario de la Ley de Sociedades de Capital. Tomo I. Disposiciones generales. La constitución de las Sociedades de Capital. Las aportaciones sociales*, obra dirigida por José Antonio García Cruces González e Ignacio Sancho Gargallo, Tirant lo Blanch, Valencia, 2021, págs. 1247-1256.

posible, lícita y determinada podrá perfectamente configurarse estatutariamente por vía de la prestación accesoria. Según como se defina, la prestación podría consistir en una obligación de dar (por ejemplo, dar/entregar/aportar la producción agroalimentaria) o bien una obligación de hacer (suscribir un contrato alimentario por el que el socio se obligara a dar/entregar/aportar la producción agroalimentaria). En este segundo supuesto, es importante que el contenido de este contrato sea determinado o determinable, puesto que la concreción[22] es un elemento esencial para que se admita la inscripción de la prestación accesoria en estatutos.

El segundo punto que deberá valorarse como se recoge estatutariamente es la vinculación de la prestación accesoria a uno o varios socios en particular señalándose nominalmente los socios afectados o bien la afectación directa a unas participaciones sociales identificando su numeración. En función de la opción escogida se derivarían distintos escenarios tales como prestaciones accesorias con carácter obligatorio para uno, varios o todos los socios o la obligación de realizar prestaciones accesorias vinculada a la titularidad de una, varias o todas las participaciones sociales que integran el capital social. La fórmula escogida tendrá consecuencias en el régimen contractual de la LCA por cuanto sólo quedarán sometidas al régimen especial las relaciones sujetas a la prestación accesoria y que, por tanto, la obligación de aportación de producto es inherente a su condición de socios.

En cuanto a la determinación del carácter gratuito o retribuido de la prestación en particular, entendiendo que ésta referiría a contratos típicamente onerosos como el de compraventa o de suministro, deberá presumirse que revisten carácter remunerado[23], aunque ello dependerá de cómo se estipule estatutariamente. En el caso que se configure la prestación como una obligación de dar (de aportar la producción) deberá determinarse su carácter retribuido fijándose las reglas para su cálculo en los propios estatutos. Por el contrario, si se configura como una obligación de hacer (de suscribir el contrato de compraventa o suministro de productos alimentarios) podría interpretarse que la prestación en sí sería gratuita, fijándose el precio en el propio

---

22 Sobre el carácter de determinado o determinable, véase la resolución de la DGRN de 18 de junio de 2012 que admite que los estatutos establezcan prestaciones accesorias de aportación suplementaria de dinero, «con objeto de atender necesidades coyunturales de tesorería durante el plazo de diez años... y que no podrán exceder en conjunto... de la cuantía de treinta euros por participación... previa adopción del acuerdo de exigencia de aportación por la junta general». (TOL2.591.756).

23 Sobre este aspecto, véase Jesús ALFARO ÁGUILA-REAL, «Prestaciones accesorias», en *El patrimonio familiar, profesional y empresarial. Sus protocolos, T. IV*, J. M. Bosch Editor, Barcelona, 2005, págs. 433-480, esp. 415-452, ISBN 84-9790-138-X. El autor indica que ejecutar contratos típicamente onerosos, tales como una compraventa, un suministro, o un préstamo, deberá considerarse que se reviste carácter remunerado. Se exige que se determine si el socio recibirá o no retribución la resolución de la DGRN de 5 de junio de 2015 (TOL5.205.931).

contrato que se formalizase. Si bien la cuantía de la retribución es libre y se determinará de conformidad con lo acordado por la sociedad y el socio, su importe no puede exceder del valor que corresponda a la prestación (art. 87.2 LSC) con el objetivo de evitar que a través de las prestaciones accesorias se puedan vulnerar las normas del capital social y que pueda tratarse de un reparto encubierto de dividendos.

Por último, sobre el incumplimiento de la prestación accesoria, los estatutos pueden prever las causas y las consecuencias de este incumplimiento por parte del socio. Como se ha adelantado, este incumplimiento puede también comportar la exclusión del socio que, junto con el derecho de separación, constituye una causa de extinción de la relación jurídica como socio. Además de las consecuencias societarias, también podrían derivarse consecuencias contractuales. Pongamos el supuesto que la prestación accesoria se vinculara con la formalización de un contrato mercantil de compraventa continuada o de suministro. En este caso, en el propio contrato se deberían fijar las causas de resolución anticipada, de incumplimiento y cláusulas penales. A todo ello, no hay que obviar que el incumplimiento puede darse por cualquiera de las partes, esto es, tanto por el socio como por la sociedad. Si es la sociedad quien incumple con la obligación del pago de la remuneración, el socio se convertirá en acreedor de la sociedad, podrá exigirle el pago de la retribución pactada y la indemnización de daños y perjuicios consiguiente. Lo que no podrá ejercer es el derecho de separación de la sociedad, porque el incumplimiento de pago no conlleva el nacimiento de dicho derecho (art. 346 LSC) más que si así se ha previsto expresamente en los estatutos ex art. 347 LSC.

B) Régimen especial

Llegados a este punto podemos afirmar que no hay inconveniente para que la obligación de los socios de entregar la producción a su entidad asociativa con forma de sociedad limitada se configure estatutariamente por vía de la prestación accesoria. En este supuesto, la entidad podría optar entre (1) formalizar contratos alimentarios con sus socios o bien (2) aprobar y comunicar el procedimiento de determinación del valor del producto aportado y el calendario de pago antes de su entrega. Por un lado, en el caso de optar por la formalización de contratos alimentarios para regular las relaciones socio-entidad asociativa, éstos deberán incluir todos los extremos del artículo 9 LCA por imperativo legal. Esto es, deberán negociarse individualmente las condiciones contractuales y se estipulará un precio cierto superior a los costes de cada productor, debiéndose satisfacer en los plazos de 30 o 60 días en función del producto alimentario. De acuerdo con el artículo 4.2 RD 1028/2022, en el supuesto que la entidad asociativa optara por la vía contractual, no estarán obligados a registrar los contratos alimentarios que se formalicen con sus socios.

Por otro lado, si la entidad asociativa con forma de sociedad limitada opta por la segunda posibilidad relativa a reglamentar un procedimiento de determinación del valor del producto, un calendario de liquidación e informar a los socios mediante comunicación fehaciente, deberán tenerse en cuenta ciertas consideraciones. Debemos partir que la norma no exige que estos acuerdos cumplan los requisitos del artículo 9 LCA (relativos al contenido del contrato alimentario). Tampoco se faculta a un órgano societario en particular como competente para tomar los acuerdos ni desarrolla su contenido. Es por ello por lo que la entidad cuenta con cierto margen de actuación. La LCA refiere a que estos extremos pueden preverse en los estatutos o acuerdos de la cooperativa o de la entidad asociativa. La incorporación en estatutos exige *ad intra* un amplio consenso de los socios en tanto que se exige como mayoría legal el voto favorable de más de la mitad de los votos correspondientes a las participaciones en que se divida el capital social (art. 199 LSC) y *ad extra* la cualificación favorable del Registro Mercantil para su inscripción. En el caso de optar por el acuerdo societario, la LCA insta a que sea aprobado por «*el órgano de gobierno correspondiente*». De acuerdo con el art. 209 LSC, es competencia de los administradores la gestión y la representación de la sociedad de capital, por tanto, podría considerarse como su órgano de gobierno. Sin embargo, en la medida que el acuerdo societario se asimila al contrato alimentario bilateral, podríamos interpretar que éste debería adoptarse o ratificarse por la Junta General y evitar que la decisión respecto a la valoración de los productos y los calendarios de pago se tome unilateralmente por el órgano de administración. De este modo se evitarían potenciales conflictos societarios y se podría hablar con garantías de una equiparación real o equivalencia con el contrato alimentario.

Sobre el contenido del acuerdo, aludiremos al procedimiento, al calendario y a la comunicación. Para empezar, respecto al procedimiento de determinación del valor del producto, el punto de partida es que el precio que la cooperativa debe pagar a sus socios por los productos que han aportado viene determinado generalmente por el importe de las ventas de sus productos menos los gastos imputables a la cooperativa. Así, el procedimiento debería reflejar los distintos aspectos que afectan a la valoración del producto entregado por los socios a la correspondiente entidad asociativa. En otras palabras, deben definirse los criterios que toma en consideración la entidad para el cálculo del precio a pagar a sus socios. Ello permite que, aun siendo el mismo producto, si éste tiene características diferentes, se pueda pagar por él un precio distinto. Por ejemplo, en el sector frutícola, se valora el calibre de las frutas y la madurez; en el sector oleico se tendrá en cuenta el rendimiento y la acidez; en el sector cerealístico, la humedad y rendimiento; en el sector vitivinícola, el grado, rendimiento, acidez, etc.

Además del procedimiento, el acuerdo también incluirá el calendario de liquidación o de pago a los socios. El habitual pago a resultas, propio de las sociedades cooperativas, permite a la cooperativa ir vendiendo el producto cooperativo durante la campaña y realizando uno o varios anticipos hasta la liquidación final, momento en el que ya se tiene la información suficiente para el cálculo del importe de las ventas menos los gastos imputables. Interpretamos que no se aplica el régimen de plazos de pago de la Ley 15/2010, de 5 de julio, de modificación de la Ley 3/2004, de 29 de diciembre, por la que se establecen medidas de lucha contra la morosidad en las operaciones comerciales, por tratarse de una relación no comercial la del socio-cooperativa. En las entidades asociativas con forma de sociedad limitada, el esquema debería ser el mismo que en las cooperativas y la entidad debería poder determinar el calendario de liquidación correspondiente, sin sujeción a la citada ley. Así, tampoco aquí se aplicaría el régimen de aplazamientos de pago de la citada Ley de morosidad, por cuanto siempre que la obligación estuviera fijada en estatutos, la aportación de producto sería una relación societaria o no comercial.

Por último, el acuerdo deberá comunicarse fehacientemente[24] a los socios de la entidad, previa a la entrega del producto. La fehaciencia de la comunicación puede garantizarse por varios medios, pero todos ellos comportan costes para la entidad (sea mediante burofax, conducto notarial, correo electrónico certificado, etc.). En sede de sociedades cooperativas, resulta interesante valorar las diferencias de regulación en función de la legislación de la comunidad autónoma aplicable. En algunas leyes autonómicas[25] la asistencia a la asamblea general se configura como un derecho y un deber de todo socio, y atendiendo al derecho de información por el que los socios tienen a su disposición la documentación a aprobar en asamblea desde su convocatoria, podría argumentarse que la aprobación del acuerdo en sede asamblearia sería suficiente para dar a los socios por informados fehacientemente. En nuestro supuesto de hecho, en sede de sociedades de capital, la asistencia a la junta general se configura como un derecho de los socios ex art. 179 LSC y no como obligación. Para los socios presentes se podría certificar su asistencia y alegar que la comunicación se realizó correctamente, tratando de salvar así la fehaciencia. Para los no presentes, ya sea porque sí que han asistido pero representados o bien porque no consta su asistencia en junta, nos planteamos si el derecho de información del socio del art. 196 LSC es suficiente para garantizar la comunicación fehaciente por parte de la sociedad. A nuestro entender, ello no sería factible porque no puede invertirse la

24 Sobre el concepto de fehaciencia, véase, entre otras, STS 9-12-1997 o STS 15/12/2021. En esta última se indica que una notificación fehaciente es aquella que «tiene valor probatorio documental, que permite certificar un acuerdo y en la que, por tanto, se tiene constancia (i) de que el destinatario ha recibido la notificación; (ii) del contenido que ha recibido; (iii) de la fecha en la que el destinatario ha recibido dicha notificación».

25 Véase, por ejemplo, la Ley 12/2015, de Cooperativas de Cataluña (art. 38.2.c) y art. 41.1.c)) o bien la de Ley 5/2023, de 8 de marzo de Cooperativas de Baleares (art. 34.2.a) y 35.a)). Por el contrario, la Ley 27/1999, de 16 de julio, de cooperativas estatal lo configura como derecho en su art. 16.2 y no como obligación en su art. 15.

obligación de comunicación por parte de la sociedad al socio por el ejercicio de su derecho de información.

A todo ello hay que clarificar que la simple incorporación por vía estatutaria de la prestación accesoria de entrega de producción agroalimentaria no es suficiente para cumplir con las exigencias de la LCA para las entidades asociativas, tratándose únicamente del presupuesto habilitante que permite a la entidad acogerse al régimen contractual singular.

IV. Conclusiones

Las entidades asociativas agroalimentarias son agrupaciones de productores primarios creadas para representar y defender sus intereses. El prototipo de entidad asociativa agroalimentaria es la sociedad cooperativa, tanto de primer grado como de segundo u ulterior grado. No obstante, también se consideran entidades asociativas las sociedades mercantiles donde más del 50 % del capital social pertenece a cooperativas, organizaciones de productores o sociedades agrarias de transformación. Un ejemplo paradigmático sería la sociedad limitada cuyo control esté en manos de las entidades referenciadas.

Sin perjuicio de una más que probable reforma que esperemos tener ocasión de analizar, el vigente régimen contractual de la Ley de Cadena Alimentaria introducido por la Ley 16/2021 se aplica a todas las relaciones de la cadena, aunque regula un régimen especial para las aportaciones de productos de los socios a su entidad asociativa. A diferencia del régimen anterior que excluía expresamente estas transacciones, actualmente se exige que éstas se regulen, ya sea rigiéndose por la norma general prevista para todos los operadores relativa a la formalización de un contrato alimentario o bien por la adopción y comunicación de un acuerdo societario.

Este trato diferencial previsto en la Ley de Cadena Alimentaria se basa en que las aportaciones de productos son obligaciones inherentes a la condición de socio, previstas en los estatutos y no consideradas operaciones comerciales, sino societarias. Así, mientras en las sociedades cooperativas es esencial que los estatutos incluyan la obligación de los socios de aportar producción a la entidad (dado que es la actividad principal cooperativizada), en una sociedad limitada que sea entidad asociativa agroalimentaria deberá incluirse en los estatutos la obligación de entrega de productos mediante la figura de la prestación accesoria.

La figura de las prestaciones accesorias se regula en la Ley de Sociedades de Capital. Se trata de obligaciones adicionales a la aportación al capital que los socios deben cumplir en su condición de tales. Estas prestaciones deben detallarse en los estatutos, incluyendo su contenido, carácter (gratuito o retribuido) y compensación, si corresponde. Son herramientas valiosas para personalizar la sociedad y aumentar el compromiso de los socios, ya que implican una mayor participación en la actividad social.

Después del análisis realizado en este trabajo podemos afirmar que no existe inconveniente en configurar estatutariamente, mediante la prestación accesoria, la obligación de los socios de entregar su producción a una entidad asociativa agroalimentaria con forma de sociedad limitada. Se trata de una fórmula a valorar en estas entidades en que la participación de los socios a la actividad resulta esencial para su éxito.

A efectos de la LCA, esta cláusula estatutaria permite a la entidad decidir cómo formalizar su relación con los socios. La incorporación de la prestación accesoria como previsión estatutaria faculta a la entidad asociativa en concreto a escoger entre la opción de formalizar un contrato alimentario individualizado con los requisitos legales o someterse a la obligación de aprobación y comunicación de forma fehaciente a los socios del procedimiento de determinación del valor del producto aportado y el calendario de pago, todo ello antes de la entrega del producto. Cada entidad decidirá sobre la fórmula escogida para cumplir con la legalidad.

Si la entidad opta por formalizar contratos alimentarios, estos deben cumplir con lo estipulado en el artículo 9 de la LCA. Esto implica la negociación individual de las condiciones contractuales y la estipulación de un precio cierto que sea superior a los costes de cada productor, con pagos realizados en plazos de 30 o 60 días, según el tipo de producto alimentario (perecedero o no). Por otro lado, si la entidad decide reglamentar un procedimiento de determinación del valor del producto y establecer un calendario de pago, no habrá que cumplir con requisitos del artículo 9 de la LCA. Estos acuerdos pueden ser previstos en los estatutos o bien en acuerdos societarios sea en sede de junta general o por la propia administración. El contenido de este acuerdo debe definir los criterios específicos de valoración y se debe establecer un calendario de pagos por la producción aportada. A todo ello, se exige que la entidad comunique de manera fehaciente el acuerdo a los socios antes de la entrega del producto.

V. Bibliografía

Alfaro Águila-Real, J. «Prestaciones accesorias», in *El patrimonio familiar, profesional y empresarial. Sus protocolos*, vol. IV, 433-480. Barcelona: J. M. Bosch Editor, 2005. ISBN 84-9790-138-X.

Alfaro Águila-Real, J. «Lecciones, las prestaciones accesorias», *Blog El Almacén de Derecho*, October 7, 2015.

Amat Llombart, P. «Mejoras en el funcionamiento de la cadena agroalimentaria en la Unión Europea y en España a partir del régimen jurídico de negociación y contratación: el contrato alimentario y el contrato tipo agroalimentario», *Revista de Derecho Agrario y Alimentario* 31 (2015): 7-50.

Amat Llombart, P. *Relaciones comerciales entre operadores de la cadena alimentaria. Contratos alimentarios y prácticas desleales*. Madrid: Reus, 2022.

Emparanza Sobejano, A. «Artículo 86. Carácter estatutario», in *Comentario de la Ley de Sociedades de Capital. Tomo I. Disposiciones generales. La constitución de las Sociedades de Capital. Las aportaciones sociales*, directed by José Antonio García Cruces González and Ignacio Sancho Gargallo, 1219-1230. Valencia: Tirant lo Blanch, 2021. ISBN 9788413979502.

García Companys, A. «Impacto de la Ley de Cadena Alimentaria en las cooperativas agrarias españolas», *CIRIEC-España, Revista Jurídica de Economía social y Cooperativa* 44 (2023): 183-217.

González García, A., Segovia de la Colina, J. M. «La alteración de las partes en el contrato de sociedad. Modificación sobrevenida de las condiciones exigidas a los socios. Derecho de exclusión, no previsto en los estatutos sociales, por incumplimiento de una prestación accesoria legal o contractual», in *Sobre el Contrato de Sociedad*, directed by M. B. González Fernández, P. Márquez Lobillo, and M. T. Otero Cobos, 577-598. Valencia: Tirant lo Blanch, 2024. ISBN 9788410564190.

Juliá Igual, J. F., Meliá Martí, E., Palau Ramírez, F. and Vargas Vasserot, C. (coords.) *Ley de la cadena alimentaria, cooperativas y otras entidades asociativas agrarias*. Valencia: Tirant lo Blanch, 2022.

Muñiz Espada, E, coord. *Cambios en la Ley de cadena alimentaria: propuestas para urgente transposición de la Directiva 2019/633*. Madrid: Reus, 2020.

Muñiz Espada, E. *Relaciones contractuales de cooperación en el medio agrario y rural*. Navarra: Aranzadi, 2020.

Pérez-Serrabona González, J. L. «Sobre los nuevos contratos alimentarios en el derecho español», *Revista Crítica de Derecho Privado* 16 (2019): 425-462.

Peyra Torrella, J. M. «Las prestaciones accesorias como instrumento para reforzar los pactos entre socios», *Legal Today*, April 11, 2016.

Rodríguez Cachón, T. *Estudio de las relaciones contractuales de la cadena alimentaria española desde la perspectiva del Análisis Económico del Derecho*. Burgos: 2018.

Sánchez Hernández, A. «La contratación agroalimentaria tras las medidas de la nueva Ley 16/2021 de 14 de diciembre para mejorar el funcionamiento de la cadena alimentaria», *Przegląd Prawa Rolnego* 30 (2022): 255-273.

Vargas Vasserot, C. *La actividad cooperativizada y las relaciones de la cooperativa con sus socios y con terceros*. Pamplona: Aranzadi, 2006.

Vargas Vasserot, C. «Condiciones para dispensar a las cooperativas y a otras entidades asociativas de la obligación de formalizar contratos individuales con sus socios y para convertir en socios a terceros», in *Ley de la cadena alimentaria, cooperativas y otras entidades asociativas agrarias*, 99-126. Valencia: Tirant lo Blanch, 2022. ISBN 978-84-1147-020-9.

Vargas Vasserot, C. «Defensa y condiciones para la no aplicación de la ley de la cadena alimentaria a las entregas de productos de socios a las cooperativas (de primer y segundo grado), a otras entidades asociativas y a las realizadas en virtud de acuerdos intercooperativos», *Revesco* (2023): 1-24.

CAPÍTULO 13

ALERTAS ALIMENTARIAS Y PRINCIPIO DE PRECAUCIÓN TRAS VEINTE AÑOS DE LA CRISIS DEL ACEITE DE ORUJO ESPAÑOL[1]

Juan José Guardia Hernández
Profesor agregado de Derecho administrativo, Universitat internacional de Catalunya

RESUMEN. La crisis del aceite de orujo de oliva en España en 2001 y su relación con el principio de precaución en la seguridad alimentaria ha sido un tema controvertido. Las autoridades sanitarias emitieron una alerta que provocó la retirada del producto del mercado, lo que tuvo graves consecuencias para los productores. Se cuestiona si se aplicó correctamente el principio de precaución, ya que algunos tribunales consideraron que no existía un riesgo inminente que justificara la medida. A pesar de esto, los afectados no recibieron indemnización económica por los daños sufridos. Se destaca la necesidad de criterios claros para aplicar el principio de precaución y reducir la discrecionalidad administrativa. Los requisitos deberían incluir un riesgo potencial y una incertidumbre científica cualificada. Si no

---

1 Trabajo derivado del proyecto de investigación «Conflictos éticos en la gestión de los riesgos para la salud humana ante la incertidumbre de la ciencia» financiado por la Fundación BBVA dentro de la Convocatoria 2021 de Ayudas a Proyectos de Investigación Científica. Este proyecto pertenece al GRE- Drets, Agenda 2030 i Recuperació Sostenible a Catalunya (RESCAT 2030).

se cumplen ambos requisitos, su aplicación sería antijurídica. Es importante revisar la evidencia científica, consultar a expertos independientes y considerar conflictos de intereses para reconocer la incertidumbre científica. La existencia de hipótesis divergentes o ensayos aislados no es suficiente, debe haber falta de consenso o evidencia sólida. Establecer criterios claros permitiría un mayor control judicial y la posibilidad de recurrir a la justicia constitucional.

I. Introducción

El controvertido caso del aceite de orujo de oliva en España en el año 2001 ha sido ya objeto de numerosas sentencias judiciales, y que demuestra, con aspectos que rayan lo dramático para los productores de este óleo, la necesidad de «obrar con precaución en la aplicación del principio de precaución», si se me permite realizar este juego de palabras.

Este trabajo se dividide en dos epígrafes. En primer lugar, destaco la cronología de la crisis del aceite de orujo, jalonada por sucesivas resoluciones judiciales, a veces contradictorias. Todo ello para concluir en la necesidad de establecer criterios claros para aplicar el principio de precaución.

En segundo lugar, analizo cuáles podría ser los requisitos que deberían concurrir para una legítima aplicación de principio de precaución. Concluyo con unas sintéticas conclusiones que contiene las principales afirmaciones a las que he llegado tras el análisis fáctico y jurídico de las crisis de orujo de oliva español.

II. La crisis del aceite de orujo español

1. Génesis

En mayo del año 2001 se acusa, desde un diario de la hoy extinta República Checa, que el aceite de orujo español presenta concentraciones de una sustancia presuntamente cancerígena, denominada *benzopireno*[2]. La noticia se hacía eco del análisis de algunas partidas enviadas a países de Europa del Este[3]. Sin descender a detalles bioquímicos que exceden este trabajo, se puede señalar que el *benzopireno* es un tipo de Hidrocarburo Aromático

2 Sobre el proceso de elaboración de aceite de orujo de oliva, y las diferencias entre aceite de orujo y aceite de oliva: *cfr*. Carazo Lanagrán, A., *Análisis sobre el destino de aceite de orujo a la elaboración de biocombustibles imposibilidades técnicas, económicas y fiscales*. Madrid 2014, págs. 125-141.

3 *Cfr*. Rodríguez Fuentes, V., «La responsabilidad patrimonial (extracontractual) de la Administración en las alertas alimentarias. Comentario a las sentencias del TSJ de Andalucía de 15 y de 21 de mayo de 2008», en *Rivista di Diritto Alimentare*, núm. 3, 2008, pág. 1.

Policíclico (abreviado en textos científicos como HAP). Este compuesto se forma durante la combustión incompleta de cualquier tipo de materia orgánica. La exposición a HAPs no es algo exclusivo del aceite de orujo. Se puede verificar, por ejemplo, al respirar aire contaminado a raíz de incendios forestales o por el alquitrán mineral o por la ingesta de alimentos asados en una parrilla[4].

Tras la información publicada en Chequia, las autoridades nacionales competentes españolas realizaron diversas pruebas al respecto[5] y detectaron, en efecto, una presencia alta de HAPs en el aceite de orujo español.

Con todo, hay que señalar que la OMS consideraba en aquellas fechas esta sustancia como cancerígena en animales «aunque no se ha podido acreditar su efecto sobre las personas, pero tampoco descartar del todo»[6]. Por estas razones este organismo internacional recomendaba desde el año 1991 minimizar su consumo en tanto sea posible[7].

Con solo estos datos, el 3 de julio de 2001 el Ministerio de Sanidad y Consumo Español activó una alerta alimentaria sobre todos los aceites de orujo españoles, alerta que comunica a las comunidades autónomas a las que aconseja la «inmovilización cautelar y transitoria inmediata» del producto del mercado, invocando para ello el art. 26.1 de la Ley 14/1986, de 25 de abril, General de Sanidad[8]. Muchas autoridades sanitarias de las CC. AA., por su parte, efectivamente, ordenan el aludido secuestro administrativo de todos los aceites de orujo.

---

4 Los Hidrocarburos Aromáticos Policíclicos (HAPs) son un grupo de más de 100 sustancias químicas diferentes que se forman durante la combustión incompleta del carbón, petróleo y gasolina, basuras y otras sustancias orgánicas como tabaco y carne preparada en la parrilla: información recopilada de la *Agency for Toxic Substances and Disease Registry*, ente federal de la *U.S. Department of Health and Human Services* : https://www.atsdr.cdc.gov/ (última visita 4 de julio de 2023).

5 Se llevaron a cabo análisis de varias muestras de aceite —de cuatro empresas— en las que se detectó un contenido alto de *benzopireno.*

6 Rodríguez Fuentes, V., «La responsabilidad patrimonial (extracontractual) de la Administración en las alertas alimentarias...», cit. pág. 1-2.

7 *Ibidem*. pág. 2: «La presencia de hidrocarburos aromáticos policíclicos en los aceites comestibles en general, y no solo en los de orujo de oliva, era conocida desde hace tiempo por las autoridades y resulta del método de elaboración de los mismos, por su tratamiento para secado en hornos, que puede transmitir humo al producto. Aunque en general esta sustancia se elimina en el refinado del aceite».

8 Su tenor literal es: «En caso de que exista o se sospeche razonablemente la existencia de un riesgo inminente y extraordinario para la salud, las autoridades sanitarias adoptarán las medidas preventivas que estimen pertinentes, tales como la incautación o inmovilización de productos, suspensión del ejercicio de actividades, cierres de Empresas o de sus instalaciones, intervención de medios materiales y personales y cuantas otras consideren sanitariamente justificadas».

Como se puede intuir, esta alerta alimentaria literalmente supuso el hundimiento de la demanda interna en España y de la demanda exterior[9]. La administración siempre invocó el principio de precaución para justificar esa decisión, y siempre defendió que no se había generado responsabilidad patrimonial alguna por su actuación. En ese sentido, argumentaba que el perjuicio (incuestionable y elevado) que se había producido a las empresas de sector constituía un daño que éstas tenían el deber jurídico de soportar.

Por el contrario, los afectados alegaban, precisamente, que la administración no había aplicado correctamente el principio de precaución, y que había suscitado (literalmente) una situación de pánico injustificado en los consumidores. Y que, por lo tanto, se derivaba una responsabilidad patrimonial económicamente evaluable e imputable a las administraciones.

2. Invalidez de la alerta alimentaria

Los productores de aceite de orujo habían invertido dinero y esfuerzo en la comercialización del producto, confiando en que contaban con todas las autorizaciones administrativas necesarias. Ahora bien, este marco normativo se modificó cuatro semanas después de la citada alarma sanitaria, cuando se aprobó una primera Orden Ministerial al respecto, en concreto el 25 de julio de 2001[10]. Esta norma estableció por *primera vez* en España unos límites máximos tolerables HAPs en España en el aceite de orujo de oliva.

Como he señalado, desde el primer momento, la administración justificó su drástica medida en el principio de precaución. Sin embargo, a los tres años, la citada alerta sanitaria fue anulada por los tribunales a instancia de los productores de este aceite. En efecto, el Tribunal Superior de Justicia

9 *Cfr*. ESTEVE PARDO, J., *Principios de Derecho regulatorio. Servicios económicos de interés general y regulación de riesgos*, Marcial Pons, Madrid, 2021, pág. 197: «las empresas productoras sufrieron un quebranto económico terrible; entre otras pérdidas, se contaban los mercados que se cerraron en muchos países que prohibieron la importación de este aceite, mercado es difícilmente recuperables —el espacio lo ha ocupado entonces un competidor—, por mucho que se diga luego que el producto era inocuo». Sobre la crisis del sector véase la STS (Sala 3.ª, sección 6.ª) de 16 de septiembre de 2011, rec. 714/2007 (ES:TS:2011:6028) referidas a partidas de este aceite con destino a Yemen.

10 Orden del Ministerio de la Presidencia de 25 de julio de 2001, por la que se establecen límites de determinados hidrocarburos aromáticos policíclicos en aceite de orujo de oliva (BOE núm. 178 de 26 de julio de 2001). Esencialmente esta Orden establecía un contenido máximo de 5 µg/Kg de aceite de la suma de los siguientes HAPs: benzo[a]pireno; Benzo[e]pireno; Benzo[a]antraceno; Benzo[b]fluoranteno; Benzo[k]fluoranteno; Dibenzo[a,h]antraceno; Benzo[g,h,i]perileno; e Indeno[1,2,3-c,d]pireno, con un nivel máximo de cada uno de ellos individualmente de 2 µg/Kg. Hay que aclarar que el símbolo µg (microgramo) corresponde a una unidad de masa del Sistema Internacional de Unidades. Una µg equivale a la milmillonésima parte de un kilogramo (10-9 kg) o a la millonésima parte de un gramo (10-6 g): *Cfr*. Centro Español de Metrología: http://www.cem.es/ (última visita 18 de marzo de 2024).

de Madrid dictó sentencia de 20 de octubre 2004[11] por la que declaró no conforme a Derecho esa decisión administrativa, pronunciamiento reiterado en ulteriores resoluciones judiciales del referido TSJ[12]. La referida sentencia argumenta —con razón— que «la existencia de un riesgo para la salud (...) no puede calificarse de inminente —la propia Resolución lo excluye—, ni tampoco de extraordinario, requisitos ambos que han de concurrir para la adopción de medidas preventivas, como la que fue aconsejada por la Resolución recurrida, medidas que, además de incidir clara y agresivamente en el sector, generan una alarma social desproporcionada a la realidad, científica, del riesgo». Por lo tanto, «faltando, pues, los presupuestos legalmente exigidos para adoptar una decisión como la impugnada, sin más antecedentes que un informe de 1991 —que carece de datos concluyentes y en el que se advierte de un riesgo potencial y se invita a la adopción de diversas medidas de muy variada índole— (...) es clara, a nuestro juicio, la inexistencia de presupuesto legal habilitante, lo que ha de conducir, con estimación del recurso».

Esta resolución judicial fue recurrida por la Administración General del Estado ante el Tribunal Supremo, que confirmó la sentencia recurrida y, por tanto, la anulación de la alarma sanitaria. La STS de 14 de noviembre de 2007, en ese sentido, afirmó: «La Sentencia recurrida a la vista de esa exposición tuvo por insuficiente la motivación de la misma, y juzgó que, con esos datos basados, además, en informes de diez años antes de la OMS, no existía razón que justificase una medida tan drástica, puesto que no existía riesgo inminente y extraordinario para la salud».

Todo ello sirve para advertir que el principio de precaución, «no puede servir de excusa *para eludir profundizar exhaustivamente en el* ámbito *de la propia investigación*»[13]. De alguna manera se puede afirmar que la administración aplicó este principio con poco rigor, esto es, de forma ligera y un poco temeraria, dado el evidente impacto que iba a generar un *secuestro administrativo* de todo el aceite de orujo en España. Recordemos que diversas sentencias han entendido que no concurría un peligro inminente, grave y extraordinario que justificase la medida más extrema[14].

---

11 Recurso contencioso-administrativo interpuesto por la Asociación Española de Industrias y Comercio Exportador de Aceite de Oliva contra resolución de la directora general de Salud Pública y Consumo del Ministerio de Sanidad y Consumo de 3 de julio de 2001, por la que se puso en marcha la controvertida alerta alimentaria. STSJ de Madrid (contencioso) de 20 de octubre de 2004 (ECLI:ES:TSJM:2004:12957). En igual sentido, STSJ de Madrid (contencioso) núm. 1511/2004 de 11 de noviembre (ECLI:ES:TSJM:2004:13947).

12 STSJ de Madrid (contencioso) núm. 1325/2006, de 5 de octubre de 2006 (ECLI:ES:TSJM:2006:10464).

13 Rodríguez Fuentes, V., «La responsabilidad patrimonial (extracontractual) de la Administración en las alertas alimentarias..., cit. pág. 6. Cursiva en el original.

14 *Idem*: «En realidad el riesgo no es nuevo, ni su conocimiento sorpresivo, y los datos científicos que avalan la peligrosidad del riesgo anunciado —el informe de la OMS sobre los efectos de los hidrocarburos aromáticos policíclicos en la salud tiene 10 años de antigüe-

3. Responsabilidad patrimonial de la Administración

Ahora bien, el citado Tribunal no se pronunció sobre la potencial responsabilidad patrimonial que se pudiera haber generado por la ilegal orden de inmovilización. Los particulares tuvieron que exigir a las Administraciones actuantes una indemnización detallando con precisión el perjuicio económico ocasionado y a cuánto ascendía éste[15]. En este punto recayó una jurisprudencia contradictoria, esto es, en los Tribunales Superiores de Justicia de cada comunidad autónoma. Algunos Tribunales Superiores de Justicia reconocieron responsabilidad patrimonial[16] y otros, por el contrario, no[17]. Lo cierto fue que, en lo que ahora interesa, el TS estableció finalmente el criterio uniforme que no se había generado responsabilidad patrimonial alguna, y que los perjuicios generados (indiscutibles) debían ser soportados por los interesados[18].

A modo de ejemplo, entre muchas, la Sentencia del Tribunal Supremo de 20 de octubre de 2009[19] afirmó que: «los perjuicios derivados de la alerta alimentaria acordada el 3 de julio de 2001 respecto de los productos comercializados bajo las denominaciones de "aceite de orujo refinado y de oliva" y "aceite de orujo de oliva", (...) no debían ser considerados como antijurídicos, sino como unos que las empresas productoras de tales aceites tenían el deber jurídico de soportar, con la consecuente inexistencia de responsabilidad patrimonial de las Administraciones Públicas que obligara a éstas a su indemnización».

La *ratio decidendi* de esta sorprendente sentencia del TS (y de las restantes) estriba en que existían en el año 2001 técnicas de filtrado de los aceites refinados con carbón activo, que posibilitaban reducir los niveles de

dad, no anuncia un peligro grave y extraordinario, peligro podía ser conjugado (como de hecho se hizo) con una normativa que exigiera unos límites máximos de hidrocarburos aromáticos policíclicos, como de hecho se hizo con la Orden de 25 de julio de 2001 (que es posterior a la alerta que fue el 3 de julio)—. De todo ello concluye el Tribunal que la investigación científica fue poco seria y rigurosa, lo que imposibilita cualquier invocación del principio de precaución como justificación de la actuación administrativa».

15 Hay que aclarar que, de conformidad con el sistema español de reparto de competencia entonces vigente, en efecto, la Administración General de Estado fue la que emitió la alerta Sanitaria, pero su ejecución recayó en las CC. AA.

16 Por ejemplo, la STSJ de Andalucía, sede de Sevilla (contencioso), de 4 de enero de 2006 (ECLI:ES:TSJAND:2006:39).

17 *Cfr*. STSJ de Galicia (contencioso) núm. 101/2006, de 8 de febrero de 2006 (ECLI:ES:TSJGAL:2006:365).

18 Reitera y confirma en muy numerosas sentencias que la inmovilización cautelar y transitoria del aceite de orujo de oliva no debía ser considerada como antijurídica, y que el daño que se produjo constituía un deber jurídico de soportar que recaía en a las empresas productoras de tales aceites: entre muchas, véase la STS de 7 de junio de 2011.

19 STS (Sala 3.ª, sección 4.ª) de 20 de octubre de 2009, rec, 557/2008 (ECLI:ES:TS:2009:6352).

benzopireno a niveles muy bajos. Estas técnicas, en efecto, no eran explícitamente exigibles ni legal ni reglamentariamente, pero —argumenta el TS— «las industrias elaboradoras de este producto industrial conocían, por tradicional, esta técnica y estaban en condiciones de incorporarla rápidamente al proceso industrial tecnológico».

En este punto el TS se acoge a una (discutida) cláusula residual del art. 4 párr. 2.º del Real Decreto 44/1996, de 19 de enero, por el que se adoptan medidas para garantizar la seguridad general de los productos puestos a disposición del consumidor. Este precepto señala que:

> «Cuando no existan disposiciones comunitarias específicas se considerará seguro un producto cuando sea conforme con la normativa española específica. En su ausencia la conformidad del producto con el requisito general de seguridad se valorará, teniendo en cuenta las normas españolas no obligatorias que recojan una norma europea o, si existiesen, las especificaciones técnicas comunitarias o, a falta de éstas, las normas técnicas españolas.
>
> En ausencia de las previsiones anteriores, se tendrá en cuenta su conformidad con los códigos de buena conducta en materia de sanidad y seguridad vigentes en el sector correspondiente o bien se tomará en consideración la situación de la práctica y de la técnica, así como la seguridad que razonablemente los consumidores pueden esperar».

Dado que existían ya algunos informes a nivel internacional que ponían de manifiesto los posibles riesgos existentes para la salud, esta ambigua remisión que he transcrito a códigos de buena conducta, y al estado de la técnica, podía dar alguna cobertura a la negativa a reconocer responsabilidad patrimonial de la administración.

Concluye, de modo polémico, en ese sentido, el TS: «En definitiva, constituía obligación de las propias empresas la aplicación de los medios tecnológicos que la situación de la técnica permitía, de conformidad con lo dispuesto en el art. 4 del Real Decreto 44/1996 de 19 de enero, al objeto de reducir, y prácticamente eliminar, el benzopireno existente en el producto, sin que por las mismas se haya puesto en práctica medida alguna tendente a la reducción, al menos, del benzopireno». Y por ello, el perjuicio que la orden de inmovilización del aceite de orujo les produjo tienen el deber jurídico de soportar»[20].

---

20 El TS viene de decir que: «en definitiva, y al margen de las facultades de las autoridades sanitarias españolas, tanto nacionales como autonómicas, no pueden los productores prescindir de la adopción de las medidas correspondientes en relación con la comercialización para el consumo humano de un producto susceptible de entrañar riesgos y que se estaba comercializando con un nivel superior a los 70 microgramos por Kilo, como resulta de las pruebas analíticas realizadas sobre muestras antes de la adopción de la alerta».

4. Necesidad de usar con precaución el principio de precaución

Como quiera que sea, la aplicación del principio de precaución del aceite de orujo en España tuvo aún más capítulos sorprendentes, habida cuenta que, con posterioridad, surgieron más elementos de juicio que pone en entredicho el uso de este principio. En efecto, la Autoridad Europea de seguridad Alimentaria (EFSA)[21] publicó en el año 2007 un informe[22] sobre los HAPs en la alimentación cuyos resultados evidencian que se detectó *benzopireno* en el 50 % de las muestras y que en un 30 % de las muestras fueron detectados otros HAPs cancerígenos y genotóxicos, a pesar de no contener *benzopireno*. De lo que se concluyó que el benzopireno no es un buen indicador de la presencia de HAPs. Todo ello pone en tela de juicio, desde el punto de vista científico, toda la actividad de la administración sanitaria española con respecto al aceite de orujo.

Buena prueba de ello es que la mencionada Orden Ministerial de 2001, que estableció unos niveles máximos de HAPs en el aceite de orujo de oliva, estuvo vigente hasta el año 2012, en que fue derogada por una nueva Orden Ministerial[23], dadas las nuevas evidencias científicas de la Autoridad Europea de seguridad Alimentaria que confirmaban que el *benzopireno* no es un marcador adecuado de Hidrocarburos Aromáticos Policíclicos (HAPs) cancerígenos.

De este largo y sinuoso camino desde el año 2001 hasta la fecha, se observan abundantes peligros materiales y procesales a la aplicación retroactiva del principio de precaución. En el caso concreto del aceite de orujo de oliva, se puede concluir que la alerta sanitaria de 2001 fue precipitada, mal gestionada, con vulneración de principios básicos del ordenamiento jurídico, y fundada en bases científicas muy dudosas, cuando no equivocadas. Da la impresión de que las autoridades sanitarias reaccionaron más que por los datos empíricos contrastados, por la presión mediática y el temor a los juicios paralelos que se generaron en la opinión pública[24].

---

21 EFSA es una administración independiente creada por la Unión Europea con sede en Parma (Italia): http://www.efsa.europa.eu/ (último acceso 20 de marzo de 2024).

22 *Cfr.* European Food Safety Authority, 2007. «Findings of the EFSA Data Collection on Polycyclic Aromatic Hydrocarbons in Food», en *EFSA Journal*, 2007, 5 (9):RN-33.

23 Orden PRE/466/2012, de 5 de marzo, por la que se deroga la Orden de 25 de julio de 2001, por la que se establecen límites de determinados hidrocarburos aromáticos policíclicos en el aceite de orujo de oliva, en BOE núm. 60, de 10 de marzo de 2012.

24 Es probable que en el imaginario colectivo español del año 2001 aun pesaba el recuerdo de la tristemente conocida enfermedad del aceite tóxico de colza. Se trató de un brote de intoxicación masiva que ocurrió en España en 1981 fruto del consumo de aceite de colza desnaturalizado que estaba destinado a su uso industrial y no para consumo humano. Miles de personas se enfermaron y hubo un alto número de muertes. El brote provocó una

Otra conclusión específica de este supuesto concreto es que, siempre a mi juicio, sí que se debió haber indemnizado a los afectados por la debacle comercial del aceite de orujo, pues no tenían el deber jurídico de soportar una errada reacción administrativa de excepción que contravino los principios clásicos del procedimiento administrativo.

III. La retroactividad del principio de precaución genera un estado de excepción: sobre su eficacia y presupuestos fácticos

El análisis fáctico del del caso del aceite de orujo español, nos proporciona relevantes elementos de juicio para enjuiciar el principio de precaución como herramienta de gestión de riesgo en general, y en el ámbito de la seguridad alimentaria en particular[25]. Ciertamente nos hallamos ante la denominada *incertidumbre sobrevenida*, es decir, ante productos, técnicas o productos destinados al consumo humano que la ciencia reputaba como seguros y que, incluso, estaban avaladas por las correspondientes autorizaciones administrativas, y que presentan —de manera sorpresiva— dudas sobre su fiabilidad. ¿Cuáles son los exactos presupuestos que avalan la aplicación del principio de precaución? Y más en concreto, ¿cómo reconocer cuando estamos ante una auténtica y genuina incertidumbre científica, y no ante una situación de ignorancia vencible o —peor aún— ante un pánico social infundado? Vamos a intentar dar un primer esbozo de respuesta a estos dos interrogantes a continuación.

1. La limitada eficacia del principio de precaución

La respuesta tradicional entre nosotros es invocar el principio de precaución, que legitima la adopción, por parte de las administraciones competen-

gran alarma en España. Con este precedente, se entiende mejor las severas medidas de seguridad alimentaria adoptadas, por más que, a nuestro juicio, eran desproporcionadas, y la postre, erradas. En cuanto a las motivaciones de las autoridades sanitarias: Esteve Pardo, J., *Principios de Derecho regulatorio. Servicios económicos de interés general y regulación de riesgos*, Marcial Pons, Madrid, 2021, pág. 197: «La Ministra de Sanidad, invocando el principio de precaución, prohibió entonces la comercialización de este producto. "me paran y aplauden en la calle", manifestaba complacida la Ministra, vigilante defensora de la salud de los consumidores. Al poco tiempo se comprobó que el aceite de orujo no generaba riesgo alguno para la salud de las personas».

25 *Cfr.* Rodríguez Font, M., «Sobre el déficit regulador y jurisdiccional en la gestión pública del riesgo», en *Revista andaluza de Administración pública*, núm. 82, 2012, pág. 163: «Desde que el principio de precaución o cautela del ámbito medioambiental se considerara de aplicación al resto de políticas de la Unión y se asentara a nivel conceptual en el contexto alimentario a través de diversas sentencias, las Administraciones comunitarias y nacionales han venido invocándolo como justificación de sus más severas intervenciones sobre las actividades privadas».

tes, de medidas excepcionales aun cuando no exista evidencia y unanimidad en la comunidad científica, como acaece —como botón de muestra— en la gestión de riesgos alimentarios[26].

Estas medidas pueden ser sumamente gravosas para los particulares directamente afectados en sus derechos subjetivos o intereses legítimos, con una merma más que notoria de la seguridad jurídica, como fue patente en la industria del aceite de oliva español en el 2001. Desde una perspectiva constitucional, este principio impone «una suerte de estado de excepción —el régimen vigente queda en suspenso— justificado en valoraciones e informes de carácter científico que alertan sobre la existencia de riesgos aun cuando las actividades que presuntamente los generan cumplen con la normativa vigente»[27].

Ahora bien, el (sorprendente) caso del aceite de orujo español pone de manifiesto la necesidad de establecer con claridad tanto los criterios que permiten el uso de este principio, como las situaciones en que no es aplicable. En palabras de Font, creemos que, hoy por hoy, nos encontramos en un «axiomático déficit regulador» de la precaución, y simultáneamente un «déficit jurisdiccional» en control de la intervención de los poderes públicos[28].

Sin ánimo en este momento de extenderme en este punto, a mi juicio, los presupuestos habilitantes deberían incluir, al menos, dos elementos: en primer lugar, la *existencia de un riesgo potencial o indiciario para la salud o al medioambiente*. Y, en segundo lugar, la *existencia de una auténtica incertidumbre científica cualificada*, y no unas meras hipótesis marginales en la literatura científica o en la práctica clínica o de laboratorio. De tal modo que, si no concurren de modo *cumulativo* estos requisitos, la aplicación del principio de precaución es contraria a Derecho[29].

En lo que ahora nos interesa, ello permitirá un control más intenso de la actividad administrativa por parte de los órganos jurisdiccionales, como, a mi juicio acaeció con el aceite de orujo, con notable acierto, en diversas SSTSJM

---

26 *Cfr.* Marzal Raga, R., «La protección de la salud a través del sistema de gestión de riesgos alimentarios», en *DS: Derecho y salud*, vol. 26, núm. 2, 2016, pág. 21-37. Piénsese, a modo de ejemplo, en la prohibición de una actividad o, más grave aún por las consecuencias económicas que pueden generarse, la retirada de un producto o un bien del mercado por el riesgo alimentario que, indiciariamente, puede estar produciendo.

27 *Cfr.* Esteve Pardo, J., «La intervención administrativa en situaciones de incertidumbre científica. El principio de precaución en materia ambiental», en *Derecho del medio ambiente y administración local*, obra colectiva, coordinador por Esteve Pardo, J., Fundación Democracia y Gobierno Local, Barcelona, 2006, pág. 209.

28 Rodríguez Font, M., «Sobre el déficit regulador y jurisdiccional en la gestión pública del riesgo...», cit. pág. 163.

29 *Cfr.* Guardia Hernández, J. J., «La recepción del principio de precaución por el Tribunal Constitucional español: Una propuesta integradora», en *Estudios de Deusto: revista de Derecho Público*, núm. 71, 2023, págs. 91-119.

entre 2004 y 2006[30]. Y también, en su caso, un real control vía recurso de amparo constitucional.

2. Reconocer la existencia de incertidumbre científica

Ahora bien, el caso del aceite de orujo español nos advierte de las dificultades que la sociedad y la administración pueden encontrar para determinar cuándo nos encontramos ante una genuina incertidumbre en relación con un riesgo grave para la salud, el medio ambiente otro bien jurídico relevante. Merece la pena, pues, intentar precisar mejor qué debemos entender por este concepto jurídico indeterminado o, más exactamente, qué debe considerar la administración para llegar a la conclusión de estar ante una incertidumbre que legitime el principio de precaución.

En primer lugar, se podría decir que la repetida incertidumbre científica consiste en la falta de certeza o conocimiento completo sobre un fenómeno o situación en particular, e implica reconocer que existen limitaciones en el conocimiento actual, que puede haber lagunas o discrepancias en los datos, las teorías o los modelos existentes, y que aún hay aspectos que requieren más investigación o evidencia para llegar a conclusiones más sólidas.

A ello hay que añadir que la mera ausencia de datos o de insuficiencia de información no constituye por sí solo incertidumbre científica. Es necesario que la incertidumbre sea debidamente contrastada y acreditada. Sin pretensión de exhaustividad, las administraciones públicas para reconocer la existencia de incertidumbre científica deberían al menos realizar las siguientes acciones[31]:

a) Revisar la evidencia científica: Esto implica revisar estudios, investigaciones y análisis realizados por expertos, considerando factores como la metodología utilizada, la extensión y calidad de la muestra de datos y la consistencia de los resultados.

b) Consultar a expertos independientes nacionales y, en su caso, extranjeros: Esto implica recabar información sobre las limitaciones del conocimiento actual, las discrepancias en los resultados o las diferentes interpretaciones de los datos existentes en la comunidad científica.

c) Analizar todos los escenarios plausibles: Considerar todos los escenarios posibles y las diferentes formas en que la incertidumbre científica

---

30 A modo de ejemplo la STSJ de Madrid (contencioso) núm. 1325/2006, de 5 de octubre de 2006 (ECLI:ES:TSJM:2006:10464).

31 MACPHERSON, I, GUARDIA HERNÁNDEZ, J. J., MORALES, I., ZÁRATE B., BELDA I. SIMON W.R., «Risk management during times of health uncertainty in Spain: A qualitative analysis of ethical challenges», en Risk Analysis, 2024.

puede influir en los resultados. Esto implica tener en cuenta diferentes hipótesis, supuestos y variables que podrían afectar los resultados y las consecuencias de las decisiones tomadas.

d) Considerar detenidamente los conflictos de intereses de todos los actores implicados, *ad intra* y *ad extra* de la Administración pública, sean económicos, político-electorales, afectivos, familiares o sociales. También considerar los beneficios y perjuicios que las potenciales medidas que se proyecten adoptar generan, para conjurar el peligro que intereses particulares prevalezcan sobre el bien común.

En cualquier caso, la crisis del orujo nos enseña que la mera existencia de hipótesis científicas divergentes con la mayoritaria en la comunidad científica o en la literatura especializada, o de ensayos, publicaciones o experimentos aislados que pongan en cuestión el estado de la ciencia, no crean por si solos *incertidumbre científica*. Es necesario que haya una falta de consenso o evidencia suficiente para apoyar una conclusión definitiva.

Todo ello, en el bien entendido que, de modo excepcional, ante hipótesis alternativas minoritarias que, de ser ciertas, constituyan una grave, extraordinaria e inminente amenaza a la salud o medio ambiente, las administraciones podrían fundamentar sus decisiones en el principio de precaución. Y, en cualquier caso, siempre considerando la distribución entre toda la comunidad de las cargas o vinculaciones patrimoniales que los afectados de modo directo no tengan el deber jurídico de soportar.

IV. Conclusiones

1. En mayo de 2001, se acusó al aceite de orujo español de contener una sustancia potencialmente cancerígena, lo que generó una alerta alimentaria y la inmovilización de facto del producto en España. La Administración justificó su acción en el principio de precaución, alegando un posible riesgo para la salud. Sin embargo, los tribunales posteriormente anularon la alerta al considerar que no existía un riesgo inminente y extraordinario.
2. A pesar de la anulación de la alerta, la Administración no asumió la responsabilidad económica por los perjuicios causados. Se cuestionó la aplicación del principio de precaución debido a que se descubrió que la sustancia utilizada como indicador de presencia de compuestos cancerígenos no era adecuada, lo que planteaba dudas sobre las bases científicas de la alerta.
3. El principio de precaución puede llevar a medidas excepcionales sin evidencia científica o unanimidad sobre los riesgos, lo que afecta los derechos e intereses de las personas y genera inseguridad jurídica.

Esto implica un estado de excepción justificado por evaluaciones científicas que advierten sobre posibles riesgos.

4. El caso del aceite de orujo destaca la necesidad de establecer criterios claros para determinar cuándo aplicar el principio de precaución y cuándo utilizar los criterios tradicionales de prevención de daños. Esto evitaría la discrecionalidad administrativa y permitiría un mayor control judicial sobre las decisiones administrativas.
5. Los requisitos para aplicar el principio de precaución deberían incluir la existencia de un riesgo potencial para la salud o el medio ambiente, así como una incertidumbre científica cualificada. Una definición más precisa de los criterios permitiría un control más efectivo por parte de los órganos jurisdiccionales y la posibilidad de recurrir a la protección constitucional mediante el recurso de amparo.
6. La incertidumbre científica se refiere a la falta de certeza completa sobre un fenómeno específico y reconoce las limitaciones del conocimiento actual. Sin embargo, la mera ausencia de datos o información insuficiente no constituye incertidumbre científica por sí misma. Para reconocerla, las administraciones públicas deben revisar la evidencia científica, consultar a expertos independientes, analizar escenarios plausibles y considerar conflictos de intereses. También se destaca que la existencia de hipótesis científicas divergentes o ensayos aislados no constituye incertidumbre científica a menos que exista falta de consenso o evidencia suficiente.

V. Bibliografía

Carazo Lanagrán, A. (2014) *Análisis sobre el destino de aceite de orujo a la elaboración de biocombustibles: imposibilidades técnicas, económicas y fiscales*. Madrid: Editorial Agrícola, 125-141.

Esteve Pardo, J. (2006) «La intervención administrativa en situaciones de incertidumbre científica. El principio de precaución en materia ambiental», in *Derecho del medio ambiente y administración local*, edited by J. Esteve Pardo, 201-212. Barcelona: Fundación Democracia y Gobierno Local.

Esteve Pardo, J. (2021) *Principios de Derecho regulatorio. Servicios económicos de interés general y regulación de riesgos*. Madrid: Marcial Pons.

European Food Safety Authority. (2007) «Findings of the EFSA Data Collection on Polycyclic Aromatic Hydrocarbons in Food», *EFSA Journal* 5 (9): RN-33.

Guardia Hernández, J. J. (2023) «La recepción del principio de precaución por el Tribunal Constitucional español: Una propuesta integradora», *Estudios de Deusto: revista de Derecho Público* 71: 91-119.

Macpherson, I, Guardia Hernández, J. J., Morales, I., Zárate B., Belda I. Simon W.R. «Risk management during times of health uncertainty in Spain: A qualitative analysis of ethical challenges», en Risk Analysis, 2024.

Marzal Raga, R. (2016) «La protección de la salud a través del sistema de gestión de riesgos alimentarios», *DS: Derecho y salud* 26 (2): 21-37.

Rodríguez Font, M. (2012) «Sobre el déficit regulador y jurisdiccional en la gestión pública del riesgo», *Revista andaluza de Administración pública* 82: 161-197.

Rodríguez Fuentes, V. (2008) «La responsabilidad patrimonial (extracontractual) de la Administración en las alertas alimentarias. Comentario a las sentencias del TSJ de Andalucía de 15 y de 21 de mayo de 2008», *Rivista di Diritto Alimentare* 3.

CAPÍTULO 14

EL «LÍMITE DE LO NECESARIO» COMO ANTECEDENTE ROMANO DEL CONCEPTO ACTUAL DE SOSTENIBILIDAD. UNA APROXIMACIÓN ROMANÍSTICA A PARTIR DE LA OBRA DE CICERÓN

Lourdes Salomon
Profesora Lectora de Derecho Romano, Universitat de Lleida

Sumario. I. INTRODUCCIÓN. II. CONTEXTO Y FUENTES. III. EL CONTEXTO ALIMENTARIO AL FINAL DE LA REPÚBLICA. IV. ORIGEN DE LA AGRICULTURA COMO MODO DE VIDA ESENCIALMENTE ROMANO. V. POLÍTICA Y ALIMENTACIÓN, DOS REALIDADES NADA DISTANTES. VI. BIBLIOGRAFÍA.

RESUMEN. El objetivo de este trabajo es introducir en el debate actual el pensamiento sobre la agricultura y la alimentación de la antigua Roma a través de la obra Cicerón. Antes de entrar en el tema, introduciré el contexto en el que escribió y vivió Marco Tulio Cicerón para situar su pensamiento en una realidad geográfica, social, y económica concreta, puesto que quiero poner el acento en que Cicerón vivió en una época de especial convulsión, no sólo política sino también social y económica y la repercusión que esta incertidumbre tuvo en dos ámbitos esenciales en momentos de transición, como son la agricultura y la alimentación. A continuación, expondré cómo la sociedad romana, desde la época más arcaica, estableció como fundamento de su sociedad la conservación de su riqueza más preciada, la tierra como base de la agricultura y a su vez la mejor garantía de una alimentación saludable, que debía ser preservada para asegurar la subsistencia de las futuras generaciones.

I. Introducción

El Derecho Romano y la tradición romanística son, sin ninguna duda, la base y el fundamento sobre los que se han construido los ordenamientos jurídicos actuales, tanto los ordenamientos jurídicos del entorno del *civil law* como los del entorno del *common law.* Se trata de un derecho que ha sobrevivido y sobrepasado en mucho a la sociedad que lo creó. Si la anterior afirmación es una obviedad para cualquier jurista, tal vez no es tan obvio ni tenemos siempre presente que el Derecho Romano se configuró en una sociedad esencialmente agrícola, y no me refiero sólo a que la actividad económica principal de la antigua Roma fuera la agricultura, sino a que la agricultura era un modo de vida que configuró toda una serie de valores característicos de la sociedad romana que perduraron a lo largo de toda su historia.

Esta sociedad romana, con unos determinados valores basados en el sistema de vida agrícola, creó una nueva manera de resolver los conflictos de intereses en el seno de la sociedad; esa técnica, o arte, es, precisamente, el Derecho Romano. El Derecho Romano creó esencialmente un método de resolver los conflictos de intereses, eso que llamamos el método jurídico, que, todavía hoy, sigue siendo el mismo en todo el mundo occidental.

Es por ello que el Derecho Romano es la gran creación de la antigua Roma. Una creación intelectual que, debido a que surge de una sociedad agraria, está totalmente enraizada en la naturaleza[1]. Esta estrecha vinculación entre el derecho como creación intelectual y la agricultura como modo de vida se refleja, especialmente, en el lenguaje jurídico, un nuevo lenguaje técnico que se forja a partir de las imágenes que son relevantes y significativas para la sociedad romana, un proceso de creación de un nuevo lenguaje que los lingüistas han llamado metáforas lexicalizadas. En el caso de la lengua del derecho esas imágenes sobre las que se basa son las tomadas de la naturaleza, de la tierra y de sus frutos.

Y precisamente los frutos de la agricultura son la base de la alimentación de la sociedad romana. Para la sociedad romana, si la agricultura es un modo de vida, la alimentación de su población es uno de los temas esenciales y, por lo tanto, un tema político por excelencia.

Uno de los riesgos de los historiadores del derecho ha sido siempre el de proyectar nuestra época y nuestras preocupaciones de presente sobre el pasado, sin embargo, es una evidencia que cada época ha mirado el pasado a partir de los desafíos de su propio momento y precisamente el cambio en la manera de observar el pasado es lo que ha permitido avances científicos.

---

1 En la tradición estoica y ciceroniana la naturaleza ocupa una posición preeminente, es más, el cosmos romano estaba organizado como una continuidad entre humanidad y naturaleza, no existía una ruptura entre ambos. Cic De rep 3.22.23 *Est quidem vera lex recta ratio naturae congruens, diffusa in omnes, constans, sempiterna.*

Así mismo, el descubrimiento de nuevas fuentes permite grandes avances. En este momento, además de fuentes hasta ahora desconocidas como los hallazgos de papiros jurídicos del Egipto romano[2], los trabajos de conocimiento del pasado se están llevando a cabo a partir de estudios de los bloques de hielo de los glaciares, de las cortezas de los árboles, del ADN hallado en las necrópolis, que nos aportan muchos datos que cruzados y contrastados con las fuentes jurídicas o literarias permiten conocer mejor el pasado. De modo que los nuevos estudios del pasado romano están añadiendo a las fuentes tradicionales la materialidad de los objetos de la naturaleza[3].

El futuro de la agricultura y la alimentación saludable y sostenible están en el centro del debate político actual en forma de política agraria común europea, de revueltas de los agricultores, de precios elevados, por ello, el objetivo de este trabajo es simplemente recordar cuál fue la relevancia de la agricultura y de la alimentación en la antigua Roma en un momento especialmente significativo y convulso para la sociedad romana. Este momento es el final de la República[4], periodo en el que vivió el político y orador Marco Tulio Cicerón y momento en el que se sentaron las bases de muchas de las instituciones jurídicas que seguimos utilizando en un contexto social, político y económico totalmente diferente. No trataré de señalar los elementos de continuidad evidentes, sino más bien de identificar algunos aspectos que están implícitos todavía en nuestra sociedad y que realidades económicas recientes como la falacia del crecimiento económico ilimitado, intentan hacernos olvidar, frente a la fuerza del pasado y de la propia naturaleza.

---

2 REDHIS «Rediscovering the hidden structure. A new appreciation of Juristic texts and Patterns of thought in Late Antiquity» University of Pavia, Italy. ERC 2013-2020 IPs D. Mantovani y L Pellecchi http://redhis.unipv.it/

3 Kyle Harper, *Comment l'empire romain s'et enffodré. Le climat, les maladies et la chute de Rome.* Ed La Découverte 2020 París. En su obra destaca que el clima fue un factor clave para comprender la historia de Roma y que hasta ahora había sido un tema infra estudiado. En su libro pone el acento en cómo elementos como los rayos de sol, la actividad volcánica y los patógenes, son actores principales de la historia que no deben ser marginados para su correcta comprensión. El aumento en los estudios sobre el clima a causa de la emergencia climática ha provocado que la financiación en los estudios sobre el clima se haya multiplicado exponencialmente lo que ha permitido conocer mejor aspectos ambientales de la antigua Roma. Pese a que el conocimiento de la antigüedad no era el objetivo de esos estudios, las ciencias de la antigüedad están aprovechando este momento y equipos interdisciplinarios comparten a través de sistemas de ciencia abierta sus avances para proporcionar conocimiento útil, no sólo para el pasado sino también para cómo afrontar un futuro sostenible. Un ejemplo de estos estudios es Avenir Commun Durable – Énergie, environnement, société proyecto nacido en el 2021 del claustro de profesores del Collège de France para actuar frente al cambio climático. https://www.college-de-france.fr/fr/le-college/avenir-commun-durable.

4 Claudia Moatti, *Res publica. Histoire romaine de la chose publique* Ed. Fayard 2018. La autora aporta una interesante visión de la República romana, como cosa pública haciendo un fino análisis semántico en el que distingue significado y significante de manera muy sugerente.

En los movimientos más recientes y llamativos en defensa del medioambiente y para combatir el cambio climático, están los movimientos juveniles[5], uno de los aspectos más destacados de sus programas es la exigencia de estas generaciones de que se garantice la sostenibilidad de un planeta que les permita vivir de manera saludable.

A lo largo de estas páginas intentaré mostrar cómo la sociedad romana, desde la época más arcaica, tiene muy presente la necesidad de la conservación de la riqueza más preciada para preservar la subsistencia de las futuras generaciones. A esto me refería cuando hablaba de hacer emerger algunos implícitos de nuestra tradición cultural.

Si nos remontamos al año 453 a.C, una epidemia de peste asoló la pequeña ciudad de Roma[6], que provocó la muerte de numerosísimas víctimas entre esclavos, pero también entre ciudadanos romanos. Esta pérdida de vidas humanas comportó una reducción muy severa de la mano de obra, que provocó a su vez, una gran crisis alimentaria[7]. Es en este contexto, que dos años más tarde en el año 451 a.C. se promulga la Ley de las XII Tablas[8], se trata de la ley de una sociedad agrícola que acaba de sufrir una gran crisis alimentaria, una más de las muchas crisis alimentarias que cada siete año solían sufrir.

Con esto en mente, podemos interpretar algunas normas de la Ley las XII Tablas[9] que tienen por objeto limitar la libertad económica de los ciudadanos romanos. La idea de límite *limes* va a estar presente a lo largo de todo el trabajo como expresión en la que se condesa una ideología. Este sentido de limite, lo podemos ver en la clasificación de las cosas entre *res mancipi* y *res nec mancipi*, las primeras son, esencialmente, las cosas relevantes para la agricultura y por ello se les impone un sistema de transmisión y circulación

---

5 Luigi Ferrajoli, *Por una constitución de la Tierra. La humanidad en la encrucijada.* Ed. Trotta 2022. Señala que, por primera vez en la historia, con movimientos como *Fridays for future* se está constatando entre los jóvenes un gran interés por la supervivencia del género humano y del planeta.

6 Dionisio de Halicarnasio. 4.69.2. (60 a.C 7 a. C), historiador griego que escribió en Roma su principal obra *Historia Antigua de Roma* en 20 libros de los que se han conservado completos los 9 primeros. Su llegada a Roma sobre el año 30 a.C se produce 13 años más tarde de la muerte de Cicerón. En el año 456 a.C. lluvias demasiado abundantes provocaron una gran penuria y carestía de alimentos según relata Tito Livio III, 31 y en el año 454 a.C. noticias de hambruna y epidemia en Roma también según Tito Livio III, 32. Orose 2.13.1, considera contemporánea la Ley de las XII Tablas y una crisis frumentaria.

7 Tito Livio, historiador (59 a.C 17 d.C) Padua *Ab urbe condita*, obra de 142 libros de los que se conservan 35. Dionisio de Halicarnaso, 10.53.1-2.

8 Michel Hubert, *La Loi des XII tables. Édition et commentaire*, Ed. École Française de Rome 2018

9 Tab. 3.3-5 (= Gell. 20.1.45-47) Esta ley establece la cantidad mínima de alimento que el acreedor debía proporcionar al deudor insolvente apresado para su alimentación, antes de matarlo o venderlo como esclavo *trans Tiberim* en caso de impago de la deuda.

restringida y más compleja que al resto de bienes: la *mancipatio*. Esta clasificación de las cosas es una norma proteccionista que pretende que sólo los ciudadanos romanos tengan acceso a las *res mancipi*, las cosas relevantes para la agricultura y la ganadería. La *mancipatio*, sistema para la transmisión de estos bienes, con su sistema, aunque precario, de publicidad, funciona como mecanismo de protección de los agricultores. Ya en este momento, para la *Res Publica* es esencial controlar la tierra y los elementos de producción de los alimentos que deben permanecer en manos de los dirigentes de la *Res Publica*[10].

En la misma Ley de las XII Tablas, una institución que ha llegado casi hasta nuestros días[11] es la interdicción del pródigo: a aquel que dilapidaba su patrimonio se le imponía la prohibición de seguir gestionando sus bienes personalmente, con la motivación de que todo ciudadano romano debía conservar el patrimonio de sus ancestros para asegurar la supervivencia de las nuevas generaciones.

Como veremos, el estado romano se construyó a partir de la concesión de tierras. Desde Rómulo, con la concesión de la tierra, la *civitas* configuró un nuevo modelo de hombre, el *cives*, el ciudadano-agricultor. El buen ciudadano debía transmitir a las futuras generaciones la tierra que había recibido *heredium* y al mismo tiempo que transmitían la tierra, debía transmitir ese modo de vida laborioso y austero que permitirían asegurar la transmisión de la tierra a las futuras generaciones. La acaparación de tierras por parte de algunos, no fue solo una práctica que perjudicaba a los más pobres, sino que rompía con una tradición cultural en la que se basaba la propia fundación de Roma.

Estos conocidos aspectos del periodo arcaico son una muestra de unos valores que la sociedad no abandonará a lo largo de toda su historia y que, yo sostengo que, en las sociedades occidentales, sólo muy recientemente parecemos haber olvidado. Sin embargo, esa exigencia de los más jóvenes de la que hablaba, puede que en realidad suponga la recuperación de un valor que se ha conservado, aunque implícito, en las sociedades occidentales.

---

10 En este sentido, los modos originarios de adquirir la propiedad, y por lo tanto modos en los que las formas decaen de manera absoluta, hallamos la ocupación que recae sobre la tierra, sobre los animales, la caza, la pesca, la percepción de frutos... y en los textos relativos a la pérdida de la posesión, la jurisprudencia creó figuras específicas para los casos de las abejas, animales que hoy sabemos que son esenciales para la agricultura y la conservación de la biodiversidad, como los *saltus invernus et aestivi*. Criterios pragmáticos para adaptar el derecho a la vida agrícola.

11 María Lourdes Martínez De Moratín Llamas «Régimen jurídico de la prodigalidad: de Roma a la Ley 8/2021 de reforma de la legislación civil y procesal en materia de discapacidad» en *Revista General de Derecho Romano,* n.° 38, 2022 págs. En el derecho romano con la interdicción se defendía la familia del pródigo en el sentido patrimonial, es decir el conjunto de personas y cosas que debían conservarse para las generaciones futuras.

II. Contexto y fuentes

Para llevar a cabo este trabajo, he centrado mi estudio en el momento del final de la república[12], momento en el que vivió Cicerón. De él se han conservado muchas de sus obras, pero no sólo sus obras políticas, filosóficas o jurídicas, sino también su correspondencia personal y familiar. Estas cartas que Cicerón escribió a su esposa, a sus amigos y familiares nos permiten conocer su pensamiento en cuestiones como la gestión de su patrimonio esencialmente inmobiliario y de explotaciones agrícolas.

Así mismo, he escogido la obra de Cicerón porque puede considerarse el creador de la lengua jurídica latina. Algunos estudiosos afirman que sus traducciones de las obras de la filosofía griega al latín otorgaron a esta lengua, que hasta entonces era simple y pragmática, las herramientas suficientes para desarrollar el pensamiento jurídico complejo, siendo la filosofía griega el andamiaje imprescindible sobre el que se construyó el derecho romano. En ese sentido, la obra de Cicerón supone un punto de inflexión en la creación del lenguaje jurídico latino[13].

Cuando nació Cicerón en el año 106 a.C el imperio romano tenía 10 millones de habitantes, y Roma, la ciudad donde él hizo su carrera política tenía 1 millón habitantes[14]. De ese millón de habitantes, uno de cada cinco habitantes era esclavo.

Roma estaba gobernada por tan sólo 600 familias[15]. Cicerón, sin ser de origen noble, consiguió gracias a una exquisita educación y erudición muy singular, llegar a formar parte de una de estas privilegiadas familias. Entre los ciudadanos romanos sabemos que existía una marcada jerarquía. En la

---

12 La República romana fue esencialmente un régimen aristocrático con tendencias oligárquicas, aunque con una limitada pero no despreciable participación popular en la toma de decisiones.

13 Alvaro D'ORS Y PÉREZ-PEIX, *Presupuestos críticos para el estudio del derecho romano,* pág, 75 indica que la principal fuente literaria para estudiar derecho romano es Cicerón, pero no solo el derecho de su época sino también el de la época arcaica.

14 John W. HANSON y Scott G. ORTAN, «A systematic method for estimating the populations of Greek and Roman settelments». La población siguió aumentando hasta el año 100 d.C, momento en que terminó el óptimo climático y se inició hacia el año 130 un enfriamiento del clima.

15 Cuando se analiza el derecho familiar romano se observa un hecho absolutamente distintivo, la familia quiritaria se presenta, en su origen, como un verdadero grupo político, creado por razones de orden y defensa. Y esa característica es lo que hace que el sistema familiar romano sea muy distinto al de los demás sistemas familiares de la Antigüedad. Antonio FERNÁNDEZ DE BUJÁN, *El filiusfamilias independiente en Roma y en el derecho español* 1984 UAM Madrid, pág 24. «Manus y mancipium tienen que ver con estas ideas primitivas que reflejan la existencia de un poder único doméstico sobre cosas y personas que luego se va diversificando. No hay un concepto de propiedad fuera del ámbito de los bienes familiares probablemente hasta fines de la República».

cima estaban los senadores y los caballeros y, por debajo de ellos, el *populus romanus* o la plebe romana.

Los senadores y los caballeros tenían la mayor parte de su riqueza en tierras, la forma más segura de inversión; se trataba de los bienes más durables a la vez que socialmente reconocibles, lo que era esencial en una sociedad censitaria en la que se dividía a las personas en clases en función de su riqueza, y en la que el honor de las personas dependía de la riqueza que, a su vez, comportaba unos deberes militares y fiscales. Durante los años en que vivió Cicerón, los niveles de vida llevaban algún tiempo aumentando gracias a la expansión imperial posible gracias a las victorias en las guerras. Era normal durante los últimos años de la república que un senador tuviera no sólo una casa en Roma, esencialmente para la vida política, sino también varias residencias en diferentes partes de Italia[16], generalmente equipadas con granjas rentables y terrenos de recreo, como veremos estas propiedades eran muy útiles para los contactos políticos. En estas fincas pertenecientes a los privilegiados trabajaba la gran mayoría de los ciudadanos plebeyos y grandes cantidades de esclavos. La actividad principal de la población era, pues, la agricultura.

Además, un dato biográfico significativo es que, a los 31 años, Cicerón inició su *cursus honorum* y fue elegido Cuestor en Lilibelo (Sicilia), donde las revueltas de esclavos explotados en los grandes latifundios habían durado muchos años. La edad mínima para ser cuestor era 30 años. La importancia de este primer cargo radica en que fue el primer miembro de su familia que ocupaba una magistratura en Roma y como estaba legalmente previsto, tras dejar el cargo de *quaestor,* se convirtió en senador vitalicio. Siguiendo su *cursus honorum,* a los 38 años fue elegido edil. La labor de los ediles a través de sus edictos curules era tutelar a los compradores de esclavos y de animales de posibles fraudes. Esta labor de los ediles era especialmente relevante para controlar el abastecimiento de alimentos de los mercados. Estos cargos profesionales le permiten a Cicerón conocer la realidad del abastecimiento de los mercados de alimentos y las cuestiones fiscales de primera mano.

Las obras de Cicerón se enmarcan dentro de la literatura latina, entre las muchas obras dedicadas a la temática del cultivo y el cuidado de la tierra y del campo. El tema agrario, además de un tema político y jurídico es uno de los temas literarios por excelencia, esto se debe a la relevancia de la agricultura en la economía y en la vida social[17].

---

16 Paradigma del senador con casas lujosas es el de Lúculo del que las fuentes nos detallan bien su modo de vida lujosos y sibarita. Cicerón, Academica priora II, 1, Plutarco, Lúculo, Cicerón, Pro Lege Manilia 8, pro Murena 15; Pro Lege Manilia 2, 5, 9, Epistulae ad Atticum libro XIII, 6.

17 *De agricultura* de Marco Porcio Catón (234 a-C -149 a. C) una enciclopedia agrícola en 17 capítulos y de manera concreta recoge el saber agrario hasta su época, labores del campo, las obligaciones de la familia agrícola, las obligaciones veterinarias, rituales reli-

De modo que la agricultura es en Roma una actividad que además de actividad económica involucra a intelectuales, políticos y juristas.

Durante el final de la república se ha constatado un aumento modesto de la producción debido a la innovación tecnológica y la difusión de útiles y herramientas, así como un sistema integrado e interregional y una alta urbanización. La producción agrícola empezó a especializarse y a focalizar su producción para el mercado de las ciudades. Se ha constatado a través de excavaciones que en este periodo se produjo una sustitución de la carne de bovino por la carne de cerdo más acorde al gusto de las ciudades. Así mismo en las excavaciones se ha identificado un aumento del almacenamiento de productos en graneros.

El aumento de la población comportó que Roma se hiciera dependiente alimentariamente de algunas nuevas provincias como Sicilia, África del Norte y Egipto. Esta diversidad en el origen del abastecimiento comportó una mejora del sistema alimentario. En Egipto se creó un sistema alimentario independiente a la órbita romana a causa de su clima singular dependiente de las crecidas del Nilo, que a su vez dependía de los lejanos monzones.

Un crecimiento orgánico que se produjo en este momento considerado el final del holoceno en el que la elevada actividad del sol y la baja actividad volcánica permitieron un clima favorable para el aumento de la producción agrícola que a su vez comportó un aumento demográfico.

El propio Cicerón en una de sus traducciones nos informa de la importancia social y económica que tenía la agricultura. Se trata de la obra OECONOMICUS de Jenofonte.

Cicerón con esta traducción introdujo el pensamiento económico griego en Roma. El término economía proviene del griego *oikos* y *nomos*, su correlativo latino sería doméstico. Desde el punto de vista etimológico, son conceptos paralelos, porque la casa está en el centro de la economía romana. La *domus*, no es sólo el lugar donde vive la familia, sino el perímetro del terreno económico en la mentalidad romana. La idea romana de economía se centra en la economía familiar. Los romanos tenían una concepción de la riqueza muy diferente a la nuestra, la economía formaba parte de la filosofía y, en concreto, de la ética. La economía era el arte del uso racional de la riqueza, pero este buen uso de la riqueza tenía como perímetro los bienes del hogar en su dimensión humana y material; tenía un objetivo muy concreto, que era vivir bien, pero vivir bien en el sentido moral, mientras que el derecho era la técnica que ponía las reglas de la adquisición, de la distribución de las riquezas a través de la creación de instituciones como la propiedad, la posesión, la

giosos, recetas gastronómicas. Marco Terencio Varrón (116-27 a.c) *Rerum rusticarum* y Lucio Juno Moderato Columela (4-70 d.C) gaditano *De re rustica* y *De arboribus* recopila la técnica agrícola hasta su tiempo. Rutilio Tauro Emiliano Paledio IV d.C *Opus agriculturae de institutione* calendario agrícola.

usucapión, la ocupación. De modo que el derecho se entiende como la técnica que permite la adquisición de la riqueza, mientras que la filosofía es la técnica que indica la gestión de la riqueza. Dos caras de una misma moneda para los juristas romanos.

Es necesario recordar que en nuestra concepción actual la relación entre el derecho y la economía es la inversa a la romana, hoy aceptamos analizar el derecho desde una perspectiva económica y poner el derecho al servicio de la economía, pero en el mundo romano era al revés, era el derecho el que proporcionaba los criterios de acción y de elección. La justicia en el derecho romano en tanto que valor moral y social ocupaba el lugar que hoy ocupa la maximización del provecho.

En una de sus obras más destacadas, el *De officis,* Cicerón sigue de manera fiel el modelo filosófico y literario de Panecio de Rodas. Cicerón[18] dice que la misión de la economía no es el enriquecimiento sino la búsqueda del bien, de modo que en la gestión del patrimonio hay unos valores morales que informan la administración. Cicerón no es original, pues toma esta idea de Aristóteles[19], quien critica la acumulación de riquezas, ya que las riquezas permiten vivir, pero no permiten vivir, bien en un sentido moral.

El objetivo final de la gestión del patrimonio familiar, según Cicerón, es la conservación del patrimonio para satisfacer las necesidades y proporcionar un nivel de bienestar a los miembros de la familia que les permita mantenerse en el estatus o progresar en la participación del poder, no individual de cada uno de ellos sino de la familia en su conjunto. El poder depende no sólo de la riqueza material sino también del prestigio social y moral. Es misión de todos sus miembros actuar adecuadamente para mantener e incrementar tanto el patrimonio como el prestigio social.

La racionalidad del *homo oeconomicus* que caracteriza al hombre actual no existe en el hombre romano, el modelo es el hombre político en el que los valores relevantes serían la acumulación de prestigio y no la acumulación de capital. La economía romana estaba controlada por factores sociales, los prejuicios aristocráticos limitaban la inversión en el comercio de las élites senatoriales. Estos valores romanos junto a la relevancia del trabajo esclavo desalentaban la inversión y las invenciones. Las clases altas se dedican a la política y se inhiben del comercio, el hombre político es un maximizador no de las riquezas materiales sino del *status*.

El punto de vista de Cicerón sobre la economía se produce en un momento en que el aumento de la riqueza en Roma está en la base del creciente lujo y la corrupción que acompaña a la generalización del lujo. Recordemos que la riqueza y el lujo llega a Roma desde el exterior y cronológicamente a partir de

18 *De officis 2,86.*

19 *Politica* 1.9.12.57

146 a. c tras la destrucción de Cartago. El lujo que viene de oriente viene del mar, el mediterráneo es a la vez el elemento de contacto, pero también por donde entran esos elementos que representan el lujo.

Cicerón es el primer moralista romano que, consciente de la crisis social e institucional de su tiempo, considera que el único modo de superarla es recuperando los valores antiguos de la ciudad. Cicerón[20] indica las cuatro virtudes que definen al *honestum*, es decir, el romano digno de *honos: sapientia, iustitia, magnitudo animi* y *temperatia, moderatio* y *modestia*[21]. Cicerón, en otra de sus obras[22], expresa que contentarse con la riqueza que se tiene es, justamente, la riqueza más grande y segura: *contentum vero suis rebus ese maximae sunt certissimae divitiae*. Cicerón también rechaza la *turpitudo* de la *luxuria*, un modo de vida material que rechaza buscando una idea de medida con las palabras *parce, continenter severe sobrie.*

Es preciso tener en mente que Cicerón fue sobre todo un político, no fue realmente un filósofo que teorizara sobre el modelo de estado, sino que defendió una determinada ideología, la de los que él denomina *optimates,* que se opusieron, según él, radicalmente a la *populares*, de quien apenas tenemos escritos. Por este motivo, es evidente que la información que nos han dejado las obras de Cicerón es valiosísima, sin embargo, es preciso tener una visión crítica sobre algunos aspectos de los que nos habla Cicerón.

En el *De officis* Cicerón expone cuál es la base de su pensamiento jurídico y político, se trata de la defensa de la propiedad privada. La propiedad es el pilar sobre el que se construye la existencia del Estado, de la República y, a su vez, de la familia, como germen del Estado. En la misma obra Cicerón propone una clasificación moral de las profesiones entre las que la agricultura, el trabajo de la tierra ocupa el puesto más alto, no es casualidad ya que las clases altas y los terratenientes obtienen su riqueza principalmente de la explotación de la tierra. Cicerón defiende la superioridad ética de la riqueza obtenida de la tierra, argumentando que la tierra es más justa, más ética que el capital, que la tierra recompensa el trabajo. En realidad, el pensamiento de Cicerón lo que hace es dar una justificación moral a una realidad existente racionalizando el *status quo*. La agricultura es la actividad principal de las clases senatoriales, mientras que los caballeros, la segunda clase se dedicaba al comercio.

Cicerón escribió además obras en las que aborda de manera precisa cuestiones relativas a la agricultura y al manejo eficiente de la tierra, insistiendo en que la tierra requiere un trabajo minucioso, frugal y austero que permita la sostenibilidad de los recursos naturales. Cicerón tampoco en estos aspectos es original, ya que recoge el pensamiento filosófico de Aristóteles, que

---

20 *De officis* 1,5,17.

21 *De officis* 1,27,93 D.39,2,40 pr. Ulpianus 43 ad sab. *De Officis 1,30,106*.

22 *Paradoxa stoicorum* 6.3.49.51.

a su vez distingue dos formas de adquisición de los recursos, una natural y otra no natural; en la natural figura la agricultura, pesca, caza. Ya en el pensamiento de Aristóteles está la idea de que esta forma natural debe ser limitada, no permite la acumulación, la capitalización.

III. El contexto alimentario al final de la República

Pese a que, en general, la riqueza aumentó en Roma a finales de la República gracias esencialmente a la expansión por el Mediterráneo tras las guerras púnicas y el aumento del comercio[23], el acceso a alimentos para toda la población siguió siendo un problema y para aliviarlo se promulgaron toda una serie de leyes y medidas que intentaron asegurar el suministro de cereales a toda la población[24].

Íntimamente ligado a la agricultura romana se encuentra el problema de la titularidad de la tierra. Las continuas reformas agrarias[25] que se suceden a lo largo de la historia de Roma, en el que se buscan nuevos y mejores sistemas de redistribución de las tierras, serán, como veremos, una de las principales cuestiones políticas y jurídicas, además de ser uno de los motivos fundamentales de inestabilidad social y política del final de la República[26].

En la sociedad timocrática del final de la República, la élite se sentía con la obligación moral de satisfacer las necesidades básicas de la población perteneciente a las clases más bajas, lo que comportaba para la aristocracia un cierto modo de legitimación moral. La falta de infraestructuras públicas de distribución de alimentos dejaba en manos del mercado la satisfacción de

23 Este momento es considerado desde el punto de vista de la alimentación un momento de gran cambio, ya que se pasa de una alimentación muy frugal con una limitada tipología de alimentos, a una llegada de nuevos alimentos desde Oriente. Los alimentos que llegan por mar son exóticos y en ocasiones muy caros. De modo que la capacidad de obtener este tipo de productos se convirtió en un modo de ostentación que se escenificaba en los conocidos banquetes. Con la llegada del cristianismo, así como por los cambios climáticos y las epidemias que comportaron épocas de gran pobreza, se produjo de nuevo un gran cambio en los hábitos alimentarios así como en el sistema de valores en los que se volvió a introducir la austeridad como un valor a la vez que a dar valor a elementos no materiales.

24 Cristiano VIGLETTI «Les crises frumentaires dans la Rome alto-républicaine et la question des consommations alimentaires entre croissance et limitation» en *Topoi*, volume 21/1, 2017. pp. 151-172;

25 Osvaldo SACCHI, «L'ager privatus de lla lex del 111 a.:C come proprietà fondiaria nella prospettiva giuridica del suo tempo» en *Teoría e storia del diritto privato* núm XVI 2023 págs.1-108. Geard CHOUQUER, *Code du droit agraire romain. Référents antiques pour le plouralisme et les anciens régimes fonciers.* Ed. Publi-Topex 2022; Simone SISANI. *L'ager publicus en età graccana (133-11 a.C.). Una rilettura testuale, storica e giuridica* Ed. Quasar Roma 2015.

26 Dionisio de HALICARNASIO *Antiquitates Romanae* 9.51.5.

las necesidades básicas de la población y esa dependencia del mercado, las malas cosechas y las guerras, dieron lugar, en algunos momentos, a graves subidas de precio o problemas de distribución que afectaron duramente a la población más pobre. El estado romano, hasta entonces, no se hacía cargo de la alimentación de sus ciudadanos y el problema se resolvía con la intervención puntual de la clase dirigente, lo que permitía, a su vez, la perpetuación tanto de la élite, pero a la vez provocaba también la repetición constante de situaciones de escasez y de necesidad de alimentos.

Entre los años 80 a 50 a.C. los episodios de violencia a causa de las hambrunas aumentaron significativamente tanto en cantidad como en intensidad y, por este motivo, la supervivencia de la población más desvalida, la inestabilidad social y las explosivas hambrunas empezaron a considerarse una cuestión de orden público.

Ante este aumento de la violencia social, entre los senadores se planteó un nuevo debate de hasta qué punto el estado debería asumir la responsabilidad de garantizar la subsistencia alimentaria de todos los ciudadanos o era mejor seguir optando por la menor intervención posible del estado y el menor gasto público. Este debate no se planteaba en términos teóricos sino en la recurrente resolución de las cuestiones prácticas que acuciaban a la sociedad.

Conviene recordar que en este momento histórico los ingresos del estado llegaban fundamentalmente de las nuevas provincias, y que a partir del siglo II a.C. los ciudadanos romanos pagaban menos impuestos porque precisamente eran las provincias las que asumieron una carga fiscal más intensa.

De modo que uno de los temas políticos más candentes en este momento histórico entre los que se debatían *optimates* y *populares* fueron las reformas agrarias, es decir la distribución de la tierra, las políticas frumentarias que permitieran garantizar el grano suficiente a toda la población, así como la concesión de la ciudadanía a los Itálicos.

Los magistrados *optimates* propusieron respuestas concretas que, sin introducir cambios estructurales, buscaban soluciones coyunturales consistentes en otorgar grano a costa de sus propios patrimonios, hecho que aumentaba la popularidad y el prestigio de los que llevaban a cabo estas medidas. En cambio, entre los *populares* se promovieron leyes en las que se pretendía de manera sistemática y organizada repartir cereales entre la población más vulnerable a costa del erario del estado, en las que el estado subvencionaba los gastos. Estas políticas estructurales inicialmente chocaron con el rechazo del Senado.

Según Cicerón, la mejor solución a estos problemas de carestía de alimentos era la evergética y puntual que no comprometía las arcas del estado de manera indefinida. Cicerón intenta transmitir la visión de que los *populares,* con sus reformas agrarias y política frumentaria, perseguían objetivos populistas y demagógicos que simplemente buscaban el propio enriquecimiento personal. Mientras que los *optimates*, los *boni viri,* por el contrario, a través de medidas puntuales y recurriendo al evergetismo, pretendían conseguir el bien común y, sobre todo, el restablecimiento de los auténticos y tradicionales valores la *res publica*.

Cicerón, en algunas de sus obras, critica la ley frumentaria de Tiberio Graco, poque la medida era excesiva para las arcas del estado y convertiría a la plebe en ociosa y holgazana. Las medidas de Graco suponían despilfarrar la riqueza publica con enormes donaciones. Es evidente que la crítica de Cicerón es exagerada y que el tesoro público podía asumir este gasto. En alguno otro fragmento de su obra Cicerón incluso la alaba.

Sin embargo, el análisis pormenorizado de las diversas leyes de este periodo por parte[27] permiten concluir a Pina Polo que finalmente el senado acaba asumiendo como una cuestión de estado la política frumentaria de manera estructural. Prueba de ello es que Catón, máximo representante de los *optimates,* propone una reforma que retoma en muchos aspectos las políticas de los hermanos Graco y que será consolidada por Clodio en el año 58 a.C. Clodio, un *popular*, también tribuno de la plebe promovió una ley frumentaria que estableció, por primera vez, que la distribución de grano fuera gratuita. Con Clodio en el año 58 a.C parece que culmina el proceso iniciado con la reforma de los Graco y a la que también contribuyeron *optimates* como Catón.

Las investigaciones más recientes que han estudiado toda la serie de leyes agrarias y frumentarias constatan que éstas no fueron ni revolucionarias ni innovadoras, ni estaban en contra de los *mores maiores*, es decir, de los valores tradicionales, pero sí que iban en contra de los intereses de algunos de los grandes propietarios de tierras.

IV. Origen de la agricultura como modo de vida esencialmente romano

Pero para comprender cuál era el entorno económico de esos valores tradicionales a los que Catón y Cicerón, representantes de los optimates, hacían constante referencia, recurriré a un estudio de antropología de la antigüedad. Cristiano Viglietti[28] presenta su monografía con la siguiente afirmación

> «L'economia romana di età arcaica si configura così non come una versione meno riuscita di quella tipica degli Stati occidentali moderni, ma come un peculiare, originale - e tutt'altro che rozzo - risultato della capacità dei Romani **di cos-**

27 Francisco Pina Polo, «Ideología y práctica política en la Roma tardorrepublicana», en *Gerión* n.° 12, 1994, págs. 69-94.

28 Cristiano Viglietti, *Il limite del bisogno. Antropologia económica di Roma arcaica* Ed. Il Mulino 2011.

truire modelli di comportamento, tecniche, istituzioni in grado di garantire nel tempo la sussistenza della loro comunità».

De su lectura se constata que la antropología nos aporta muchos datos para la reconstrucción de la vida económica y cultural, una realidad de la que los textos jurídicos no nos hablan directamente pero cuyo conocimiento estimo necesario para la correcta interpretación de los textos jurídicos. En esta obra, Viglietti pone en relación el relato de Plinio con las evidencias materiales que ha descubierto la arqueología en los últimos decenios, en concreto cita los trabajos de Andrea Carandini[29].

Viglietti considera que la predilección de la sociedad romana arcaica por la agricultura condicionó los comportamientos de sus miembros y la elección de sus instituciones jurídicas. Una de estas instituciones es la decisión de hacer que todo miembro de la comunidad sea reconocido como agricultor a través de la entrega de un fragmento de tierra, una porción de tierra privada y no colectiva[30]. Esta asignación de tierra tiene por objetivo principal, además de ser un medio de explotación agrícola, obligar a quien la recibe a determinar a quién se la va a traspasar en el momento de su muerte. Según Viglietti, la comunidad romana se construyó a partir de la entrega de tierras a los ciudadanos[31]. La percepción de una porción de tierras obligaba a asumir al *cives* unos *iura* y unos *munera*. Para un ciudadano romano, la posición de agricultor —propietario de la tierra— era la que le otorgaba dignidad y, por lo tanto, en el caso de que el ciudadano perdiera la tierra y pasara a cultivar una tierra ajena, se consideraba que este ciudadano se degradaba a una vida

---

29 Andrea Carandini *La fondazione di Roma raccontata da Andrea Carandini* Laeterza 2013 de los años 80 del siglo pasado, que permiten admitir definitivamente el relato de Plinio. Carandini en sus excavaciones descubrió que las casas de los cónsules del siglo VI a.C, tal y como las fuentes literarias lo explican, eran unas casas con la forma típica de atrio que perdura hasta la tarda república y el imperio. A partir de estos descubrimientos se puede reconstruir la historia de la *domus* romana. Pero, así mismo, Carandini localizó en el Palatino el *murus Romulus* de la mitad del siglo VIII a.C., aquél que las fuentes nos cuentan que Rómulo construyó y que precisamente Remo violó, motivo por el cual fue asesinado por su hermano. Por debajo de ese muro, Carandini identificó las cabañas de la época prerromanas de las que habla Varrón. Por lo tanto, la generación de Carandini es la primera de tener certeza del relato de las fuentes literarias escritas hace 2000 años, durante los cuales los estudiosos no fueron capaces de distinguir entre fábula, leyenda o realidad. Con sus descubrimientos, Carandini demuestra que la crítica histórica de los siglos XIX y XX que situaban la fundación de Roma en el siglo VI y no en el VIII como decían las fuentes, es uno de los mayores fracasos de los estudios históricos. Explica muy bien que en el año 1100 los romanos, gracias a Paolo Leoni, un rico comerciante hebreo, rellenaron las ruinas de Roma de 5 metros de tierra para construir encima la nueva Roma medieval, dejando bajo sus pies la Roma antigua durante casi 1000 años más.

30 Varrón, *De re rustica* 1.10.2; X.IIIe,

31 Cicerón en el *De officis* 1.42.150-151.Cicerón identifica la *libertas* con la posibilidad de cultivar la propiedad de la tierra, Cicerón considera que aquel que trabaja la tierra de un tercero se asemeja al esclavo, ya que está privado de la *libertas.*

humillante. Las guerras en la época arcaica eran puntuales y se llevaban a cabo, principalmente, en la estación más calurosa, de marzo a octubre, periodo que coincidía con el momento más intenso de la actividad agrícola, sobre todo la del cereal. Las guerras exigían a los ciudadanos romanos, dos obligaciones: por un lado, el pago del *tributum,* y, por otro, la participación en la guerra, corriendo el propio ciudadano con los costes de la guerra. Estas obligaciones y el aumento del número de guerras, así como su extensión en el tiempo, provocaron que algunos ciudadanos no pudieran ocuparse de sus campos y tuvieran que pedir préstamos para la subsistencia de sus familias, préstamos que después no podían devolver y que llegaban a comportar la pérdida de sus propias tierras[32].

Viglietti recuerda que, en la Roma arcaica, con la distribución de tierra —*bina iugera*— se consiguió que todo ciudadano fuera un agricultor, lo que le permitía realizar una vocación económica compartida por toda la comunidad y basada en una precisa tradición cultural. Los *bina iugera* eran suficientes para garantizar la subsistencia de una familia, pero no permitían vivir lujosamente, por lo que el modo de vida de la familia romana arcaica debía subsumirse en la *paupertas.* La *paupertas,* explica Vigletti, significa «aquel que puede producir poco»[33]. La agricultura para los romanos de la época arcaica era un valor en sí misma, permitiendo que el hombre que la practicaba fuera un hombre plenamente libre y digno de tener relaciones tanto con los dioses como con la comunidad. La agricultura debía realizarse de acuerdo con una determinada disposición ética.

Aunque los agricultores romanos de la época arcaica poseían porciones de tierras más bien reducidas, la condición de *paupertas* no era una situación dramática ni de insatisfacción. Al revés, se impuso un juicio positivo de la *paupertas*, convirtiéndola en motivo de *honos.* Esta misma actitud también era practicada por ciudadanos relativamente ricos pero que se habrían alejado voluntariamente de los vicios típicos de la ausencia de límites, como la *avaritia* y la *luxuria*[34].

Viglietti define la economía de la Roma arcaica como una cultura económica del límite que se expresa con la palabra *parsimonia*. *Parsimonia* es un

---

32 Diniosio de Halicanasio *Antiquetate Romane* 3.41.3.

33 Gayo 3.223 comentando la Ley de las XII Tablas habla de *illis temporibus in magna paupertae.*

34 La parsimonia también se expresa en la Ley de las XII Tablas X. Se trata de la limitación del lujo funerario. Precisamente en los estudios de estas leyes de limitación de los gastos funerarios posteriores al año 600 a.C, Carmine Ampolo en *Il lusso funerario e la cita arcaica* 1984, se sitúa la formación de la propiedad privada estrechamente conectada con el desarrollo de la idea de la Ciudad. Momento en el que se desarrolla una nueva mentalidad, más racional en sentido económico. Los objetos, que en épocas anteriores acompañaban al muerto y eran inescindibles de su persona, empiezan a verse como objetos que pueden ser poseídos, enajenados y objeto de testamento. Según Ampolo, págs.96-98, este cambio, tiene su origen en la llegada a Roma de modelos culturales, no etruscos, sino griegos.

concepto propio del agricultor romano. Ser agricultor en Roma comportaba ser un maximizador en la gestión de la tierra, reduciendo al máximo los gastos, valorando atentamente las adquisiciones para que las rentas fueran más elevadas que los costes y vendiendo de manera hábil los excedentes de su producción. El *parcere* suponía limitarse respecto a las necesidades de los bienes materiales, deseando poco pero además conservando y ahorrando lo que se tiene[35].Parsimonia es la actitud de limitarse con relación a las necesidades y a los deseos de benes materiales. Junto a la *parsimonia,* la *duritia* sirve para caracterizar al agricultor que consigue garantizar su subsistencia trabajando duramente.

Está claro que *parsimonia* se opone a la *luxuria* en tanto que ostentación y desperdicio de la riqueza. Ejemplo de estas virtudes, en la época tardo republicana, fue Catón el viejo, el célebre censor. Catón fue un importante propietario de granes terrenos, pastos, bosques, esclavos, que además prestaba e invertía dinero. De modo que Catón, sin ser pobre *—pauper—,* era un modelo indiscutible de *parsimonia*. La *paupertas* era una condición material que se produjo como consecuencia del escaso número de tierras que se asignó en un primer momento y cuando el *ager romanus*[36] era todavía escaso. En cambio, la *parsimonia* era una actitud moral y práctica que comportaba la autolimitación en cuanto a las necesidades materiales. La *parsimonia* no siempre iba acompañada de *paupertas,* y en la roma arcaica algunas familias poseían grandes riquezas que precisamente les permitían tener una preeminente posición social, pero lo relevante es que éstos practicaban la *moderatio,* la modestia en relación a sus bienes materiales. De modo que la riqueza podía ser parsimoniosa.

Por lo tanto, la parsimonia era un comportamiento moral que recibía una valoración cultural positiva que era reconocida políticamente a través del censo. Mediante el censo, los ciudadanos romanos hombres y adultos eran posicionados jerárquicamente colocándose en una escala de cinco clases que determinaba una serie de derechos y deberes que concernían a la vida pública. En el *census*[37] se tenía en cuenta tanto la *fortuna* como la *dignitas,* es decir, la capacidad de realizar aquello que es justo, tanto en la esfera pública como en la privada, según un estricto código cultural romano.

La magistratura de la censura[38] aparece por primera vez con una ley del año 443 a.c. Los censores debían considerar, en primer lugar, el valor del patrimonio y, también, la tipología del patrimonio[39], así como el modo en

35 Definido perfectamente por Seneca *De beneficiis* 2.34.4 *«ars re familiari moderate utendi».*

36 Dario Mantovani «L'occupazione del l'ager publicus e le sue regole prima del 367» en *Athenaeum* vol 85 fas II 1997 págs. 575-598

37 Juan Sánchez Galera, *El censo de Augusto* Tesis doctoral UCM Madrid 2019.

38 Cicerón, *De legibus* 3.3.7.

39 Aulo Gelio, *Noctes Atticae* 4.12.1.

que se cultivaba el campo. El censor se ocupaba de informarse de si el ciudadano era un agrícola al que le correspondían *honores,* de modo que el censor cumplía la doble función de valorar las riquezas y controlar el cumplimento de las *mores* del buen ciudadano, y compartir los valores de la comunidad. El hecho de no cumplir con los *mores* podía comportar que un ciudadano descendiera de clase independientemente de su riqueza y, a la inversa[40].

De modo que en la época arcaica no se produjo una coincidencia absoluta entre el prestigio y la riqueza[41]. El censo no se puede reducir a una institución timocrática, sino que contribuyó a construir una organización social coherente con la cultura romana arcaica en la que *paupertas* y *parsimonia* son dos valores positivos vinculados al cultivo de la tierra.

Pero como veremos más adelante muy someramente, la parsimonia fue una costumbre del romano arcaico antes de que Roma entrase en contacto con otros pueblos del Mediterráneo y sus valores entraran en crisis, o simplemente evolucionaran.

V. Política y alimentación, dos realidades nada distantes

Quiero terminar haciendo una breve mención a la relevancia social de la alimentación en la Roma republicana para mostrar cómo la alimentación y la política tuvieron grandes puntos de conexión.

Como hemos apuntado las reformas iniciadas por los hermanos Graco en el 133-121 a. C. se produjeron como consecuencia de la lucha por el reparto de la tierra, pero lo esencial de sus reformas fue, que la tierra pudiera cultivarse como base de una dieta suficiente y saludable. Estas reformas, sin embargo, tuvieron grandes dificultades para imponerse debido a la enorme impopularidad entre las clases senatoriales dirigentes y tratarse de momentos especialmente convulsos de la Roma republicana.

De esta misma época son las numerosas leyes alimentarias que precisamente a causa de su incumplimiento fueron reiterándose a lo largo de los años[42]. Cómo hemos apuntado el derecho es un producto de una determinada sociedad, y en la sociedad del final de la república, los hábitos alimentarios[43] se convierten en un fenómeno social relevante para las clases

40 Francisco PINA POLO, «Mos Maiorum como instrumento de control social de nobilitas romana» en *Revista Digital de la Escuela de Historia*, Vol. 3, n.° 4, 2011 (Ejemplar dedicado a: Estudios sobre Historia Antigua y Antigüedad Tardía), págs. 73-77.

41 CICERON *De Re Publica* 1.34.51 *deformior species ....civitatis....in qua opulentissimi optimi putantur*

42 Iole FARGNOLI, *Cibo e diritto in età romana: antologia di fonti,* 2 ed Giappichelli Torino 2016.

43 Almudena Villegas BECESRRIL, *Gastronomía romana y dieta mediterránea: el recetario de*

pudientes, un modo además de hacer ostentación de la riqueza que a su vez se convierte en un instrumento de peso en el ámbito político.

De esta legislación quiero destacar simplemente que es una legislación que limita la libertad económica de los romanos, y lo hace de una manera muy severa, ya que estas leyes se inmiscuían en la vida privada de los ciudadanos, limitando el número de invitados, limitando el coste máximo de los alimentos, limitando la decoración de la mesa, limitando ciertas comidas exóticas. En definitiva, estas leyes pretendían sobre todo limitar el lujo. En ese momento lujo significaba sobre todo buena cocina, vinos, muebles, esclavos especializados, grandes casas y sofisticados jardines, pero también estas normas tuvieron el afán de favorecer los alimentos locales, los que hoy llamaríamos del kilómetro cero. Ninguna de estas leyes limita el consumo de aceite, ni de los cereales, ni frutas y verduras ni evidentemente de vino, que son la base de la alimentación en Roma y en el Mediterráneo más cercano.

Cicerón en sus cartas explica que Grecia es el reflejo de una cultura y un modo de vida lujoso y excesivo muy diferente a la vida romana, más austera, pragmática o incluso ruda. Desde Grecia y Oriente, dice, llegaban a Roma grandes riquezas en forma de especias, sabores culinarios exóticos, alimentos nunca antes vistos... sedas y tejidos de colores muy vistosos que se exhibían en los famosos banquetes romanos, lugar de ostentación y a la vez de corrupción política. El lujo es concebido como la falta de dominio sobre uno mismo. Para los miembros de la élite romana la moral es el centro de la autorrepresentación como romanos. La clase social dirigente tiene como obligación ejercer el control sobre la propia clase, pero al mismo tiempo hacer valer su posición privilegiada entre las clases sociales inferiores. El lujo supone un alejamiento por falta de control entre el ciudadano romano y su comunidad, ya que se anteponen los propios intereses por delante de la comunidad.

En este relato sobre el lujo es interesante analizar el rol de los juristas ya que son precisamente los técnicos de la riqueza, creando unas instituciones como la ocupación, la usucapión, la sucesión que permiten a los hombres rodearse de riqueza: la creación misma de la propiedad privada es la permite al hombre apropiarse de bienes. Sin embargo, hay también en el jurista romano una visión negativa con relación a la sobreexplotación de la tierra y a la acumulación excesiva de riquezas, de modo que el equilibrio entre estos dos polos opuestos es precisamente el límite. El límite que se erige como ese muro de contención que no debe sobrepasarse y a la vez de contención para la correcta conservación de la riqueza.

Tradicionalmente se habían estudiado estas leyes sin alcanzar a comprender bien su sentido tachándolas incluso de excéntricas y absurdas. Casinos

---

Apicio. Córdoba, 2001. *Luxus Mensae. Sociedad y Alimentación en Roma*, Ed. Tirant lo Blanc, Valencia, 2021.

Mora[44], en cambio, justifica estas leyes propuestas por la clase senatorial romana como una forma de autocontención para evitar que los nuevos ricos hicieran alarde de su riqueza y atrajeran votos de las clases populares, una forma de mantener el *status quo*, la clase senatorial dedicada a la agricultura y propietaria de gran parte de la tierra, se autoimpone frugalidad y austeridad en las formas de impedir que la nueva riqueza proveniente del comercio sustituya a la antigua riqueza basada en la propiedad de la tierra, en el trabajo de la tierra, una riqueza más estática, que logre una mayor estabilidad social y política.

Siendo cierta esta interpretación, yo sostengo que estas leyes se insertan en una tradición y en una mentalidad que admite la creación de riqueza siempre que esta riqueza esté franqueada por un límite. Las leyes alimentarias o suntuarias no son ni una novedad ni una extravagancia, sino que, a mi modo de ver, dan continuidad a una tradición que desde la Ley de las XII Tablas impone un uso racional de la riqueza dentro de un límite. Y ese límite, como dice Viglietti es el límite de lo necesario. La sociedad romana se constituyó sobre la idea de la preservación de la riqueza de la tierra para las generaciones futuras, esta idea, puede ser tal vez, la base de nuestro actual sistema de creencias inconscientes que están reclamando los más jóvenes para las generaciones futuras.

VI. Bibliografía

Aulus Gellius. *Noctes Atticae*, 4.12.1.

Carandini, A. *La fondazione di Roma raccontata da Andrea Carandini.* Bari: Laeterza, 2013.

Casinos Mora, J. *La restricción del lujo en la Roma republicana: el lujo indumentario*. Madrid: Dykinson, 2015.

Cicero, M. T. *De Legibus*, 3.3.7.

Cicero, M. T. *De Officiis*, 1.42.150-151.

Cicero, M. T. *De Re Publica*, 1.34.51.

College de France, «Avenir Commun Durable – Énergie, environnement, société». *Projet né en 2021 du claustro de professeurs du Collège de France pour agir face au changement climatique,* Collège de France. Accessed November 17, 2024. https://www.college-de-france.fr/fr/le-college/avenir-commun-durable.

44 Javier Casinos Mora. *La restricción del lujo en la Roma republicana: el lujo indumentario* Dykinson, 2015.

Chouquer, G. *Code du droit agraire romain: Référents antiques pour le pluralisme et les anciens régimes fonciers*. Ed. Publi-Topex, 2022.

Dionysius of Halicarnassus. *Antiquitates Romanae*, 3.41.3

Dionysius of Halicarnassus. *Roman Antiquities*. Translated by E. Cary. Volume 10. Cambridge, MA: Harvard University Press, 1937.

Fargnoli, I. *Cibo e diritto in età romana: antologia di fonti.* 2nd ed. Torino: Giappichelli, 2016.

Fernández de Buján, A. *El filiusfamilias independiente en Roma y en el derecho español*. Madrid: Universidad Autónoma de Madrid, 1984, p. 24.

Ferrajoli, L. *Por una constitución de la Tierra. La humanidad en la encrucijada*. Madrid: Trotta, 2022.

Gaius. *Commentarii*, 3.223.

Harper, K. *Comment l'empire romain s'est effondré: Le climat, les maladies et la chute de Rome.* Paris: La Découverte, 2020.

Hubert, M. *La Loi des XII tables: Édition et commentaire*. Rome: École Française de Rome, 2018.

Livy. *Ab urbe condita*. Translated by B. O. Foster. Volume 1. Cambridge, MA: Harvard University Press, 1919.

Mantovani, D. «L'occupazione del *ager publicus* e le sue regole prima del 367», *Athenaeum* 85, no. 2 (1997): 575-598.

Mantovani, D., and **Pellecchi, L.** *REDHIS: Rediscovering the Hidden Structure. A New Appreciation of Juristic Texts and Patterns of Thought in Late Antiquity.* University of Pavia, Italy. ERC 2013-2020. Accessed November 17, 2024. http://redhis.unipv.it/

Martínez de Moratín Llamas, M. L. «Régimen jurídico de la prodigalidad: de Roma a la Ley 8/2021 de reforma de la legislación civil y procesal en materia de discapacidad», *Revista General de Derecho Romano* 38 (2022).

Moatti, C. *Res publica. Histoire romaine de la chose publique*. Paris: Fayard, 2018.

Pina Polo, F. «Ideología y práctica política en la Roma tardorrepublicana», *Gerión* no. 12 (1994): 69-94.

Pina Polo, F. «*Mos Maiorum* como instrumento de control social de la nobilitas romana», *Revista Digital de la Escuela de Historia* 3, no. 4 (2011): 73-77.

Sacchi, O. «L'ager privatus de la lex del 111 a.C. come proprietà fondiaria nella prospettiva giuridica del suo tempo», *Teoría e storia del diritto privato* XVI (2023): 1-108.

Sánchez Galera, J. *El Censo de Augusto*. Doctoral thesis, Universidad Complutense de Madrid, 2019.

Seneca, L. A. *De Beneficiis*, 2.34.4.

Sisani, S. *L'ager publicus en età graccana (133-11 a.C.): Una rilettura testuale, storica e giuridica*. Ed. Quasar, 2015.

Varrón, M. T. *De re rustica*, 1.10.2

Viglietti, C. *Il limite del bisogno: Antropologia economica di Roma arcaica.* Bologna: Il Mulino, 2011.

Viglitti, C. «Les crises frumentaires dans la Rome alto-républicaine et la question des consommations alimentaires entre croissance et limitation», *Topoi* 21, no. 1 (2017): 151-172.

Villegas Becesrril, A. *Gastronomía romana y dieta mediterránea: el recetario de Apicio.* Córdoba, 2001.

CAPÍTULO 15

ALIMENTAZIONE E DIRITTO NEL MONDO GRECO: ALCUNE NOTE

Mariagrazia Rizzi
Prof. aggregato di diritto romano e diritti dell'antichità, Coordinatore del modulo Jean Monnet THEuMa, Università degli Studi di Milano-Bicocca

ABSTRACT. Il contributo è volto a presentare alcune linee essenziali del sistema alimentare nel mondo greco antico e a tracciare alcune tra le principali forme di intervento nelle poleis (con una particolare attenzione alla realtà di Atene) da parte delle istituzioni, al fine di garantire quantitativi sufficienti di prodotti di base nelle città, qualità degli stessi, assenza di frodi nel mercato e prezzi controllati, almeno per alcune categorie di alimenti e in talune situazioni. Il quadro emergente da tale analisi mostrerà come il ricorso ad un'alimentazione sana, la concezione del cibo come necessità, il diritto al nutrimento, il ruolo essenziale ed imprescindibile del potere pubblico nel delicato rapporto tra cittadini, cibo e diritto costituiscano aspetti del mondo greco non solo di interesse sotto il profilo storico-culturale, ma altresì modelli da difendere e da tramandare.

PAROLE CHIAVE. Diritto al cibo, cereali, istituzioni, normazione, Atene.

I. Introduzione

Scopo del presente contributo[1] è di offrire alcuni dati essenziali relativi all'alimentazione e al mercato alimentare nella Grecia antica, unitamente alla sua regolamentazione da parte del potere pubblico[2]. Non si tratta dunque di

1 Ringrazio di cuore l'organizzatrice, la Professoressa Laura Salamero Teixido, per il gentile invito e il Comitato Organizzatore per aver accolto la mia relazione e il presente contributo scritto.

2 Il lavoro costituisce uno degli esiti delle ricerche correlate al modulo Jean Monnet *THEuMa, Towards a History of European Markets: Institutionalization, Standardization and Legal*

un approfondimento dedicato specificamente ad interventi "sostenibili" messi consapevolmente in atto nel mondo greco nel senso moderno del termine. Sarebbe invero a parere di chi scrive scorretto cercare di trasportare alla realtà greca le radici di un'attenzione e di una sensibilità ad un principio come quello della sostenibilità, allora sconosciuto nel suo significato complesso attuale. Il rischio sarebbe quello di vedere un'identità tra disciplina nel mondo antico e attuale solo "apparente" [3]. Quello che si intende presentare è un breve affresco del sistema alimentare a cui facevano ricorso i Greci, nonché svolgere un breve approfondimento teso a comprendere come costoro abbiano affrontato alcune questioni alimentari, quali forme di intervento pubblico in materia siano state realizzate, come ci sia stata fin dall'antichità un'attenzione a questioni come quella della qualità delle merci poste in vendita, della correttezza delle transazioni commerciali, della presenza di prodotti sufficienti nel mercato, con particolare riguardo a quelli di prima necessità, del controllo dei prezzi. Sarà posto in rilievo come anche i Greci (così come i Romani)[4] avessero compreso il valore del diritto al nutrimento, alla freschezza e non adulterazione dei prodotti in vendita. Per la quantità di testimonianze in nostro possesso l'attenzione sarà inoltre precipuamente, anche se non esclusivamente, volta alla realtà di Atene.

II. Il Sistema alimentare nella Grecia antica

Punto di partenza del breve quadro che vorrei presentare è sicuramente l'illustrazione, in maniera essenziale, del sistema alimentare degli antichi Greci[5]. E' noto come costoro, analogamente ai Romani, ricorressero al consumo di quegli alimenti ricompresi, oggi in un'accezione più estesa, nella "dieta mediterranea"[6]. I prodotti principalmente e prevalentemente consumati

---

Harmonization / Per una storia dei mercati europei: standardizzazione, istituzionalizzazione, armonizzazione del diritto privato europeo (ottobre 2023 – settembre 2025), coofinanziato dall'Unione Europea.

3 In generale sulle cosiddette identità apparenti, ossia sul pericolo di trasportare nella realtà antica principi e discipline moderne si veda, per tutti, Gianni Santucci, *Diritto romano e diritti europei. Continuità e discontinuità nelle figure giuridiche*, 2.° ed., Il Mulino, Bologna, 2018.

4 Per un'interessante presentazione del rapporto alimentazione e diritto nel mondo romano si rimanda al lavoro monografico di Iole Fargnoli, *I piaceri della tavola a Roma antica. Tra alimentazione e diritto*, II edizione riveduta e ampliata, Giappichelli, Torino, 2021, ove, a p. 213 ss. numerosi riferimenti alla dottrina precedente

5 Tra i diversi contributi dedicati all'alimentazione nell'antichità si segnale il recente volume *L'alimentazione fra passato e presente. Archeologia, storia, filologia*, opera collettiva, a cura di Margherita Guglielmina Cassia, Edizioni Quasar, Roma, 2023, particolarmente interessante per il suo taglio interidisciplinare e diacronico.

6 Su dieta mediterranea e antichità *cfr.*, *inter alios*, Francesco Castiello, *Le radici della dieta mediterranea. Vivere bene secondo i classici*, Edizioni dell'Ippogrifo, Salerno, 2020; Fabrizio

erano certamente i cereali[7], i quali fornivano almeno il 70-75 % per cento dei bisogni calorici[8]. Omero, nel descrivere l'uomo civilizzato, lo definisce come *sitophagos*, mangiatore di grano. In alcuni passaggi si legge la formula ἐπὶ χθονὶ σῖτον ἔδοντες, che sulla terra si nutrono di *sitos*, per caratterizzare i mortali rispetto agli dei, che si nutrono di ambrosia[9]. Il *sitos*[10] corrispondeva al frumento, cereale nobile per eccellenza, e all'orzo, quest'ultimo costituendo il cereale più coltivato fino a tutta l'età ellenistica[11].

Il consumo di cereali era seguito da quello di legumi, frutta e verdura, mentre era tendenzialmente più limitato il ricorso a carne e pesce, prevalentemente oggetto di utilizzo da parte delle famiglie più abbienti. Accanto a questi prodotti, rivestiva poi un ruolo di primo piano il consumo di olio e di vino[12].

MOLLO, «Dieta mediterranea, alimentazione e cultura magno greca: alcune riflessioni sulle abitudini alimentari in epoca antica nell'area della Sila greca», in *Rivista di Scienze alimentari e gastronomiche*, 2007, pag. 165 ss. Con riguardo specifico alla Grecia classica *cfr*. per tutti Janick Auberger, *Manger en Grèce classique. La nourriture, ses plaisirs et ses contraintes*, Presse de l'Universitè Laval, Québec, 2010.

7 Tra i diversi contributi dedicati al tema del consumo dei cereali nella Grecia antica, si vedano, a titolo esemplificativo, Auguste JARDÉ, *Les céréales dans l'antiquité grecque, I: La production*, De Boccard, Paris, 1925, *passim*; Marie-Claire AMOURETTI, «Les céréales dans l'Antiquité: espèces, mouture, conservation, liaisons et interférences», in *Les Techniques de conservation des grains à long terme. Leur rôle dans la dynamique des systèmes de cultures et des sociétés* I, opera collettiva, a cura di Marceau GAST, François SIGAUT, Editions du Centre National de la Recherche Scientifique, Paris, 1979, pagg. 57 ss.; EAD., *Le pain et l'huile dans la Grèce antique. De l'araire au moulin*, Belles Lettres, Paris, 1986, *passim*; Peter GARNSEY, «Grain for Athens», in *Crux. Essays presented to G.E.M. de Ste. Croix on his 75h Birthday*, opera collettiva, a cura di Paul CARTLEDGE, David HARVEY, Imprint Academic, London, 1985, pagg. 62 ss.; ID., *Famine and Food Supply in the Graeco-Roman World. Responses to Risk and Crisis*, Cambridge University Press, Cambridge, 1988, *passim;* Alain BRESSON, *L'économie de la Grèce des cités. I. Les structures et la production*, Armand Colin, Paris, 2007, pagg. 24 ss.; Ugo FANTASIA, «I cereali nell'antica Grecia e l'approvvigionamento granario dell'Atene classica», in *L'alimentazione tra Storia, Letteratura e Cultura nell'antichità e nel medioevo*, opera collettiva, a cura di Cinzia BEARZOT, Istituto Lombardo di Scienze e Lettere, Milano, 2016, pagg. 7 ss.; Mariagrazia RIZZI, «ΕΠΙ ΧΘΟΝΙ ΣΙ͂ΤΟΝ ΕΔΟΝΤΕΣ. Consumo e approvvigionamento cerealicolo nell'Atene classica», in *Studi Urbinati*, 87, 2020, pagg. 63 s. Nei contributi in discorso altri riferimenti bibliografici.

8 *Cfr.*, per tutti, sul punto Ugo FANTASIA, «I cereali nell'antica Grecia», cit., pag. 8.

9 Hom. Od. VIII 222; IX 89; X 101.

10 Sulle diverse accezioni di *sitos* si confronti Ludwig Alfred MORITZ , «Corn», in *CQ*, 49, 1955, pagg. 135 ss.

11 Ugo FANTASIA, «I cereali nell'antica Grecia», cit., pagg. 9 ss., il quale specifica che "la farina (alfita) che si ricavava dai chicchi d'orzo abbrustoliti e liberati della gluma veniva consumata sotto forma di minestra oppure, forse prevalentemente, sotto forma di quella che i Greci chiamavano maza, una sorta di focaccia poco o per niente lievitata, che veniva spesso insaporita mescolandola ad altri ingredienti e che aveva il vantaggio di una preparazione molto rapida e di una lunga conservazione nel tempo" (9). Diversamente, in età romana, sarà il frumento ad essere maggiormente utilizzato (11)

12 Si veda, inter alios, Janick AUBERGER, *Manger en Grèce ancienne*, cit., pagg. 17 ss. (con

Per comprendere la centralità dei prodotti suelencati, basti leggere le parole dello storico greco Plutarco, nella vita di Alcibiade, il quale, nel riportare il giuramento di fedeltà prestato alla patria dai giovani ateniesi giunti all'età adulta, evidenzia come venissero chiamati a testimoni, oltre agli dei e ai confini della patria, il grano, l'orzo i fichi e le olive:

Plut. Vita Alc. XV.4: ὀμνύουσι γὰρ ὅροις χρήσασθαι τῆς Ἀττικῆς πυροῖς, κριθαῖς, ἀμπέλοις, ἐλαίαις...

Si confronti, ancora, a titolo meramente esemplificativo, quanto documentato in un passaggio della *Respublica* di Platone:

Plato Resp. 372: θρέψονται δὲ ἐκ μὲν τῶν κριθῶν ἄλφιτα σκευαζόμενοι, ἐκ δὲ τῶν πυρῶν ἄλευρα, τὰ μὲν πέψαντες, τὰ δὲ μάξαντες, μάζας γενναίας καὶ ἄρτους ἐπὶ κάλαμόν τινα παραβαλλόμενοι ἢ φύλλα καθαρά... ἐπελαθόμην ὅτι καὶ ὄψον ἕξουσιν, ἅλας τε δῆλον ὅτι καὶ ἐλάας καὶ τυρόν, καὶ βολβοὺς καὶ λάχανά γε, οἷα δὴ ἐν ἀγροῖς ἑψήματα, ἑψήσονται. καὶ τραγήματά που παραθήσομεν αὐτοῖς τῶν τε σύκων καὶ ἐρεβίνθων καὶ κυάμων, καὶ μύρτα καὶ φηγοὺς σποδιοῦσιν πρὸς τὸ πῦρ, μετρίως ὑποπίνοντες.

Nel testo si fa riferimento alla preparazione di pasti con farine ricavate dall'orzo e dal frumento, nonché a sale, olive, formaggio, cipolle e verdure, il tutto da gustare accompagnato con vino bevuto con moderazione.

III. I cereali tra produzione e interventi del potere pubblico

L'attività agricola, il principale settore di creazione di ricchezza nel mondo antico[13], costituiva certamente lo strumento fondamentale per ottenere i prodotti suindicati. I prodotti agricoli della Grecia antica corrispondevano a quella che si è soliti chiamare la "trilogia mediterranea"[14], comprendente la cerealicultura, l'oleicultura e la viticultura. La loro coltivazione era basata sulla complementarità e sulla coltura promiscua: i cereali, insieme ad una quantità minore di legumi, crescevano tra i filari di viti e le piante di ulivo.

Sulla produzione agricola locale fu esclusivamente incentrata l'attenzione da parte delle istituzioni nell'epoca più risalente, allorquando i nuclei abitati erano

riguardo ad olive e olio) e 46 ss. (per uva e vino). In generale, sul vino e l'olio nell'antichità si rimanda, per tutti, a Jean-Pierre Brun, *Le vin et l'huile dans la Méditerranée antique*, Errance, Paris, 2003; Id., *Archéologie du vin et de l'huile. De la préhistoire è l'époque hellénistique*, Errance, Paris, 2004.

13 Sul ruolo primario dell'agricoltura nel mondo greco si veda, per tutti, Alain Bresson, *L'économie*, I, cit., pagg. 23 ss. ove altri riferimenti bibliografici precedenti.

14 Sulla trilogia mediterranea si rimanda, a titolo meramente esemplificativo, a Alain Bresson, *L'économie*, I, cit., pagg. 124 ss.

assai ridotti a livello di dimensioni e autosufficienti. Con l'ingrandirsi delle città, in particolare con riguardo alla realtà ateniese e delle altre *poleis* di dimensioni più ampie, divenendo siffatta produzione agricola insufficiente, correlativamente ed in relazione con l'espandersi dei commerci e soprattutto a seguito della diffusione della moneta coniata, l'attenzione da parte delle autorità fu estesa anche ad assicurare l'importazione di prodotti alimentari essenziali. Una costante del mondo greco, dall'epoca arcaica al periodo della dominazione romana, fu invero la preoccupazione di garantire il mantenimento dei propri cittadini, di assicurare il diritto al nutrimento. E' il principio della *trophe'*, del nutrimento[15]: il cittadino si attende che lo stato provveda alle risorse necessarie perché non manchi la base alimentare alla popolazione, come ben indicato da Aristotele nella Retorica, in cui si legge che, con riguardo al cibo, si deve conoscere la quantità necessaria per la città e quali siano i prodotti propri e quelli da importare, nonché da chi debbano essere importati e a chi esportati, affinché si pongano in essere con costoro contratti e trattati:

Arist. Rhet. 1 4.11: ἔπι δὲ περὶ τροφῆς, πόση δαπάνη ἱκανὴ τῇ πόλει καὶ ποία, ἡ αύτοῦ τε γιγνομένη καὶ ἡ είσαγώγιμος, καὶ τίνων τ᾽ ἐξαγωγῆς δέονται καὶ τίνων καὶ παρὰ τίνων είσαγωγῆς, ἵνα πρὸς τούτους καὶ συνθῆκαι καὶ συμβολαὶ γίγνωνται...

Guardando nel dettaglio alla realtà ateniese, lo sforzo più intenso fu rivolto certamente ad assicurare in primo luogo e principalmente una quantità sufficiente di cereali per la popolazione. Significative, in questo senso, le parole di Senofonte nei *Memorabilia*:

Xen. Mem. III 6.13: ἀλλ᾽ έκείνου γέ τοι, ἔφη, οἶδ᾽ ὅτι ούκ ἠμέληκας, ἀλλ᾽ ἔσκεψαι,πόσον χρόνον ἱκανός έστιν ὁ έκ τῆς χώρας γιγνόμενος σῖτος διατρέφειν τὴν πόλιν, καὶ πόσου είς τὸν ένιαυτὸν προσδεῖται, ἵνα μὴ τοῦτό γε λάθῃ σέ ποτε ἡ πόλις ένδεὴς γενομένη, ἀλλ᾽ είδὼς ἔχῃς ὑπὲρ τῶν ἀναγκαίων συμβουλεύων τῇ πόλει βοηθεῖν τε καὶ σῴζειν αύτήν. λέγεις, ἔφη ὁΓλαύκων, παμμέγεθες πρᾶγμα, εἴ γε καὶ τῶν τοιούτων έπιμελεῖσθαι δεήσει.

Nel riportare un dialogo tra il giovane ateniese Glaucone, che aspirava alla vita politica, e Socrate, Senofonte ricorda le parole di quest'ultimo intorno alla necessità di acquisire informazioni, tra l'altro, riguardo a quanto a lungo il grano prodotto in Attica sia sufficiente a nutrire la città e di quanto ne occorra ciascun anno, in modo da sapere se la città ne sia priva e in tal caso intervenire e salvarla.

Indugiando sulla realtà di Atene, se in epoca arcaica la produzione cerealicola locale fu sufficiente per il fabbisogno alimentare della popolazione[16], ben

15 Cinzia Bearzot, «Atene e il problema del grano: tra cibo e politica», relazione consultabile *alla pagina https://www.academia.edu/26807739/Atene_e_il_problema_del_grano_ tra_ cibo_e politica*, 1; Sophie Collin-Bouffer, «La cuisine des Grecs d'Occident, Simbole d'une vie de tryphe ?», in *Pallas*, *Revue d'étude antiques*, 52, 2000, pagg. 195 ss.

16 Theophr. *Hist. pl.* VIII 8 descrive le terre dell'Attica «eccellenti per la produzione di orzo». Si calcola che una percentuale tra il 15 e il 20 % del territorio dell'Attica fosse utilizzato per la coltivazione dei cereali.

presto, a causa della conformazione del terreno in Attica, prevalentemente montuoso, si resero necessarie forme di intervento ulteriori[17].

In un primo tempo esse si sostanziarono principalmente nel divieto di esportazione del prodotto[18]. Di particolare rilievo si presenta, in questo senso, una legge di Solone, risalente al 594/3 a.C., secondo la testimonianza fornita da Plutarco[19]:

> **Plut. Vita Sol. 24.1-2**: τῶν δὲ γινομένων διάθεσιν πρὸς ξένους ἐλαίου μόνον ἔδωκεν, ἄλλα δ' ἐξάγειν ἐκώλυσε. καὶ κατὰ τῶν ἐξαγόντων ἀρὰς τὸν ἄρχοντα ποιεῖσθαι προσέταξεν, ἢ ἐκτίνειν αὐτὸν ἑκατὸν δραχμὰς εἰς τὸ δημόσιον. καὶ πρῶτος ἄξων ἐστὶν ὁ τοῦτον περιέχων τὸν νόμον.

In base ad essa, si vietava ad Atene l'esportazione delle risorse alimentari, ad eccezione dell'olio (ampiamente prodotto nei territori greci). È opinione pressoché unanime[20] che tale divieto abbia coinvolto in particolare proprio i cereali e che abbia continuato a essere praticato anche nel periodo seguente.

Successivamente gli interventi furono rivolti in due diverse direzioni. Alcune fonti mostrano innanzitutto l'avvenuta riorganizzazione del territorio, al fine del suo sfruttamento, attraverso la concessione a meteci di terre fino a quel momento incolte ed abbandonate[21] e attraverso la locazione a cittadini privati di terre sacre, in modo da renderle produttive[22].

Fu però soprattutto l'importazione del prodotto ad assumere progressivamente sempre più rilievo. "Voi lo sapete, immagino: noi ateniesi

---

17 Si confrontino sul punto, limitandomi solo ad alcuni tra i contributi più recenti, Raymond Descat, «L'approvisionnement en grain dans le monde grec des cités: histoire d'une politique», in *Nourrir les cités de Méditerranée. Antiquité-Temp modernes*, opera collettiva, a cura di Brigitte Marin, Catherine Virlouvet, Maisonneuve & Larose, Paris, 2003, pagg. 589 ss.; Martin Pazdera, *Getreide für Griechenland. Untersuchungen zu den Ursachen der Versorgungskrisen im Zeitalter Alexanders des Großen und der Diadochen*, LIT Verlag, München, 2003; Errietta Bissa, *Governmental Intervention in Foreign Trade in Archaic and Classical Greece*, BRILL, Leiden-Boston, 2009, pagg. 169 ss.; Ugo Fantasia, «I cereali nell'antica Grecia», cit., pagg. 7 ss.; Cinzia Bearzot, «Atene e il problema del grano», cit., in part. pagg. 4 ss.; D. Rhode, *Von der Deliberationsdemokratie zur Zustimmungsdemokratie. Die öffentlichen Finanzen Athens und die Ausbildung einer Kompetenzelite im 4. Jahrhundert v.Chr.*, J.B. Metzler Verlag, Stuttgart, 2019, pagg. 66 ss.; Mariagrazia Rizzi, «ΕΠΙ ΧΘΟΝΙ ΣΙΤΟΝ ΕΔΟΝΤΕΣ», cit., pagg. 65 ss. Nei lavori summenzionati riferimenti alla dottrina precedente.

18 Per un breve approfondimento sul punto e per un richiamo al dibattito in discorso *cfr.* Mariagrazia Rizzi, «ΕΠΙ ΧΘΟΝΙ ΣΙΤΟΝ ΕΔΟΝΤΕΣ», cit., pagg. 65 s.

19 *Cfr.* su questa legge Raymond Descat, «La lois de Solon sur l'interdiction d'exporter les produits attiques», in *L'emporion*, opera collettiva, a cura di Alain Bresson, Pierre Rouillard, De Boccard, Paris, 1993, pagg. 145 ss.

20 Così, tra gli altri, Peter Garnsey, *Famine and Food Supply*, cit., pag. 75.

21 Xen. *Poroi* 2.6.

22 *Cfr.* sul punto, per tutti, Cinzia Bearzot, «Atene e il problema del grano», cit., pag. 3.

viviamo di grano importato più di qualsiasi altro paese al mondo", afferma Demostene nel 355 davanti ad un tribunale ateniese, mentre in Aristotele si legge che tra le questioni decise nell'assemblea principale della città vi era quella concernente l'approvvigionamento granario:

Demosth. XX 31: ἴστε γὰρ δήπου τοῦθ', ὅτι πλείστῳ τῶν πάντων ἀνθρώπων ἡμεῖς ἐπεισάκτῳ σίτῳ χρώμεθα.

Arist. Ath. Pol. 43.4: προγράφουσι δὲ καὶ τὰς ἐκκλησίας οὗτοι: μίαν μὲν κυρίαν, ἐν ᾗ δεῖ τὰς ἀρχὰς ἐπιχειροτονεῖν εἰ δοκοῦσι καλῶς ἄρχειν, καὶ περὶ σίτου καὶ περὶ φυλακῆς τῆς χώρας χρηματίζειν.

In una prima fase, corrispondente al V secolo a.C., il ruolo di primo piano della *polis* le consentì di accedere ad aree cerealicole importanti (Mar Nero, Eubea, Egitto, Sicilia, ecc.) e di assicurarsi l'importazione necessaria di grano[23].

Un mutamento considerevole si realizzò invece nel IV secolo[24]. Tra i più significativi interventi attuati, possono essere menzionate le misure a tutela delle rotte commerciali dalla pirateria, nonché quelle coinvolgenti i singoli commercianti stranieri al fine di attrarli ad Atene, in particolare la concessione di privilegi personali, come l'esenzione dalle tasse e la sicurezza per la loro persona e per i loro beni[25].

Significativa fu altresì l'istituzione delle *dikai emporikai*, procedure giudiziarie caratterizzate dal fatto di garantire l'accesso alle corti popolari a qualsiasi straniero e dal loro svolgersi in tempi molto rapidi[26].

---

23 Significative in proposito le parole contenute nella Costituzione degli Ateniesi di Pseudo-Senofonte (Ps.-Xen. *Ath. Pol.* 2.6, 12), in cui si legge che solo gli Ateniesi, tra i Greci e i barbari, sono in grado di far convergere presso di sé i prodotti degli altri. Sul punto si veda, per tutti, Alain BRESSON, *L'économie de la Grèce* II cit., pagg. 208 ss. In generale, sulla necessità, già nel V secolo, di ricorrere alle importazioni di grano si rimanda alla bibliografia citata da Valentina MUSSA, «La sitonia nell'Atene del tardo IV secolo a.C.», in *Historica*, 6, 2016, pag. 33 nt. 1.

24 Con riguardo all'approvvigionamento granario nel IV secolo, si rimanda, per tutti, oltre al contributo di Ugo FANTASIA, «I cereali nell'antica Grecia», cit., pag. 23 ss. più volte citato, a Michael WHITBY, «The grain trade of Athens in the Fourth Century BC», in *Trade, traders and the ancient city*, opera collettiva, a cura di Helen PARKINS, Christopher SMITH, Routledge, London-New York, 1998, pagg. 102 ss.; Léopold MIGEOTTE, «Le grain des iles et l'approvisionnement d'Athènes au IVè siècle avant J.-C.», in *Nuove ricerche sulla legge granaria ateniese del 374/3 a.C.*, opera collettiva, a cura di Anna MAGNETTO, Donatella ERDAS, Cristina CARUSI, Edizioni ETS, Pisa 2010, pagg. 27 ss.; Vincent John ROSIVACH, «Some Economic Aspects of the Fourth Century Athenian Market in Grain», in Chiron, 30, 2000, pagg. 31 ss.; Mariagrazia RIZZI, «ΕΠΙ ΧΘΟΝΙ ΣΙΤΟΝ ΕΔΟΝΤΕΣ», cit., pagg. 67 ss., ove anche ulteriori riferimenti bibliografici alla dottrina che ha approfondito questo aspetto.

25 Si confronti sul punto Léopold MIGEOTTE, «La mobilité des étrangers en temps de paix en Grèce ancienne», in *La mobilité des personnes en Méditerranée de l'Antiquité à l'époque moderne. Procédures de contrôle et documents d'identification. La mobilité négociée*, opera collettiva, a cura di Claudia MOATTI, Ecole française de Rome, Roma, 2004, pagg. 620 ss.

26 *Cfr.* per tutti Alberto MAFFI, «Riflessioni sulle *dikai emporikai* e prestito marittimo», in

Di particolare rilievo fu inoltre l'incentivazione dei rapporti diplomatici con le principali regioni esportatrici di cereali del Mediterraneo. Si pensi a quanto riferito nell'orazione Contro Leptine di Demostene, in cui si legge che Atene era riuscita ad ottenere l'importazione annuale di 400.000 medimni di grano dal Regno del Bosforo (circa 160.000 quintali), la metà circa di tutti i cereali importati, in cambio di supporto politico e militare, nonché di onore e privilegi:

> **Demosth. XX 32**: αἱ τοίνυν παρ' ἐκείνου δεῦρ' ἀφικνούμεναι σίτου μυριάδες περὶ τετταράκοντ' εἰσί· καὶ τοῦτ' ἐκ τῆς παρὰ τοῖς σιτοφύλαξιν ἀπογραφῆς ἄν τις ἴδοι.
>
> **Demosth. XX 31**: πρὸς τοίνυν ἅπαντα τὸν ἐκ τῶν ἄλλων ἐμπορίων ἀφικνούμενον ὁ ἐκ τοῦ Πόντου σῖτος εἰσπλέων ἐστίν.

Nell'ambito del controllo delle operazioni di compravendite interne e dei prezzi, furono istituiti appositi magistrati, i *sitophylakes*, i quali dovevano vigilare a che i cereali fossero venduti al "giusto prezzo"[27]; a loro volta altre autorità, gli *epimeletai tou emporiou*, dovevano verificare l'applicazione della regolamentazione relativa ai cereali ad Atene[28].

Peculiare importanza rivestono, nella prospettiva qui presentata, alcune disposizioni normative[29], tra le quali assume specifico rilievo una recente eccezionale scoperta epigrafica, il *nomos* di Agirrio del 374-3[30], che fornisce informazioni dettagliate in merito alle modalità di intervento normativo in materia[31]. Non è chiaramente possibile procedere ad un'analisi del *nomos*. Limitandomi ad un accenno ad alcuni punti più significativi per il discorso qui condotto, la legge impone alle clerurchie di Lemno, Imbro e Scrio la dodicesima in natura sul grano delle isole. La finalità del *nomos* è enunciata

Symposion 2015. Conferencias sobre a História do Direito grego e helenístico (Coimbra, 1-4 Setembro 2015) / Vorträge zur griechischen und hellenistischen Rechtsgeschichte (Coimbra, 1.-4. September 2015), opera collettiva, a cura di Delfim F. Leão – Gerhard Thür, Verlag der Österreichischen Akademie der Wissenschaften, Wien, 2016, pagg. 199 ss.

27 Arist. Ath. Pol. 51.3.

28 Arist. Ath. Pol. 51.4.

29 Tali provvedimenti sono conosciuti principalmente grazie alle fonti letterarie, ma anche nella documentazione epigrafica. Per una rapida analisi si veda Mariagrazia Rizzi, «ΕΠΙ ΧΘΟΝΙ ΣΙΤΟΝ ΕΔΟΝΤΕΣ», cit., pagg. 71 ss., ove, in nt. 43, anche riferimenti bibliografici agli autori che si sono occupati del profilo in discorso.

30 L'iscrizione è stata edita nel 1998 da Ronald Sidney Stroud, *The Athenian grain-tax law of 374/3 B.C.*, The American School of Classical Studies at Athens, Princeton, 1998.

31 Numerosi e di gran rilievo sono già i lavori dedicati a questa legge. Si segnalano in particolare i diversi contributi inseriti all'interno del volume opera collettiva, a cura di Anna Magnetto, Donatella Erdas, Cristina Carusi, *Nuove ricerche sulla legge granaria ateniese del 374/3 a.C.*, citato. Per uno sguardo bibliografico più ampio si rimanda a Mariagrazia Rizzi, «ΕΠΙ ΧΘΟΝΙ ΣΙΤΟΝ ΕΔΟΝΤΕΣ», cit., pagg. 75 s. nt. 57.

all'inizio del testo legislativo, ossia provvedere a che il popolo disponga di grano di proprietà pubblica:

SEG XLVIII 96 ll. 5-6: ... ὅπως ἂν τῶι δήμωι σῖ[το]|ς ἦι ἐν τῶι κοινῶι.

Scopo della legge è, in particolare, di costituire uno stock di prodotto pubblico – *sitos demosios* – da vendere ogni anno in primavera a un prezzo politico deciso dal popolo[32]. Il grano sarebbe giunto in città attraverso l'importazione diretta del prodotto, senza intermediari. Esso, inoltre, sarebbe stato venduto ad un prezzo «controllato» in periodi in cui esso scarseggiava:

SEG XLVIII 96, ll. 36-44: αἱρείσθω δὲ ὁ δῆμος δ[έκ]|<α> <ἄ>νδρας ἐξ Ἀθηναίων ἁπάντων ἐν τῆι [ἐκ]|κλησίαι, ὅτανπερ τοὺς στρατηγοὺς α[ἱρ]|ῶνται, οἵτινες ἐπιμελήσονται τοῦ σί[τ]|ο· οὗτοι δὲ ἀποστησάμενοι τὸν σῖτον κ[α]|τὰ τὰ γεγραμμένα πωλόντων ἐν τῆι ἀγ[ορ]|ᾶι, ὅταν τῶι δήμωι δοκῆι· πωλε͂ν δὲ μὴ ἐ[ξε]|ῖναι ἐπιψηφίσαι πρότερον τοῦ Ἀνθεσ[τ]|ηριῶνος μηνός.

In tal modo sarebbero stati soccorsi i compratori in un momento critico e, contemporaneamente, i prezzi praticati nel libero commercio sarebbero risultati calmierati[33].

Il provvedimento si presenta di estrema importanza per la storia degli interventi pubblici in tema di approvvigionamento granario, trattandosi del primo provvedimento conosciuto volto a creare una riserva regolare di grano ad Atene. Tale tipo di misura sarà ulteriormente incrementato nei decenni successivi[34] e soprattutto in età ellenistica, con la creazione dei *sitonai*, agenti nominati dalla *polis*, con il compito di provvedere all'acquisto di grano pubblico e alla sua successiva distribuzione trai i cittadini a un prezzo politico e dunque inferiore al prezzo di mercato, nonchè con l'istituzione di un fondo di gestione del grano *(sitonikon)*, alimentato dai contributi di privati in cambio di onori pubblici e/o della cittadinanza. Esempi di fondi permanenti riservati all'acquisto di grano sono testimoniati, a loro volta, nell'età ellenistica ad Atene e non solo[35], divenendo una pratica relativamente diffusa.

---

32 Per altri esempi di prezzi di cereali determinati dall'assemblea popolare *cfr.* per tutti Carmine Ampolo, «Le motivazioni della legge sulla tassazione del grano di Lemno, Imbro e Scrito e il prezzo di grano e pane», in *Nuove ricerche*, cit., pagg. 44 ss.

33 Il punto è evidenziato tra gli altri da Léopold Migeotte, «Le grain», cit., pag. 36, ove, in nt. 35, altri richiami alla dottrina che ha approfondito questo aspetto. Ugo Fantasia, «I cereali nell'antica Grecia», cit., pag. 34, rileva come di tale misura dovettero «giovarsi in particolare i cittadini del centro urbano che versavano in condizioni più disagiate». Si veda anche Id., «La politica del grano pubblico nelle città greche: alcune riflessioni a partire dalla legge di Agirrio», in *Nuove ricerche*, cit., pagg. 95 ss.

34 *Cfr.* Raymond Descat, «Les années 330-325 av. J.-C et la politique athénienne du blé», in *Les hommes et la terre dans la Méditerranée gréco-romaine*, opera collettiva, a cura di Christophe Chandezon, Christine Hamdoune, Presses Universitaires du Mirail, Toulouse, 2004, pagg. 267 ss. Sul profilo della vendita ad un prezzo controllato *cfr.* anche § 4.

35 Fondamentale, al riguardo, l'approfondito studio di Léopold Migeotte, «Le pain quotidien

IV. Altre misure a salvaguardia dei prodotti alimentari

Gli interventi legati agli alimenti nel mondo greco non si arrestarono, però, solo ai cereali. Le testimonianze a nostra disposizione consentono di costruire un quadro significativo dell'attenzione generale ai prodotti alimentari presenti nel mercato. Preoccupazione costante da parte delle autorità fu in particolare quella di garantire la qualità delle merci poste in vendita, l'assenza in generale di frodi, nonché, in taluni casi, la presenza di prezzi controllati.

Al fine di assicurare ciò, gli interventi furono volti prevalentemente in due direzioni. Per un verso fu prevista l'operatività di magistrati appositi, gli *agoranomoi* principalmente[36], con funzioni di controllo e con poteri di intervento nei confronti dei contravventori[37]. Per altro verso, furono predisposti atti normativi, *psephismata* e *nomoi*, volti ad introdurre una regolamentazione in proposito.

Indugiando brevemente[38] su questi aspetti e muovendo dal profilo della salvaguardia della qualità del prodotto, nell'*Athenaion politeia* si legge come

---

dans les cités hellénistiques. A' propos des fonds permanents pour l'approvisionnement en grain», in *CCG*, 2, 1991, pagg. 19 ss. Si vedano anche Ugo Fantasia, «Finanze cittadine, liberalità privata e sitos demosios: considerazioni su alcuni documenti epigrafici», in *Serta historica antiqua*, II, Giorgio Bretschneider Editore, Roma, 1989, pagg. 47 ss.; Id., «La politica del grano pubblico», cit., pagg. 87 ss.; Alain Bresson, *L'économie, II* cit., pagg. 126 ss. Sul tema dell'approvvigionamento granario in epoca ellenistica con particolare riguardo al ruolo degli *agoranomoi* in proposito *cfr*. di recente Ugo Fantasia, «Gli *agoranomoi* e l'approvvigionamento granario delle città greche in età ellenistica», in *Agoranomes et édiles: institutions des marchés antiques*, opera collettiva, a cura di Laurent Capdetrey, Claire Hasenohr, Ausonius, Bordeaux, 2012, pagg. 35 ss.

36 Ad Atene è testimoniata anche l'operatività dei *sitophylakes*, come visto nel precedente paragrafo, nonché degli *epimeletai tou emporiou* e dei *metronomoi*, questi ultimi competenti nello specifico del controllo della correttezza di pesi e misure usati nei mercati.

37 Sugli *agoranomoi* esiste un'ampia letteratura. Limitandomi ad alcuni dei contributi più recenti, *cfr*. i diversi articoli dedicati a questi magistrati contenuti all'interno del volume a cura di Laurent Capdetrey, Claire Hasenohr, *Agoranomoi et aediles. Institutions des marchés antiques*, citato, ove altri numerosi riferimenti bibliografici precedenti a cui si rimanda, cui *adde* Ugo Fantasia, «I magistrati dell'agora nelle città greche di età classica ed ellenistica», in *Agora greca e agorai di Sicilia*, opera collettiva, a cura di Carmine Ampolo, Scuola Normale Superiore, Pisa, 2012, pagg. 33 ss. Nuove e nuovissime scoperte archeologiche hanno consentito di portare in luce nuovi *instrumenta* recanti l'indicazione di questi magistrati, Si veda, per tutti, Gerald Finkielsztejn, «A Hellenistic Scale Weight from 'Akko», in *'Atiqot*, 111, 2023, pagg. 447 ss. Si segnala, infine, il lavoro di dottorato di Eleni Theodorou, *Das Amt des Agoranomos in Griechenland und Kleinasien unter besonderer Beruecksichtigung der Kaiserzeit (27 v. Chr.- 3. Jh. N. Chr.)*, Band 1 e Band 2, Wien, 2024, che ho avuto l'opportunità di leggere in veste di valutatore. T

38 In considerazione dei limiti di ampiezza previsti per la pubblicazione del contributo.

tra i doveri degli *agoranomoi* vi fosse il compito di verificare che questi fossero "di qualità autentica e non adulterati":

Arist. Ath. Pol. 51.1: κληροῦνται δὲ καὶ ἀγορανόμοι ι', πέντε μὲν εἰς Πειραιέα, ε' δ' εἰς ἄστυ. τούτοις δὲ ὑπὸ τῶν νόμων προστέτακται τῶν ὠνίων ἐπιμελεῖσθαι πάντων, ὅπως καθαρὰ καὶ ἀκίβδηλα πωλήσεται

Al di fuori della realtà di Atene, si confronti il regolamento sui misteri di Andania, in cui, analogamente a quanto veduto nella testimonianza di Aristotele, si legge che i prodotti devono essere venduti non adulterati e di qualità autentica[39]:

Deshours Les mystères d'Andania ll. 99-100: ... ὁ δὲ ἀγορανόμος ὁ ἐπὶ πόλεος / ἐπιμέλειαν ἐχέτω, ὅπως οἱ πωλοῦντες ἄδολα καὶ καθαρὰ πωλοῦντι.

Tra gli interventi normativi[40] si ha notizia di una legge ateniese che vietava di bagnare i pesci per farli sembrare più freschi, secondo quanto si ricava da un passaggio di Senarco[41]. Al di fuori di Atene, particolarmente interessante si presenta, tra le altre, una legge di Thasos, che fa allusione alla punizione di coloro che avessero annacquato il vino[42]:

IG XII Suppl. 347 II, l. 10-11: ... τὰς αὐτὰς θωιὰς ὀφελέτω ἅσπερ παρὰ τὸν οἶνον ὕδωρ παρα/ χέων...

Nel caso di violazione di tali regole, le sanzioni andavano dalla confisca delle merci poste in vendita al pagamento di una pena pecuniaria.

Altro importante intervento ha riguardato la corretta quantità delle merci poste in vendita[43], attraverso il controllo dei pesi e delle misure usati nel mercato, la predisposizione di pesi campione da cui fabbricare pesi ufficiali, la presenza di pesi, *sekomata* e misure pubbliche per l'effettuazione di verifiche.

---

39 Si veda altresì, guardando alla realtà dell'Egitto in epoca imperiale, P.Oxy 8.1124, l. 11, in cui si legge che il frumento venduto o pagato a titolo di tassa deve essere dell'anno, privo di qualsiasi adulterazione, e non mescolato all'orzo. Sul punto *cfr.*, per tutti, Alain Bresson, *L'économie*, II, cit., pag. 24.

40 Si rimanda ancora a Alain Bresson, *L'économie*, II, cit., pag. 24.

41 Xen. 6225c

42 Non è tra l'altro da escludere che il complesso delle disposizioni contenute nelle due leggi conservate nell'iscrizione in discorso (IG XII Suppl. 347 I e II) avessero come finalità, almeno in parte, la salvaguardia della qualità del vino prodotto nell'isola. Sull'iscrizione, per tutti, tra i contributi più recenti, Alessandro Perucca, «Leggi di Taso riguardanti il vino e le vigne», in *AXON*, 5.1, 2021, pagg. 103 ss., ove riferimenti bibliografici precedenti.

43 Sul punto mi sia permesso di rinviare a Mariagrazia Rizzi, *Marktbezogene Gesetzgebung im späthellenistischen Athen. Der Volksbeschluss über Masse und Gewichte. Eine epigraphische und rechtshistorische Untersuchung*, Beck, München, 2017, ove altri riferimenti bibliografici.

Le fonti attestano in proposito la comminazione di sanzioni anche assai severe nei confronti di coloro che avessero realizzato frodi metrologiche. Tra gli atti normativi di maggiore rilievo al riguardo va menzionato un decreto ateniese sui pesi e misure della fine del II secolo a.C. – inizio I secolo a.C.[44], contenente un'amplissima disciplina volta a regolamentare la presenza di pesi e misure corretti nel mercato e a punire le condotte fraudolente, anche con sanzioni di carattere criminale[45].

Rilevanti altresì le testimonianze che attestano, almeno con riguardo ad alcuni prodotti e in determinati contesti, la pratica di un controllo dei prezzi. Tale attività di controllo, concernente in particolare prodotti locali, cereali, ma anche pesce e carne, oltre che attraverso gli interventi dei *sitophylakes* e degli *agoranomoi* fu garantita altresì attraverso misure di carattere normativo.

Sicuramente significative sono a quest'ultimo riguardo alcune testimonianze relative al *sitos*, che mostrano l'individuazione di prezzi di vendita[46]. Si veda, a titolo di esempio, la summenzionata legge sulla tassazione del grano del 374/3 a.C., in cui si legge che il popolo deve fissare il prezzo del frumento e dell'orzo al quale gli eletti devono vendere.

In merito agli altri prodotti, tra le diverse attestazioni, guardando innanzitutto alla realtà ateniese si possono menzionare, tra gli altri, tre provvedimenti riconducibili all'epoca della dominazione romana. Nel primo, conservato in un'iscrizione portata in luce di recente sull'agorà del Pireo[47], si leggono due liste di prezzi di parti di carni, secondo l'opinione dominante da considerare come prezzi massimi[48]. Quanto agli altri due interventi, due *constitutiones* di Adriano[49],

44 IG II2 1013.

45 Oltre al lavoro della sottoscritta menzionato nella nota precedente, tra i contributi più recenti dedicati a IG II2 1013 *cfr.* Charles Doyen, «Réformes métrologiques grecques à la fin du IIe s.: pour une réévaluation de l'influence romaine», in *Étalons monétaires et mesures pondérales entre la Grèce et l'Italie*, opera collettiva, a cura di Charles Doyen, Association Professeur Marcel Hoc, Louvain-la-Neuve, 2017, pagg. 188 ss.; Mariagrazia Rizzi, «La "riscoperta" del decreto ateniese sui pesi e misure. Nuove notae», in *Kállistos Nómos. Scritti in onore di Alberto Maffi*, opera collettiva, a cura di Barbara Biscotti, Giappichelli, Milano, 2018, pagg. 185 ss.

46 Per un elenco di testimonianze in proposito di vedano, per tutti, Laurent Capdetrey – Claire Hasenohr, «Surveiller, organiser, financer: fonctionnement de l'agoranomia et statutes agoranomes dans le monde égéen», in *Agoranomes et édiles*, cit., pag. 16; Carmine Ampolo, «Le motivazioni della legge», cit., pagg. 39 ss.

47 SEG XLVII 196.

48 In proposito *cfr.* il lavoro monografico della sottoscritta Mariagrazia Rizzi, *Legislazione di mercato attraverso la documentazione epigrafica*, Aracne, Roma, 2016, la cui prima parte (pagg. 19 ss.) è dedicata allo studio di questa iscrizione. Nel testo riferimenti alla dottrina precedente.

49 Le due costituzioni in discorso sono analizzate rispettivamente nella parte II e nella parte III del summenzionato lavoro monografico della sottoscritta, rispettivamente alle pagg. 71 ss. e pagg. 111 ss. Anche in questo caso nel testo ampi richiami alla dottrina precedente.

nel primo, riguardante l'importazione del pesce ad Atene[50], si vieta in particolare la possibilità che ci siano intermediari nella vendita, prevedendo inoltre incentivi fiscali per incrementare l'afflusso di prodotto, mentre nel secondo sono introdotte una serie di regole sull'olio[51] volte a regolarne il prezzo.

Al di fuori di questa realtà[52], si possono menzionare, tra le altre, un'iscrizione di Delfi[53], del III secolo a.C., contenente una lista di prezzi di differenti pesci, un'iscrizione di Akraiphia, in Beozia[54], della fine del III secolo a.C., contenente a sua volta una lista di prezzi di pesi di mare e di lago, posta dagli agonarchi[55], una lettera di Adriano a Pergamo[56], in cui si fa allusione alla stima fatta dagli *agoranomoi* dei pesci venduti al dettaglio o a peso, infine una serie di iscrizioni di Efeso[57], riconducibili al II e III secolo d.C., dalle quale emerge la fissazione del prezzo del pane in particolari circostanze

V. Conclusioni

Il rapidissimo affresco presentato ha consentito di mettere in evidenza alcuni elementi di interesse del rapporto alimentazione, istituzioni e normazione nel mondo greco. Dalla presenza di norme volte a garantire cibo sano e per tutti, buona qualità, quantità sufficienti e prezzi controllati alla predisposizione di specifiche autorità con funzioni di controllo del mercato, il quadro emerso mostra certamente un ruolo attivo ed attento da parte delle istituzioni.

Laddove possibile, vengono privilegiati e incentivati la produzione e il consumo di prodotti locali. Nel caso di prodotti locali essenziali insufficienti rispetto al fabbisogno, segnatamente i cereali, vengono sviluppate politiche ed interventi volti ad incrementare l'importazione degli stessi.

Per concludere. Il quadro appena costruito non può non rimandare alla mente quanto stabilito il 16 novembre 2010 a Nairobi, allorquando i 166 stati membri dell'Unesco hanno votato all'unanimità la candidatura della dieta mediterranea tra i patrimoni immateriali dell'Umanità con la seguente motivazione:

> "The Mediterranean diet is characterized by a nutritional model that has remained constant over time and space, consisting mainly of olive oil, cereals, fresh or dried fruit

50 IG II2 1103.

51 IG II2 1100.

52 *Cfr.* sul punto per tutti Alain Bresson, *L'économie*, cit., pagg. 39 ss.; Mariagrazia Rizzi, *Legislazione di mercato*, cit., pagg. 49 ss.

53 Vatin 1966.

54 SEG XXXII 450.

55 Che corrispondono in Beozia agli *agoranomoi*.

56 OGIS 484.

57 *I.Ephesos* 910, 923, 924, 925a, 2929, 934, 935, 938, 3010.

and vegetables, a moderate amount of fish, dairy and meat, and many condiments and spices, all accompanied by wine or infusions, always respecting beliefs of each community... the system is rooted in respect for territory and biodiversity, and ensures the conservation and development of traditional activities and crafts linked to fishing and farming in the Mediterranean communities..."[58].

Unitamente al delicato ma essenziale rapporto tra alimentazione, cibo e normazione, le brevi osservazioni poste mostrano il valore ancora attuale del modello alimentare antico, certamente ecosostenibile, semplice, economicamente accessibile ed equo. Il diritto al nutrimento, a cibo sano e per tutti si pongono e si impongono a loro volta come principi fondamentali senza tempo, valori dell'essere umano imprescindibili da custodire.

VI. Bibliografía

Amouretti, M. C. «Les céréales dans l'Antiquité: espèces, mouture, conservation, liaisons et interférences», in *Les Techniques de conservation des grains à long terme. Leur rôle dans la dynamique des systèmes de cultures et des sociétés I*, edited by Marceau Gast and François Sigaut, 57-66. Paris: Editions du Centre National de la Recherche Scientifique, 1979.

Auberger, J. *Manger en Grèce classique: La nourriture, ses plaisirs et ses contraintes*. Québec: Presse de l'Université Laval, 2010.

Bearzot, C. «Atene e il problema del grano», in *Studi e ricerche sulla Grecia antica*, edited by Maria Luisa Agnoli, 3-14. Milan: Editrice Universitaria, 2012.

Bresson, A. *L'économie de la Grèce II*. Paris: Éditions de l'École des Hautes Études en Sciences Sociales, 2004.

Bresson, A. *L'économie de la Grèce des cités. I. Les structures et la production*. Paris: Armand Colin, 2007.

Capdetrey, L. and **Hasenohr, C.** «Surveiller, organiser, financer: fonctionnement de l'agoranomia et statutes agoranomes dans le monde égéen», in *Agoranomoi et aediles: Institutions des marchés antiques*, edited by Laurent Capdetrey and Claire Hasenohr, 16-32. Bordeaux: Ausonius, 2012.

Castiello, F. *Le radici della dieta mediterranea: Vivere bene secondo i classici*. Salerno: Edizioni dell'Ippogrifo, 2020.

Collin-Bouffer, S. «La cuisine des Grecs d'Occident, Simbole d'une vie de tryphe?», *Pallas, Revue d'études antiques*52 (2000): 195-212.

58 Decision 5 COM 6.41, 16 November 2010.

DESCAT, R. «L'approvisionnement en grain dans le monde grec des cités: histoire d'une politique», in *Nourrir les cités de Méditerranée: Antiquité-Temps modernes*, edited by Brigitte MARIN and Catherine VIRLOUVET, 589-603. Paris: Maisonneuve & Larose, 2003.

DESCAT, R. «La lois de Solon sur l'interdiction d'exporter les produits attiques», in *L'emporion*, edited by Alain BRESSON and Pierre ROUILLARD, 145-160. Paris: De Boccard, 1993.

FANTASIA, U. *I cereali nell'antica Grecia*. Milan: Edizioni Unicopli, 2005.

FANTASIA, U. «I cereali nell'antica Grecia e l'approvvigionamento granario dell'Atene classica», in *L'alimentazione tra Storia, Letteratura e Cultura nell'antichità e nel medioevo*, edited by Cinzia BEARZOT, 7-14. Milano: Istituto Lombardo di Scienze e Lettere, 2016.

FANTASIA, U. «La politica del grano pubblico nelle città greche: alcune riflessioni a partire dalla legge di Agirrio», In *Nuove ricerche sulla legislazione economica dell'antichità*, edited by Giuseppe BAGNANI, 95-110. Rome: Il Cigno, 2008..

FARGNOLI, I. *I piaceri della tavola a Roma antica: Tra alimentazione e diritto*. 2nd ed. Torino: Giappichelli, 2021.

GARNSEY, P. *Famine and Food Supply in the Graeco-Roman World: Responses to Risk and Crisis*. Cambridge: Cambridge University Press, 1988.

JARDÉ, A. *Les céréales dans l'antiquité grecque, I: La production*. Paris: De Boccard, 1925.

MOLLO, F. «Dieta mediterranea, alimentazione e cultura magno greca: alcune riflessioni sulle abitudini alimentari in epoca antica nell'area della Sila greca», *Rivista di Scienze alimentari e gastronomiche*, 2007, 165-179.

SANTUCCI, G. *Diritto romano e diritti europei. Continuità e discontinuità nelle figure giuridiche*. 2nd ed. Bologna: Il Mulino, 2018.

MAFFI, A. «Riflessioni sulle dikai emporikai e prestito marittimo», in *Symposion 2015: Conferencias sobre la Historia del Derecho griego y helenístico*, edited by Delfim F. LEÃO and Gerhard THÜR, 199-218. Vienna: Verlag der Österreichischen Akademie der Wissenschaften, 2016.

MIGEOTTE, L. *Le grain des îles et l'approvisionnement d'Athènes au IVe siècle avant J.-C.* Pisa: ETS, 2010.

MIGEOTTE, L. «Le grain», *CCG* 2 (1991): 19-42.

PAZDERA, M. *Getreide für Griechenland: Untersuchungen zu den Ursachen der Versorgungskrisen im Zeitalter Alexanders des Großen und der Diadochen*. Munich: LIT Verlag, 2003.

Perucca, A. «Leggi di Taso riguardanti il vino e le vigne», *AXON* 5.1 (2021): 103-120.

Rizzi, M. *Legislazione di mercato attraverso la documentazione epigrafica*. Rome: Aracne, 2016.

Rizzi, M. *Marktbezogene Gesetzgebung im späthellenistischen Athen: Der Volksbeschluss* über *Masse und Gewichte: Eine epigraphische und rechtshistorische Untersuchung.* Munich: Beck, 2017.

Rizzi, M. «ΕΠΙ ΧΘΟΝΙ ΣΪΤΟΝ ΕΔΟΝΤΕΣ», in *Ricerche sul commercio del grano nell'antichità*, edited by Paolo Verme, 65-75. Pisa: ETS, 2008.

Rizzi, M. «La 'riscoperta' del decreto ateniese sui pesi e misure. Nuove notae», in *Kállistos Nómos. Scritti in onore di Alberto Maffi*, edited by Barbara Biscotti, 185-202. Milan: Giappichelli, 2018.

Rizzi, M. «ΕΠΙ ΧΘΟΝΙ ΣΪΤΟΝ ΕΔΟΝΤΕΣ. Consumo e approvvigionamento cerealicolo nell'Atene classica», *Studi Urbinati* 87 (2020): 63-70.

Rosivach, V. J. «Some Economic Aspects of the Fourth Century Athenian Market in Grain», *Chiron* 30 (2000): 31-50.

Stroud, R. S. *The Athenian Grain-Tax Law of 374/3 B.C.* Princeton: American School of Classical Studies at Athens, 1998.

Whitby, M. «The Grain Trade of Athens in the Fourth Century BC», in *Trade, Traders, and the Ancient City*, edited by Helen Parkins and Christopher Smith, 102-118. London: Routledge, 1998.

Made in United States
Orlando, FL
04 November 2026

90204524R00173